La conjugaison des verbes aller, avoir et être

aller	avoir	être
	Présent	
je **vais** tu **vas** il, elle **va** nous all**ons** vous all**ez** ils, elles **vont**	j'**ai** tu **as** il, elle **a** nous **avons** vous **avez** ils, elles **ont**	je **suis** tu **es** il, elle **est** nous **sommes** vous **êtes** ils, elles **sont**
	Futur	
j'**irai** tu **iras** il, elle **ira** nous **irons** vous **irez** ils, elles **iront**	j'aur**ai** tu aur**as** il, elle aur**a** nous aur**ons** vous aur**ez** ils, elles aur**ont**	je ser**ai** tu ser**as** il, elle ser**a** nous ser**ons** vous ser**ez** ils, elles ser**ont**
	Passé composé	
je **suis** all**é(e)** tu **es** all**é(e)** il, elle **est** all**é(e)** nous **sommes** all**é(e)s** vous **êtes** all**é(e)s** ils, elles **sont** all**é(e)s**	j'**ai** eu tu **as** eu il, elle **a** eu nous **avons** eu vous **avez** eu ils, elles **ont** eu	j'**ai** été tu **as** été il, elle **a** été nous **avons** été vous **avez** été ils, elles **ont** été
	Imparfait	
j'all**ais** tu all**ais** il, elle all**ait** nous all**ions** vous all**iez** ils, elles all**aient**	j'av**ais** tu av**ais** il, elle av**ait** nous av**ions** vous av**iez** ils, elles av**aient**	j'ét**ais** tu ét**ais** il, elle ét**ait** nous ét**ions** vous ét**iez** ils, elles ét**aient**
	Passé simple	
il, elle all**a** ils, elles all**èrent**	il, elle **eut** ils, elles **eurent**	il, elle **fut** ils, elles **furent**

Collection Caribou

CM1
Cycle 3

Français

Livre unique

Pascal DUPONT
Professeur formateur à l'ÉSPÉ Midi-Pyrénées

Sophie RAIMBERT
Professeur des écoles

Conforme aux nouveaux programmes

istra

Édition : Marie Lefrançois
Avec la participation de : Sarah Billecocq
Création et exécution de la maquette de couverture : Nicolas Piroux
Illustration de la couverture : Laure Cacouault
Mise en pages : Typo-Virgule
Illustrations : Mélanie Allag (pages 12-13, 16-17, 140-141), Laurent Audoin (page 61), Paul Beaupère (pages 38-39, 46, 48, 108, 164, 170, 210, 222), Grégoire Berquin (pages 59, 95, 156, 160, 168, 178), Géraldine Besnard (pages 86-89, 93, 154, 208), Sylvain Bourrières (pages 120-121), Crescence Bouvarel (pages 26, 28-31, 96-97, 106), Jérôme Brasseur (pages 79, 136, 246), Philippe De La Fuente (pages 122, 125-126, 128-130, 132-133), Nathalie Dieterlé (pages 148, 180, 216, 220), Amélie Dufour (page 20, 22-23), Laure Fournier (pages 24-25, 176, 182), Sylvain Frécon (pages 52-55, 117, 226), Gwenole Le Dors (pages 34, 142, 144, 158), Loïc Méhée (pages 172, 174, 214, 224, 238, 242), Benoît Perroud (pages 40-43, 138), Marie-Noëlle Pichard (pages 50-51, 84-85, 112-113, 230, 234), Gilles Poing (pages 66, 119), Antoine Ronzon (pages 110-111, 137, 232), Charlie Varin (pages 146, 152, 166, 212, 218, 236, 240, 244), Ghyslaine Vaysset (pages 14-15, 36).
Recherche iconographique : Marie Lefrançois
Relecture typographique : Jean-Pierre Leblan
Fabrication : Patricia Zalewski

hachette s'engage pour l'environnement en réduisant l'empreinte carbone de ses livres. Celle de cet exemplaire est de :
950 g éq. CO_2
Rendez-vous sur www.hachette-durable.fr

ISBN : 978-2-01-394761-9

Avant-propos

Les **nouveaux programmes** de l'école primaire s'inscrivent dans le cadre du socle commun de connaissances, de compétences et de culture qui en constitue la référence : « La maîtrise de la langue reste un objectif central du cycle 3 qui doit assurer à tous les élèves une autonomie suffisante en lecture et écriture [...] » (*Bulletin officiel* du 26 novembre 2015).

Les nouveaux programmes insistent donc sur la **maîtrise de la langue**, qui passe par « des activités de lecture, d'écriture et d'oral, complétées par des activités plus spécifiques dédiées à l'étude de la langue qui permettent d'en comprendre le fonctionnement et d'en acquérir les règles. » C'est ainsi que **l'étude de la langue et l'oral sont mis au service de la lecture-compréhension**.

Dans cet esprit, le manuel CM1 de la collection « Caribou » est structuré en **deux parties** : « **Lecture-compréhension** » et « « **Étude de la langue** ». Elles peuvent être traitées **indépendamment** ou en **liaison constante**. L'enseignant, tout en conservant une grande liberté pédagogique, peut ainsi aménager des liens entre les activités spécifiques de lecture, d'écriture, de production écrite, d'expression orale et les activités d'étude de la langue.

• **Dans la partie « Lecture-compréhension »**, les 5 chapitres proposent **un choix de textes variés et de qualité** (conte, roman, documentaire, presse, théâtre...). Chaque chapitre est constitué de 2 thèmes, pour explorer une grande diversité d'univers imaginaires et de références culturelles. Au sein d'un même thème sont proposés 2 textes de lecture de longueur variée, ainsi qu'une double page de **lecture interdisciplinaire**, pour croiser le français avec d'autres disciplines, enrichir son vocabulaire et transférer ses connaissances. La plupart des textes de lecture sont enregistrés et disponibles dans le **CD audio** présent dans le guide pédagogique.

Dans chaque thème, des doubles pages offrent des **outils d'aide à la compréhension** :

– les pages « **Stratégies de lecture** », pour traiter d'une difficulté de lecture en faisant appel à l'étude de la langue ;

– les pages « **Clés de compréhension** », qui travaillent des compétences de lecture en lien avec le type d'écrit ;

– les pages « **Production d'écrit** », qui proposent une méthode de rédaction en plusieurs étapes ;

– les pages « **Expression orale** », qui permettent de mettre en pratique les compétences du langage oral.

• **Dans la partie « Étude de la langue »**, les leçons de grammaire, d'orthographe, de lexique et d'étude du verbe sont **articulées de manière logique et progressive**. Pour chaque leçon sont proposées :

– des activités de repérage, de comparaison et de réflexion, menées à partir d'extraits de textes authentiques (« **Je lis et je réfléchis** ») ;

– des exercices de manipulation (« **Je manipule** ») ;

– la règle, illustrée d'exemples, qui insiste sur les régularités de la langue (« **J'ai compris** ») ;

– des exercices d'entraînement classés par niveau de difficulté (« **Je m'exerce** ») ;

– un renvoi aux textes de lecture (« **Je repère dans un texte** ») et un court travail d'écriture (« **J'écris** »).

À la fin de chaque chapitre, une double-page « **Évaluation** » permet de faire le point sur les acquis des élèves.

Ce manuel se veut un **outil de référence** dans la discipline français pour les élèves. Il se doit d'être un appui fiable pour que l'enseignant puisse développer une **pédagogie vivante et diversifiée** – gage de progrès et de réussite des élèves.

Dans ce manuel, les mots concernés par les nouvelles règles orthographiques sont marqués d'un astérisque qui renvoie à la page 254, où chaque mot est présenté avec sa nouvelle orthographe et la règle orthographique correspondante.

Les auteurs

Mode d'emploi

Lecture-compréhension

Texte de lecture

Un encadré renvoie aux leçons d'étude de la langue en lien avec le texte.

Les définitions des mots difficiles.

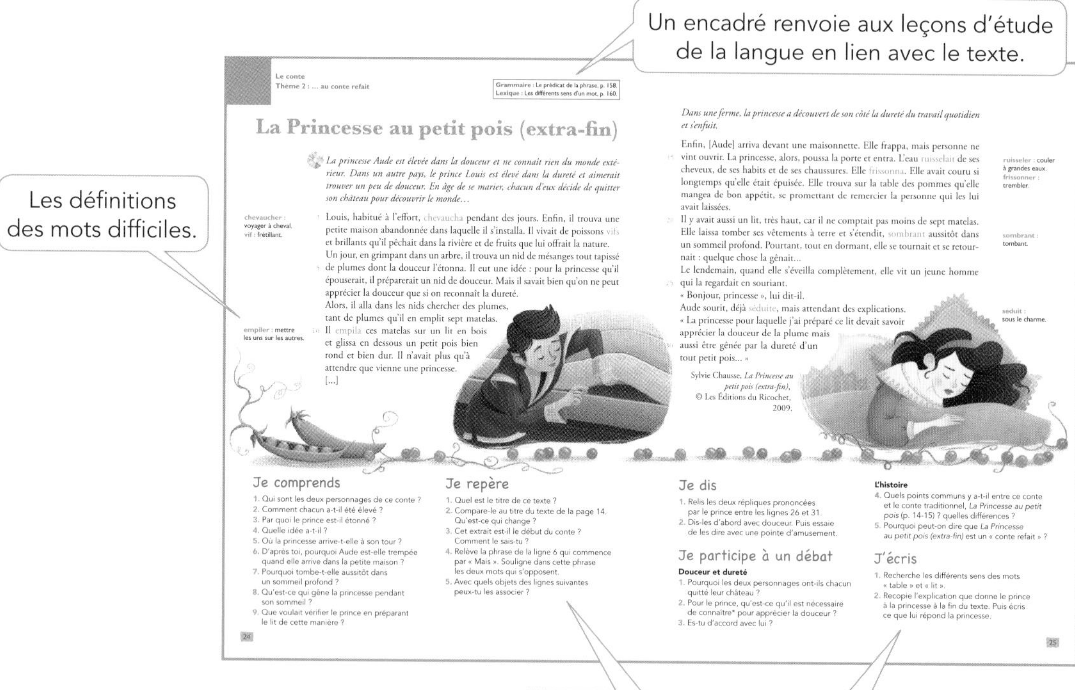

Grammaire : Le prédicat de la phrase, p. 158
Lexique : Les différents sens d'un mot, p. 160.

La Princesse au petit pois (extra-fin)

La princesse Aude est élevée dans la douceur et ne connaît rien du monde extérieur. Dans un autre pays, le prince Louis est élevé dans la dureté et aimerait trouver un peu de douceur. En âge de se marier, chacun d'eux décide de quitter son château pour découvrir le monde…

Louis, habitué à l'effort, chevaucha pendant des jours. Enfin, il trouva une petite maison abandonnée dans laquelle il s'installa. Il vivait de poissons vifs et brillants qu'il pêchait dans la rivière et de fruits que lui offrait la nature. Un jour, en grimpant dans un arbre, il trouva un nid de mésanges tout tapissé de plumes dont la douceur l'étonna. Il eut une idée : pour la princesse qu'il épouserait, il préparerait un nid de douceur. Mais il savait bien qu'on ne peut apprécier la douceur que si on reconnaît la dureté.

Alors, il alla dans les nids chercher des plumes, tant de plumes qu'il en emplit sept matelas. Il empila ces matelas sur un lit en bois et glissa en dessous un petit pois bien rond et bien dur. Il n'avait plus qu'à attendre que vienne une princesse.

[…]

chevaucher : voyager à cheval.
vif : frétillant.
empiler : mettre les uns sur les autres.

Dans une ferme, la princesse a découvert de son côté la dureté du travail quotidien et s'enfuit.

Enfin, [Aude] arriva devant une maisonnette. Elle frappa, mais personne ne vint ouvrir. La princesse, alors, poussa la porte et entra. L'eau ruisselait de ses cheveux, de ses habits et de ses chaussures. Elle frissonna. Elle avait couru si longtemps qu'elle était épuisée. Elle trouva sur la table des pommes qu'elle mangea de bon appétit, se promettant de remercier la personne qui les lui avait laissées.

Il y avait aussi un lit, très haut, car il ne comptait pas moins de sept matelas. Elle laissa tomber ses vêtements à terre et s'étendit, sombrant aussitôt dans un sommeil profond. Pourtant, tout en dormant, elle se tournait et se retournait : quelque chose la gênait…

Le lendemain, quand elle s'éveilla complètement, elle vit un jeune homme qui la regardait en souriant.

« Bonjour, princesse », lui dit-il.

Aude sourit, déjà séduite, mais attendant des explications.

« La princesse pour laquelle j'ai préparé ce lit devait savoir apprécier la douceur de la plume mais aussi être gênée par la dureté d'un tout petit pois… »

Sylvie Chausse, *La Princesse au petit pois (extra-fin)*, © Les Éditions du Ricochet, 2009.

ruisseler : couler à grandes eaux.
frissonner : trembler.
sombrant : tombant.
séduit : sous le charme.

Je comprends
1. Qui sont les deux personnages de ce conte ?
2. Comment chacun a-t-il été élevé ?
3. Par quoi le prince est-il étonné ?
4. Quelle idée a-t-il ?
5. Où la princesse arrive-t-elle à son tour ?
6. D'après toi, pourquoi Aude est-elle trempée quand elle arrive dans la petite maison ?
7. Pourquoi tombe-t-elle aussitôt dans un sommeil profond ?
8. Qu'est-ce qui gêne la princesse pendant son sommeil ?
9. Que voulait vérifier le prince en préparant le lit de cette manière ?

Je repère
1. Quel est le titre de ce texte ?
2. Compare-le au titre du texte de la page 14. Qu'est-ce qui change ?
3. Cet extrait est-il le début du conte ? Comment le sais-tu ?
4. Relève la phrase de la ligne 6 qui commence par « Mais ». Souligne dans cette phrase les deux mots qui s'opposent.
5. Avec quels objets des lignes suivantes peux-tu les associer ?

Je dis
1. Relis les deux répliques prononcées par le prince entre les lignes 26 et 31.
2. Dis-les d'abord avec douceur. Puis essaie de les dire avec une pointe d'amusement.

Je participe à un débat

Douceur et dureté
1. Pourquoi les deux personnages ont-ils chacun quitté leur château ?
2. Pour le prince, qu'est-ce qu'il est nécessaire de connaître* pour apprécier la douceur ?
3. Es-tu d'accord avec lui ?

L'histoire

4. Quels points communs y a-t-il entre ce conte et le conte traditionnel, *La Princesse au petit pois* (p. 14-15) ? quelles différences ?
5. Pourquoi peut-on dire que *La Princesse au petit pois (extra-fin)* est un « conte refait » ?

J'écris
1. Recherche les différents sens des mots « table » et « lit ».
2. Recopie l'explication que donne le prince à la princesse à la fin du texte. Puis écris ce que lui répond la princesse.

Des rubriques pour travailler la compréhension, le repérage, le langage oral et l'écriture.

Page d'interdisciplinarité

Des documents variés (textes, schémas, photographies…) pour croiser les disciplines.

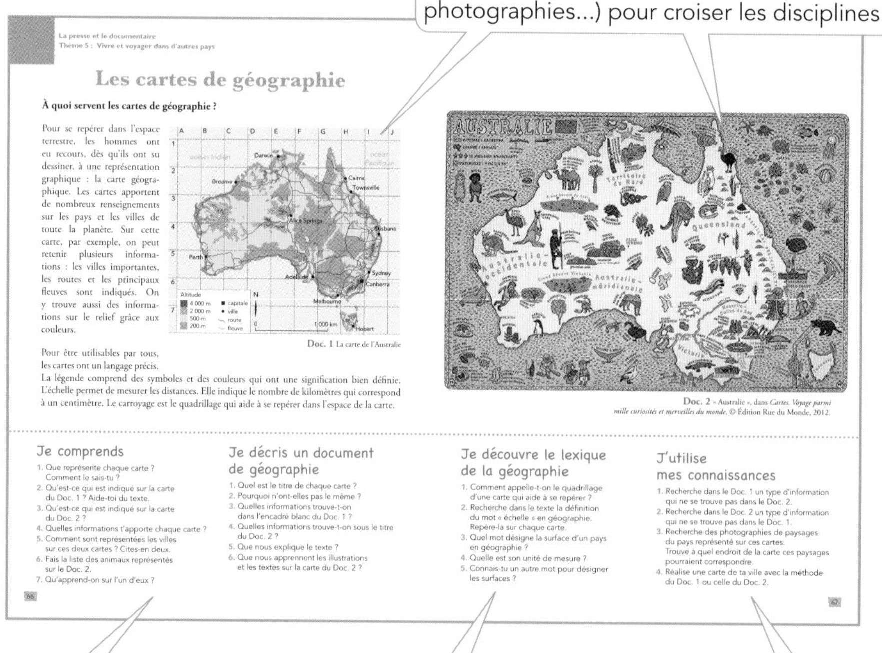

Les cartes de géographie

À quoi servent les cartes de géographie ?

Pour se repérer dans l'espace terrestre, les hommes ont eu recours, dès qu'ils ont su dessiner, à une représentation graphique : la carte géographique. Les cartes apportent de nombreux renseignements sur les pays et les villes de toute la planète. Sur cette carte, par exemple, on peut retenir plusieurs informations : les villes importantes, les routes et les principaux fleuves sont indiqués. On y trouve aussi des informations sur le relief grâce aux couleurs.

Pour être utilisables par tous, les cartes ont un langage précis.
La légende comprend des symboles et des couleurs qui ont une signification bien définie.
L'échelle permet de mesurer les distances. Elle indique le nombre de kilomètres qui correspond à un centimètre. Le carroyage est le quadrillage qui aide à se repérer dans l'espace de la carte.

Doc. 1 La carte de l'Australie

Doc. 2 « Australie », dans *Cartes. Voyage parmi mille curiosités et merveilles du monde*, © Édition Rue du Monde, 2012.

Je comprends
1. Que représente chaque carte ? Comment le sais-tu ?
2. Qu'est-ce qui est indiqué sur la carte du Doc. 1 ? Aide-toi du texte.
3. Qu'est-ce qui est indiqué sur la carte du Doc. 2 ?
4. Quelles informations t'apporte chaque carte ?
5. Comment sont représentées les villes sur ces deux cartes ? Cites-en deux.
6. Fais la liste des animaux représentés sur le Doc. 2.
7. Qu'apprend-on sur l'un d'eux ?

Je décris un document de géographie
1. Quel est le titre de chaque carte ?
2. Pourquoi n'ont-elles pas le même ?
3. Quelles informations trouve-t-on dans l'encadré blanc du Doc. 1 ?
4. Quelles informations trouve-t-on sous le titre du Doc. 2 ?
5. Que nous explique le texte ?
6. Que nous apprennent les illustrations et les textes sur la carte du Doc. 2 ?

Je découvre le lexique de la géographie
1. Comment appelle-t-on le quadrillage d'une carte qui aide à se repérer ?
2. Recherche dans le texte la définition du mot « échelle » en géographie. Repère-la sur chaque carte.
3. Quel mot désigne la surface d'un pays en géographie ?
4. Quelle est son unité de mesure ?
5. Connais-tu un autre mot pour désigner les surfaces ?

J'utilise mes connaissances
1. Recherche dans le Doc. 1 un type d'information qui ne se trouve pas dans le Doc. 2.
2. Recherche dans le Doc. 2 un type d'information qui ne se trouve pas dans le Doc. 1.
3. Recherche des photographies de paysages du pays représenté sur ces cartes. Trouve à quel endroit de la carte ces paysages pourraient correspondre.
4. Réalise une carte de ta ville avec la méthode du Doc. 1 ou celle du Doc. 2.

Des questions de compréhension et de description des documents.

Des questions pour découvrir le lexique propre à la discipline travaillée.

Des activités pour transférer les connaissances acquises.

Stratégies de lecture
Un travail sur les difficultés de lecture faisant appel à l'étude de la langue.

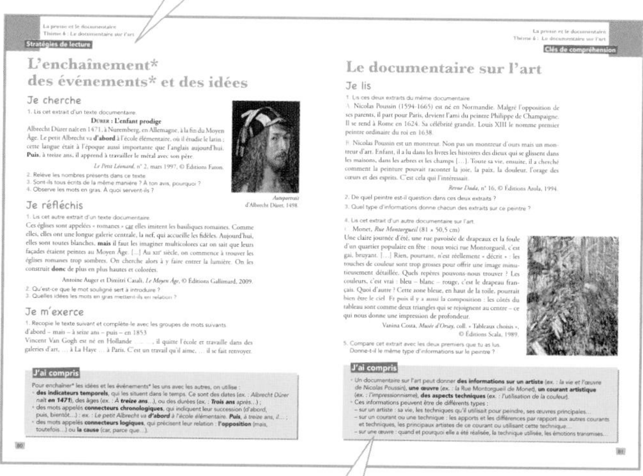

Clés de compréhension
Un travail sur le genre ou le type de texte pour construire des connaissances.

Production d'écrit
Un apprentissage progressif de l'écriture, qui privilégie les écrits intermédiaires et l'échange.

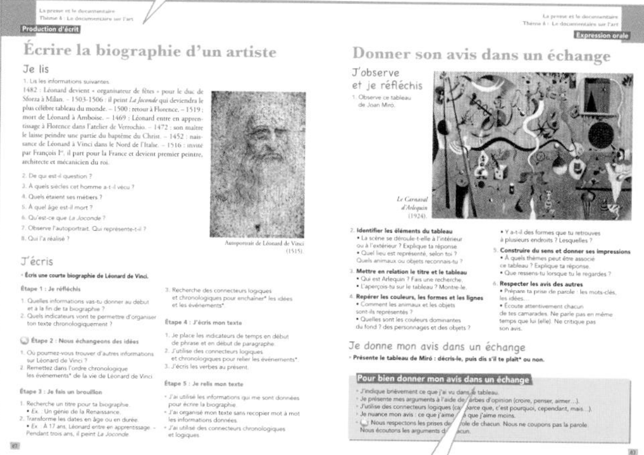

Expression orale
De la méthodologie pour acquérir des compétences orales dans différentes situations.

Étude de la langue

Un questionnement basé sur un extrait de texte pour découvrir la notion.

Les compétences des programmes.

Des exercices de difficulté croissante pour consolider les acquis.

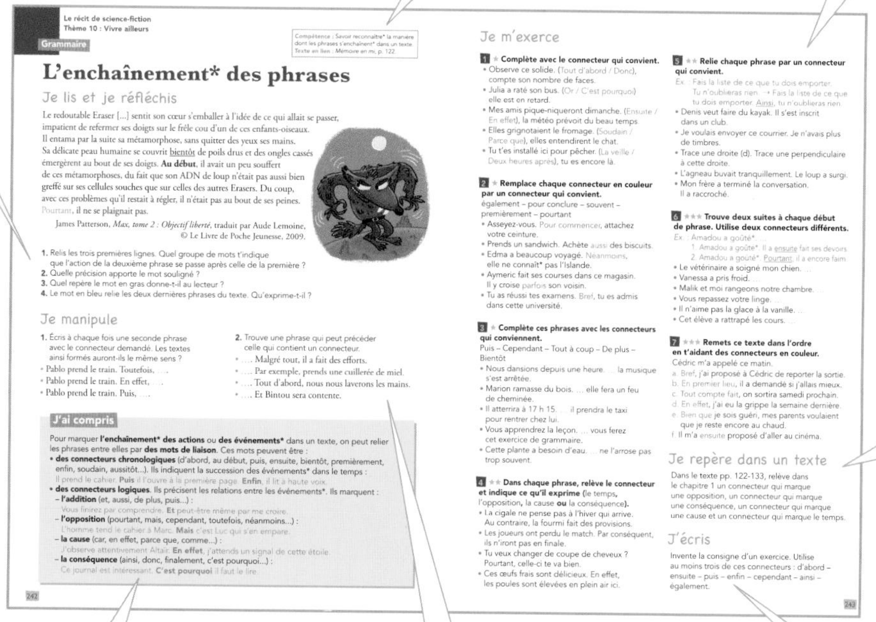

Le récit de science-fiction
Thème 10 : Vivre ailleurs

Grammaire

Compétence : Savoir reconnaître* la manière dont les phrases s'enchaînent* dans un texte. Texte en lien : Mémoire en m, p. 122

L'enchaînement* des phrases

Je lis et je réfléchis

Le redoutable Eraser [...] sentit son cœur s'emballer à l'idée de ce qui allait se passer, impatient de refermer ses doigts sur le frêle cou d'un de ces enfants-oiseaux. Il entama par la suite sa métamorphose, sans quitter des yeux ses mains. Sa délicate peau humaine se couvrit bientôt de poils drus et des ongles cassés émergèrent au bout de ses doigts. **Au début**, il avait un peu souffert de ces métamorphoses, du fait que son ADN de loup n'était pas aussi bien greffé sur ses cellules souches que sur celles des autres Erasers. Du coup, avec ces problèmes qu'il restait à régler, il n'était pas au bout de ses peines. Pourtant, il ne se plaignait pas.

James Patterson, *Max, tome 2 : Objectif liberté*, traduit par Aude Lemoine, © Le Livre de Poche Jeunesse, 2009.

1. Relis les trois premières lignes. Quel groupe de mots t'indique que l'action de la deuxième phrase se passe après celle de la première ?
2. Quelle précision apporte le mot souligné ?
3. Quel repère le mot en gras donne-t-il au lecteur ?
4. Le mot en bleu relie les deux dernières phrases du texte. Qu'exprime-t-il ?

Je manipule

1. Écris à chaque fois une seconde phrase avec le connecteur demandé. Les textes ainsi formés auront-ils le même sens ?
2. Trouve une phrase qui peut précéder celle qui contient un connecteur.

J'ai compris

Pour marquer **l'enchaînement* des actions** ou **des événements*** dans un texte, on peut relier les phrases entre elles par **des mots de liaison**. Ces mots peuvent être :
- **des connecteurs chronologiques** (d'abord, au début, puis, ensuite, bientôt, premièrement, enfin, soudain, aussitôt...). Ils indiquent la succession des événements* dans le temps.
- **des connecteurs logiques**. Ils précisent les relations entre les événements*. Ils marquent :
  - **l'addition** (et, aussi, de plus, puis...)
  - **l'opposition** (pourtant, mais, cependant, toutefois, néanmoins...)
  - **la cause** (car, en effet, parce que, comme...)
  - **la conséquence** (ainsi, donc, finalement, c'est pourquoi...)

Je m'exerce

1. ★ Complète avec le connecteur qui convient.
2. ★ Remplace chaque connecteur en couleur par un connecteur qui convient.
3. ★ Complète ces phrases avec les connecteurs qui conviennent.
4. ★★ Dans chaque phrase, relève le connecteur et indique ce qu'il exprime (le temps, l'opposition, la cause ou la conséquence).
5. ★★ Relie chaque phrase par un connecteur qui convient.
6. ★★★ Trouve deux suites à chaque début de phrase. Utilise deux connecteurs différents.
7. ★★★ Remets ce texte dans l'ordre en t'aidant des connecteurs en couleur.

Je repère dans un texte

Dans le texte pp. 122-133, relève dans le chapitre 1 un connecteur qui marque une opposition, un connecteur qui marque une conséquence, un connecteur qui marque une cause et un connecteur qui marque le temps.

J'écris

Invente la consigne d'un exercice. Utilise au moins trois de ces connecteurs : d'abord – ensuite – puis – enfin – cependant – ainsi – également.

Un retour au texte de lecture pour y retrouver la notion.

Une règle simplifiée qui récapitule la notion en insistant sur les régularités.

Des exercices de manipulation pour s'approprier la notion avant de l'automatiser.

Une petite production d'écrit pour s'approprier la notion.

Sommaire Lecture-compréhension

* Ouvrages issus de la liste du ministère de l'Éducation nationale pour le cycle 3.

Sommaire Étude de la langue

Sommaire Lecture-compréhension

* Ouvrages issus de la liste du ministère de l'Éducation nationale pour le cycle 3.

Sommaire Étude de la langue

Progression par domaine d'étude de la langue

Le verbe

- Le rôle du verbe
- Le verbe conjugué : radical, marques du temps et de la personne
- Trier les verbes
- Les temps du discours : passé, présent, futur
- Le présent des verbes en **-er** et en **-ir**
- Le présent des verbes fréquents
- L'imparfait
- Le futur simple
- Temps simples et temps composés
- Le passé composé
- Le passé simple
- Les temps des verbes en fonction du discours
- L'antériorité d'un fait passé par rapport à un fait présent

Orthographe

- Le genre et le nombre des noms
- L'accord sujet / verbe
- Les accords dans le groupe nominal
- L'accord de l'adjectif
- Le participe passé employé comme adjectif
- Participe passé en **-é** ou infinitif en **-er** ?
- L'accord de l'attribut du sujet
- Les homophones grammaticaux (1)
- Les homophones grammaticaux (2)
- Les noms terminés en **-ail** / **-aille**, **-eil** / **-eille**, **-euil** / **-euille**
- Les homophones grammaticaux (3)

Grammaire

- Des sujets différents
- Le verbe et son sujet
- Le prédicat de la phrase
- Les compléments du verbe
- Les compléments de phrase
- Phrase simple et phrase complexe
- Distinguer complément du verbe et attribut du sujet
- Les compléments du nom
- Amplification et réduction de phrases
- L'enchaînement des phrases

Lexique

- Se repérer dans le dictionnaire
- Les différents sens d'un mot
- Les préfixes
- Les suffixes
- Comprendre le sens d'un mot grâce au radical, au préfixe et au suffixe
- Les mots de la même famille
- Les homophones lexicaux
- Le champ lexical
- Les synonymes et les mots de sens contraire
- Termes génériques et termes spécifiques
- L'étymologie
- Des mots d'origine étrangère
- Comprendre les articles du dictionnaire

Culture littéraire et artistique

Les nouveaux programmes proposent une entrée « Culture littéraire et artistique ». Un tableau propose des choix de lectures et d'activités d'écriture et d'oral organisés à partir de grandes entrées thématiques. L'objectif n'est pas de constituer des « passages obligés », mais de « construire une culture commune ».

Voici une comparaison entre les entrées de Culture littéraire et artistique proposées par les nouveaux programmes et les thèmes et genres abordés dans ce manuel *Caribou CM1*. Ce tableau permet de constater que certains grands thèmes peuvent être abordés grâce à des formes littéraires et des textes différents dans le manuel.

	Héros / héroïnes et personnages	La morale en questions	Se confronter au merveilleux, à l'étrange	Vivre des aventures	Imaginer, dire et célébrer le monde	Se découvrir, s'affirmer dans le rapport aux autres
CM1	les contes	les fables	les contes	le roman policier à suspense		
	le roman policier	le récit de science-fiction	le récit de science-fiction			le récit de science-fiction
		la presse				

Comp

lecture-
réhension

Le verbe : Le rôle du verbe, p. 142.
Orthographe : Le genre et le nombre des noms, p. 144.

La Princesse au petit pois

Il y avait une fois un prince qui voulait épouser une princesse, mais une princesse véritable. Il fit donc le tour du monde pour en trouver une et, à la vérité, les princesses ne manquaient pas ; mais il ne pouvait jamais être sûr que c'étaient de vraies princesses. Toujours quelque chose en elles lui paraissait suspect. Et il finit par rentrer chez lui, bien affligé de n'avoir pas trouvé ce qu'il désirait.

Un soir, il faisait un temps horrible, les éclairs se croisaient, le tonnerre grondait, la pluie tombait à torrents ; c'était épouvantable ! Quelqu'un frappa à la porte du château, et le vieux roi s'empressa d'ouvrir.

C'était une princesse. Mais grand Dieu ! comme la pluie et l'orage l'avaient arrangée ! L'eau ruisselait de ses cheveux et de ses vêtements, entrait par la pointe dans ses souliers, et sortait par le talon. Néanmoins, elle se donna pour une véritable princesse.

« C'est ce que nous saurons bientôt ! » pensa la vieille reine. Puis, sans rien dire, elle entra dans la chambre à coucher, ôta toute la literie, et mit un petit

- **suspect :** qui éveille les soupçons.
- **affligé :** profondément triste.
- **s'empresser :** se dépêcher.
- **se donner pour :** prétendre être.
- **ôter :** enlever.

Je comprends

1. Que recherche le prince ?
2. Pourquoi ne trouve-t-il pas ce qu'il cherche ?
3. Qui se présente au château un soir d'orage ?
4. De quoi cette personne a-t-elle l'air ?
5. Que fait la vieille reine pour vérifier qu'elle est une véritable princesse ?
6. Quel(s) personnage(s) le pronom « on » remplace-t-il, ligne 18 ?
7. Que se passe-t-il le lendemain matin ?
8. Comment se termine cette histoire ?

Je repère

1. Quel est le titre de ce texte ?
2. Par quelle formule commence-t-il ?
3. Quand se passe cette histoire ? À quoi le vois-tu ?
4. De quel type d'histoire s'agit-il ? Explique ta réponse.
5. Que t'indiquent les guillemets, lignes 20 à 22 ? Qui parle ?
6. Qui intervient dans la dernière phrase du texte ?
7. Par quel type de point se termine-t-elle ? À quoi sert-il ?

pois au fond du lit. Ensuite elle prit vingt matelas, qu'elle étendit sur le pois, et encore vingt édredons qu'elle entassa par-dessus les matelas.

C'était la couche destinée à la princesse. Le lendemain matin, on lui demanda comment elle avait dormi.

« Bien mal ! répondit-elle. C'est à peine si j'ai fermé les yeux de toute la nuit ! Dieu sait ce qu'il y avait dans le lit ! C'était quelque chose de dur qui m'a rendu la peau toute violette. Quel supplice ! »
À cette réponse, on reconnut que c'était une véritable princesse puisqu'elle avait senti un pois à travers vingt matelas et vingt édredons. Quelle femme, sinon une princesse, pouvait avoir la peau aussi délicate ?
Le prince, bien convaincu que c'était une véritable princesse, la prit pour épouse, et le pois fut placé dans le musée, où il doit se trouver encore, à moins qu'un amateur ne l'ait enlevé.

Voilà une histoire aussi véritable que la princesse !

Hans Christian Andersen, *Andersen Contes*,
choisis par Lisbeth Zwerger, © Éditions Casterman.

un édredon : une couette.
la couche : le lit.

un supplice : une torture.

un amateur : une personne qui aime particulièrement quelque chose.

Je dis

1. Relis le texte des lignes 20 à 22. De quoi parle la princesse ?
2. Quels mots montrent que la princesse a passé une très mauvaise nuit ?
3. Lis ce passage en insistant sur ces mots et en prenant la voix d'une « véritable » princesse.

Je participe à un débat

Une véritable princesse

1. Pourquoi est-il si important pour le prince de se marier avec une **véritable** princesse ?

L'histoire

2. Dans la dernière phrase du texte, pourquoi l'auteur compare-t-il son conte à cette princesse ?

J'écris

1. Recopie sans erreurs le premier paragraphe du texte et souligne les verbes conjugués.
2. La princesse dit au roi et à la reine qu'elle a bien mal dormi. Imagine leur réponse. Écris au moins deux phrases qui se terminent par un point différent. Fais attention à la ponctuation de ton dialogue.

Grammaire : Des sujets différents, p. 146.
Grammaire : Le verbe et son sujet, p. 148.
Lexique : Se repérer dans le dictionnaire, p. 150.

Les Trois Petits Cochons

modeste : sans grande valeur.

Il était une fois trois petits cochons qui habitaient avec leur mère dans une modeste ferme. Un beau matin, la maman réunit les petits cochons autour d'elle pour leur dire qu'elle était très pauvre et qu'elle ne pouvait plus s'occuper d'eux. « Vous êtes grands maintenant », dit-elle. « Je voudrais que vous alliez bâtir chacun votre maison. Mais construisez-la avec soin pour qu'elle soit bien solide, afin que le méchant loup ne puisse entrer et vous manger. » Les trois petits cochons embrassèrent leur maman et partirent à la recherche de matériaux pour construire leur maison.

Le premier petit cochon se construisit une maison de paille, parce qu'il était trop paresseux pour chercher autre chose de plus solide. Le deuxième petit cochon, tout aussi paresseux, construisit sa maison avec des branches mortes qu'il trouva sur le sol.

Je comprends

1. Pourquoi les trois petits cochons doivent-ils quitter leur mère ?
2. Quels conseils leur donne-t-elle pour bâtir leurs maisons ?
3. Quels matériaux chaque cochon utilise-t-il ?
4. Qu'a dû faire le troisième cochon avant de construire sa maison ?
5. Quel personnage cherche à manger le premier cochon ?
6. Comment s'y prend-il pour détruire sa maison ?
7. Que fait alors le premier cochon ?

Je repère

1. Par quelle formule commence cette histoire ?
2. Qui en sont les personnages principaux ?
3. De quel type d'histoire s'agit-il ? Explique ta réponse.
4. Quels mots indiquent de quel cochon parle l'auteur ? Où les trouve-t-on ?
5. Quel verbe apparaît* trois fois entre les lignes 14 et 24 ?
6. Quels passages du texte sont écrits au présent ? Pourquoi ?

Les deux maisons étaient si fragiles et négligemment bâties qu'il semblait que le moindre souffle d'air les jetterait à terre.

négligemment : sans faire attention, sans soin.

Le troisième petit cochon avait plus d'énergie et de bon sens que les deux autres réunis. Il travailla sans arrêt afin d'acheter un tas de briques pour construire sa maison. Et, quand il l'eut terminée, il lui restait encore assez de briques pour faire une belle cheminée.
« Je suis vraiment fier de cette maison », se dit-il. « Elle est solide et bien faite et, surtout, elle est garantie contre les loups ! »

avoir du bon sens : être capable de juger les choses raisonnablement.

Le premier petit cochon était en train de faire des rêves dans sa maison de paille, quand il entendit le méchant loup renifler au seuil de sa porte.

le seuil : le pas.

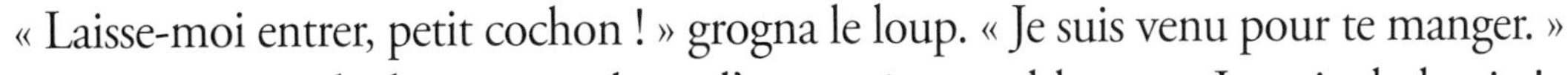

« Laisse-moi entrer, petit cochon ! » grogna le loup. « Je suis venu pour te manger. »
« Non », répondit le petit cochon d'une voix tremblante. « Jamais de la vie ! »
« Dans ce cas », tonna le loup, « je soufflerai comme un bœuf et je ferai sauter ta maison ! »
Alors il respira profondément, souffla, souffla… souffla si fort qu'il fit s'envoler la maison de paille.

Échappant de justesse aux terribles mâchoires du loup, le petit cochon courut chez son frère, celui qui habitait la maison de bois. Il eut tout juste le temps de rentrer dans la maison que le loup frappait à la porte. […]

Les Trois Petits Cochons : un conte traditionnel, © Éditions Larousse, 2005.

Je dis

1. Relis le texte de la ligne 30 à la ligne 35. Quel personnage prononce chaque réplique ?
2. À quoi sert la répétition du verbe **souffler**, ligne 34 ?
3. Quels sont les sentiments de chaque personnage dans ce passage ?
4. Jouez la scène à trois (le cochon, le loup, le narrateur). Adaptez le ton à votre personnage.

Je participe à un débat

La maman

1. La mère des petits cochons leur demande de quitter la ferme. A-t-elle raison de le faire ?

Les trois petits cochons

2. Quels cochons ne suivent pas le conseil de leur mère ? Pourquoi ?
3. Quel cochon suit son conseil ? Quel est son trait de caractère ?
4. Lequel préférerais-tu être ?

J'écris

1. Recopie le paragraphe 4 du texte.
2. Écris un paragraphe qui raconte ce qui se passe quand le loup est devant la maison en bois. Réutilise des phrases de dialogue et des expressions du paragraphe 4 et pense à bien mettre la ponctuation.

L'illustration des contes traditionnels

Doc. 1
La Marraine de Cendrillon toucha de sa baguette magique la citrouille qui fut changée en un beau carrosse doré.
Ces illustrations ont été réalisées par Walter Crane en 1854.

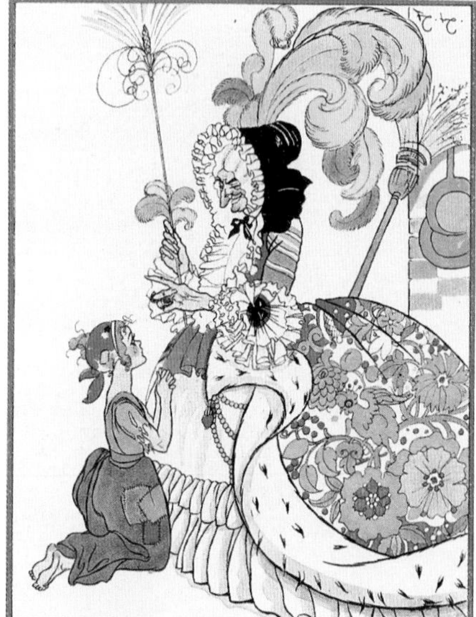

Doc. 2
Félix Lorioux a illustré de nombreux contes, notamment *Cendrillon* en 1926. Les illustrations pleine page alternent avec le texte, ce qui implique une séparation assez brutale et deux types de lecture. Ceci annonce les albums, dans lesquels les textes seront progressivement réduits, voire éliminés.

Je comprends

1. Quel conte traditionnel est illustré dans ces documents ?
2. Qui a écrit ce conte ?
3. Cite le nom des illustrateurs des Docs. 1 et 2.
4. D'où proviennent les illustrations du Doc. 3 ?
5. À quelles dates les illustrations de ces trois documents ont-elles été réalisées ?
6. Quels personnages retrouves-tu dans les Docs. 1 et 2 ?

Je décris le texte et l'image

1. Dans quel document le conte est-il illustré en entier ?
2. Où se trouve le texte du conte dans le Doc. 1 ? et dans le Doc. 3 ?
3. Dans le Doc. 1, les illustrations se situent-elles avant, pendant ou après ce que raconte le texte du conte ?
4. Pourquoi n'y a-t-il pas de texte qui accompagne l'illustration du Doc. 2 ?
5. Quel document te permettrait de raconter complètement le conte ? Pourquoi ?

Doc. 3
Le conte *Cendrillon* de Charles Perrault est illustré sur cette planche d'Épinal divisée en quinze cases. Elle fait partie d'un ensemble de planches réalisées en 1850 par l'imprimerie Pellerin à Épinal sur le thème des contes de fées, qui annoncent les premières bandes dessinées.

Je découvre le lexique

1. Quel mot désigne une page dans laquelle on trouve un ensemble d'illustrations ?
2. Comment appelle-t-on chacune de ces illustrations ?
3. Aujourd'hui, dans quel type de livre trouve-t-on ces illustrations ?
4. Quels supports, cités dans les textes, font alterner du texte et des illustrations ?

J'utilise mes connaissances

1. Associe les illustrations des Docs. 1 et 2 à des illustrations du Doc. 3.
2. Explique en une ou deux phrases les indices qui t'ont permis d'associer ces illustrations entre elles.
3. Relis le conte *Les Trois Petits Cochons* pp. 16-17 et sélectionne un extrait de 5 à 10 lignes.
4. Recopie et mets en page l'extrait que tu as choisi en l'illustrant. Utilise la forme de ton choix : un album ou une bande dessinée.

Les marques de ponctuation d'un dialogue

Je cherche

1. Lis le début de *Poucette*.

Il était une fois une femme, qui désirait avoir un tout petit enfant [...].
Alors elle se rendit chez une vieille sorcière et lui dit :
« Du fond du cœur, j'aimerais avoir un petit enfant.
Pourriez-vous me dire comment faire ?
– Mais certainement, cela devrait pouvoir être possible ! répondit la sorcière.
Voici un grain de blé [...] Mettez-le dans un pot de fleurs et vous allez voir ! »

Hans Christian Andersen, *La Petite Sirène et autres contes*,
traduit du danois par Anne Renon, D.R.

2. Quels signes de ponctuation indiquent que la femme va prendre la parole ?
3. Quel signe de ponctuation indique qu'un autre personnage prend la parole ?
4. Quel signe de ponctuation indique la fin du dialogue ?

Je réfléchis

1. Lis cet extrait de *Blanche-Neige*.

Quelques instants après, la porte de la maison s'ouvrait ; sept petits hommes entrèrent. [...]
« Qui s'est assis sur ma chaise ? demanda le premier.
– Qui a mangé dans mon assiette ? fit le deuxième.
– Qui a touché à mon pain ? s'écria le troisième. »

Les Frères Grimm, *Blanche-Neige*, adapté par Gisèle Vallerey, © D.R.

2. Si tu devais jouer cet extrait avec un(e) camarade, quels passages ne dirais-tu pas ? Pourquoi ?

Je m'exerce

1. Lis à voix haute cet extrait du *Chat botté* dans lequel la ponctuation a disparu.

On m'a assuré dit le Chat botté que vous aviez le don de vous changer en toute sorte d'animaux Que vous pouviez par exemple vous transformer en lion ou en éléphant
Cela est vrai répondit l'ogre brusquement et pour le montrer vous m'allez voir devenir lion

2. Recopie cet extrait du *Chat botté* et rétablis la ponctuation.
3. Relis à voix haute le texte que tu as ponctué. Le lis-tu plus facilement ?

J'ai compris

- Les marques de ponctuation du dialogue servent à **indiquer une prise de parole** :
  – les **guillemets** indiquent le début et la fin du dialogue ;
  – les **tirets** indiquent qu'un autre personnage prend la parole.
- Pour lire un dialogue à voix haute, il faut **prononcer les répliques** des personnages mais ne pas dire les phrases qu'ils ne prononcent pas.

Les étapes du conte

Je lis

1. Lis ces cinq paragraphes qui résument dans le désordre le conte *Les Trois Petits Cochons* dont tu as lu le début.

A. Un beau matin, la maman réunit les petits cochons pour leur dire qu'elle ne pouvait plus s'occuper d'eux. Ils devaient se construire leur propre maison.

B. Il monta alors sur le toit pour rentrer par la cheminée. Le troisième cochon alluma un grand feu dans la cheminée au moment où le loup y descendait ; celui-ci tomba dans le feu et s'enfuit en hurlant.

C. Le premier cochon se construisit une maison de paille, le deuxième une maison avec des branches mortes, le troisième, qui était plus travailleur, une solide maison de briques. Le loup souffla sur la maison de paille et la fit s'envoler. Ensuite, il souffla sur la maison en bois et la fit s'envoler. Puis il souffla sur la maison en briques… mais la solide maison ne bougea pas.

D. Il était une fois trois petits cochons qui habitaient avec leur mère dans une modeste ferme.

E. Les deux petits cochons paresseux furent si reconnaissants d'être sauvés qu'ils promirent à leur frère de devenir des travailleurs sérieux comme lui.

2. Qu'as-tu compris du conte ? Les affirmations suivantes sont-elles vraies ou fausses ?
   - Les maisons des trois cochons sont construites avec soin.
   - Le troisième cochon est le plus travailleur.
   - Le loup parvient à détruire les trois maisons.
   - Le troisième cochon sauve ses deux frères.

3. Remets les étapes du conte dans l'ordre. De quels mots ou expressions t'es-tu aidé(e) ?

4. Associe les paragraphes aux différentes étapes du conte : le début, l'événement* qui déclenche l'action, les événements* qui font progresser l'action, l'événement* qui termine l'action, la conclusion de l'histoire.

5. Combien d'événements* presque identiques se répètent plusieurs fois ?

J'ai compris

- Dans un conte, **cinq étapes** se succèdent :
  - le **début** (*ex. :* « Il était une fois trois petits cochons… ») ;
  - l'**événement* qui déclenche l'action** (*ex. :* « Un beau matin, la maman réunit les petits cochons pour leur dire qu'elle ne pouvait plus s'occuper d'eux. ») ;
  - les **événements* qui font progresser l'action** (*ex. : la construction des maisons et les tentatives du loup pour les détruire*) ;
  - l'**événement* qui termine l'action** (*ex. : le loup s'enfuit en hurlant*) ;
  - la **conclusion** de l'histoire (*ex. : les deux premiers cochons promettent de devenir des travailleurs sérieux*).
- Des événements* presque identiques peuvent se répéter plusieurs fois (*ex. : chaque fois qu'un cochon construit une maison, le loup souffle dessus pour la détruire*).

Production d'écrit

Ajouter un épisode à un conte

Je lis

1. Lis le début du conte *Les Musiciens de la ville de Brême.*

Un homme avait un âne qui, depuis des années, portait sans relâche les sacs au moulin, et dont les forces s'épuisaient. Il était à ce point usé par le travail que son maître décida de le faire abattre. L'âne, se doutant de quelque chose, s'échappa. Il galopa vers la ville de Brême, en se disant qu'il pourrait y devenir musicien. Quand il eut fait un bout de chemin, il trouva un chien de chasse étendu sur la route qui gémissait et qui avait l'air épuisé d'avoir trop couru.

« Qu'as-tu donc à gémir de la sorte ? » demanda l'âne.

« Parce que je suis vieux et faible » répondit le chien. « Comme je ne peux plus aller à la chasse, mon maître a voulu me tuer et je me suis sauvé. Mais maintenant, comment vais-je gagner mon pain ? »

« Écoute-moi », dit l'âne. « Je vais à Brême pour devenir musicien de la ville. Viens avec moi, nous nous ferons engager dans la fanfare municipale. »

Mon Premier Larousse des contes, tome II, © Éditions Larousse, 2004.

2. Qui sont les personnages du conte ?
3. Pourquoi se sont-ils sauvés de chez eux ?
4. Comment appelle-t-on ces animaux qui vivent auprès des hommes ?
5. Quelles étapes du conte retrouves-tu dans le texte ?

J'écris

• **Imagine un nouvel épisode à ce conte : les deux nouveaux amis rencontrent un troisième personnage.**

Étape 1 : Je réfléchis

1. Quel nouvel animal domestique apparaît* ?
2. Quel travail cet animal effectue-t-il ?
3. Pourquoi se sauve-t-il de chez lui ?

Étape 2 : Nous échangeons des idées

1. Choisissez chacun un animal domestique et décrivez-le.
   • Un cheval – une vache – un chat...
   • Sa description : fatigué – vieux – l'air triste...
2. Cet animal part-il avec l'âne et le chien ? Pourquoi ?

Étape 3 : Je fais un brouillon

1. Constitue une liste de verbes conjugués :
   • au passé pour raconter : marcher : ils marchèrent – rencontrer : ils rencontrèrent...
   • aux temps du passé, du présent et du futur pour les dialogues. Aide-toi de l'épisode ci-dessus.
2. Entraîne*-toi à écrire différents types de phrase pour le dialogue à partir des exemples suivants :
   • Phrase interrogative : « Qu'as-tu donc ? »
   • Phrase impérative : « Écoute-moi. » « Viens. »
   • Phrase déclarative : « Je vais à Brême. »

Étape 4 : J'écris mon texte

1. Je vais à la ligne entre les passages où je raconte l'histoire et ceux où les animaux parlent.
2. Dans le dialogue, je vais à la ligne à chaque fois qu'un nouvel animal prend la parole.

Étape 5 : Je relis mon texte

• J'ai respecté la ponctuation dans la partie racontée et dans les dialogues.
• J'ai réutilisé des événements* du début du conte en les modifiant.
• Je vérifie que mon épisode peut être suivi par un épisode presque identique.

Raconter un conte traditionnel à partir d'images

J'observe et je réfléchis

1. Observe ces images qui racontent l'histoire du *Petit Chaperon rouge*.

2. **Identifier les personnages**
   • Quels personnages sont présents dans ces vignettes ?
   • Qui est le personnage principal ? Explique ta réponse.
   • Décris chacun des personnages (ses caractéristiques, son comportement, ses émotions…).

3. **Présenter les lieux**
   • Où se déroule chaque vignette ? Décris chacun d'entre eux.

4. **Décrire les événements***
   • Que fait chacun des personnages ? Pourquoi ?
   • Recherche des mots qui permettent de relier ces différents événements* entre eux.

Je raconte l'histoire

- **Reconstitue l'histoire du *Petit Chaperon rouge* à partir de ces images et raconte-la en la faisant vivre.**

Pour bien raconter mon histoire

- Je suis les étapes du conte.
- J'utilise les expressions que l'on rencontre dans les contes.
- Je fais parler les personnages entre eux et j'adopte le ton qui convient pour chacun.
- Nous écoutons attentivement et relevons les différentes manières de raconter l'histoire.

Grammaire : Le prédicat de la phrase, p. 158.
Lexique : Les différents sens d'un mot, p. 160.

La Princesse au petit pois (extra-fin)

La princesse Aude est élevée dans la douceur et ne connaît rien du monde extérieur. Dans un autre pays, le prince Louis est élevé dans la dureté et aimerait trouver un peu de douceur. En âge de se marier, chacun d'eux décide de quitter son château pour découvrir le monde...

chevaucher : voyager à cheval.
vif : frétillant.
empiler : mettre les uns sur les autres.

Louis, habitué à l'effort, chevaucha pendant des jours. Enfin, il trouva une petite maison abandonnée dans laquelle il s'installa. Il vivait de poissons vifs et brillants qu'il pêchait dans la rivière et de fruits que lui offrait la nature. Un jour, en grimpant dans un arbre, il trouva un nid de mésanges tout tapissé de plumes dont la douceur l'étonna. Il eut une idée : pour la princesse qu'il épouserait, il préparerait un nid de douceur. Mais il savait bien qu'on ne peut apprécier la douceur que si on reconnaît la dureté.
Alors, il alla dans les nids chercher des plumes, tant de plumes qu'il en emplit sept matelas. Il empila ces matelas sur un lit en bois et glissa en dessous un petit pois bien rond et bien dur. Il n'avait plus qu'à attendre que vienne une princesse.
[...]

Je comprends

1. Qui sont les deux personnages de ce conte ?
2. Comment chacun a-t-il été élevé ?
3. Par quoi le prince est-il étonné ?
4. Quelle idée a-t-il ?
5. Où la princesse arrive-t-elle à son tour ?
6. D'après toi, pourquoi Aude est-elle trempée quand elle arrive dans la petite maison ?
7. Pourquoi tombe-t-elle aussitôt dans un sommeil profond ?
8. Qu'est-ce qui gêne la princesse pendant son sommeil ?
9. Que voulait vérifier le prince en préparant le lit de cette manière ?

Je repère

1. Quel est le titre de ce texte ?
2. Compare-le au titre du texte de la page 14. Qu'est-ce qui change ?
3. Cet extrait est-il le début du conte ? Comment le sais-tu ?
4. Relève la phrase de la ligne 6 qui commence par « Mais ». Souligne dans cette phrase les deux mots qui s'opposent.
5. Avec quels objets des lignes suivantes peux-tu les associer ?

Dans une ferme, la princesse a découvert de son côté la dureté du travail quotidien et s'enfuit.

Enfin, [Aude] arriva devant une maisonnette. Elle frappa, mais personne ne vint ouvrir. La princesse, alors, poussa la porte et entra. L'eau ruisselait de ses cheveux, de ses habits et de ses chaussures. Elle frissonna. Elle avait couru si longtemps qu'elle était épuisée. Elle trouva sur la table des pommes qu'elle mangea de bon appétit, se promettant de remercier la personne qui les lui avait laissées.

ruisseler : couler à grandes eaux.
frissonner : trembler.

Il y avait aussi un lit, très haut, car il ne comptait pas moins de sept matelas. Elle laissa tomber ses vêtements à terre et s'étendit, sombrant aussitôt dans un sommeil profond. Pourtant, tout en dormant, elle se tournait et se retournait : quelque chose la gênait...

sombrant : tombant.

Le lendemain, quand elle s'éveilla complètement, elle vit un jeune homme qui la regardait en souriant.

« Bonjour, princesse », lui dit-il.

Aude sourit, déjà séduite, mais attendant des explications.

séduit : sous le charme.

« La princesse pour laquelle j'ai préparé ce lit devait savoir apprécier la douceur de la plume mais aussi être gênée par la dureté d'un tout petit pois... »

Sylvie Chausse, *La Princesse au petit pois (extra-fin)*, © Les Éditions du Ricochet, 2009.

Je dis

1. Relis les deux répliques prononcées par le prince entre les lignes 26 et 31.
2. Dis-les d'abord avec douceur. Puis essaie de les dire avec une pointe d'amusement.

Je participe à un débat

Douceur et dureté

1. Pourquoi les deux personnages ont-ils chacun quitté leur château ?
2. Pour le prince, qu'est-ce qu'il est nécessaire de connaître* pour apprécier la douceur ?
3. Es-tu d'accord avec lui ?

L'histoire

4. Quels points communs y a-t-il entre ce conte et le conte traditionnel, *La Princesse au petit pois* (p. 14-15) ? quelles différences ?
5. Pourquoi peut-on dire que *La Princesse au petit pois (extra-fin)* est un « conte refait » ?

J'écris

1. Recherche les différents sens des mots « table » et « lit ».
2. Recopie l'explication que donne le prince à la princesse à la fin du texte. Puis écris ce que lui répond la princesse.

Le verbe : Le verbe conjugué : radical, marques de temps et de personne, p. 152.
Orthographe : L'accord sujet / verbe, p. 154.
Le verbe : Trier les verbes, p. 156.

Un tour de cochon

Madame Cochon avait trois fils. Le premier, elle l'avait appelé Bosseur. C'était un travailleur infatigable. Il se promenait toujours avec un marteau et un tournevis dans la poche, et un sac de ciment sur l'épaule.
– Relevons-nous les manches, chantonnait-il chaque matin. Le travail nous attend !
Exactement le genre de phrase qui agaçait ses frères.
Le second, Madame Cochon l'avait baptisé Farfelu. Il préférait s'amuser plutôt que travailler. Il pouvait passer sa journée à faire du toboggan sur les meules de foin !
– La vie est faite pour rigoler ! affirmait-il en roulant dans la paille.
Exactement le genre de phrase qui désespérait sa mère.
Le troisième, Madame Cochon l'avait surnommé Traîne-Sabots. Et, sans mentir, c'était un sacré paresseux. Il dormait la moitié de la journée et se reposait le reste du temps.
– J'irais bien faire une petite sieste, disait-il en bâillant après chaque repas.
Exactement le genre de phrase qui amusait Farfelu et faisait enrager Bosseur.

Même si ses enfants étaient très différents, Madame Cochon les aimait tous les trois autant. Mais ses petits cochons devenaient grands, et elle pensait que le moment était venu pour eux de quitter la maison. Comme elle le répétait souvent : « Il y a un âge où l'on doit voler de ses propres ailes. » Avant de les laisser partir, les larmes aux yeux et le mouchoir sur le groin, elle leur fit une dernière recommandation : « Méfiez-vous du loup ! Il s'appelle Garou, il est petit, mais il est féroce et très intelligent. Je suis sûre qu'il va essayer de vous jouer un mauvais tour ! »
Ce lundi matin, les trois cochons se retrouvèrent donc à la porte de la porcherie familiale.
– Bon, déclara Bosseur, relevons-nous les manches. Le tr…
– Oui, oui, on sait, soupirèrent ses deux frères.
– N'oubliez pas ce que Maman nous a expliqué, bougonna Bosseur. Le loup est petit mais féroce, et il a plus d'un tour dans son sac ! Alors, moi, je vais

se relever les manches : se mettre au travail.
voler de ses propres ailes : se débrouiller tout seul.
le groin : le museau du cochon.
une recommandation : un conseil.
la porcherie : l'endroit où vivent les cochons.

bâtir ma maison sur cette colline pour le voir arriver de loin. Et vous feriez bien d'en faire autant.
– Je préfère me construire une cabane dans la forêt, dit Farfelu. Je pourrai m'amuser dans les arbres, me rouler dans les feuilles mortes et siffler avec les oiseaux.
– Moi, je vais m'installer du côté de la plage, décida Traîne-Sabots. C'est tellement agréable de faire une sieste au bord de l'eau.
Bosseur s'écria :
– Très bien, riez, dormez, mais quand le loup arrivera, il sera trop tard pour pleurer !
Ses deux frères levèrent les yeux au ciel en soupirant. Vexé, Bosseur leur tourna le dos et partit seul.
– Il fait encore sa tête de lard, pouffa Farfelu.

Bosseur ne se souciait pas des moqueries de ses frères. Au sommet de la colline, il construisit sa maison. Enfin, si on peut encore appeler « maison » un bâtiment aux murs de trois mètres d'épaisseur, en béton armé et en granit, surmonté de barbelés, orné de barreaux aux fenêtres et d'une porte blindée munie de quatre serrures. La demeure de Bosseur ressemblait davantage à une prison ou un blockhaus mais, au moins, il y était en sécurité.
– Ha ! Ha ! se réjouit-il en s'enfermant chez lui. Ce n'est pas demain que le loup me mangera !

Peut-être pas demain… Mais après-demain ?
Deux jours plus tard, Garou le loup arriva dans les environs. Il portait un sac à dos où étaient rangées ses affaires de voyage, car il revenait de loin, du Nord, là où il fait froid et où la nourriture est rare. C'est donc avec une faim de loup et la hargne au ventre qu'il se dirigea vers la maison de Bosseur.
Par ses fenêtres à barreaux, celui-ci regarda Garou gravir la colline, s'approcher de chez lui et s'arrêter devant la porte blindée.
– Ouvre-moi ! rugit Garou de sa plus grosse voix et en montrant les dents.
– Tu me prends pour un cochonnet ! se moqua Bosseur en l'observant par l'œilleton de sa porte. Débrouille-toi pour essayer d'entrer ! Souffle sur ma maison, par exemple. Tu réussiras peut-être à la faire s'écrouler. Ha ! Ha !
Et Bosseur, qui n'avait pourtant pas l'habitude de rire beaucoup, était pour une fois franchement plié en deux. Mais le loup se mit aussi à rire, d'un rire carnassier.
– Ce que tu ignores, dit-il en sortant divers crochets de son sac à dos, c'est que mon père était serrurier. Chez les loups, c'est un métier très répandu !
Il commença à triturer les serrures qui lâchèrent des cliquetis inquiétants. Bosseur transpirait à grosses gouttes. Il vit les quatre serrures s'ouvrir les unes après les autres. Il n'y avait plus qu'une solution : le petit cochon se précipita dans un tunnel qu'il avait creusé en prévision de ce genre de désagrément. Alors que Garou entrait dans sa maison, Bosseur disparut à l'intérieur de son passage secret. Il en ressortit en bas de la colline et, sans attendre, il courut vers la forêt pour y retrouver son frère.

faire sa tête de lard : faire la tête, râler (familier).

une porte blindée : une porte très solide.

un blockhaus : un bâtiment militaire très solide, fait en béton.

la hargne au ventre : avec mauvaise humeur, avec agressivité (familier).

gravir : grimper.

l'œilleton : la petite ouverture ronde dans la porte qui permet de regarder qui arrive.

carnassier : cruel.

triturer : manipuler dans tous les sens.

un désagrément : un événement* désagréable.

– Farfelu ! appela-t-il. Farfelu !

– Que se passe-t-il ? lui demanda son frère.

Bosseur leva le groin et découvrit Farfelu perché dans une cabane qu'il s'était construite en haut d'un arbre.

– Le loup ! raconta Bosseur. Il est entré dans ma maison. Et il me poursuit certainement ! Il va arriver !

Farfelu lui lança une échelle de corde et Bosseur le rejoignit dans sa cabane.

– Pas de panique, le rassura Farfelu. Les loups ne savent pas grimper aux arbres. Ici, on est en sécurité. Regarde, j'ai même accroché une balançoire à cette branche. Tu veux essayer ?

– Ce n'est pas le moment de s'amuser ! paniqua Bosseur. Voici le loup !

En effet, Garou arrivait au pas de course, son sac toujours sur son dos.

– Tiens donc, lança-t-il au pied de l'arbre. Comme on se retrouve.

– Va voir ailleurs si on y est ! lui rétorqua Farfelu. Tu ne pourras jamais grimper !

– Ce que tu ignores, répondit Garou en sortant une petite tronçonneuse de son sac, c'est que mon grand-père était bûcheron. Chez les loups, c'est un métier très répandu !

Il mit sa machine en marche et approcha la lame du tronc ! Un tas de sciure se forma rapidement. Les deux petits cochons transpiraient à grosses gouttes. Puis l'arbre s'inclina… Il n'y avait plus qu'une solution : avant qu'il ne s'écrase au sol, Bosseur et Farfelu sautèrent de la cabane, atterrirent dans un tas de feuilles mortes, et décampèrent à toute vitesse en direction de la plage !

– Courez, courez, se moqua le loup en rangeant sa tronçonneuse. Mais vous ne m'échapperez pas !

la sciure : la poussière qui tombe quand on scie du bois.

décamper : partir (familier).

Les deux petits cochons arrivèrent bientôt à la plage en tirant la langue.

– Traîne-Sabots ! appelèrent-ils d'une voix faible. Traîne-Sabots !

Leur frère, qui faisait la sieste près de l'eau, ouvrit un œil.

– Que se passe-t-il ? demanda-t-il en s'étirant.

– Le loup ! raconta Bosseur. Il est entré dans ma maison.

– Et il a abattu l'arbre où j'avais installé ma cabane, termina Farfelu. Il nous poursuit !

– Calmez-vous, les rassura Traîne-Sabots. Nous allons nous réfugier dans ma maison.

– Ta maison ? Quelle maison ? s'affola Bosseur. Tu n'as encore rien construit !

Traîne-Sabots désigna alors fièrement un radeau au bord de l'eau.

– Ce ne sont que des vieilles planches reliées avec de la corde ! protesta Bosseur. Le mât est de travers et la voile à moitié déchirée !

– La voile, c'est très pratique, précisa Traîne-Sabots. Elle permet de faire avancer le radeau sans effort et on peut aussi s'en servir comme parasol, comme parapluie, ou comme couverture pour la nuit. Fais-moi confiance, cette fois, c'est nous qui allons jouer un mauvais tour à ce loup.

– Je ne vois pas comment ! se fâcha Bosseur. Et je refuse de monter sur… cette chose !

– C'est notre seule chance d'échapper au loup ! hurla Farfelu en le poussant sur le bateau.

Traîne-Sabots hissa aussitôt la voile. Le radeau s'éloignait de la plage avec les trois petits cochons quand le loup arriva au bord de l'eau.
– C'est encore moi ! leur cria-t-il en se léchant les babines.
– Inutile de faire le malin, lui lança Traîne-Sabots. Tout le monde sait que les loups ne savent pas nager.
– Ce que tu ignores, répliqua le loup en sortant une bouée de son sac à dos, c'est que mon oncle est directeur d'un grand supermarché. Chez les loups, c'est un métier très répandu ! Il m'a offert cette bouée en forme de canard quand il a su que je venais au bord de la mer. Elle est belle, non ?
Et le loup souffla, souffla et souffla encore, et la bouée, magnifique en effet, fut bientôt gonflée. Il la passa autour de sa taille et se jeta à l'eau, avant de nager en direction du radeau !
– Vous n'avez pas de chance, ricana-t-il en rattrapant l'embarcation des petits cochons. Le vent est tombé.

Bosseur et Farfelu suaient à grosses gouttes. Seul Traîne-Sabots continuait à sourire à l'idée du mauvais tour qu'il était en train de jouer à Garou.
– Ce que tu ignores, dit-il au loup, c'est que cette eau est infestée de requins. C'est pour cette raison que je ne m'y baigne jamais !
Le loup remarqua alors deux, trois puis quatre ailerons qui tournaient autour de lui, en décrivant des cercles concentriques… Puis il sentit qu'on lui mordillait les chevilles !

infestée : remplie.
un aileron : une nageoire.
des cercles concentriques : des cercles de même centre mais de diamètres différents.

Je comprends

1. Comment s'appelle chacun des fils de Madame Cochon ? Explique pourquoi.
2. Pourquoi doivent-ils quitter leur mère ?
3. Selon elle, de qui doivent-ils se méfier ?
4. À quel endroit s'installe chacun d'eux pour construire sa maison ?
5. En quels matériaux sont construites les deux premières maisons ?
6. Comment le loup détruit-il chacune d'elles ?
7. Observe l'illustration de la page 28. Que regarde le loup ?
8. Qu'est-ce qu'a construit le troisième cochon ?
9. Qu'arrive-t-il au loup à la fin de l'histoire ?

Je repère

1. Comment commence cette histoire ? Par quelle formule finit-elle ?
2. Compare ces trois cochons à ceux du conte *Les Trois Petits Cochons*. Leurs maisons sont-elles présentées dans le même ordre ? Quelles différences y a-t-il ?
3. Quels métiers ont faits ou font le père, le grand-père et l'oncle de Garou ? Pourquoi est-ce amusant ?
4. Relève les passages qui sont répétés plusieurs fois presque à l'identique.
5. Combien d'épisodes cette histoire comporte-t-elle ?
6. Explique le titre de cette histoire.
7. De quel type d'histoire s'agit-il ? Explique ta réponse.

– Aaaaah ! Ces requins ont une dent contre moi ! s'affola Garou en s'agitant dans tous les sens.
Il se battit, se débattit et combattit avec brio… mais, bientôt, il disparut sous l'eau, victime d'un mauvais tour de cochon !
Seule la bouée remonta à la surface.
– Youpi ! s'exclama Farfelu en dansant sur le radeau. On est débarrassés de ce maudit loup !
– Je dois avouer que ton plan était ingénieux, admit Bosseur en félicitant Traîne-Sabots. Ce radeau est une très bonne idée. Il faudrait juste y apporter quelques améliorations. Une coque plus grande et un pont solide. On pourrait aussi fabriquer des cabines et installer des voiles supplémentaires pour aller plus vite, et aussi…
Farfelu et Traîne-Sabots s'étaient déjà allongés sur le radeau, à l'ombre de la voile. Ils regardaient le ciel bleu pendant que leur frère, incorrigible, dressait un plan des travaux.
– … et aussi une cuisine et un moteur pour les jours sans vent, et…

Et c'est ainsi que les trois petits cochons ont échappé au loup et naviguent aujourd'hui encore autour du monde sur un magnifique bateau !

Marc Cantin, *Un tour de cochon*, texte inédit.

avec brio : avec talent.

ingénieux : malin, intelligent.

Je dis

1. Relève les trois phrases prononcées par les cochons entre les lignes 4 et 14.
2. Dis-les les unes à la suite des autres. Adapte le ton selon le caractère du cochon qui parle.

Je participe à un débat

L'histoire

1. Pourquoi chacun des cochons se sent-il à l'abri dans sa maison ?
2. Le loup peut-il s'y prendre de la même manière que dans le conte *Les Trois Petits Cochons* pour détruire les maisons ? Pourquoi ?
3. Compare la fin de cette histoire avec celle du conte traditionnel *Les Trois Petits Cochons*. Pouvait-on s'y attendre ?

Les cochons

4. Compare le caractère des trois cochons de ce conte avec celui de ceux du conte *Les Trois Petits Cochons*. Que remarques-tu ?
5. Traîne*-Sabots et Bosseur ont-ils le même avis sur le radeau et sur la façon de vivre en général ? Et toi, avec lequel es-tu d'accord ?

J'écris

1. Recopie les phrases des lignes 15, 26, 45 et 130, puis souligne le sujet des verbes « amusait », « déclara », « ressemblait » et « suaient ».
2. Imagine à ton tour un plan ingénieux pour te débarrasser du loup. Écris ton texte au présent.

L'opéra-bouffe

Partition de l'opéra-bouffe *Barbe-Bleue*, 1866.

Doc. 2

Jacques Offenbach est un compositeur français du XIXe siècle ; il est également violoncelliste. Il est le créateur d'un genre nouveau d'opéra, l'opéra-bouffe, qui traite les sujets sur le ton de la comédie. La partition de l'opéra-bouffe *Barbe-Bleue*, inspiré du conte de Charles Perrault, a été composée sur un livret d'Henri Meilhac et Ludovic Halèvy en 1866.

Dans cet opéra, Offenbach s'éloigne de la noirceur du conte traditionnel en modifiant le caractère des personnages et les situations. Le sinistre Barbe-Bleue devient un personnage joyeux. Son serviteur n'a finalement pas tué les épouses de son maître mais les a seulement endormies. Tout cela prépare une chute fantaisiste avec le retour des épouses que l'on croyait mortes.

Je comprends

1. Qui est l'auteur du conte *Barbe-Bleue* ?
2. Qui a composé l'opéra-bouffe *Barbe-Bleue* ? À quel siècle ?
3. Qu'est-ce qu'un opéra-bouffe ?
4. Quelles différences y a-t-il entre l'histoire du conte traditionnel et celle de l'opéra-bouffe ?
5. Pourquoi peut-on dire que cet opéra-bouffe est un « conte refait » ?
6. Comment sont indiqués les morceaux de l'opéra-bouffe dans le Doc. 1 ? Cites-en deux.
7. Dans la scène IX, combien de femmes Barbe-Bleue pense-t-il avoir tuées ?

Je décris un document

1. Quelles sont les deux informations principales du Doc. 1 ?
2. Comment sont-elles mises en valeur ?
3. D'après les illustrations du Doc. 1, à quelle époque se déroule l'opéra-bouffe *Barbe-Bleue* ?
4. Qu'explique le Doc. 2 ?
5. De quelle manière est mis en forme le texte du Doc. 3 ?
6. Qu'est-ce qui te montre que ce texte va être joué ?
7. Que manque-t-il pour pouvoir le chanter ? Compare avec le Doc. 1.

Doc. 3

Scène IX
Barbe-bleue, Hommes d'armes

Quand le cortège a disparu, Barbe-Bleue descend, suivi de ses hommes d'armes.

BARBE-BLEUE
Encore une, soldats, belle parmi les belles !
Pourquoi donc le destin les met-il sur mes pas,
Ces femmes qu'aussitôt des morts accidentelles
Arrachent de mes bras !

COUPLETS
I
Ma première femme est morte,
Et que le diable m'emporte,
Si j'ai jamais su comment !
La deuxième et la troisième,
Ainsi que la quatrième,
Je les pleure également.
La cinquième m'était chère,
Mais, la semaine dernière,
À mon grand étonnement,
Sans aucun motif plausible,
Les trois Parques*, c'est horrible !
L'ont cueillie eu un moment…
Je suis Barbe-Bleue, ô gué !
Jamais veuf ne fut plus gai !

LES SOLDATS
Il est Barbe-Bleue, ô gué !
Jamais veuf ne fut plus gai !

BARBE-BLEUE
II
Maintenant que j'ai dit comme,
L'on m'appelle et l'on me nomme,
Chacun comprend à l'instant,
Que mon unique pensée,
Est de la voir remplacée,
Celle que j'adorais tant !
Entre nous, c'est chose faite :
La sixième est toute prête,
Mais je sais ce qui l'attend.
Je le sais, et je crois même
Que déjà de la septième
Je m'occupe vaguement…
Je suis Barbe-Bleue, ô gué ? etc., etc.

LE CHŒUR
Il est Barbe-Bleue, etc.

Livret de Henri Meilhac et Ludovic Halévy.

* Dans la mythologie romaine, les trois Parques tissent le fil de la vie.
Elles sont les déesses de la naissance, de la destinée humaine et de la mort.

Je découvre le lexique de l'opéra

1. Comment appelle-t-on la musique d'un opéra ?
2. Comment la musique est-elle représentée ?
3. Comment appelle-t-on le texte d'un opéra ?
4. Quels mots désignent les différentes parties du texte (Docs. 1 et 3) ?

J'utilise mes connaissances

1. Recherche des illustrations qui représentent le personnage de Barbe-Bleue.
2. Choisis l'illustration qui te semble le mieux correspondre au personnage de l'opéra-bouffe.
3. Lis à voix haute le premier couplet de la scène IX en respectant bien la ponctuation.
4. Essaie de chanter ces paroles sur un air que tu connais.

La désignation des personnages

Je cherche

1. Lis le texte suivant.

Crochutte était **une vieille sorcière** qui habitait seule dans sa maison depuis la mort de son mari. Ce matin-là, [...] elle décida d'aller faire ses courses et prépara son balai et son cabas. Mais quand **elle** sortit sur le pas de la porte, elle poussa un cri de surprise : elle venait de découvrir à ses pieds un panier en osier et dans ce panier... un bébé !
– Qu'est-ce que c'est que **ça** ? glapit la sorcière.
Réveillé en sursaut, le nouveau-né se mit à pleurer. [...]
Elle examina le bébé sous toutes ses coutures : **il** était vraiment affreux. Ses oreilles étaient énormes, son nez pointu et sa bouche tordue.
– Quel beau petit ! songea la sorcière. Il me ressemble un peu. Comment peut-on abandonner une telle merveille ? Décidément les gens n'ont pas de goût.

Nicolas de Hirsching, *La Plus Affreuse des sorcières*, coll. « Cascade », © Éditions Rageot.

2. Observe les mots en gras. Quels personnages désignent-ils ?
3. Relève les groupes de mots qui désignent le bébé.

Je réfléchis

1. Lis cet extrait.

En traversant le bois, elle rencontra compère le Loup, qui eut bien envie de la manger ; mais il n'osa pas, à cause de quelques bûcherons qui étaient dans la forêt. Il lui demanda juste où elle allait ; la pauvre enfant ne savait pas qu'il était dangereux de s'arrêter pour écouter un Loup.

Alain Serres, *Le Petit ChaPUBron rouge*, © Éditions Rue du monde, 2010.

2. Relève les mots ou groupes de mots qui désignent le personnage principal.

Je m'exerce

1. Recopie le texte suivant et complète-le avec des mots ou des groupes de mots qui conviennent.

Il était une fois un boulanger et une boulangère qui avaient neuf ... . La plus jeune, ..., n'avait que six ans. ... était nommée ainsi car elle aimait par-dessus tout ... .

2. Compare ton texte avec celui d'un(e) camarade. Avez-vous utilisé les mêmes groupes de mots ?

J'ai compris

- Dans un texte, un personnage peut être désigné par :
  – **son nom** (*ex. :* « Crochutte ») ;
  – **un pronom** (*ex. :* « Le bébé était vraiment affreux. » → « **Il** était vraiment affreux. ») ;
  – un groupe de mots que l'on appelle **un substitut** (*ex. :* « La pauvre enfant »).
- L'utilisation des pronoms et des substituts pour désigner un personnage permet d'**éviter les répétitions**.

Les personnages de conte

Je lis

1. Lis ces titres de contes. Classe-les dans un tableau à deux colonnes (**titres de contes traditionnels** et **titres de contes refaits**).

La Laide au Bois dormant – Le Petit Bonhomme de pain d'épices – Le Vilain Petit Canard – Cendrillon – Le Petit Chaperon rouge – Le Petit Homme de fromage – Les Fées – Le Petit Chaperon bleu marine – La Belle au bois dormant – L'Immonde Petit Canard – Cendrillon dépoussiérée – La Fée du robinet

2. Quels changements annoncent les titres des contes refaits par rapport aux contes traditionnels sources ?
3. Lis le début de ces deux contes.

A. – « Vous n'êtes guère honnête, reprit la fée, sans se mettre en colère ; eh bien ! puisque vous êtes si peu obligeante, je vous donne pour don qu'à chaque parole que vous direz, il vous sortira de la bouche ou un serpent ou un crapaud. »
D'abord que sa mère l'aperçut, elle lui cria : « Eh bien, ma fille !
– Eh bien, ma mère ! lui répondit la brutale, en jetant deux vipères et deux crapauds. » […]
Elle se fit tant haïr, que sa propre mère la chassa de chez elle ; et la malheureuse, après avoir bien couru sans trouver personne qui voulût la recevoir, alla mourir au coin d'un bois.

Charles Perrault, *Les Fées*.

B. – « Puisque vous êtes si peu aimable, je vous donne pour don qu'à chaque mot que vous direz, il vous sortira de la bouche un serpent ! »
Le lendemain, en effet, au premier mot qu'elle voulut dire pour raconter la chose à ses parents, Marie cracha une couleuvre. Tous affolés, ses parents la menèrent chez un médecin.
– « Que faut-il faire, Docteur ? demandèrent les parents.
– Ce qu'il faut faire ? Eh bien, c'est simple ! Mon cher Monsieur, j'ai l'honneur de vous demander la main de votre fille.
– Vous voulez l'épouser ? Pourquoi donc ? Vous pensez que le mariage la guérira ?
– J'espère bien que non ! répondit le médecin. Voyez-vous, je travaille à l'Institut Pasteur, à la fabrication des sérums antivenimeux. Dans mon service, nous manquons de serpents. Une demoiselle comme votre fille est pour moi un trésor ! »
C'est ainsi que Marie épousa le jeune médecin.

Pierre Gripari, « La Fée du Robinet », *Contes de la rue Broca*, © Les Éditions de la Table Ronde, 1967.

4. Quel extrait provient du conte traditionnel source ? Comment l'as-tu reconnu ?
5. Quelles sont les ressemblances et les différences entre les personnages ?
6. Pourquoi les caractéristiques des personnages du conte refait peuvent-elles rendre la suite du conte amusante ?

J'ai appris

- Dans les contes refaits, **les noms** des personnages traditionnels **sont souvent transformés** (*ex. : Le Petit Chaperon rouge → Le Petit Chaperon bleu marine*).
- La situation des personnages et leurs caractéristiques changent. **Les rôles sont souvent inversés** : par exemple, les gentils deviennent méchants (*ex. : C'est le cochon le plus paresseux qui sauve ses frères / Le médecin épouse Marie par intérêt et non par amour*).
- Ce sont ces changements du personnage et de sa situation qui rendent les contes refaits **amusants**.

Production d'écrit

Écrire le début d'un conte refait

Je lis

Il était une fois un gentilhomme veuf qui épousa une femme orgueilleuse et fière. Cette femme avait deux filles égoïstes et méchantes. Le mari avait de son côté une jeune fille très douce et très bonne. À peine mariée, la belle-mère montra l'étendue de son mauvais caractère et ne put supporter les qualités exceptionnelles de sa belle-fille. Elle la chargea donc des tâches les plus difficiles dans la maison et la fit coucher dans une petite chambre au grenier. Lorsqu'elle avait terminé son travail, la pauvre jeune fille allait se réchauffer près de la cheminée et s'asseyait dans les cendres. C'est pourquoi ses belles-sœurs la surnommèrent « Cendrillon ».

Cendrillon, d'après Charles Perrault.

1. Qui sont les personnages de ce conte ?
2. Décris leurs caractères.
3. Qui est le personnage principal ?
4. Quelle est sa situation au début de ce conte ?

J'écris

• **À partir du début de *Cendrillon*, écris le début d'un conte refait en le rendant amusant.**

Étape 1 : Je réfléchis

1. Fais la liste des différents personnages de ton conte.
2. Quelles sont leurs caractéristiques ?
3. Qui est le personnage principal ? Quel est son problème au début de l'histoire ?

Étape 2 : Nous échangeons des idées

1. Dites ce que vous aimeriez garder du début du conte traditionnel (les méchants, l'héroïne, son problème, le lieu de l'action…).
2. Dites ce que vous aimeriez changer (le caractère du personnage, sa situation, l'époque ou le lieu, les autres personnages…) pour rendre vos histoires amusantes.

Étape 3 : Je fais un brouillon

1. Invente un titre en changeant le nom du personnage ou en faisant un jeu de mots.
   • Ex. : Le Chat botté → Le Chat empoté – Le Petit Chaperon rouge → Le Petit Jogging rouge
2. Prépare et complète un tableau dans lequel tu indiqueras les changements de la situation du personnage principal.
   • son caractère • son rôle dans l'histoire
   • son problème • l'époque à laquelle il vit

Étape 4 : J'écris mon texte

1. Dans le début de ton conte refait, souligne les passages que tu as changés pour rendre ton conte amusant.
2. Si tu n'es pas certain de l'orthographe d'un mot, encadre-le.

Étape 5 : Je relis mon texte

- J'ai utilisé le début du conte traditionnel pour écrire le début de mon conte refait.
- J'ai changé la situation ou le comportement du personnage principal.
- Je vérifie que mon début de conte est surprenant et amusant.
- Je vérifie l'orthographe des mots que j'ai encadrés.

Participer à un échange d'idées

J'observe et je réfléchis

1. Observe l'illustration et lis les textes de cette affiche.

2. **Mettre en relation l'image et le texte de l'affiche**
   - Quel personnage de conte reconnais-tu sur l'affiche ? Donne son nom.
   - Qu'est-il en train de faire ?
   - Quel lien fait le slogan entre le produit et le personnage du conte que tu connais ? Explique ta réponse.

3. **Les personnages des contes dans la publicité**
   - À qui s'adresse principalement cette publicité : aux enfants ? aux parents ?
   - Donne-t-elle envie de consommer le produit présenté ?
   - À ton avis, pourquoi les publicitaires utilisent-ils les personnages des contes pour faire la publicité de certains produits ?

Je participe à un échange d'idées

- **Explique à tes camarades le message de cette affiche et dis ce que tu penses de l'utilisation des personnages de contes dans la publicité.**

Pour bien participer à un échange d'idées

- J'explique le lien entre le produit vendu et le personnage de conte utilisé.
- Je reformule avec mes mots le message de cette affiche.
- J'explique quel est l'effet produit par cette affiche.
- Je donne mon opinion sur l'utilisation des contes dans la publicité.
- Nous avons bien pris la parole les uns après les autres. Nous nous sommes écoutés.
- Nous avons pu expliquer clairement le lien entre le personnage de conte et le produit vendu.

Orthographe : Les accords dans le groupe nominal, p. 166.
Grammaire : Les compléments du verbe, p. 168.
Lexique : Les préfixes, p. 170.

Touchez pas au roquefort !

 *Pendant la nuit, Grasdouble, un marchand de fromage, a été victime d'un cambriolage…*

l'entrepôt : le lieu de stockage.
stupéfait : très étonné.

appeler quelqu'un à la rescousse : appeler quelqu'un à l'aide.

avoir le fin mot de l'affaire : comprendre ce qui s'est passé.

Lorsqu'il entra dans l'entrepôt, Grasdouble s'immobilisa sur le pas de la porte. Stupéfait, il promena son regard sur les étagères : elles étaient vides. Des voleurs avaient tout emporté, il ne restait plus le moindre morceau de fromage. « Une seule chose à faire, pensa immédiatement Grasdouble : appeler l'inspecteur Souris à la rescousse. » L'inspecteur Souris ne tarda pas à arriver sur les lieux. Il était accompagné de son adjoint, Sam Ledentu.
« Dieu merci, vous êtes là, inspecteur ! J'ai été cambriolé, les voleurs ont emporté toutes mes réserves de fromage, gémit Grasdouble.
– Hmmm », murmura l'inspecteur Souris en jetant un regard dans l'entrepôt. Il remarqua aussitôt un indice qui ne pouvait échapper à son œil de détective professionnel.
« C'est Jo Lerayé qui a fait le coup, marmonna l'inspecteur.
– Comment diable pouvez-vous le savoir ?! s'exclama Grasdouble, visiblement impressionné.
– Je croyais que Jo Lerayé était de notre côté, fit remarquer Ledentu en sortant sa loupe.
– Peu importe, dit l'inspecteur, viens avec moi Ledentu, nous allons avoir le fin mot de l'affaire. »

Je comprends

1. Quel méfait a été commis au début de l'histoire ?
2. Qui en est la victime ?
3. Quels personnages vont mener l'enquête ?
4. Qui soupçonnent-ils ?
5. Que sont ces personnages ? Explique ta réponse en relevant des indices dans le texte.
6. Dans quel lieu se rendent d'abord les enquêteurs ? Pourquoi ?
7. Où sont cachés les voleurs ?
8. Observe le dessin. Quel indice l'inspecteur Souris a-t-il repéré ?

Je repère

1. Relève le titre de cette histoire. De quel type de phrase s'agit-il ?
2. Au début d'une enquête policière, on trouve une victime, un enquêteur et un suspect. Qui sont-ils dans ce texte ?
3. De quel genre de roman s'agit-il ? Relève les mots et expressions qui te permettent de répondre.
4. Que se passe-t-il toujours au début de ce genre de roman ? À quelles phrases du texte cela correspond-il ?
5. Quelles sont les étapes de l'enquête ?

L'inspecteur Souris et son adjoint se rendirent au « Club du Bleu d'Auvergne », un bar mal famé qui se trouvait sur le port. Lorsqu'ils poussèrent la porte du club, l'orchestre des Rock Forts était en train de jouer : il y avait John Reblochon à la batterie, Duke Emmenthal au piano et Hornett Chavignol au saxophone ténor. Ils accompagnaient Rosy Coulommiers, la chanteuse de charme du groupe. L'inspecteur Souris s'avança vers le bar d'un pas nonchalant et s'accouda face à Bobby Lindic, son informateur.
« Salut, Bobby, je parie que tu sais où se trouve Jo Lerayé », dit l'inspecteur d'un ton menaçant.
Bobby Lindic se mit à trembler de peur.
« Pour sûr, inspecteur, répondit-il d'une voix mal assurée, il… il est dans un vieil entrepôt désaffecté, là-bas, sur le quai. C'est là qu'il se cache avec toute sa bande. »

L'inspecteur Souris et Sam Ledentu se rendirent à l'adresse indiquée et entrèrent silencieusement dans le bâtiment.
« Ils sont sûrement à la cave, murmura l'inspecteur. Il suffit de soulever la trappe pour vérifier.
– Vous avez raison, inspecteur, ils sont là, dit Ledentu dans un souffle, et regardez, les fromages volés sont empilés sur la table. Attaquons-les par surprise.
– Non, il vaut mieux attendre, conseilla l'inspecteur, toute la bande est au complet, regarde, il y a Jo Lerayé, Dédé Parmesan, Freddy Munster, Paulo le Basané, la petite Betty Quartdebrie et même Oscar Grosbonnet, le chef du gang. Il nous faudra du renfort. J'ai un plan. »

mal famé : mal fréquenté.

un pas nonchalant : un pas lent, tranquille.

un informateur : quelqu'un qui donne des informations sur un crime.

mal assurée : peu sûre* d'elle.

désaffecté : qui n'est plus utilisé.

le renfort : le secours.

Bernard Stone, *Touchez pas au roquefort !*,
traduit de l'anglais par Jean-François Ménard, © Éditions Gallimard.

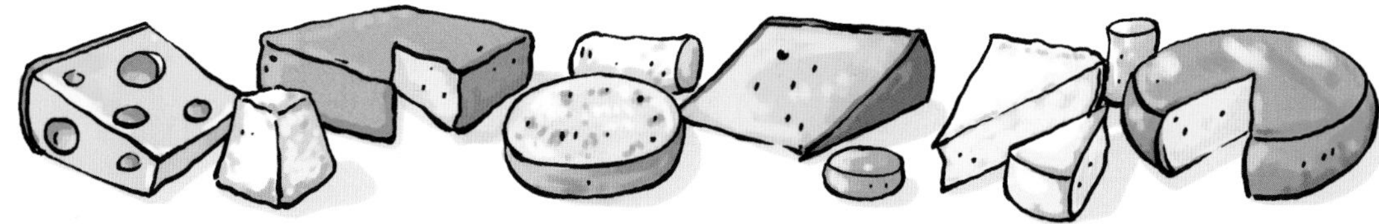

Je dis

1. Relis le texte des lignes 26 à 30. À qui s'adresse l'inspecteur Souris ?
2. Relève les groupes de mots qui indiquent sur quel ton les personnages parlent.
3. Jouez la scène à deux avec le bon ton.

Je participe à un débat

L'inspecteur Souris

1. Quelles sont les qualités de l'inspecteur Souris qui impressionnent Grasdouble ?
2. À ton avis, quelles sont les qualités nécessaires pour être un bon enquêteur ?

L'histoire

3. Quels éléments rendent ce texte humoristique (méfait, personnages…) ?

J'écris

1. Ajoute des préfixes aux mots « faire » (l. 4), « tarder » (l. 5), « coup » (l. 12) et « jouer » (l. 21) pour former de nouveaux mots. Puis emploie-les dans des phrases.
2. Imagine qu'un autre méfait a été commis dans un lieu différent. Réécris le premier paragraphe, sans changer les personnages (tu peux l'écrire au présent de l'indicatif).

Le verbe : Les temps du discours : passé, présent, futur, p. 164.
Lexique : Les suffixes, p. 172.

Une question de temps

déguster : manger avec plaisir, se régaler.

Sherlock Heml'Os a invité Ouahtson à déjeuner. Les deux amis sont en train de déguster le dessert lorsqu'ils entendent un train siffler au loin.

« Ce doit être le train postal de Nicheville, dit Ouahtson.

– Oui, répond Sherlock Heml'Os en regardant sa montre. Il passe tous les jours à cette heure-ci. »

Les deux détectives entament une discussion sur les trains qui sont à l'heure et ceux qui ne le sont pas.

« Le train le plus ponctuel, déclare Sherlock, c'est sans conteste l'Argent-Express.

– Oui. Il passe tous les jours à Nicheville à deux heures de l'après-midi, très exactement.

– Et quand il passe, il siffle deux fois, précise Sherlock Heml'Os.

– C'est si vrai qu'on peut compter sur lui pour indiquer l'heure pile ! reprend Ouahtson. Ce qui me fait penser, d'ailleurs, que j'ai oublié de remonter ma montre… »

Il sort de son gousset sa belle montre en or, mais au moment de la remonter, il s'aperçoit qu'elle ne marche pas. En fait, une des deux aiguilles est cassée.

« Zut alors ! grommelle-t-il. Il va falloir que j'aille en ville la faire réparer. Heml'Os, mon ami, veux-tu m'accompagner ? »

Sherlock Heml'Os est d'accord, et les deux détectives avalent rapidement les dernières bouchées de leur dessert. Ils prennent le chemin de la ville et se rendent à bicyclette chez l'horloger, Sam Spitz. Mais soudain, ils croisent un autre cycliste qui va dans la direction opposée. Ils ont à peine le temps de le reconnaître tant celui-ci pédale vite : il s'agit de Bernie Boxer, le regard fixé sur sa montre et l'air terriblement pressé. Ouahtson se tourne vers Sherlock Heml'Os, mais au moment où il ouvre la bouche pour lui parler, un sifflet de train retentit deux fois. Heml'Os se tourne alors vers son ami.

entamer : commencer.

ponctuel : qui est toujours exactement à l'heure.

un gousset : une très petite poche d'un gilet.

grommeler : parler entre ses dents.

« Tu disais ?
– Je voulais dire que Bernie a l'air drôlement pressé de quitter la ville.
– En effet… »

Un peu plus tard, les deux amis arrivent au magasin de Sam Spitz, au centre-ville. En entrant, ils trouvent Sam tout bouleversé : quelqu'un vient de lui voler une montre !

« Comment est-ce arrivé ? demande Sherlock Heml'Os.
– Je suis resté quelques instants dans mon arrière-boutique, et en sortant, j'ai aperçu quelqu'un qui se glissait dehors. Je me suis tout de suite rendu compte qu'il manquait une montre à mon étalage.
– Et avez-vous eu le temps d'identifier le voleur ? interroge Ouahtson.
– Il avait un peu la silhouette de Bernie Boxer, mais je ne peux pas affirmer que c'était lui. »

Ouahtson sursaute et s'écrie :
« Bon sang, Heml'Os, mais c'est certainement lui le coupable ! Nous l'avons vu s'enfuir de la ville à toute vitesse, et il portait une montre !

se glisser dehors : se faufiler, sortir sans se faire remarquer.
identifier : reconnaître*.

Je comprends

1. Comment s'appellent les deux détectives ?
2. Que sont-ils en train de faire au début de l'histoire ?
3. Quelles sont les particularités du train l'Argent-Express ?
4. Pourquoi les deux détectives se rendent-ils chez l'horloger Sam Spitz ?
5. Qui croisent-ils en chemin ?
6. Que vient-il de se produire chez l'horloger ?
7. Sam Spitz et Ouahtson soupçonnent quelqu'un. De qui s'agit-il ?
8. Qu'en pense le détective Sherlock Heml'Os ?

Je repère

1. Recopie les noms des deux personnages de cette histoire et lis-les à voix haute.
2. À quels détectives célèbres te font penser ces noms ?
3. Relève le nom de la ville dans laquelle se déroulent ces événements*. Comment est-il composé ?
4. Pourquoi les noms des personnages et celui de la ville sont-ils amusants ?
5. Que sait-on et que ne sait-on pas à la fin de l'histoire ?
6. De quel genre d'histoire s'agit-il ? Quelle étape de l'enquête manque-t-il ?

– Hum… », murmure Sherlock.

Puis se tournant vers Sam, il lui demande :

« Pouvez-vous me dire à quelle heure le vol a eu lieu ?

– Si je peux le dire ? Mais bien sûr ! C'est mon métier de connaître l'heure exacte à tout moment de la journée. Il était précisément deux heures de l'après-midi. »

Sherlock Heml'Os a un air pensif.

« Mon cher Sam, je ne peux pas encore vous dire qui est votre voleur. Je mènerai mon enquête. Mais je suis positivement certain qu'il ne s'agit pas de Bernie Boxer !

– Vraiment ? s'étonne Sam. Et comment pouvez-vous en être sûr ? »

Jim et Mary Razzi, *Sherlock Heml'Os mène l'enquête*, traduit par Marianne Costa, © Le Livre de Poche Jeunesse.

Je dis

1. Relis la dernière réplique de Sherlock Heml'Os (l. 70 à 72) ?
2. Dis cette réplique avec assurance.

Je participe à un débat

Les personnages

1. À ton avis, pourquoi y a-t-il deux détectives dans cette histoire ? Quel est le rôle de chacun d'eux dans l'enquête ?

L'histoire

2. À toi de mener l'enquête : sur quels indices s'appuie Sherlock Heml'Os pour innocenter Bernie Boxer ?
3. Peux-tu maintenant expliquer le titre de cette histoire ? Quels autres titres pourrais-tu lui donner ?

J'écris

1. Relis les dialogues du texte, puis recopie une phrase au passé composé, une phrase au présent et une phrase au futur.
2. À partir de ta participation au débat et des indices donnés dans le texte, écris un court paragraphe dans lequel Sherlock Heml'Os explique à Sam Spitz et à Ouahtson pourquoi Bernie Boxer ne peut pas être le coupable du vol.

Les animaux dans l'art

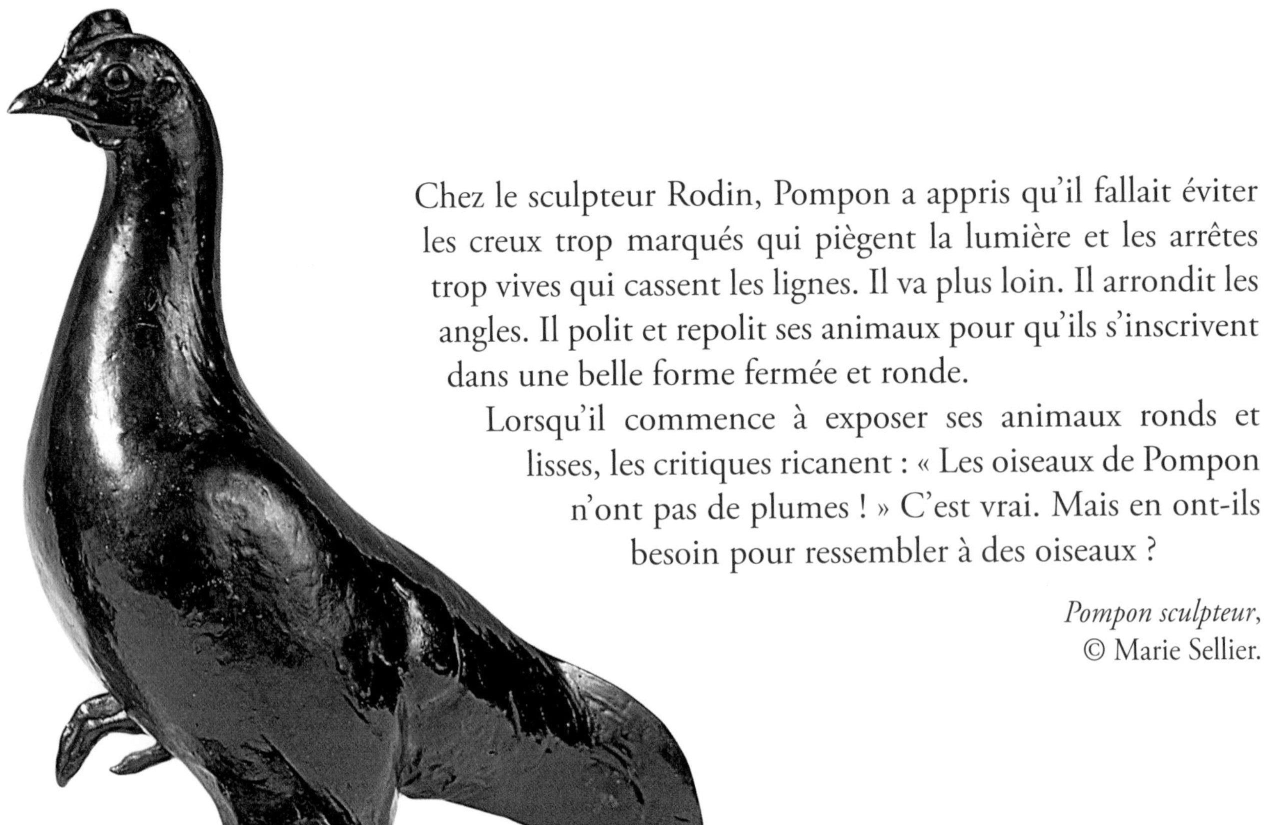

Chez le sculpteur Rodin, Pompon a appris qu'il fallait éviter les creux trop marqués qui piègent la lumière et les arrêtes trop vives qui cassent les lignes. Il va plus loin. Il arrondit les angles. Il polit et repolit ses animaux pour qu'ils s'inscrivent dans une belle forme fermée et ronde.

Lorsqu'il commence à exposer ses animaux ronds et lisses, les critiques ricanent : « Les oiseaux de Pompon n'ont pas de plumes ! » C'est vrai. Mais en ont-ils besoin pour ressembler à des oiseaux ?

Pompon sculpteur,
© Marie Sellier.

Doc. 1 François Pompon, *Poule cayenne*, 1926. Bronze.

Je comprends

1. Observe les deux photographies. De quel type d'œuvre d'art s'agit-il ?
2. Que représente chacune d'elles ?
3. Qui est le créateur de l'œuvre du Doc. 1 ? de l'œuvre du Doc. 2 ?
4. En quelle année ont été réalisées chacune d'elles ?
5. Qu'est-ce qui a fait ricaner les critiques lorsqu'ils ont vu les œuvres de l'artiste du Doc.1 ?
6. D'où vient le nom de l'œuvre du Doc. 2 ?

Je décris les documents

1. Qu'est-ce que la forme de l'œuvre du Doc. 1 a de particulier ?
2. Que cherche à faire l'artiste ?
3. Avec quels matériaux est réalisée l'œuvre d'art du Doc. 2 ?
4. Les deux œuvres sont-elles des représentations fidèles de la réalité ? Explique pourquoi.

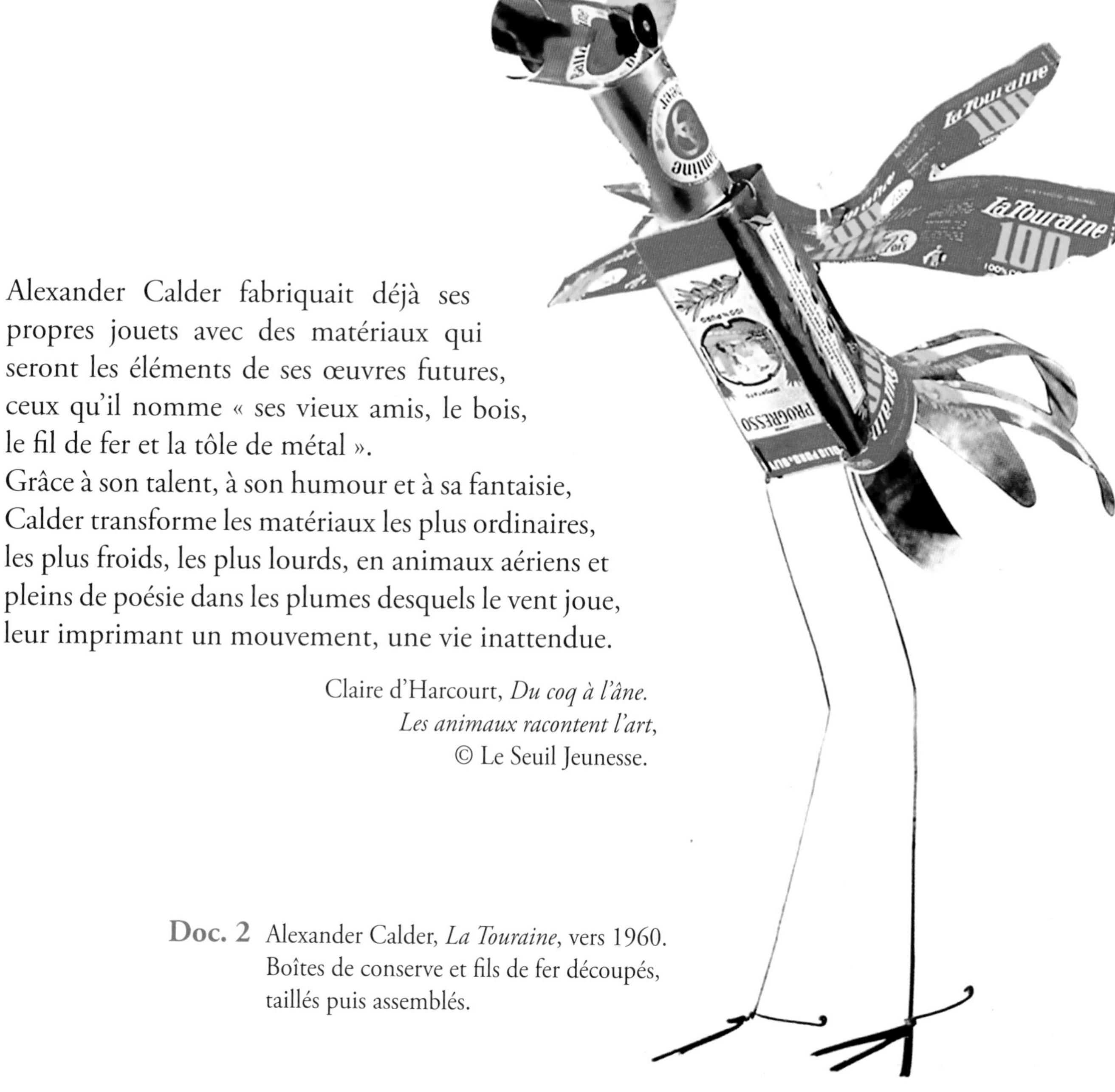

Alexander Calder fabriquait déjà ses propres jouets avec des matériaux qui seront les éléments de ses œuvres futures, ceux qu'il nomme « ses vieux amis, le bois, le fil de fer et la tôle de métal ».
Grâce à son talent, à son humour et à sa fantaisie, Calder transforme les matériaux les plus ordinaires, les plus froids, les plus lourds, en animaux aériens et pleins de poésie dans les plumes desquels le vent joue, leur imprimant un mouvement, une vie inattendue.

Claire d'Harcourt, *Du coq à l'âne. Les animaux racontent l'art*, © Le Seuil Jeunesse.

Doc. 2 Alexander Calder, *La Touraine*, vers 1960. Boîtes de conserve et fils de fer découpés, taillés puis assemblés.

Je découvre le lexique

1. Quel nom désigne les artistes qui créent ce type d'œuvres ?
2. Que doit faire l'artiste du Doc. 1 pour rendre ses œuvres rondes et lisses ?
3. Que fait l'artiste du Doc. 2 pour transformer des matériaux ordinaires en œuvre d'art ?
4. Que signifie le verbe « imprimer » dans le texte du Doc. 2 ?

J'utilise mes connaissances

1. Récupère des objets ou des matériaux ordinaires que tu peux trouver dans la classe ou chez toi.
2. Assemble-les pour réaliser une production en trois dimensions représentant un animal.
3. Écris un court paragraphe pour expliquer l'effet que tu as voulu produire.

Stratégies de lecture

La description d'un personnage à l'aide de substituts

Je cherche

1. Lis le texte suivant.

Ce jour-là, ça n'allait pas. J'étais assis à ma table habituelle au bar des Coccinelles et je venais de finir mon deuxième verre de nectar de rose. Brusquement, j'appelai Lulu la serveuse, une douce coccinelle au dos rebondi, et lui en commandai un troisième. Elle parut surprise.
« Attention, José, me dit-elle, c'est fort ! »

Béatrice Rouer, *L'Araignée qui pue des pieds*, coll. « Tipik Cadet », © Magnard Jeunesse, 2005.

2. Relève les pronoms qui désignent Lulu, puis les substituts qui la caractérisent.
3. Que nous apprennent-ils sur Lulu ?

Je réfléchis

1. Lis le texte suivant.

Mon escorte me poussa en avant et dit :
« Bug Muldoon, Majesté. »
La Reine me jeta un regard glacial.
« Voilà donc le tristement célèbre Bug Muldoon, détective privé… Dites-moi, vous qui êtes un scarabée, d'où vient votre nom ?
– C'est une longue histoire, mademoiselle, et je vous la raconterai peut-être un jour… »

Paul Shipton, *Tirez pas sur le scarabée*, trad. Thomas Bauduret, © Le Livre de Poche Jeunesse, 2014.

2. Qui est Bug Muldoon ? Relève tous les mots qui le désignent.
3. Parmi ces mots, fais la liste de ceux qui t'aident à te représenter ce personnage.
4. Relève les substituts qui désignent l'autre personnage de cet extrait.

Je m'exerce

1. Recopie le texte suivant et complète-le avec des substituts variés. Donne un nom amusant à l'inspecteur.

L'inspecteur … secoua ses antennes et déplia ses ailes. Il n'avait pas rêvé. Une silhouette se déplaçait dans l'obscurité ; c'était sans doute …. Il fonça droit sur … pour l'arrêter. Mais … s'esquiva et il sentit son regard implacable sur sa carapace.

J'ai compris

- Les substituts servent à **caractériser les personnages** pour que le lecteur puisse se les représenter, s'en faire une image (*ex. :* « une douce coccinelle au dos rebondi »).
- Dans les romans policiers animaliers, ils sont souvent utilisés pour **indiquer la fonction humaine des animaux** (*ex. : une serveuse, un détective, un jeune assistant*).

L'enquête dans un roman policier

Je lis

1. Lis ces cinq extraits d'une enquête policière.

A. Bob Cocker fit asseoir Lord Setter. « La porte ouverte, la paire de gants blancs et le sécateur étaient de fausses pistes laissées par la coupable, dit-il. Allons maintenant demander à votre fille pourquoi elle a dissimulé vos tableaux dans la cave. »

B. Les trois suspects désignés par Lord Setter se présentèrent devant Bob Cocker. Il s'agissait de Bill Colley le majordome, de Bull Dog le jardinier, et de la propre fille de Lord Setter, Miss Chihuahua. Aucun d'entre eux n'avait rien vu, ni rien entendu.

C. Ce soir-là, en rentrant au manoir, Lord John Setter trouva sa porte grande ouverte. Il ne fut pas long à comprendre ce qui s'était passé : tous les tableaux de la galerie de ses ancêtres canins avaient disparu.

D. Le détective Bob Cocker inspecta ensuite la galerie à la recherche d'indices. Il y trouva une paire de gants blancs et un sécateur. Puis, sur le sol, il aperçut la trace d'une serpillière passée à la hâte… Elle menait jusqu'à la porte de la cave. Et là, devant la porte, un nouvel indice : l'empreinte d'un pied chaussé de talon aiguille !

E. Dès son arrivée sur les lieux, le détective Bob Cocker interrogea Lord Setter. La grosse serrure de la porte n'avait pas été forcée. Le coupable avait forcément les clés du manoir. Avait-il des soupçons ?

2. Qu'as-tu compris de l'enquête ? Les affirmations suivantes sont-elles vraies ou fausses ?
   - Le méfait commis est un vol de tableaux.
   - Le détective Bob Cocker trouve deux indices dans la galerie.
   - Trois suspects ont les clés du manoir.
   - Le coupable est le jardinier qui a laissé son sécateur dans la galerie.

3. Remets les extraits de l'enquête dans l'ordre. Comment as-tu fait ?

4. Associe les paragraphes aux différentes étapes d'un roman policier : la découverte du méfait, le déclenchement de l'enquête, la recherche d'indices, l'interrogatoire des suspects, l'identification du coupable.

J'ai compris

- Dans une enquête policière, **cinq étapes** se succèdent :
  - la **découverte du méfait** (*ex. : le vol des tableaux de Lord Setter*) ;
  - le **déclenchement de l'enquête** (*ex. : le détective Bob Cocker arrive sur les lieux et interroge Lord Setter*) ;
  - la **recherche d'indices** (*ex. : la porte ouverte, les gants blancs, le sécateur…*) ;
  - l'**interrogatoire des suspects** (*ex. : Bob Cocker interroge les trois suspects*) ;
  - l'**identification du coupable** (*ex. : Bob Cocker accuse Miss Chihuahua*).
- Pour rendre l'enquête passionnante, les auteurs utilisent différents moyens : existence de plusieurs suspects et de fausses pistes, découverte du coupable retardée jusqu'aux dernières pages…

Production d'écrit

Écrire le début d'une enquête policière animalière

Je lis

1. Lis ce début d'un roman policier qui se déroule dans une ferme.

Barigrognon enrageait. Il venait de marcher dans une flaque sombre. En partie enfouie sous une pyramide de graines, la dernière victime reposait, le bec mi-ouvert. Le poulailler venait de perdre une cinquième pondeuse en l'espace d'une semaine. Une voix résonna dans le noir :
« Poule qui pond n'amasse rien de bon.
– Ah ! ça, j'aurais pas trouvé mieux, commissaire, dit Barigrognon en dégageant la victime de sous la pyramide.
– Nous mettrons fin à ce carnage avant demain, foi de poulet ! »
Le chien-lieutenant et le poulet-commissaire rural se rendirent…

Christine Beigel, *Du Rififi chez les poules*, coll. « Les P'tits Policiers », © Christine Beigel.

2. Où l'action se déroule-t-elle ?
3. Par quel événement* débute le roman ?
4. Quelle phrase déclenche l'enquête ?
5. Qui sont les deux enquêteurs ?
6. Qui est la victime ?
7. Que s'est-il passé avant la découverte de ce meurtre ?

J'écris

- **Imagine et écris le début de l'enquête menée par le chien-lieutenant et le poulet-commissaire en continuant le texte interrompu sans désigner le coupable.**

Étape 1 : Je réfléchis

1. Quels indices les deux enquêteurs peuvent-ils trouver ?
2. Qui soupçonnent-ils grâce à ces indices ?
3. Qui leur donne des informations ?
4. Dans quel lieu vont-ils se rendre ?
5. Qu'y trouvent-ils ?

Étape 2 : Nous échangeons des idées

1. Ensemble, faites une liste avec les mobiles possibles de ces meurtres.
2. À partir de cette liste, faites une autre liste des personnages utiles à l'enquête.

Étape 3 : Je fais un brouillon

1. Décris les enquêteurs (physique, caractère).
   - Le chien : sa race – sa couleur – ses qualités…
   - Le poulet : son plumage – les affaires qu'il a déjà élucidées…
2. Donne un nom amusant à chaque personnage (le poulet-commissaire, l'informateur, le suspect…). Aide-toi de leur caractère.
   - Le chien-lieutenant : il est grognon ; il s'appelle Bari**grognon**.

Étape 4 : J'écris mon texte

1. J'utilise le lexique du roman policier : un crime – une victime – un enquêteur – un indice – un informateur – une piste – un soupçon – un suspect – un coupable – un mobile…
2. Je termine mon texte par une question pour que le lecteur s'interroge sur l'identité du coupable.

Étape 5 : Je relis mon texte

- J'ai écrit mon texte à la 3e personne du pluriel.
- J'ai utilisé le lexique du roman policier.
- J'ai bien décrit les différentes étapes du début de l'enquête (indices, personnes interrogées…).
- Je vérifie que mon texte continue celui proposé.

Expliquer le dénouement d'une enquête

J'observe et je réfléchis

1. Lis cette page de bande dessinée.
2. **Présenter les personnages**
   - Qui sont-ils ?
   - Quel est leur rôle dans ce récit policier ?
3. **Présenter les lieux**
   - Dans quels lieux se déroulent les événements* ?
   - Quels objets s'y trouvent ?
4. **Présenter le délit et les indices**
   - Quel délit a été commis ?
   - Des indices se trouvent dans ce que disent les personnages et dans les illustrations. Relis attentivement la bande dessinée et note-les.
5. **Présenter le dénouement de l'enquête**
   - Que peux-tu déduire de tes observations et des indices recueillis ?
   - Donne le nom du coupable.

Planche tirée de la série *Les Énigmes de Ludovic*, parue dans *Pif Gadget*.

J'explique le dénouement de l'enquête

- **Imagine que tu es Ludovic, le détective privé. Explique comment tu as trouvé le coupable.**

Pour bien construire une explication

- Je présente la situation (personnages, lieux, délit / crime).
- Je récapitule mes observations (indices) en les ordonnant.
- J'utilise des liens logiques : *donc, c'est pourquoi, par conséquent, ainsi, alors...*
- Je donne mes conclusions (la solution de l'enquête).
- Nous repérons le respect ou non des règles de construction d'une explication.

Le verbe : Le présent des verbes en **-er** et en **-ir**, p. 174.
Le verbe : Le présent des verbes fréquents, p. 176.
Grammaire : Les variations des déterminants, p. 180.

La Villa d'en face

Depuis que Philippe a attrapé une bronchite et doit rester au lit, son jeu favori est d'observer ses voisins avec sa sœur Claudette. Mais ce jeu peut devenir dangereux quand les voisins cachent un gangster…

avoir le bras en écharpe : avoir le bras soutenu par un morceau de tissu passé autour du cou.

Frankenstein : personnage de roman monstrueux et effrayant.

Toute la matinée, Philippe et Claudette se relaient à la fenêtre. Peu à peu, la villa d'en face s'éveille. Le Hollandais sort dans le jardin, il joue avec son chien. Puis sa femme vient cueillir des roses. Mais leur invité ne se montre toujours pas. Enfin, un peu avant midi, un homme surgit à la fenêtre du salon. Philippe règle un peu mieux les jumelles, et c'est comme s'il recevait un coup au cœur. L'homme a les cheveux en brosse, on voit aussi une grosse cicatrice sur sa figure.
Et il est blessé, il a le bras en écharpe !
Claudette accourt et Philippe lui passe les jumelles.
– Je te préviens, Clo, c'est le gangster, le type à la tête de Frankenstein.
Claudette reste un long moment immobile, mais ses mains tremblent.
– Ça alors ! Qu'est-ce qu'on va faire, Philou ?
– J'en sais rien.
– On pourrait prévenir les gendarmes.
– Pas question !
– Mais c'est un type dangereux. Il a tué un employé de la banque à Vichy !
– Laisse-moi, il faut que je réfléchisse.
La journée s'écoule lentement.
Malgré sa blessure, l'homme n'arrête pas d'aller et venir, comme une bête en cage. Il sort de la maison, il rentre dans la maison, il sort à nouveau dans le

Je comprends

1. À quoi Philippe s'amuse-t-il avec sa sœur ?
2. Qui se trouve dans la maison d'en face ?
3. Quel méfait cette personne a-t-elle commis ?
4. Que fait la sœur de Philippe en voulant aider son frère ?
5. Qu'est-ce que cette action a comme conséquence ?
6. Pourquoi Philippe éprouve-t-il « une terreur glaciale » à la fin du texte ?

Je repère

1. Où se déroule cette histoire ?
2. Relève les mots ou les phrases qui montrent que l'invité de la villa d'en face est inquiétant.
3. Sur combien de temps se déroule cette histoire ? Relève les indicateurs de temps.
4. Relève tous les mots ou expressions qui indiquent qu'il s'agit d'un roman policier.
5. Quel sentiment as-tu à la fin du texte ? Pourquoi ?

jardin. C'est donc ça, un ennemi public ! Même de loin, il fait drôlement peur. Il faut dire qu'il est armé. Il a un fusil à lunette. [...]
Claudette est allée chercher du pain. Quand elle revient un quart d'heure plus tard, elle est très excitée.
– Je suis passée devant la villa ! Il y avait la voiture des Hollandais...
– Ben oui, et alors ?
– Alors, j'ai crevé les pneus avec mes ciseaux ! Comme ça, ils ne pourront pas s'en aller.
Philippe est consterné :
– Mais tu es folle, complètement folle ! Maintenant, ils vont se méfier, ils vont se douter de quelque chose.
– Je voulais t'aider, c'est tout.
Philippe ne répond pas. Une énorme inquiétude monte en lui. Quelle catastrophe ! Hier, il jouait, maintenant ça tourne au drame. Cette nuit-là, il a du mal à dormir. Et quand il se lève, le lendemain, le soleil est déjà haut. Claudette est partie à l'école depuis longtemps. Elle lui a laissé un petit mot : « J'espère que tu n'es plus fâché, Philou ! » Non, il n'est plus fâché, bien sûr. Mais il a décidé d'être prudent et de ne plus regarder la villa avec les jumelles. Enfin, il va juste jeter un petit coup d'œil, le dernier, c'est juré.
Il boit son café à toute vitesse, puis il retourne dans sa chambre. Il braque ses jumelles sur les fenêtres, et une terreur glaciale l'envahit : là-bas, l'homme à la cicatrice le regarde et le vise, lui, Philippe, à travers la lunette de son fusil.

Boileau-Narcejac, *La Villa d'en face*, coll. « J'aime Lire », © Bayard Jeunesse.

un fusil à lunette : un fusil avec un viseur.

consterné : stupéfait, abattu.

Je dis

1. Relis le texte des lignes 24 à 31. Combien de répliques prononce chaque personnage ?
2. Quels sentiments éprouvent-ils ?
3. Jouez ce passage à deux en faisant bien ressentir les émotions des personnages.

Je participe à un débat

Philippe

1. Quelle est son attitude au début de l'extrait ? et à la fin ?
2. Et toi, comment te serais-tu comporté(e) à sa place ?

L'histoire

3. De quelle façon les auteurs font-ils monter le suspense (description des personnages, événements*, évolution de la situation) ?

J'écris

1. Recopie le dernier paragraphe (lignes 40 à 43) et souligne les verbes conjugués au présent. Puis classe ensemble ceux dont la conjugaison se ressemble.
2. Décris comment réagit Philippe lorsque l'homme le vise avec son fusil. Utilise des mots pour exprimer et situer les actions. Fais monter le suspense.

Grammaire : Les compléments de phrase, p. 178.
Orthographe : L'accord de l'adjectif, p. 182.

Rapt brutal

Ils avaient une sale gueule, mais c'était pas des méchants. Je veux dire pas le genre à trucider un gosse.

Sur le moment, quand même, j'en aurais pas mis ma main à couper. Parce qu'ils m'ont collé un flingue sur la tête pour me forcer à monter dans leur voiture.

Ils n'étaient pas obligés, leur tronche faisait suffisamment peur comme ça.

Le plus vieux – impossible de lui donner un âge, on voyait juste que c'était le plus vieux des deux – ressemblait à un monstre échappé d'un film d'épouvante. Une barbe noire, des dents pourries, un nez crochu, des yeux de serpent et des griffes à la place des ongles. Une vraie bête. Habillé comme un sac, en plus.

L'autre avait à peu près vingt ans. Tout droit sorti du grand écran, lui aussi. Moche. Et encore plus mal fringué. Poilu comme un ours. Les quelques centimètres carrés qui lui restaient d'humain sur les bras et le visage étaient recouverts par d'affreux tatouages ou bouffés par de vilaines cicatrices. Il avait les joues toutes grêlées, à croire qu'un malade s'était amusé à plante-couteau dessus. J'ai vu un film dans lequel son sosie tailladait ses victimes avec un fil à beurre.

Sauf qu'on n'en était pas encore là.

trucider : tuer (familier).
en mettre sa main à couper : en avoir la certitude.
un flingue : un pistolet (familier).
une tronche : un visage (familier).
habillé comme un sac : très mal vêtu (familier).
fringué : habillé (familier).
grêlé : marqué par de nombreuses petites cicatrices.
un sosie : une personne qui ressemble complètement à une autre, avec qui on peut la confondre.
taillader : faire de profondes coupures.

La voiture était une vieille 205 GTI avec bandes fluorescentes sur les côtés, moquette crasseuse autour du volant, cendrier qui vomit des vieux mégots, une tonne de miettes dans tous les coins et pas besoin de vitres teintées parce qu'elles étaient assez sales pour produire le même effet.

Bloqué derrière en compagnie du jeune ours balafré qui me pointait son colt sur le nez, je me suis mis à pleurer. À cause de la poussière. Ça m'étouffe. J'y peux rien. C'est maladif. Je suis allergique.

Devant ce spectacle désolant, le type a agité son canon dans tous les sens pour prévenir son collègue :

– Démarre vite ! Il commence à chialer ! Je suis sûr qu'il va faire dans son froc !

Impossible de lui expliquer que mon allergie ne provoque pas ce genre de réaction – j'ai seulement les options « larmes qui coulent » et « gorge enflée qui empêche de parler ». Je ne pouvais pas prononcer un mot. Le conducteur a tourné la clé de contact. Sans résultat. Même pas en état de marche, ce véhicule. Il a hurlé :

– La batterie est morte, merde ! Gérald ! Descends pousser !

– OK p'pa ! a répondu le porte-flingue.

Ni une ni deux, il est descendu en laissant traîner l'arme sur le siège. Un vrai débutant, sans rigoler.

J'ai zieuté le calibre pendant que le vieux se faisait les griffes contre le tableau de bord. Je n'ai pas osé tendre la main pour le saisir. Il ne m'aurait servi à rien. C'était un pistolet en plastique. Un jouet, quoi.

Ces deux énergumènes étaient sûrement des comiques en vadrouille.

Pas tout à fait.

fluorescent : qui produit de la lumière.
une tonne : beaucoup (familier).

balafré : qui a une grande cicatrice sur le visage.

chialer : pleurer (familier).
faire dans son froc : avoir très peur (familier).

un porte-flingue : un tueur (familier).
zieuter : jeter un coup d'œil (familier).
un calibre : un pistolet (familier).
un énergumène : une personne très agitée.
une vadrouille : une promenade sans but (familier).

D'un seul coup d'épaule, le tatoué a envoyé l'auto trente mètres plus loin, histoire de démarrer le bolide et de me faire sentir que mes quarante-quatre kilos ne pesaient pas bien lourd. Bienvenue chez les brutes !

Au volant, le papa a embrayé d'une façon peu commune. Heureusement que la rue était déserte ! On est passé du zéro à la vitesse supersonique par je ne sais quel miracle.

Une forte odeur d'essence s'est répandue dans l'habitacle, style un clin d'œil et tout explose. Pas la peine de vérifier dans le miroir cassé du pare-soleil, mon cou prenait les proportions d'un éléphant. De l'air ! Je devais absolument trouver une vitre à ouvrir pour éviter de tomber dans les vapes.

Fallait s'en douter, la poignée m'est restée dans les mains. Mais en passant sur le premier dos d'âne à l'allure de Satanas, le carreau est tombé tout seul sur la chaussée et le vent qui s'est engouffré dans la caisse m'a sauvé de l'asphyxie.

En revoyant un peu plus net : surprise ! Je me suis aperçu que l'ours n'était pas remonté dans la voiture. Je l'ai repéré dans le fond du rétroviseur. Il était loin derrière, tout petit, en train de disparaître au bout de la ligne droite.

Le papa carburait comme un sauvage au milieu des deux voies.

J'ai hurlé pour couvrir le raffut du moteur :

– Vous avez oublié votre partenaire !

Demi-tour au frein à main. James Bond hors course. Mad Max dans les choux. Ta mère à trois mille.

la vitesse supersonique : la vitesse du son.
tomber dans les vapes : s'évanouir (familier).
Satanas : personnage de dessin animé (*Les fous du volant*) qui conduit très vite.
carburer : conduire à toute vitesse (familier).
le raffut : un bruit assourdissant (familier).

James Bond et Mad Max : héros de films à qui rien ne fait peur.

être hors course, dans les choux : être complètement dépassé (familier).

Je comprends

1. Qui sont les deux personnages adultes ? Que sait-on sur eux ?
2. Que font-ils au tout début du texte ?
3. Quelle impression font-ils au troisième personnage ? À qui les compare-t-il ?
4. Que lui arrive-t-il dans la voiture ? Que croient les deux adultes ?
5. Comment est la voiture des deux adultes ?
6. Quelle difficulté ont-ils avec leur voiture ?
7. Quelle explication est donnée à la fin du passage à la scène qui vient de se dérouler ?

Je repère

1. Relève des mots ou des expressions familiers. Pourquoi l'auteur les emploie-t-il ?
2. Qui raconte l'histoire ? Comment le sais-tu ?
3. Relis la description des deux kidnappeurs. Qu'est-ce qui les rend inquiétants ?
4. Recherche les indices qui montrent que ce ne sont pourtant pas des méchants.
5. Qu'est-ce que le titre de l'extrait annonce ? Quel autre titre pourrais-tu lui donner ?
6. À quelle étape d'un roman policier ce passage correspond-il ?

Pas content, Gérald. Furibard, il trépignait comme un panier à salade, à l'endroit où on l'avait laissé. Tout noir à cause du pot d'échappement qui lui avait toussé dessus. Puant la sueur.

– Monte, fiston ! a fait le papa.

Il a grimpé sur la banquette arrière.

La bagnole est repartie sur les chapeaux de roue. Elle faisait un bruit à déplumer les poulets et crachait une fumée qui recouvrait le paysage en moins de deux. Très pratique pour passer inaperçu.

Et là, les choses sont devenues claires.

Ils ont tous deux tourné leur monstrueux visage vers moi pour me signaler :

– On te kidnappe, morveux !

En route !

Guillaume Guéraud, *Affreux, Sales et Gentils*, © Éditions Nathan, 2003.

furibard : furieux (familier).
trépigner : taper des pieds par terre avec colère.

une bagnole : une voiture (familier).

kidnapper : enlever.

Je dis

1. Relis le texte des lignes 38 à 43. Que pense le narrateur de ses deux kidnappeurs ?
2. Dis ce passage en montrant que le narrateur n'a pas vraiment peur.

Je participe à un débat

Le personnage principal

1. De quoi s'aperçoit le personnage principal une fois la voiture partie ? Comment réagit-il ?
2. Qu'est-ce que cela peut montrer ?
3. Et toi, comment te serais-tu comporté(e) à sa place ?

L'histoire

4. De quelle manière l'auteur dédramatise-t-il cette scène d'enlèvement (événements*, personnages, langage, sentiments du héros, situation) ?

J'écris

1. Recopie le passage qui va de « Une barbe noire… » à « … bête » (lignes 9-10), souligne les adjectifs et relie-les par une flèche avec le nom auquel ils s'accordent. Puis ajoute une phrase pour décrire le personnage le plus vieux avec au moins deux adjectifs.
2. Écris le début du chapitre suivant en racontant comment réagit le personnage principal après avoir appris qu'il a été kidnappé.

Déchiffrer des messages codés

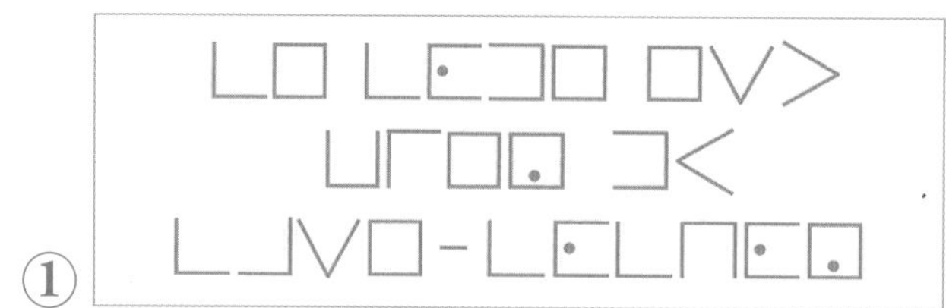
①

Que représentent ces dessins étranges ? Est-ce une frise décorative ? Non, c'est un message codé ! Au lieu de remplacer chaque lettre du message par une autre lettre, on les a remplacées par un signe.

Le code case-cochon

Au XVIIIe siècle, ce code était employé par une société secrète de francs-maçons. Ensuite, il est devenu un code très apprécié des écoliers. Pour l'utiliser, c'est très simple. Il faut d'abord dessiner ces grilles, remplies avec les lettres de l'alphabet.

②

On remarque que chaque lettre de l'alphabet est enfermée dans une petite case, un peu comme des cochons dans des cages. D'où le nom de « case-cochon ». Certaines cases ont un petit point rouge, d'autres pas. Du coup, elles sont toutes différentes.

Le U se trouve dans la case en forme de <, et le Y dans celle en forme de <·. Pour coder une lettre, il suffit de dessiner la forme de sa case. Ainsi, le mot « cochon » devient ⊔⊡⊔⊓⊡⊡.

À l'inverse, pour décoder le signe ⊡, il faut regarder où il se trouve dans la grille. Puisqu'il y a un N à l'intérieur de cette case, ⊡ correspond donc à cette lettre.

Je comprends

1. Que nous apprend ce texte sur la manière d'écrire et de lire un message secret ?
2. Quel code est présenté dans la première partie ?
3. Aujourd'hui, qui peut encore utiliser ce code ?
4. D'où vient son nom ?
5. De quel personnage de roman est-il question dans la seconde partie ?
6. Quel est le nom du code qu'il découvre dans l'une de ses aventures ?

Je décris les documents

1. Observe l'illustration ②. Combien de cases sont représentées ? Pourquoi ?
2. Avec ce code, comment les lettres sont-elles distinguées les unes des autres ?
3. Combien de messages codés peut-on trouver dans la seconde partie du texte ?
4. Que tiennent certains hommes dansants dans les messages ③ et ⑤ ? Quelle information cela donne-t-il ?

Les hommes dansants

Il a une loupe, une pipe, et il est le meilleur détective. C'est Sherlock Holmes, le héros inventé par l'écrivain Conan Doyle. Dans l'une de ses aventures, le célèbre détective est lui aussi confronté à d'étranges signes.

③ 

Pour le détective, il ne s'agit pas de dessins d'enfants, mais d'un code secret. En le décryptant, il parvient même à savoir qui a tué une jeune femme appelée Elsie. Comment fait-il ? [...] Holmes remarque que le signe apparaît plus souvent que les autres signes. Il correspond donc sans doute au E, la lettre la plus fréquente. Ensuite, il comprend que, chaque fois qu'un homme dansant tient un drapeau, c'est la dernière lettre d'un mot. Enfin, il fait des essais pour trouver des mots entiers.

A B C D E F G H I
J K L M N O P Q R
S T U V W X Y Z

④

Parfois, lorsque Sherlock Holmes résout une énigme compliquée, son ami Watson lui demande comment il a trouvé la solution. Le détective répond alors par cette phrase célèbre :

⑤ 

Quelle est cette phrase ?

Philippe Nessmann et Emmanuel Cerisier, *Le Monde des codes secrets*, © Éditions Circonflexe, 2001.

Je découvre le lexique

1. Quel est le métier du personnage de roman cité dans la seconde partie du texte ?
2. Comment appelle-t-on les affaires mystérieuses qu'il doit résoudre ?
3. Dans un message secret, comment appelle-t-on les éléments qui remplacent les lettres ?
4. Dans la partie « Les hommes dansants », trouve un mot qui signifie « déchiffrer un code ».

J'utilise mes connaissances

1. Recopie le message codé ①, puis décode-le.
2. À ton tour, écris un message codé avec le code « case-cochon ».
3. À l'aide de l'alphabet des hommes dansants ④, décode la célèbre phrase que Sherlock Holmes adresse à son ami Watson lorsqu'il a trouvé la solution d'une affaire mystérieuse.
4. Écris un mot avec le code des hommes dansants.

Stratégies de lecture

Les lieux dans un récit

Je cherche

1. Lis ce texte.

Claire en profite pour s'éclipser. Elle n'a pas perdu de vue, elle, qu'elle doit retrouver Pomme dans ce château. Le rez-de-chaussée ne **réserve** pas de surprises extraordinaires. Claire <u>commence par visiter</u> la cuisine. Elle **n'est** pas très riche en cachettes. […] Sans plus hésiter, elle <u>décide de monter</u> le grand escalier de marbre blanc qui **mène** à l'étage. […] Le premier étage **est** une suite de chambres meublées à l'ancienne avec de hauts lits à baldaquin. Mais pas la moindre trace de Pomme. C'est à désespérer… **Restent** la tour et le grenier…

Béatrice Rouer, *Pomme a des pépins*, © Éditions Hatier.

2. Qui Claire recherche-t-elle ? Dans quel lieu se trouve-t-elle ?
3. Nomme les différents endroits qu'elle traverse.
4. Observe les groupes verbaux soulignés et les verbes en gras. Quels sont leurs sujets ?

Je réfléchis

1. Lis ce texte.

Théo arrive enfin devant la porte du manoir. Un peu angoissé, il pénètre dans le hall d'entrée. Au fond de la pièce, l'escalier qui monte à l'étage est faiblement éclairé. Sur sa droite, il aperçoit le couloir qui mène à la cuisine et au salon et, juste à côté, la porte qui descend à la cave. Soudain, il entend un cri qui vient de l'étage. Il monte vite l'escalier et se retrouve sur le palier. Tout à coup, un homme armé apparaît au fond du couloir…

2. Où se situe l'action ? Relève les noms des différentes pièces décrites.
3. Quels mots te permettent de situer les lieux les uns par rapport aux autres ? Fais-en la liste.

Je m'exerce

1. Recopie la suite du texte et complète-la avec les groupes de mots qui conviennent le mieux.

vers la porte d'entrée – à la cuisine – l'escalier – le couloir –
vers la porte qui donne sur la cave – au salon

Théo sursaute et croise le regard froid du tueur. Paniqué, il redescend … en vitesse et se précipite …. Mais quelqu'un l'a fermée à clé ! Il fait volte-face et se dirige rapidement …, mais il réalise juste à temps que, s'il y descend, il sera à la merci du tueur. Il reprend alors à droite … qui mène … et ….

J'ai compris

Pour situer l'action d'un récit :

- **les lieux où se déroule l'action** sont nommés (ex. : *un manoir – le salon – l'escalier – la cave*) ;
- **les déplacements des personnages** sont indiqués (ex. : *Théo arrive devant la porte.*) ;
- des mots situent les lieux les uns par rapport aux autres (ex. : *en face de – à côté – sur sa gauche*). Ce sont des **indicateurs de lieu**.

Le suspense dans le roman policier

Je lis

1. Lis ces deux extraits du même roman.

A. La brûlante journée se consuma irrésistiblement et, quand le soleil descendit derrière les maisons, la peur s'approcha avec les premières ombres du soir. C'était comme une prémonition ; jamais Buddy ne s'était senti comme ça. La nuit prochaine allait être mauvaise, l'obscurité serait une ennemie pour lui, et il n'y avait personne à qui il pût se confier pour implorer secours.

B. Pendant plusieurs minutes, ce fut le silence, le calme avant la tempête. Buddy respirait avec la bouche ouverte et, malgré cela, il avait l'impression de n'avoir pas assez d'air, de suffoquer. Puis il y eut un bruit de serrure. De l'autre côté, dans la pièce voisine.

William Irish, *Une incroyable histoire*, © Éditions Syros, 2004, 2007.

2. Qu'est-ce qui rend l'atmosphère inquiétante ?

3. Quel sentiment et quelles sensations ressent Buddy ?

4. Relève la phrase qui indique au lecteur qu'un événement* va se produire.

5. Lis cet extrait d'un autre roman.

– J'avais pourtant tout vérifié l'autre matin, tempêtait le maître. Et maintenant...
Ses vociférations s'interrompirent net sur un hoquet de stupeur. Ceux qui se trouvaient dans les parages cessèrent de travailler, curieux de voir ce qui intriguait à ce point ce grand bonhomme. [...] Soudain il porta la main droite à sa bouche puis se signa. Alors les hommes s'approchèrent lentement, en silence, en proie à une crainte presque religieuse. Et lorsqu'ils comprirent ce qui avait tant effrayé le mortellier, ils se signèrent à leur tour. À la surface du mortier presque liquide, une main flottait mollement, tel un poisson mort.

Béatrice Nicodème, *Le Secret de la cathédrale*, © Le Livre de Poche Jeunesse, 2014.

6. Quels sont les émotions et les comportements des personnages dans ce passage ?
Qu'est-ce qui l'explique ?

J'ai compris

Dans un roman policier, les auteurs utilisent plusieurs procédés pour créer du suspense :

- **l'identification du lecteur au personnage principal :** description de ce que perçoit le personnage et de ce qu'il ressent, en utilisant le champ lexical de la peur et de l'angoisse (ex. : *la peur de Buddy qui apparaît* avec la nuit, son impression de suffoquer, le bruit de serrure...*) ;
- **la création d'une atmosphère inquiétante :** les lieux, les personnages et l'ambiance deviennent étranges, effrayants (ex. : *l'histoire de Buddy a lieu la nuit*) ;
- **la création d'une tension**, en décrivant les comportement des personnages (ex. : *avoir un hoquet, suffoquer, etc.*) sans en donner tout de suite l'explication (ex. : *à la surface du mortier flottait une main*).

C'est le **suspense** qui rend les romans policiers palpitants.

Production d'écrit

Écrire un récit policier à suspense

Je lis

1. Observe cette couverture de roman policier et lis le texte de sa quatrième de couverture.

Dans un petit immeuble paisible, au cœur de Montmartre, les habitants se regardent avec méfiance depuis que Mme Pierre a été assassinée. L'enquête piétine. Si les mobiles ne manquent pas, les alibis sont solides. Mais Valentine est curieuse. Très curieuse. Elle fouille, questionne, enquête. Et découvre que tous ses voisins ont quelque chose à se reprocher…

2. Quelles informations te donne cette quatrième de couverture sur les personnages, le lieu de l'action, le méfait… ?
3. Cherche ce que sont un mobile et un alibi dans ton dictionnaire.
4. Comment cette quatrième de couverture crée-t-elle du suspense ?
5. Observe la couverture. À ton avis, qui est dessiné dessus ? Quel âge a ce personnage ? Quel va être son rôle ?

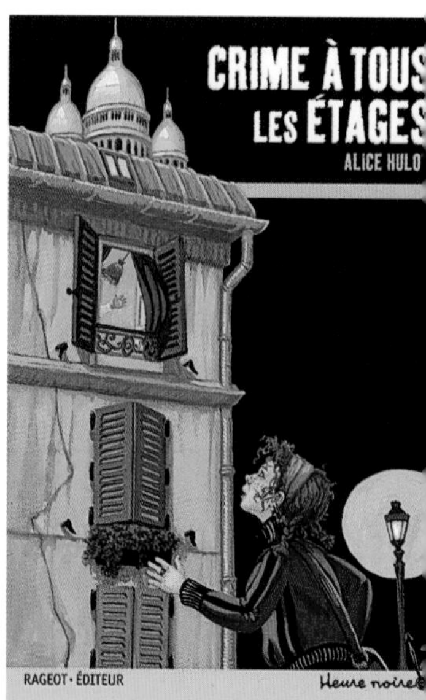

J'écris

- **À partir de cette quatrième de couverture, écris un récit policier à suspense. Tu peux choisir d'être Valentine ou l'un de ses amis qui mène l'enquête. Écris ton texte à la 1re personne du singulier.**

Étape 1 : Je réfléchis

1. Quelles sont les circonstances du crime ?
2. Qui est l'enquêteur ? Décris-le.
3. Quels indices va-t-il trouver ?
4. Quels personnages va-t-il suspecter ?
5. Quel est l'alibi de chacun ?
6. Comment va-t-il identifier le coupable ?

Étape 2 : Nous échangeons des idées

1. En groupe, choisissez ensemble une situation de départ pour votre récit (le méfait, le lieu, le moment…) et présentez-la à la classe.
2. Imaginez deux suspects et expliquez à la classe pourquoi ils peuvent être soupçonnés (comportement étrange, aspect bizarre…).

Étape 3 : Je fais un brouillon

1. Prépare et complète un tableau dans lequel tu indiqueras : les lieux inspectés – les indices découverts – les questions posées aux suspects – les pièges que le personnage devra éviter.
2. Pour créer du suspense, fais la liste des sensations possibles de ton personnage principal.
   - Elle ou il peut : frissonner – être paralysé(e) – avoir des sueurs froides – trembler…
3. Écris deux phrases qui résument la fin de ton récit.
   - Comment ton personnage trouve finalement le coupable ?
   - Qu'est-ce qui arrive au coupable ? (il est arrêté – il parvient à s'enfuir…)

Étape 4 : J'écris mon texte

1. Je fais un paragraphe pour chacune des étapes du roman policier.
2. J'utilise la ponctuation du dialogue.
3. J'explique en détail la résolution du crime.

Étape 5 : Je relis mon texte

- J'ai respecté les étapes du roman policier.
- Je vérifie que j'ai bien fait un paragraphe pour chacune de ces étapes.
- J'ai fait monter peu à peu le suspense.
- J'ai retardé jusqu'à la fin la découverte du coupable.
- Je vérifie que mon histoire est inquiétante et intriguera le lecteur.

Décrire une scène de crime

J'observe et je réfléchis

1. Observe cette bande dessinée qui montre l'arrivée d'un enquêteur sur le lieu d'un crime.

2. **Présenter les lieux (l'extérieur)**
   • Quel lieu est représenté dans la vignette 1 ?

3. **Présenter les lieux (l'intérieur)**
   • Quelles pièces découvre-t-on ?
   • Quels objets s'y trouvent ?
   • Quels indices te donnent-ils sur le déroulement du crime ?
   • Où est la scène de crime ?

4. **Le point de vue de l'enquêteur**
   • Regarde où est l'enquêteur sur la vignette 2. Quel itinéraire va-t-il suivre pour découvrir la maison et arriver à la scène du crime ?
   • Recherche des verbes de mouvement qui permettent de décrire ses déplacements.
   • Quelles émotions ou sensations ressent-il au fur et à mesure de ses découvertes ?

Je décris une scène de crime

- **Imagine que tu es l'enquêteur de la bande dessinée. Décris à tes collègues ta découverte de cette scène de crime.**

Pour bien décrire une scène de crime

- J'utilise la 1re personne du singulier.
- J'utilise des mots et des expressions pour situer et indiquer les déplacements de l'enquêteur.
- Je crée une atmosphère inquiétante en indiquant ce qu'il ressent en découvrant le manoir.
- Nous repérons le respect ou non des règles de description d'une scène de crime.

Grammaire : Les variations des pronoms, p. 188.

Quatre ans de vacances !

THIBAULT et Marion ont 7 et 5 ans lorsque leurs parents décident de partir. Ils veulent visiter un pays. « *Mais quel pays ? On veut tous les faire, alors on les fait tous !* » raconte Corinne, la maman. Ils vendent leur magasin de camping-cars et partent en août 2002 de Besançon (Doubs). Commence alors un voyage de quatre ans, interrompu par de courts retours en France.

Animaux extraordinaires

Dans l'ordre, ils parcourent l'Europe (2002), l'Amérique du Nord (2003-2004), l'Amérique centrale et du Sud (2004), l'Australie, l'Asie du Sud-Est (2005), l'Inde et le Moyen-Orient (2006). Ils croisent des animaux extraordinaires : kangourous, coatis, perroquets, cacatoès, toucans, pélicans, méduses, tortues, tigres, caribous, éléphants… « *On les voit dans la nature. Mais, parfois, on cherche longtemps avant de les trouver !* » raconte Thibault.

Pays riches et pauvres

Ils traversent des pays riches et des pays pauvres. Ils rencontrent d'autres cultures. Mais, pour ne pas oublier la leur, les enfants prennent des cours par correspondance : français et maths. « *On apprend l'histoire-géo en traversant les pays. On fait de l'éducation civique en respectant les peuples que l'on rencontre.* » Ils rentrent en France en juillet 2006, pour la rentrée en sixième de Thibault. Mais la famille compte bien repartir un jour. Peut-être en Afrique : « *On ne connaît que le Maroc !* »

un coati : un petit mammifère carnivore d'Amérique du Sud.
un cacatoès : un perroquet d'Australie, à la crête jaune et au plumage blanc.
un toucan : un oiseau d'Amérique du Sud au bec orange et au plumage coloré.
un cours par correspondance : un cours envoyé par la poste.

Je comprends

1. Quel est le thème de cet article ? À qui s'adresse-t-il ?
2. Comment s'appellent les deux enfants interviewés ?
3. D'où viennent-ils ?
4. Quelles régions du monde ont-ils parcourues ? En combien de temps ?
5. Quels animaux extraordinaires ont-ils vus ?
6. Qu'ont-ils appris au cours de ces années ?
7. Quel est le meilleur et le pire souvenir de chacun d'eux ?

Je repère

1. Quel est le titre de cet article ?
2. Quel est le titre du journal dans lequel il a été publié ? À qui s'adresse ce journal ?
3. De combien de parties cet article se compose-t-il ? À quoi le vois-tu ?
4. Quel est le rôle des passages en italique, p. 62 ?
5. Quelles informations te donne le texte des lignes 6 à 20 ?
6. Comment appelle-t-on le texte qui est sur un fond en couleur, p. 63 ? Pourquoi certaines parties de ce texte sont-elles en gras ?
7. Qui pose les questions ? À qui ?

« Nos pays préférés : le Brésil et le Costa Rica »

Thibault , 11 ans et demi, est en sixième. Marion, 9 ans, est en CM1. Ils habitent à Besançon (Doubs).

? Quel a été votre pays préféré ?

Thibault. Le Brésil ! On a vu des belles plages. On est restés deux semaines dans un camping génial avec une piscine. J'ai appris la *capoeira*, un art martial brésilien.

Marion. Le Costa Rica. J'ai vu plein de perroquets qui volaient, des ratons laveurs, un toucan. Des singes hurleurs voulaient même nous piquer notre goûter ! Un volcan se réveillait, avec des jets de lave.

? Votre meilleur souvenir ?

Thibault. La plongée sous-marine aux îles Pérentianes (Malaisie). J'ai essayé de m'agripper à une tortue !

Marion. Quand j'ai nagé avec un dauphin en Thaïlande.

? Votre pire souvenir ?

Marion. La Bolivie, quand il faisait – 20 °C la nuit et 0 °C dans le camping-car.

Thibault. À la frontière entre l'Argentine, la Bolivie et le Chili, on est tombés en panne d'essence à 5 200 m d'altitude, plus haut que le mont Blanc ! On est restés coincés dans la neige.

? Comment faisiez-vous pour parler avec les gens ?

Thibault. On se débrouillait avec un peu d'espagnol et d'anglais. On faisait des gestes. […]

Le Journal des Enfants, n° 1095, jeudi 5 octobre 2006.

Je dis

1. Relis l'introduction de l'article. Quelles sont les principales informations qu'elle donne ?
2. Lis cette introduction à voix haute en insistant sur les informations les plus importantes.

L'article

3. As-tu besoin de lire l'intégralité de cet article pour en connaître* les informations principales ? Pourquoi ?
4. Comment le journaliste s'y prend-il pour donner envie au lecteur de lire son article ?

Je participe à un débat

Thibault et Marion

1. Pendant leur voyage, Thibault et Marion ne sont pas allés à l'école. Comment ont-ils continué à apprendre des choses ?
2. À ton avis, quels sont les avantages et les difficultés de ce genre de voyage ?

J'écris

1. Recopie les trois phrases des lignes 14 à 16. Souligne tous les pronoms et indique s'ils sont sujets ou compléments.
2. Imagine que tu es un(e) journaliste. Réécris le paragraphe 2 (lignes 6 à 12), sous forme d'interview.

Le verbe : L'imparfait, p. 186.
Lexique : Comprendre le sens d'un mot grâce au radical, au préfixe et au suffixe, p. 190.
Orthographe : Le participe passé employé comme adjectif, p. 192.
Lexique : Les mots de la même famille, p. 194.

REPORTAGE : Raconte-moi la Terre

sillonner : parcourir.

Pendant un an, deux étudiants, Diego et Jean-Christophe, ont sillonné l'Afrique en tandem. Leur projet : guider des non-voyants dans les pays traversés et leur raconter le monde. 13 000 kilomètres d'aventure épicée et de sens partagés.

enfourcher : monter sur.

un local : un habitant du lieu où l'on se trouve.
une contrée : une région.

6 juillet 2002, à Lyon. Diego et Jean-Christophe, 23 ans, ont enfourché leur tandem sous le regard ému de leurs familles et amis. L'aventure « *Raconte-moi la Terre* » commençait. En route pour une année à travers le Maroc, le Sénégal, la Tanzanie, la Tunisie… à la rencontre des populations et de leurs cultures. Dans chaque pays, les deux garçons avaient rendez-vous avec deux non-voyants locaux, pour découvrir leur contrée. Azzedine, Khalid, Ousmane, Abdoul… se sont succédé sur Cyrano et Noisette, les fidèles tandems. 27 coéquipiers. 13 000 kilomètres parcourus. 4 ascensions de monts de plus de 4 000 mètres. Et chaque fois, les pilotes décrivaient le paysage tandis que les locaux racontaient l'histoire de leur pays.

Jean-Christophe Perrot (23 ans) et l'un des jeunes Africains non-voyants sur leur tandem.

Je comprends

1. Quel est le thème de cet article ?
2. Qui sont les deux hommes interviewés ? D'où viennent-ils ?
3. Quels pays ont-ils traversés ?
4. Combien de kilomètres ont-ils parcourus ? Avec quel véhicule ?
5. Avec qui avaient-ils rendez-vous dans chaque pays ?
6. Que faisaient-ils pendant les trajets de leur voyage ?
7. Que leur ont apporté les personnes rencontrées ?
8. Qu'ont décidé de faire les deux amis à leur retour ?

Je repère

1. Quel est le titre de ce texte ? Quel autre titre pourrais-tu lui donner ?
2. Ce texte raconte-t-il une histoire imaginaire ou rapporte-t-il des informations réelles ?
3. Combien a-t-il de parties ?
4. Sur quel sujet chaque partie donne-t-elle des informations ?
5. De quel type de texte s'agit-il ? Explique ta réponse.
6. Les verbes des lignes 5 à 22 sont-ils au passé, au présent ou au futur ? et ceux des lignes 36 à 40 ? Pourquoi cette différence ?

Voyage partagé

« *Le but de cette épopée*, explique Jean-Christophe, *était de casser les préjugés. Tout le monde a l'image des Occidentaux, qui amènent argent et savoir. Nous voulions que l'échange se fasse dans les deux sens.* » Diego et Jean-Christophe ont en effet beaucoup apporté à leurs coéquipiers, mais ils ont aussi beaucoup reçu. Ils ont énormément appris sur l'histoire, les coutumes, les religions de ce continent aux mille facettes. Et grâce aux locaux, ils ont été accueillis chaleureusement dans tous les villages. « *Les gens étaient curieux de nous voir arriver sur ces étranges vélos*, se souvient Jean-Christophe. *Et puis il y avait le violon de Diego, qui attirait les foules et brisait tout de suite la glace.* »

« *Voyager*, résume Diego Audemard, *c'est s'ouvrir aux autres, c'est aussi mieux se connaître soi-même.* »

une épopée : un long voyage.
un préjugé : une idée toute faite.
un Occidental : une personne qui vit en Europe ou en Amérique du Nord.
aux mille facettes : très varié.

Transmettre et repartir…

Aujourd'hui, Diego est responsable commercial à Barcelone. « *Grâce à ce métier*, dit-il, *je voyage beaucoup et je continue à mettre en pratique les techniques de négociations acquises sur les marchés africains !* » Quant à Jean-Christophe, il vient de repartir ! Avec Clémence, sa petite amie, ils vont effectuer la traversée de l'Atlantique en cargo, suivie d'un périple en moto side-car sur le continent sud-américain. Les deux amis ont décidé de transmettre leur savoir et leur goût de l'aventure. De leur périple en Afrique, Diego et Jean-Christophe ont écrit un livre, enregistré un carnet de voyage sonore et organisé plusieurs conférences. « *Je crois que c'était important pour nos familles et amis*, explique Jean-Christophe, *mais aussi pour nous. Nous avions besoin de mettre au propre la belle aventure que nous avons vécue.* »

Mathilde Bréchet, d'après une interview réalisée par Antoine Kodio (14 ans, stagiaire), *Sept autour du monde*, © Éditions Cabrera, février 2008.

un responsable commercial : une personne qui s'occupe de vendre les marchandises d'une entreprise.
une négociation : une discussion pour trouver un accord.
un cargo : un gros bateau qui transporte des marchandises.
un périple : un voyage.

Je dis

1. Repère les paroles prononcées par Jean-Christophe et Diego entre les lignes 24 et 34. Comment les reconnais-tu ?
2. Lis ce paragraphe en distinguant bien le récit du journaliste et les paroles des deux hommes.

Je participe à un débat

Voyager

1. Diego et Jean-Christophe ont passé plusieurs mois à voyager en tandem. Aimerais-tu vivre ce type d'expériences ? Pourquoi ?
2. Quel type de voyages aimerais-tu faire ?

L'article

3. Diego dit que « voyager, c'est s'ouvrir aux autres, c'est aussi mieux se connaître* ». Qu'en penses-tu ?

J'écris

1. Écris les questions qui correspondent aux réponses données par Diego et Jean-Christophe entre les lignes 24 et 34. Utilise des verbes conjugués à l'imparfait.
2. Imagine que tu es l'un des deux étudiants. Décris le paysage que tu traverses. Utilise des adjectifs pour que ta description soit précise.

Les cartes de géographie

À quoi servent les cartes de géographie ?

Pour se repérer dans l'espace terrestre, les hommes ont eu recours, dès qu'ils ont su dessiner, à une représentation graphique : la carte géographique. Les cartes apportent de nombreux renseignements sur les pays et les villes de toute la planète. Sur cette carte, par exemple, on peut retenir plusieurs informations : les villes importantes, les routes et les principaux fleuves sont indiqués. On y trouve aussi des informations sur le relief grâce aux couleurs.

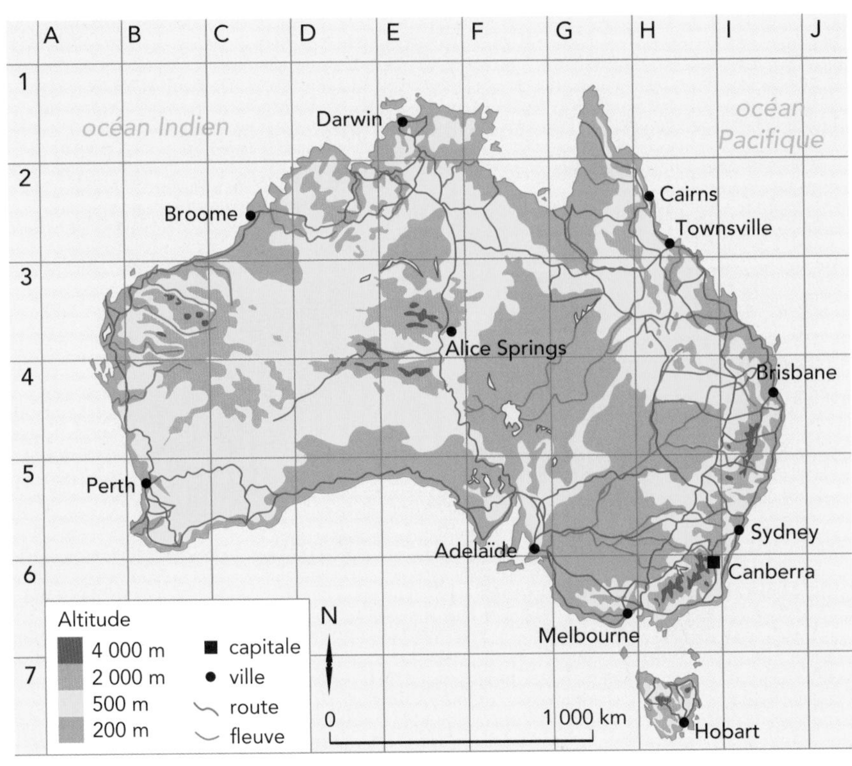

Doc. 1 La carte de l'Australie

Pour être utilisables par tous, les cartes ont un langage précis.
La légende comprend des symboles et des couleurs qui ont une signification bien définie. L'échelle permet de mesurer les distances. Elle indique le nombre de kilomètres qui correspond à un centimètre. Le carroyage est le quadrillage qui aide à se repérer dans l'espace de la carte.

Je comprends

1. Que représente chaque carte ? Comment le sais-tu ?
2. Qu'est-ce qui est indiqué sur la carte du Doc. 1 ? Aide-toi du texte.
3. Qu'est-ce qui est indiqué sur la carte du Doc. 2 ?
4. Quelles informations t'apporte chaque carte ?
5. Comment sont représentées les villes sur ces deux cartes ? Cites-en deux.
6. Fais la liste des animaux représentés sur le Doc. 2.
7. Qu'apprend-on sur l'un d'eux ?

Je décris un document de géographie

1. Quel est le titre de chaque carte ?
2. Pourquoi n'ont-elles pas le même ?
3. Quelles informations trouve-t-on dans l'encadré blanc du Doc. 1 ?
4. Quelles informations trouve-t-on sous le titre du Doc. 2 ?
5. Que nous explique le texte ?
6. Que nous apprennent les illustrations et les textes sur la carte du Doc. 2 ?

Doc. 2 « Australie », dans *Cartes. Voyage parmi mille curiosités et merveilles du monde*, © Édition Rue du Monde, 2012.

Je découvre le lexique de la géographie

1. Comment appelle-t-on le quadrillage d'une carte qui aide à se repérer ?
2. Recherche dans le texte la définition du mot « échelle » en géographie. Repère-la sur chaque carte.
3. Quel mot désigne la surface d'un pays en géographie ?
4. Quelle est son unité de mesure ?
5. Connais-tu un autre mot pour désigner les surfaces ?

J'utilise mes connaissances

1. Recherche dans le Doc. 1 un type d'information qui ne se trouve pas dans le Doc. 2.
2. Recherche dans le Doc. 2 un type d'information qui ne se trouve pas dans le Doc. 1.
3. Recherche des photographies de paysages du pays représenté sur ces cartes. Trouve à quel endroit de la carte ces paysages pourraient correspondre.
4. Réalise une carte de ta ville avec la méthode du Doc. 1 ou celle du Doc. 2.

L'organisation de l'information dans une interview

Je cherche

1. Lis le début de cette interview.

Vivre en Amazonie

Célia a 9 ans et vit dans la forêt tropicale amazonienne au Brésil.

Où habites-tu ?

Célia : J'habite dans une maison au bord de la forêt. Elle est construite avec des briques de boue et a un toit en bois. Je dors dans la même pièce que mes trois sœurs.

Que font tes parents ?

Célia : Mes parents sont agriculteurs. Ils produisent ce dont nous avons besoin pour manger. Ce qui reste, ma mère va le vendre au marché. Mon père pêche aussi.

2. Le titre est-il une phrase ? Explique ta réponse.
3. Un chapeau qui précède l'interview se trouve sous le titre. Comment le complète-t-il ?
4. Quel type de phrase utilise le journaliste qui mène l'interview ? et l'interviewé ?

Je réfléchis

1. Lis la suite de cette interview. Combien comprend-elle de paragraphes ?

Que préfères-tu dans l'endroit où tu vis ?

Célia : La rivière. Je peux m'y baigner, nager. Quelquefois, je prends un canoë pour aller me promener.

La forêt te fait-elle peur ?

Célia : Je n'ai pas peur des animaux : ils ne me feraient pas de mal.

2. Quels pronoms personnels trouves-tu dans les questions ? les réponses ? Pourquoi ?

Je m'exerce

1. Voici deux informations données par Célia dans la suite de l'article ; lis-les.

A. Décorer mon corps avec de la peinture faite à partir de graines écrasées.
B. École à 5 kilomètres de la maison ; me lever très tôt pour y aller à pied.

2. Écris les questions que tu pourrais poser pour obtenir ces informations.
3. Écris les réponses de Célia en utilisant le temps et le pronom qui conviennent.

J'ai compris

Dans une interview, l'information est organisée :
- **le titre principal** apparaît* en premier. Il est souvent composé d'**une phrase courte** ;
- **le chapeau** suit immédiatement le titre et **résume le thème de l'article** en quelques phrases ;
- **les questions et les réponses** s'enchaînent* ensuite. Le journaliste pose des questions courtes et qui portent sur un point précis. Il utilise les pronoms de la 2e personne **tu** ou **vous**.
  Les réponses des interviewés sont constituées de phrases simples, le plus souvent déclaratives, construites avec les pronoms de la 1re personne **je** ou **nous**.

L'interview

Je lis

1. Lis ces extraits d'un article.

A. *Antoine de Maximy a réalisé des documentaires dans le monde entier. Puis il a décidé de réaliser sa propre émission : « J'irai dormir chez vous ».*

B. **Comment est née l'idée de l'émission ? Vous avez toujours voulu voyager ? Quel est le plus beau voyage que vous ayez fait ? Les enfants sont-ils tous les mêmes d'un pays à l'autre ?**

C. **Il vient dormir chez vous**

D. « Non, je n'ai commencé à voyager qu'à 20 ans. Mes parents ne voyageaient pas. » « Non, dans les pays pauvres, les enfants sont plus durs. Leur vie est difficile ; on dirait qu'ils grandissent plus vite. » « J'avais envie de montrer ce qu'on ne voit jamais : des rencontres avec des gens normaux, en toute simplicité. » « J'en ai fait tellement que je ne peux pas choisir. J'ai plongé à 5 000 mètres dans le Pacifique ; je suis descendu dans des gouffres de glace en Arctique ; j'ai fait des expéditions sur les cimes des arbres avec le Radeau des cimes… »

Propos recueillis par Caroline Gaertner, *Le Journal des enfants*, jeudi 12 avril 2007.

2. Qu'as-tu compris de l'article ? Les affirmations suivantes sont-elles vraies ou fausses ?
   - Le thème de l'article est le sport.
   - Dans l'interview, Antoine raconte comment lui est venue l'idée de cette émission.
   - Les enfants sont pareils dans tous les pays.
   - Antoine n'a commencé à voyager qu'à 20 ans.

3. Associe les paragraphes aux différents éléments qui composent une interview :
   - le titre ;
   - l'introduction ;
   - les questions ;
   - les réponses aux questions.

   Comment as-tu fait ?

4. Remets les questions dans l'ordre logique et associe-les aux réponses qui correspondent.

J'ai compris

Dans une interview, on trouve :

- **un titre**, qui annonce le thème de l'article. Il est court et écrit plus gros que le reste du texte (ex. : **Il vient dormir chez vous**) ;
- **une introduction**, appelée un « chapeau », qui situe le sujet : qui, quoi, quand, où. Elle est composée de deux ou trois phrases, souvent écrites en italique, en gras ou en couleur (ex. : *Antoine de Maximy a réalisé des documentaires dans le monde entier. Puis il a décidé de réaliser sa propre émission : « J'irai dormir chez vous ».*) ;
- **les questions** du journaliste, qui oriente l'information sur un sujet précis, et **les réponses** de l'interviewé (ex. : **Comment est née l'idée de l'émission ?** « J'avais envie de montrer ce qu'on ne voit jamais… »). Questions et réponses sont souvent écrites dans des caractères ou des couleurs différents pour permettre de bien les distinguer.

Production d'écrit

Écrire une interview

Je lis

1. Lis ces informations recueillies par un journaliste sur le voyage de jeunes marins reporters.

Fleur de Lampaul.

• ***Fleur de Lampaul* :** caboteur à voiles utilisé entre 1987 et 2001 comme voilier océanographique par l'association L'Archipel. Objectif : faire découvrir le milieu marin à des « Jeunes marins reporters ».

• **Les enfants reporters :** en 1995-1996, embarquement de Pierre, Émilie, Nicolas et Hélène pour découvrir le milieu marin. Durée du voyage : 9 mois en Guyane et dans les Caraïbes. Objectif : étude de la faune et de la flore amazoniennes, découverte des Indiens Wayanas. Au programme aussi : participation à la vie à bord et travail scolaire.

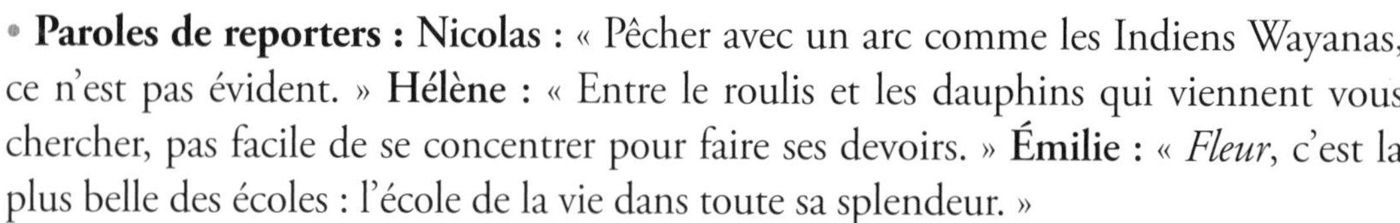

• **Paroles de reporters : Nicolas :** « Pêcher avec un arc comme les Indiens Wayanas, ce n'est pas évident. » **Hélène :** « Entre le roulis et les dauphins qui viennent vous chercher, pas facile de se concentrer pour faire ses devoirs. » **Émilie :** « *Fleur*, c'est la plus belle des écoles : l'école de la vie dans toute sa splendeur. »

D'après un article de Claire Laurens, *L'Hebdo des Juniors*, n° 190 et le site http://echosverts.com/2014/08/12/vivre-a-bord-dun-voilier-fleur-de-lampaul/.

2. Qu'est-ce que le *Fleur de Lampaul* ?
3. Comment l'association L'Archipel appelle-t-elle les enfants qui s'embarquent sur ce bateau ?
4. Quels sont les objectifs de ce voyage ?
5. Combien de temps et où les enfants ont-ils voyagé ?

J'écris

• **Imagine que tu es journaliste. À partir des informations que tu viens de recueillir, écris une interview pour ton journal.**

Étape 1 : Je réfléchis

1. Quelles informations dois-tu donner en introduction ?
2. Que sais-tu du voyage des enfants reporters ?

Étape 2 : Nous échangeons des idées

1. Nous nous demandons où nous pourrions chercher d'autres informations.
   Puis nous nous partageons les recherches.
2. Je communique à mes camarades les nouvelles informations que j'ai recueillies.

Étape 3 : Je fais un brouillon

1. Recherche un titre pour ton interview.
2. Écris un paragraphe d'introduction qui réponde aux questions : Qui ? Quoi ? Quand ? Où ?
3. À partir des réponses des enfants reporters, écris les questions auxquelles ils ont répondu.

Étape 4 : J'écris mon texte

1. J'alterne bien les questions et les réponses.
2. Je mets en évidence les questions.
3. J'écris quelques questions avec inversion du sujet.

Étape 5 : Je relis mon texte

- J'ai présenté le sujet de mon article dans l'introduction.
- J'ai structuré mon interview à l'aide d'un titre, d'une introduction, de questions et de réponses.
- J'ai présenté chaque partie dans des caractères et des tailles différents.
- J'ai bien restitué toutes les informations données.

Réaliser une interview

J'observe et je réfléchis

1. Lis cette fiche qui explique comment préparer et réaliser une interview.

AVANT L'INTERVIEW
- Première démarche : se documenter, connaître son sujet, le profil de la personne en face.
- Préparez vos questions : aidez-vous de notes pour les poser dans un ordre logique.
- Présentez-vous : dites qui vous êtes, ce que vous allez faire de l'entretien.
- Mettez à l'aise votre invité(e) en lui disant l'angle que vous avez choisi, les thèmes que vous allez aborder.

PENDANT L'INTERVIEW
- Posez des questions ouvertes : de façon à éviter que votre interlocuteur(trice) réponde par « oui » ou par « non ».
- Posez une seule question à la fois : si vous en posez plusieurs, votre interlocuteur(trice) répondra à la dernière et il(elle) aura oublié les autres… et vous aussi.
- Écoutez les réponses : il y a toujours des éclairages, des explications à demander.
- Sachez aider votre interlocuteur(trice) : il y a des gens peu bavards ou intimidés par le micro ; mettez-les à l'aise, reformulez vos questions. C'est vous le maître de l'interview.

TRUCS DU MÉTIER
- Montrez que vous êtes intéressé(e) : regardez votre invité(e) dans les yeux, hochez la tête, approuvez…

D'après la fiche 8 – *Les Techniques d'interview* – Agence française de coopération des médias – CFI.fr

2. **Préparer le sujet de l'interview**
   - À partir du premier paragraphe de cette fiche, indique quelles sont les étapes nécessaires pour préparer une interview.
   - Choisis un thème qui peut concerner tout le monde : Internet, les journaux télévisés, les pratiques de lecture…
   - Comment peux-tu te documenter sur le sujet de ton interview ?
   - Quel(le) interlocuteur(trice) pourrais-tu choisir d'interviewer ? Pourquoi ?
3. **Préparer les questions**
   - À partir de ta recherche documentaire, rédige tes questions.
   - Que peux-tu faire pour que ton interlocuteur(trice) ne réponde pas simplement par « oui » ou « non » à tes questions ?
   - Réfléchis à l'ordre dans lequel tu vas les poser en les numérotant.
   - Recherche ce que tu peux dire ou écrire au tout début de l'interview.
4. **Réaliser l'interview**
   - Pourquoi ne faut-il pas poser plusieurs questions à la fois ?
   - Si ton interlocuteur(trice) est timide, comment peux-tu l'aider à parler ?
   - Comment montrer à ton interlocuteur(trice) que tu es intéressé(e) par ses réponses ?

Je réalise une interview

- **Après l'avoir préparée, réalise ton interview à partir du thème choisi.**

Pour bien réaliser une interview

- Je pose des questions ouvertes.
- J'écoute les réponses qui me sont données.
- Je parle distinctement en regardant mon interlocuteur(trice).
- Nous écoutons ou nous lisons attentivement l'interview réalisée par notre camarade et nous donnons notre avis sur sa clarté (ordre des questions, intérêt des réponses).

Orthographe : Participe passé en **-é** ou infinitif en **-er**, p. 200.
Lexique : Les homophones lexicaux, p. 204.

Qui a peint le tout premier tableau ?

Peintures de la grotte du Pech-Merle, vers – 25 000. Peinture étalée au doigt ou pulvérisée, longueur totale du panneau : 350 cm. Cabrerets, France.

un auroch : une espèce disparue de bovidé.
un panneau : la portion des parois de la grotte qui sert de support à la peinture.

Qui a peint le tout premier tableau ?

Des chevaux, des bisons, des mammouths et des aurochs galopent dans la grotte du Pech-Merle, située en France dans le département du Lot. Attention ! on peut y croiser aussi un lion, un ours et quelques cervidés. Ainsi que des traces de mains, et des silhouettes humaines. Toutes ces peintures ou gravures ont été réalisées à différentes périodes, entre – 13 000 et – 25 000 ans.

Le panneau des Chevaux pommelés a 25 000 ans environ. Il représente deux chevaux allant à l'opposé l'un de l'autre, six empreintes de mains en négatif (blanches sur fond noir), des points noirs et rouges qui débordent des

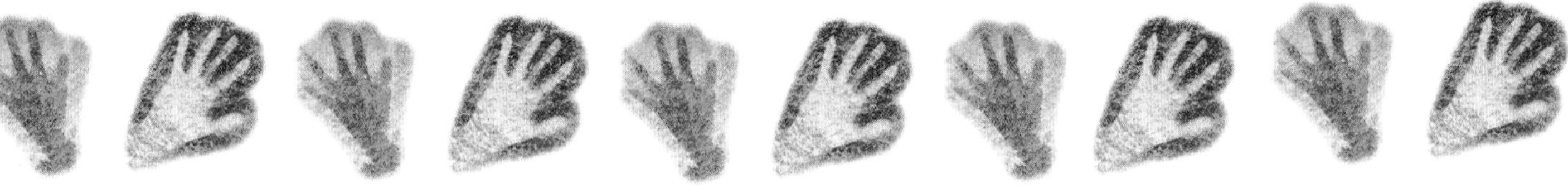

Je comprends

1. Où se trouve la grotte du Pech-Merle ?
2. De quelle(s) période(s) datent les fresques qu'on y a découvertes ?
3. Sait-on exactement qui les a peintes ? Comment l'expliquer ?
4. Quels sont les animaux représentés sur ces fresques ?
5. Ces animaux existent-ils toujours ? Pourquoi ?
6. Comment l'artiste utilise-t-il la paroi de la grotte pour réaliser sa fresque ?
7. Avec quel(s) instrument(s) peint-il ?
8. Quelle est la technique utilisée pour peindre les animaux ? et pour faire les empreintes de mains ?

Je repère

1. Quelle question pose le titre du texte ?
2. Relis le deuxième paragraphe (« les Chevaux pommelés ») et essaie de retrouver tous les détails sur la photographie.
3. Relève les couleurs utilisées par l'artiste pour peindre ce panneau.
4. Pourquoi leur nombre est-il limité ? Comment l'artiste les fabrique-t-il ?
5. Qu'explique le dernier paragraphe ?
6. Quel est le titre de l'ouvrage dans lequel a été publié ce documentaire ? Que penses-tu que l'on trouve dans les pages suivantes ? Explique ta réponse.

chevaux et un poisson tacheté posé sur les flancs du cheval de droite. Pourquoi tous ces animaux sont-ils peints ? Les préhistoriens ont émis des tas d'hypothèses qui se contredisent toutes, cela reste un mystère.

Pour réaliser cette fresque, l'artiste s'est servi de la découpe naturelle de la roche à droite sur laquelle il a tracé la tête de son premier cheval. Il a d'abord fait un croquis, avec du charbon de bois. Puis il a utilisé une pierre noire réduite en poudre, la pyrolusite, qu'il a mélangée à de l'eau ou à de la graisse animale. De cette couleur noire, il a peint le contour des chevaux avec le doigt ou avec un pinceau d'herbes. Les taches noires, la crinière et l'encolure, en revanche, ont été faites en pulvérisant la couleur avec une sarbacane. Pour peindre les taches rouges, avec les doigts, il a utilisé une pierre... jaune ! Il a réduit en poudre cette pierre, la limonite, et l'a mélangée avec de l'eau pour former des boules qu'il a mises à cuire dans le feu. Dix minutes plus tard, les boules étaient devenues rouges. Les traces de mains, elles, ont été faites en posant une main sur la roche et en pulvérisant autour de la couleur noire avec une sarbacane.

une fresque : une peinture murale.

un croquis : un dessin fait rapidement pour préparer la peinture que l'on va faire.

en pulvérisant : en projetant.

une sarbacane : un tuyau, fait avec une tige creuse à cette époque, dans lequel on souffle pour lancer un projectile.

Comment connaît-on les secrets de fabrication du peintre ?

On a d'abord analysé les couleurs, pour retrouver les mêmes poudres colorantes. On a ensuite observé la manière dont la peinture était posée sur la roche, et enfin on a essayé de l'imiter pour voir si l'on obtenait ou non les mêmes résultats !

Alain Korkos, *Petites Histoires de chefs-d'œuvre*, © Éditions La Martinière Jeunesse, 2011.

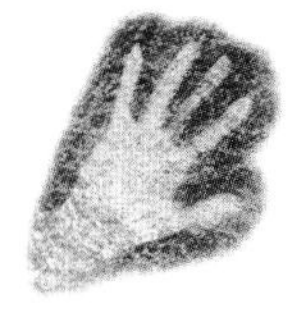 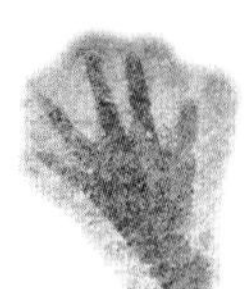 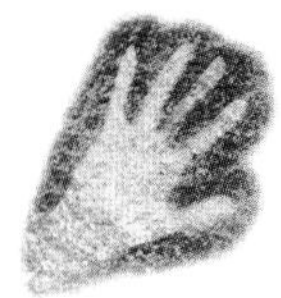 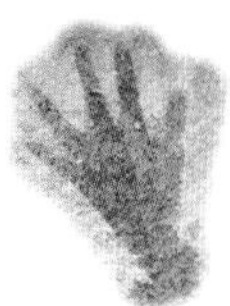 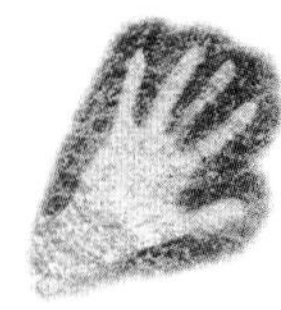 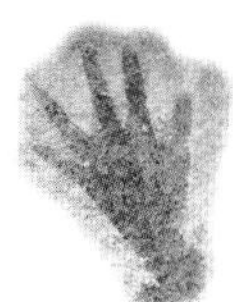 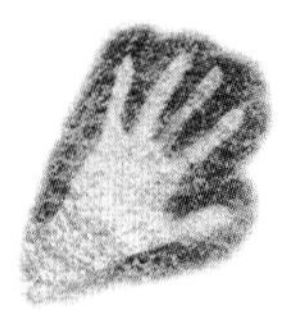 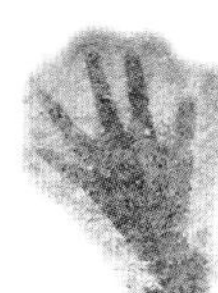 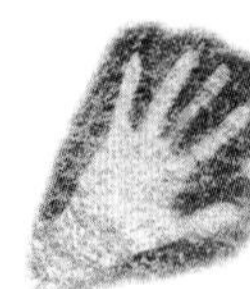 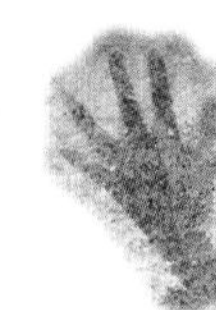

Je dis

1. Relis le dernier paragraphe.
2. Quelles étapes différentes ont été suivies pour répondre à la question posée ?
3. Apprends ce paragraphe par cœur et dis-le en mettant bien en évidence ces étapes.

Je participe à un débat

Des animaux peints dans des grottes

1. Les historiens ont fait plusieurs hypothèses pour expliquer ces peintures dans les grottes. Recherches-en quelques-unes.
2. Cela reste un mystère, mais laquelle te semble la plus vraisemblable ? Pourquoi ?

Peindre des chevaux

3. Les animaux le plus souvent représentés dans l'art depuis la préhistoire sont les chevaux. Comment l'expliques-tu ?

J'écris

1. Recopie les lignes 35 à 39. Souligne en bleu les participes passés et en rouge les infinitifs.
2. Fais des recherches sur le Centre de préhistoire du Pech-Merle. Écris un court texte pour donner envie de le visiter.

Le verbe : Le futur simple, p. 196.
Le verbe : Temps simples et temps composés, p. 198.
Grammaire : Phrase simple et phrase complexe, p. 202.

Keith Haring, et l'art descend dans la rue !

Pennsylvanie : État de l'Est des États-Unis proche de l'État de New York.
une école de graphisme : une école où l'on apprend à utiliser différents éléments (dessins, photos, typographies, etc.) pour réaliser une communication visuelle.
East Village : quartier d'artistes à New York.
un graffiti : une inscription ou un dessin faits sur un mur.

Keith Haring est né le 4 mai 1958, en Pennsylvanie. Dès son plus jeune âge, il dessinait de courtes bandes dessinées avec son père. En grandissant, il a continué à dessiner et à s'intéresser à l'art. Après le lycée, il s'inscrit dans une école de graphisme à Pittsburgh, où il suit des cours de dessin publicitaire. Mais il s'aperçoit très vite que cette discipline ne l'intéresse pas et qu'il préfère suivre son imagination pour créer ses propres œuvres.

À vingt ans, Keith Haring quitte la Pennsylvanie pour se rendre à New York. Il aime l'atmosphère que dégage cette ville gigantesque. Il peut y découvrir des formes d'art très diverses et rencontrer beaucoup de jeunes artistes qui habitent près de chez lui, dans le quartier d'East Village. Il trouve aussi son inspiration dans la rue, où il découvre l'art du graffiti. Keith Haring consacre alors son énergie à réunir dans son œuvre deux univers bien éloignés : le monde de l'art et les rues de New York.

À New York, Keith Haring a décidé que ses œuvres n'auraient pas besoin de rentrer dans les musées, où elles ne seraient vues que par quelques personnes. Non, ce qu'il voulait, c'était l'art pour tous ! Inspirer et émouvoir autant de gens que possible, faire connaître son art au monde entier.

Dans le métro, Keith Haring a repéré des espaces publicitaires laissés vides, simplement recouverts d'un grand panneau noir. Un jour, il descend dans le métro, muni de craies blanches, et décide de remplir ces « tableaux noirs » avec ses propres dessins. Il doit faire vite, car si des policiers viennent à passer, ils ne voudraient sans doute pas croire qu'il est un artiste…

Œuvre « Sans titre », 1989 :
Qu'est-il arrivé à celui-ci ? Est-ce un diable qui sort de sa boîte ? Ou bien a-t-il enfilé plusieurs paires de pantalons les unes par-dessus les autres ? En tout cas, il a l'air étonné, un peu embarrassé, comme quelqu'un qui n'arriverait plus à cacher ses sentiments derrière son apparence.

Keith Haring dessinait des figures simples, des personnages qui, en quelques traits prenaient vie. Quelques lignes forment des chiens aboyant, des bonshommes sautillant, des pyramides, des soucoupes volantes… Tout ce petit monde attirait l'attention des passants et, bien souvent, un attroupement se formait autour de Keith Haring. Ces gens n'étaient pas forcément des amateurs d'art, beaucoup d'entre eux n'étaient sans doute jamais entrés dans un musée. Mais, pour une fois, c'est l'art qui venait à eux.

Keith Haring se sentait souvent plus à l'aise avec les enfants qu'avec les adultes. Lorsqu'il travaillait sur de très grandes peintures, il avait parfois besoin d'aide.

Keith Haring peint une vaste toile pour le Palladium Club, à New York.

Je comprends

1. Quelle est la date de naissance de Keith Haring ? Où vit-il dans sa jeunesse ?
2. Qu'aime-t-il faire dès son plus jeune âge ?
3. Quelles études fait-il ?
4. Où va-t-il à vingt ans ? Que découvre-t-il ?
5. À quel endroit commence-t-il à réaliser ses œuvres ?
6. Quelle est sa technique pour réaliser une œuvre ?
7. À quelle date et où fait-il sa première exposition ? Sur quel support peint-il ?
8. Dans l'avant-dernier paragraphe, une phrase se trouve entre guillemets. Qui la prononce ?

Je repère

1. Quel est le titre de ce texte ? Quelle explication en est donnée dans le texte ?
2. Ce texte raconte-t-il une histoire imaginaire ou rapporte-t-il des informations ? À quoi le vois-tu ?
3. Y a-t-il des dialogues ou une interview comme dans un roman ou un article de presse ?
4. Quelle œuvre illustre le texte ? Quel est son rôle ?
5. Réponds aux questions de la légende de l'œuvre reproduite. Quel est son rôle ?
6. De quel type de texte s'agit-il ? Explique ta réponse.

Par exemple, pour dessiner une statue de la Liberté de plus de 27 mètres de haut, il a seulement tracé les contours, puis il a laissé mille enfants peindre le reste.

Sa technique est souvent très simple : une ligne noire épaisse délimite des surfaces, puis celles-ci sont chacune remplies d'une couleur uniforme. Son univers est resté très proche de l'enfance, avec des thèmes issus de la bande dessinée, des contes de fées ou des dessins animés. Ses personnages sont souvent confrontés à des situations étranges. Parfois, ils sont emboîtés les uns dans les autres, comme des poupées russes.

issu : provenant.

être confronté à : se trouver placé devant.

La première exposition de Keith Haring a lieu à New York, en 1982. Pour cette occasion, il veut peindre des œuvres de grand format, mais il refuse d'utiliser le support habituel de la peinture : la toile. Jusqu'alors, il dessinait sur les murs du métro ou sur du papier, « parce que le papier n'est pas prétentieux, qu'il est facilement disponible et pas cher », au contraire de la toile. Keith Haring veut s'affranchir de l'histoire de l'art et de ses techniques traditionnelles. Il lui faut pour cela inventer une nouvelle manière de peindre.

Il décide alors d'utiliser de grandes bâches de vinyle, que tout le monde peut trouver dans le commerce à un faible coût. Une peinture adaptée lui permet de dessiner rapidement et sans coulure.

le vinyle : une matière plastique.
un faible coût* : un bas prix.

Keith Haring, Et l'art descend dans la rue !,
Coll. « L'Art et la Manière », Éditions Palette, 2005.

Je dis

1. Relis le cinquième paragraphe (lignes 23 à 29).
2. Relève le nombre de phrases et le nombre de groupes de mots séparés par une virgule dans chaque phrase.
3. Dis ce paragraphe d'une voix posée et en marquant bien les pauses aux virgules.

Je participe à un débat

Le projet d'un artiste

1. Keith Haring disait qu'il voulait un art pour tous. Selon toi, qu'est-ce que « l'art pour tous » ?
2. Que penses-tu de sa démarche ?

Un artiste pas comme les autres

3. Qu'est-ce qui rend Keith Haring différent des artistes que tu connais ?

J'écris

1. Relis les lignes 1 à 6. Recherche, puis recopie au moins une phrase simple et une phrase complexe.
2. Réécris le deuxième paragraphe en conjuguant les verbes au futur simple.
3. Écris ce que pense un passant en voyant Keith Haring dessiner dans le métro de New York.

Les artistes de la préhistoire

Doc. 1

L'attirail des peintres

Jaune, rouge, brun, noir sont les couleurs utilisées par les peintres de Lascaux. Des pierres-crayons de couleur, des poudres colorées mélangées à un peu d'eau, des pierres et des coquilles d'huîtres comme godets, des pinceaux faits de crins de cheval, des éponges et des pochoirs en peaux de bêtes, quelques silex pour graver les murs… et en avant les artistes !

a. *Les pigments*

b. *Les crayons*

c. *Les silex*

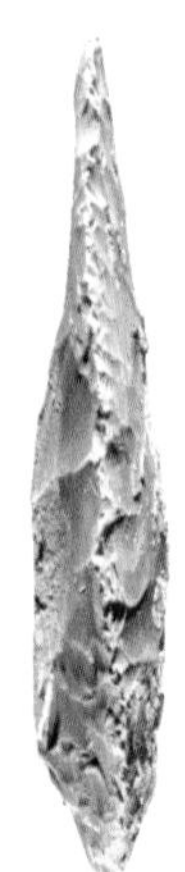

Je comprends

1. Dans quelle grotte a-t-on retrouvé les objets photographiés de ce documentaire ?
2. Quelles sont les couleurs utilisées pour peindre dans les grottes ?
3. Comment les hommes préhistoriques fabriquaient-ils leurs couleurs ?
4. Avec quoi dessinaient-ils sur les parois des grottes ?
5. Quel genre de lampe utilisaient-ils pour s'éclairer ?
6. Quels objets les peintres de Cro-Magnon ont-ils laissés sur le sol de la grotte ?

Je décris un documentaire historique

1. Quel est le titre de cet ensemble de documents ?
2. Combien de parties ce documentaire comporte-t-il ?
3. Quel est le titre de la photographie **b** ? Pourquoi ?

Doc. 2

Objets perdus

Les peintres de Cro-Magnon nous ont laissé beaucoup de souvenirs sur le sol de la grotte : des lampes, des outils pour peindre et pour graver, mais des aussi des restes de nourriture, des bijoux et des pointes de sagaies, faites comme celle-ci en bois de renne.

Doc. 3

À la lueur des flammes

De nombreuses lampes ont été trouvées dans la grotte de Lascaux. Simples pierres creuses, elles permettaient aux artistes de s'éclairer. Un peu de graisse d'animal servait de combustible et une brindille, de mèche. Une lampe particulièrement belle, en pierre polie et décorée, a été découverte au fond du puits.

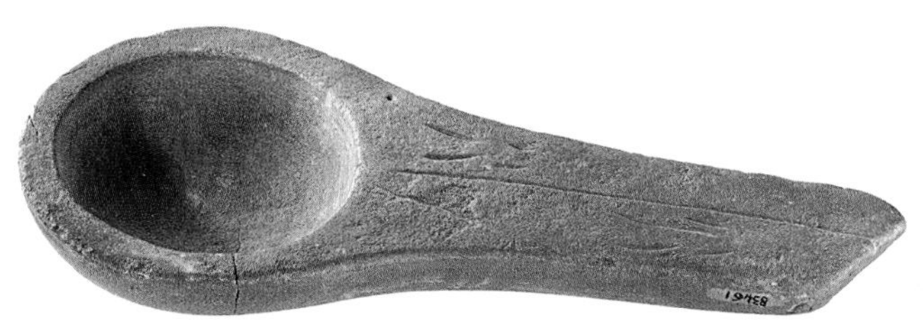

Sylvie Girardet, *Les Pinceaux de Lascaux*,

Je découvre le lexique des artistes de la préhistoire

1. Comment appelle-t-on les poudres colorées que l'on mélange à de l'eau pour obtenir différentes couleurs ?
2. Quel est le nom du récipient dans lequel on prépare les couleurs ?
3. Comment se nomment les pierres très dures permettant de graver sur la roche ?
4. Avec quel outil les hommes de Cro-Magnon reproduisaient-ils les contours d'un animal ?

J'utilise mes connaissances

1. Dessine une grotte avec les différents objets que l'on a pu y retrouver.
2. Légende ton dessin en utilisant le lexique du texte.
3. Écris un paragraphe pour décrire des hommes préhistoriques en train de peindre dans une grotte. Utilise le lexique qui convient.

L'enchaînement* des événements* et des idées

Je cherche

1. Lis cet extrait d'un texte documentaire.

DÜRER : L'enfant prodige

Albrecht Dürer naît en 1471, à Nuremberg, en Allemagne, à la fin du Moyen Âge. Le petit Albrecht va **d'abord** à l'école élémentaire, où il étudie le latin ; cette langue était à l'époque aussi importante que l'anglais aujourd'hui. **Puis**, à treize ans, il apprend à travailler le métal avec son père.

Le Petit Léonard, n° 2, mars 1997, © Éditions Faton.

2. Relève les nombres présents dans ce texte.
3. Sont-ils tous écrits de la même manière ? À ton avis, pourquoi ?
4. Observe les mots en gras. À quoi servent-ils ?

Autoportrait d'Albrecht Dürer, 1498.

Je réfléchis

1. Lis cet autre extrait d'un texte documentaire.

Ces églises sont appelées « romanes » <u>car</u> elles imitent les basiliques romaines. Comme elles, elles ont une longue galerie centrale, la nef, qui accueille les fidèles. Aujourd'hui, elles sont toutes blanches, **mais** il faut les imaginer multicolores car on sait que leurs façades étaient peintes au Moyen Âge. [...] Au XIIe siècle, on commence à trouver les églises romanes trop sombres. On cherche alors à y faire entrer la lumière. On les construit **donc** de plus en plus hautes et colorées.

Antoine Auger et Dimitri Casali, *Le Moyen Âge*, © Éditions Gallimard, 2009.

2. Qu'est-ce que le mot souligné sert à introduire ?
3. Quelles idées les mots en gras mettent-ils en relation ?

Je m'exerce

1. Recopie le texte suivant et complète-le avec les groupes de mots suivants.

d'abord – mais – à seize ans – puis – en 1853

Vincent Van Gogh est né en Hollande ...., il quitte l'école et travaille dans des galeries d'art, ... à La Haye ... à Paris. C'est un travail qu'il aime, ... il se fait renvoyer.

J'ai compris

Pour enchaîner* les idées et les événements* les uns avec les autres, on utilise :

- **des indicateurs temporels**, qui les situent dans le temps. Ce sont des dates (ex. : *Albrecht Dürer naît* ***en 1471***), des âges (ex. : *À* ***treize ans****...*), ou des durées (ex. : ***Trois ans*** *après...*) ;
- des mots appelés **connecteurs chronologiques**, qui indiquent leur succession (d'abord, puis, bientôt...) : ex. : *Le petit Albrecht va* ***d'abord*** *à l'école élémentaire.* ***Puis****, à treize ans, il...* ;
- des mots appelés **connecteurs logiques**, qui précisent leur relation : **l'opposition** (mais, toutefois...) ou **la cause** (car, parce que...).

Le documentaire sur l'art

Je lis

1. Lis ces deux extraits du même documentaire.

A. Nicolas Poussin (1594-1665) est né en Normandie. Malgré l'opposition de ses parents, il part pour Paris, devient l'ami du peintre Philippe de Champaigne. Il se rend à Rome en 1624. Sa célébrité grandit. Louis XIII le nomme premier peintre ordinaire du roi en 1638.

B. Nicolas Poussin est un montreur. Non pas un montreur d'ours mais un montreur d'art. Enfant, il a lu dans les livres les histoires des dieux qui se glissent dans les maisons, dans les arbres et les champs [...]. Toute sa vie, ensuite, il a cherché comment la peinture pouvait raconter la joie, la paix, la douleur, l'orage des cœurs et des esprits. C'est cela qui l'intéressait.

Revue Dada, n° 16, © Éditions Arola, 1994.

2. De quel peintre est-il question dans ces deux extraits ?
3. Quel type d'informations donne chacun des extraits sur ce peintre ?

4. Lis cet extrait d'un autre documentaire sur l'art.

C. Monet, *Rue Montorgueil* (81 × 50,5 cm)

Une claire journée d'été, une rue pavoisée de drapeaux et la foule d'un quartier populaire en fête : nous voici rue Montorgueil, c'est gai, bruyant. [...] Rien, pourtant, n'est réellement « décrit » : les touches de couleur sont trop grosses pour offrir une image minutieusement détaillée. Quels repères pouvons-nous trouver ? Les couleurs, c'est vrai : bleu – blanc – rouge, c'est le drapeau français. Quoi d'autre ? Cette zone bleue, en haut de la toile, pourrait bien être le ciel. Et puis il y a aussi la composition : les côtés du tableau sont comme deux triangles qui se rejoignent au centre – ce qui nous donne une impression de profondeur.

Vanina Costa, *Musée d'Orsay*, coll. « Tableaux choisis », © Éditions Scala, 1989.

5. Compare cet extrait avec les deux premiers que tu as lus. Donne-t-il le même type d'informations sur le peintre ?

J'ai compris

- Un documentaire sur l'art peut donner **des informations sur un artiste** (*ex. : la vie et l'œuvre de Nicolas Poussin*), **une œuvre** (*ex. : la* Rue Montorgueil *de Monet*), **un courant artistique** (*ex. : l'impressionnisme*), **des aspects techniques** (*ex. : l'utilisation de la couleur*).
- Ces informations peuvent être de différents types :
  – sur un artiste : sa vie, les techniques qu'il utilisait pour peindre, ses œuvres principales...
  – sur un courant ou une technique : les apports et les différences par rapport aux autres courants et techniques, les principaux artistes de ce courant ou utilisant cette technique...
  – sur une œuvre : quand et pourquoi elle a été réalisée, la technique utilisée, les émotions transmises...

Production d'écrit

Écrire la biographie d'un artiste

Je lis

1. Lis les informations suivantes.

1482 : Léonard devient « organisateur de fêtes » pour le duc de Sforza à Milan. – 1503-1506 : il peint *La Joconde* qui deviendra le plus célèbre tableau du monde. – 1500 : retour à Florence. – 1519 : mort de Léonard à Amboise. – 1469 : Léonard entre en apprentissage à Florence dans l'atelier de Verrochio. – 1472 : son maître le laisse peindre une partie du baptême du Christ. – 1452 : naissance de Léonard à Vinci dans le Nord de l'Italie. – 1516 : invité par François Ier, il part pour la France et devient premier peintre, architecte et mécanicien du roi.

2. De qui est-il question ?
3. À quels siècles cet homme a-t-il vécu ?
4. Quels étaient ses métiers ?
5. À quel âge est-il mort ?
6. Qu'est-ce que *La Joconde* ?
7. Observe l'autoportrait. Qui représente-t-il ?
8. Qui l'a réalisé ?

Autoportrait de Léonard de Vinci (1515).

J'écris

- **Écris une courte biographie de Léonard de Vinci.**

Étape 1 : Je réfléchis

1. Quelles informations vas-tu donner au début et à la fin de ta biographie ?
2. Quels indicateurs vont te permettre d'organiser ton texte chronologiquement ?

Étape 2 : Nous échangeons des idées

1. Où pourriez-vous trouver d'autres informations sur Léonard de Vinci ?
2. Remettez dans l'ordre chronologique les événements* de la vie de Léonard de Vinci.

Étape 3 : Je fais un brouillon

1. Recherche un titre pour ta biographie.
   • *Ex. :* Un génie de la Renaissance.
2. Transforme les dates en âge ou en durée.
   • *Ex. :* À 17 ans, Léonard entre en apprentissage. – Pendant trois ans, il peint *La Joconde*.
3. Recherche des connecteurs logiques et chronologiques pour enchaîner* les idées et les événements*.

Étape 4 : J'écris mon texte

1. Je place les indicateurs de temps en début de phrase et en début de paragraphe.
2. J'utilise des connecteurs logiques et chronologiques pour relier les événements*.
3. J'écris les verbes au présent.

Étape 5 : Je relis mon texte

- J'ai utilisé les informations qui me sont données pour écrire la biographie.
- J'ai organisé mon texte sans recopier mot à mot les informations données.
- J'ai utilisé des connecteurs chronologiques et logiques.

Donner son avis dans un échange

J'observe et je réfléchis

1. Observe ce tableau de Joan Miró.

Le Carnaval d'Arlequin (1924).

2. **Identifier les éléments du tableau**
   • La scène se déroule-t-elle à l'intérieur ou à l'extérieur ? Explique ta réponse.
   • Quel lieu est représenté, selon toi ? Quels animaux ou objets reconnais-tu ?
3. **Mettre en relation le titre et le tableau**
   • Qui est Arlequin ? Fais une recherche.
   • L'aperçois-tu sur le tableau ? Montre-le.
4. **Repérer les couleurs, les formes et les lignes**
   • Comment les animaux et les objets sont-ils représentés ?
   • Quelles sont les couleurs dominantes du fond ? des personnages et des objets ?
   • Y a-t-il des formes que tu retrouves à plusieurs endroits ? Lesquelles ?
5. **Construire du sens et donner ses impressions**
   • À quels thèmes peut être associé ce tableau ? Explique ta réponse.
   • Que ressens-tu lorsque tu le regardes ?
6. **Respecter les avis des autres**
   • Prépare ta prise de parole : les mots-clés, les idées…
   • Écoute attentivement chacun de tes camarades. Ne parle pas en même temps que lui (elle). Ne critique pas son avis.

Je donne mon avis dans un échange

• **Présente le tableau de Miró : décris-le, puis dis s'il te plaît* ou non.**

Pour bien donner mon avis dans un échange

• J'indique brièvement ce que j'ai vu dans le tableau.
• Je présente mes arguments à l'aide de verbes d'opinion (croire, penser, aimer…).
• J'utilise des connecteurs logiques (car, parce que, c'est pourquoi, cependant, mais…).
• Je nuance mon avis : ce que j'aime / ce que j'aime moins.
• Nous respectons les prises de parole de chacun. Nous ne coupons pas la parole. Nous écoutons les arguments de chacun.

Orthographe : Les homophones grammaticaux (1), p. 214.
Lexique : Le champ lexical, p. 216.

Le Bourgeois gentilhomme

Monsieur Jourdain, un bourgeois ignorant, cherche à s'instruire rapidement pour se faire passer pour un gentilhomme, c'est-à-dire un noble. L'action se déroule sous le règne du roi Louis XIV.

Maître de philosophie : Que voulez-vous que je vous apprenne ?
Monsieur Jourdain : Apprenez-moi l'orthographe.
Maître de philosophie : Très volontiers.
Monsieur Jourdain : Après, vous m'apprendrez l'almanach, pour savoir quand il y a de la lune et quand il n'y en a point.
Maître de philosophie : Soit. Pour bien suivre votre pensée et traiter cette matière en philosophe, il faut commencer, selon l'ordre des choses, par une exacte connaissance de la nature des lettres et de la différente manière de les prononcer toutes. Et là-dessus, j'ai à vous dire que les lettres sont divisées en voyelles, ainsi dites voyelles parce qu'elles expriment les voix ; et en consonnes, ainsi appelées consonnes parce qu'elles sonnent avec les voyelles, et ne font que marquer les diverses articulations des voix. Il y a cinq voyelles ou voix : A, E, I, O, U.
Monsieur Jourdain : J'entends tout cela.
Maître de philosophie : La voix A se forme en ouvrant fort la bouche : A.
Monsieur Jourdain : A, A, oui.
Maître de philosophie : La voix E se forme en rapprochant la mâchoire d'en bas de celle d'en haut : A, E.

philosophie : science qui réfléchit sur l'homme et ses pensées.

almanach : petit livre comprenant un calendrier, les phases de la Lune, les fêtes et divers conseils pratiques.

ainsi dites : appelées comme cela.

entendre : comprendre, au XVIIe siècle.

Je comprends

1. À quelle époque se déroule cette histoire ?
2. Qui est monsieur Jourdain ?
3. Que souhaite-t-il apprendre ? Pourquoi ?
4. Qu'est-ce qui montre qu'il est vraiment ignorant ?
5. Par quel sujet le maître de philosophie commence-t-il sa leçon ?
6. Que montre-t-il à monsieur Jourdain en s'accompagnant de gestes ?
7. Quels sentiments éprouve monsieur Jourdain pendant cette leçon ?

Je repère

1. Observe la disposition du texte : comment sais-tu qui parle ? Y a-t-il des signes de ponctuation qui marquent le dialogue ?
2. Quel est le temps le plus utilisé dans ce texte ?
3. Comment le maître de philosophie s'exprime-t-il : en langage familier, courant ou soutenu ?
4. À ton avis, pourquoi parle-t-il comme cela ?
5. Quel signe de ponctuation retrouve-t-on fréquemment dans les répliques de monsieur Jourdain p. 85 ? Pourquoi ?
6. De quel type de texte s'agit-il ? Explique ta réponse.

Monsieur Jourdain : A, E ; A, E. Ma foi, oui. Ah ! Que cela est beau !

Maître de philosophie : Et la voix I, en rapprochant encore davantage les mâchoires l'une de l'autre, en écartant les deux coins de la bouche vers les oreilles : A, E, I.

Monsieur Jourdain : A, E, I, I, I, I, I. Cela est vrai. Vive la science !

Maître de philosophie : La voix O se forme en rouvrant les mâchoires et rapprochant les lèvres par les deux coins, le haut et le bas : O.

Monsieur Jourdain : O, O. Il n'y a rien de plus juste. A, E, I, O, I, O. Cela est admirable ! I, O, I, O.

Maître de philosophie : L'ouverture de la bouche fait justement comme un petit rond qui représente un O.

Monsieur Jourdain : O, O, O. Vous avez raison. O. Ah ! La belle chose que de savoir quelque chose !

Maître de philosophie : La voix U se forme en rapprochant les dents sans les joindre entièrement, et allongeant les deux lèvres en dehors, les approchant aussi l'une de l'autre sans les joindre tout à fait : U.

Monsieur Jourdain : U, U. Il n'y a rien de plus véritable. U.

Maître de philosophie : Vos deux lèvres s'allongent comme si vous faisiez la moue ; d'où vient que, si vous la voulez faire à quelqu'un et vous moquer de lui, vous ne sauriez lui dire que U.

Monsieur Jourdain : U, U. Cela est vrai. Ah ! Que n'ai-je étudié plus tôt pour savoir tout cela !

Molière, *Le Bourgeois gentilhomme*, 1670.

faire la moue : faire une grimace en avançant et en resserrant les lèvres.

d'où vient que : ce qui explique que.

Je dis

1. Relis le texte des lignes 15 à 41. Combien de lettres présente le maître* de philosophie ?
2. Entraîne*-toi à dire les lettres en les surarticulant pour bien montrer la position de la bouche et des lèvres. Jouez ensuite la scène à deux.

Je participe à un débat

Monsieur Jourdain et son maître* de philosophie

1. À ton avis, monsieur Jourdain avait-il besoin d'une leçon pour apprendre à prononcer les voyelles ? Pourquoi ?
2. Que penses-tu de lui ?

Le comique de la scène

3. Quels éléments rendent cette scène comique (situation, dialogues…) ?

J'écris

1. Relève dans le texte tous les mots appartenant au champ lexical de l'alphabet. Écris une phrase avec chacun d'eux.
2. Imagine que le maître* de philosophie apprend à monsieur Jourdain à articuler des consonnes. Écris quelques répliques pour continuer la scène. Mets bien le nom du personnage qui parle devant chaque réplique.

Orthographe : L'accord de l'attribut du sujet, p. 208.
Le verbe : Le passé composé, p. 210.
Grammaire : Distinguer complément du verbe et attribut du sujet, p. 212.

De mal en pis

Madame : Bonjour, docteur !

Monsieur : Bonjour, docteur !

Docteur : Messieurs-dames ! Asseyez-vous, je vous prie. C'est pour monsieur ou pour madame ?

Ensemble : C'est pour lui. C'est pour moi.

Docteur : Qu'est-ce qui ne va pas, cher monsieur ?

Madame : Tous les matins, en se réveillant...

Docteur : Je pense que monsieur peut s'exprimer lui-même.

Madame : Oui, c'est ça, dis-lui, toi !

Monsieur : Tous les matins, en me réveillant, j'ai la bouche sèche.

Madame : Oui, il a la bouche sèche.

Monsieur : C'est très gênant.

Docteur : Hum, je vois, je vois. Ouvrez la bouche, monsieur, s'il vous plaît !

Madame ouvre tout grand la bouche.

Docteur : Non, pas vous, lui.

Monsieur ouvre la bouche. Le médecin l'examine avec une spatule et une lampe de poche.

Docteur : La bouche sèche, donc... Eh bien, c'est très simple : en vous réveillant, vous prendrez un comprimé de « Boucho-Sècha », avec un verre d'eau.
Madame : Tu vois, je t'avais bien dit que ça se soignait !
Monsieur : Bon, bon, et vous me garantissez...
Docteur : C'est très efficace. L'inconvénient, c'est que le « Boucho-Sècha » peut donner des fourmis dans les pieds.
Madame : Ah ça, il faut savoir accepter certains désagréments, pour se soigner.
Docteur : Et donc, pour les fourmis, vous prendrez une cuillerée de granulés de « Fourmigratti ».
Madame : Tu vois, il y a un remède à tout.
Docteur : Malheureusement, le « Fourmigratti » provoque quelquefois des démangeaisons dans les oreilles.
Monsieur : Ah bon ! Les oreilles maintenant.
Madame : Il faut savoir souffrir pour guérir.
Docteur : Par chance, pour les démangeaisons d'oreilles, nous avons de « L'Oreillatlon ».
Monsieur : Qu'est-ce que c'est encore que ça ?
Madame : Écoute le docteur, voyons.
Docteur : « L'Oreillatlon » stoppera immédiatement les démangeaisons d'oreilles. Et, dites-moi, vous n'êtes pas somnambule ?

avoir des fourmis dans les pieds : avoir une sensation de picotements dans les pieds.
un désagrément : un inconvénient.

un remède : un médicament.

un somnambule : une personne qui agit dans son sommeil et ne s'en souvient pas au réveil.

Monsieur : Je ne crois pas. *(À sa femme :)* Tu n'as rien remarqué, quand je dors ?

Madame : Non. Quand tu dors, je dors aussi... Il m'est juste arrivé de t'entendre discuter avec la Lune, debout sur le rebord de la fenêtre. Et je t'ai déjà retrouvé assis tout nu devant le frigo, en train de faire des châteaux avec les yaourts. À part ça...

flagrant : évident.

Docteur : Hum, hum, cas flagrant de somnambulisme.

Monsieur : Alors, qu'est-ce qu'on va faire ?

Docteur : Je ne vois que des massages avec du « Bonidormi ». L'ennui...

Ensemble : L'ennui ? L'ennui ?

Docteur : L'ennui, c'est que cette pommade a un effet déshydratant, qui a tendance à assécher la bouche, voyez-vous !

Ensemble : Mais alors ? Mais alors ?

hystérique : extrêmement excité.

Docteur *(Il commence à s'énerver, puis devient carrément hystérique)* **:** Que voulez-vous que je vous dise ! Vous êtes un très mauvais malade. Vous n'y mettez aucune bonne volonté ! J'en ai assez, moi, de ce métier et de ces clients qui ont toujours quelque chose de travers. Y en a pas un qui va me dire un jour « Je vais bien » ! Non, tous enrhumés, fiévreux, mal ici, mal là. J'en ai marre, j'en ai marre !

Je comprends

1. Où se déroule cette scène ?
2. Qui sont les trois personnages ?
3. Au début de la pièce, pourquoi Monsieur vient-il consulter le Docteur ?
4. Que lui propose le Docteur ?
5. Combien de médicaments le Docteur lui prescrit-il ? Nomme-les.
6. Quelle est la particularité de chaque médicament prescrit par le Docteur ?
7. Finalement, qui donne un conseil au Docteur ? En quoi est-ce un retournement de situation ?

Je repère

1. Quel est le titre de ce texte ? En t'aidant du texte de la scène, explique ce que veut dire cette expression.
2. Observe les mots en gras. À quoi servent-ils ?
3. De quelle manière Monsieur réagit-il aux propos du Docteur ?
4. Observe les groupes de mots en italique. Ce sont des didascalies. Qu'indiquent-elles ?
5. S'agit-il d'une scène comique ou dramatique ? Explique ta réponse.

Monsieur : Ne vous mettez pas dans cet état, vous allez vous faire du mal !
Docteur : Tiens, rien que d'en parler, moi aussi, j'ai la bouche qui se dessèche. Vous m'avez contaminé. Vite, vite, qu'est-ce que je dois prendre ? Je ne me rappelle plus. Un médecin, appelez un médecin !
Madame : Si vous preniez... un verre d'eau !
Docteur : Voilà, un verre d'eau ! C'est le bon remède pour ce genre de chose. Un verre d'eau, tout simplement. Et vous me dérangez pour ça ! Allez, rentrez chez vous et prenez un verre d'eau tous les matins. Et que je ne vous revoie plus, espèce de bien-portant ! *(Vers la porte :)* Julie, apportez-moi un verre d'eau, s'il vous plaît. Au suivant !

contaminer quelqu'un : rendre quelqu'un malade.

Corinne Albaut, « De mal en pis », *À chacun son rôle. 10 saynètes pour découvrir le théâtre*, © Corinne Albaut.

Je dis

1. Relis la scène des lignes 45 à 62 et repère les points d'exclamation, d'interrogation et de suspension.
2. Quelles indications donnent-ils pour dire les répliques des personnages ?
3. Jouez la scène à trois en marquant bien le retournement de situation.

Je participe à un débat

Les médicaments

1. Quel lien peut-on faire entre les noms des médicaments et leurs effets ?
2. Les médicaments sont utiles pour la santé mais ils sont parfois dangereux. Dans quelles conditions ?
3. Quelles règles de sécurité doit-on respecter lors de la prise de médicaments ?

Le comique

4. Quels éléments rendent cette scène comique (situation, personnages, dialogues, etc.) ? Compare avec le texte pages 84-85.

J'écris

1. Recopie les répliques des lignes 39 à 44. Souligne les verbes au passé composé.
2. Recherche une expression avec une partie du corps et invente le nom d'un médicament.
3. Utilise ce « médicament » pour écrire une nouvelle réplique du Docteur (« Pour…, vous prendrez… ») et une réponse de Monsieur.

Devenir comédien

Doc. 1

Être comédien peut faire rêver : on s'imagine sur la scène, les yeux éblouis par les projecteurs et les oreilles bourdonnant d'applaudissements. On se voit même faire la couverture des magazines... On oublierait presque que ce métier demande non seulement du talent, mais aussi énormément de travail !

L'acteur est un intermédiaire indispensable du théâtre. C'est par lui que les mots inscrits sur le papier deviennent vivants, c'est son corps qui donne une réalité à la fiction, son geste qui fabrique l'action, ses expressions, ses mimiques qui procurent l'émotion. Il ne se contente pas seulement d'apprendre par cœur et de bien réciter son texte : il doit le comprendre, l'intégrer, se l'approprier... Pour incarner totalement son personnage, il doit faire comme si les paroles qu'il prononce étaient ses propres paroles. Il doit faire aussi comme s'il découvrait les paroles des autres. Tout son comportement, la moindre de ses attitudes donnent l'illusion d'être spontanés. On n'a plus l'impression qu'il fait semblant. Une personne très gentille dans la vie peut ainsi jouer le rôle d'un monstre cruel.

Le métier d'acteur exige une excellente mémoire. Heureusement, la mémoire fonctionne comme les muscles : plus on l'exerce, plus elle est efficace ! Il demande également un entraînement physique régulier, parce que tout le corps est engagé. Devenir comédien professionnel passe donc par une formation très complète. On étudie, bien sûr, le jeu, les textes et l'histoire du théâtre. Mais on peut apprendre aussi la danse, la musique, le mime et même les arts martiaux. Il faut savoir tenir une épée quand on joue *Cyrano de Bergerac* ! Les concours pour accéder aux écoles les plus prestigieuses, comme le Conservatoire national supérieur d'art dramatique, sont très difficiles. Beaucoup de jeunes, filles et garçons, tentent leur chance et se préparent avec acharnement des années durant.

Gwénola David, *Ô théâtre !*, © Autrement Éditions, 2008.

Je comprends

1. Quelle profession est présentée dans le Doc. 1 ?
2. Pourquoi peut-elle faire rêver ?
3. Quelles sont les deux choses citées à la fin du premier paragraphe qu'il ne faut pas oublier ?
4. Que faut-il faire pour rendre vivant les mots écrits sur le papier ?
5. Que peut-on faire pour donner l'illusion d'agir naturellement, de paraître* spontané ?
6. Quelle pièce de théâtre célèbre est citée dans le Doc. 1 ? Comment l'as-tu repérée ?
7. Dans quelle école peut-on se former à cette profession ?

Je décris la photographie

1. Qui est représenté sur la photographie ?
2. Que fait-elle ?
3. En t'aidant du Doc. 1, explique à quoi elle pourrait s'entraîner* devant le miroir.
4. Quels personnages de théâtre pourrait-elle jouer ? Comment le vois-tu ?

Doc. 2

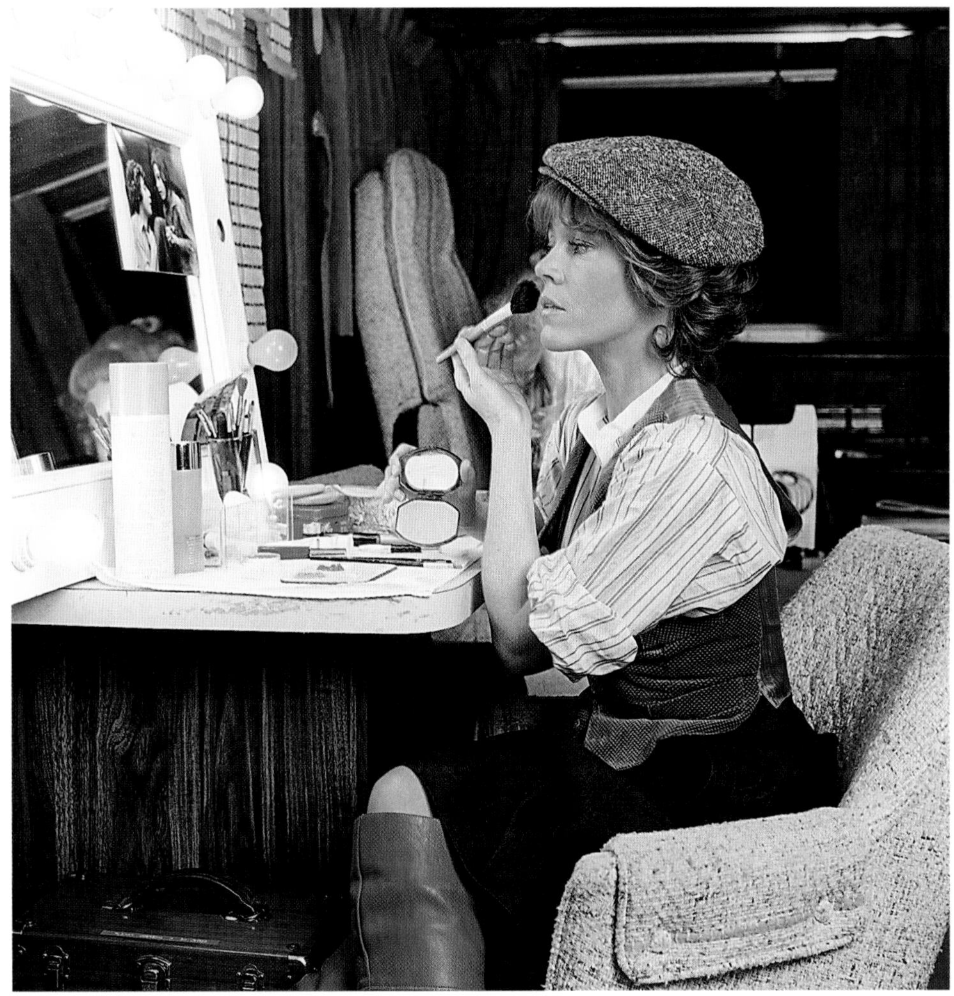

Jane Fonda, célèbre actrice de théâtre et de cinéma, termine de se préparer dans sa loge où elle se costume et se maquille. Elle est presque prête. C'est dans quelques minutes l'entrée sur scène !

Je découvre le lexique du théâtre

1. Comment s'appelle l'espace du théâtre où jouent les comédiens ?
2. Quel nom donne-t-on à l'ensemble des répliques d'un personnage dans une pièce de théâtre ?
3. Quel autre terme désigne un comédien ?
4. Comment s'appelle l'endroit où se préparent les comédiens avant d'entrer en scène ?

J'utilise mes connaissances

1. Recherche dans le texte des exemples de ce qui peut donner envie de devenir comédien.
2. Si tu voulais devenir comédien professionnel, quelle(s) matière(s) aimerais-tu étudier ?
3. Quelle(s) matière(s) n'aimerais-tu pas étudier ?
4. Dans la classe, faites deux groupes pour préparer un débat : l'un prépare des arguments pour conseiller de devenir comédien, l'autre prépare des arguments pour déconseiller de devenir comédien.

Stratégies de lecture

L'enchaînement des répliques dans un dialogue

Je cherche

1. Lis cet extrait de pièce de théâtre.

SGANARELLE : Je veux vous parler de quelque chose.
PANCRACE : Et de quelle langue voulez-vous vous servir avec moi ?
SGANARELLE : Parbleu ! de la langue que j'ai dans la bouche.
PANCRACE : Je vous dis : de quel idiome*, de quel langage ?
SGANARELLE : Ah ! c'est une autre affaire.

* Un idiome : une langue.

Molière, *Le Mariage forcé*, 1664.

2. Combien de personnages dialoguent ensemble ? Comment s'appellent-ils ?
3. Combien de répliques prononce chacun d'eux ?
4. Relis les répliques de Pancrace. Quel type de phrases utilise-t-il ?

Je réfléchis

1. Lis cet extrait d'une autre pièce de théâtre.

Knock est un médecin qui reçoit en consultation le tambour de la ville.

LE TAMBOUR : Quand j'ai dîné, il y a des fois que je sens une espèce de démangeaison ici. Ça me chatouille, ou plutôt ça me gratouille.
KNOCK : Attention. Ne confondons pas. Est-ce que ça vous chatouille, ou est-ce que ça vous gratouille ?
LE TAMBOUR : Ça me gratouille. Mais ça me chatouille bien un peu aussi…

Jules Romains, *Knock ou le Triomphe de la Médecine*, © Éditions Gallimard.

2. Dans ce dialogue, quel personnage pose des questions ? Quel personnage y répond ?
3. Quels verbes sont répétés plusieurs fois ?
4. À quoi servent ces répétitions ?

Je m'exerce

1. Recopie ces répliques en les remettant en ordre.

MME SMITH : Pourquoi nous demandez-vous ça ? / LE POMPIER : Oui, tous. / LE POMPIER : Est-ce qu'il y a le feu chez vous ? / MME MARTIN : Tous ? / LE POMPIER : C'est parce que… Excusez-moi, j'ai l'ordre d'éteindre tous les incendies dans la ville. / MR SMITH : Il ne doit rien y avoir. Ça ne sent pas le roussi. / MME SMITH : Je ne sais pas… je ne crois pas, voulez-vous que j'aille voir ? / LE POMPIER, *désolé* : Rien du tout ?…

D'après Eugène Ionesco, *La Cantatrice chauve*, © Éditions Gallimard.

J'ai compris

Pour enchaîner* les répliques dans un dialogue de théâtre, l'auteur :

- utilise **un échange rapide de questions et de réponses** ;
- fait **reprendre par un personnage des mots ou des groupes de mots déjà prononcés par son interlocuteur** (*ex. : LE TAMBOUR : Ça me chatouille, ou plutôt ça me gratouille. KNOCK : Attention. Ne confondons pas. Est-ce que ça vous chatouille, ou est-ce que ça vous gratouille ?*).

Une pièce de théâtre

Je lis

1. Lis cet extrait de pièce de théâtre.

A. **– Personnages et costumes –**
M. Otis : il a un très fort accent américain. Il est très matérialiste, bonhomme et sympathique. Il est vêtu d'un costume blanc, ouvert sur une chemise.
Lord Canterville : il est très british. *Tous ses gestes, ses attitudes sont raffinés. Il est parfois incommodé par la fumée du cigare de M. Otis. Il porte un kilt, une veste de tweed et de grandes chaussettes.*
– Décors –
Toutes les scènes, excepté la 4 et la 7, se déroulent dans le salon. Au fond, on placera trois ou quatre portraits. Le mobilier de la pièce est composé d'une table basse, d'un canapé, de deux ou trois fauteuils.

2. Qui sont les personnages ? Où se déroule la pièce ?
3. À ton avis, où cet extrait se situe-t-il dans le texte de la pièce ? Explique ta réponse.
4. Cet extrait est-il joué par les comédiens ? Comment le sais-tu ?

5. Lis ce second extrait de la même pièce.

B. *Entrent sur la scène Lord Canterville et M. Otis en grande discussion. M. Otis fume un gros cigare.*
M. Otis, *avec un fort accent américain* : Le parc est vraiment très joli ; tout est O.K., Lord Canterville. J'achète.
Lord Canterville : M. Otis, je considère de mon honneur de vous avertir que le manoir que vous m'achetez est hanté par un fantôme.

Adaptation de Nedjma Vivet d'après Oscar Wilde, « Le Fantôme de Canterville », *Don Quichotte et Autres Personnages au théâtre*, © Éditions Retz, 2000.

6. Compare la manière dont sont écrits les extraits A et B. Quelles différences remarques-tu ?
7. Quelles indications l'auteur donne-t-il pour jouer la scène ? Comment sont-elles écrites ?

J'ai compris

- Une pièce de théâtre est un texte écrit pour **être joué** :
  - seules les paroles des personnages sont dites. Ce sont **des répliques**.
  - devant chaque réplique, on trouve **le nom du personnage qui parle** en majuscules ou dans un caractère différent pour qu'on le repère bien (*ex. :* **Maître* de philosophie** – M. Otis).
- L'auteur fournit également **des indications pour jouer la pièce** :
  - au début de la pièce, il donne les noms des personnages, les lieux, les accessoires…
  - au cours de la pièce, il précise parfois **l'état dans lequel est le personnage en disant sa réplique** (*ex. :* M. Otis, *incrédule et souriant*) ou **les mouvements et déplacements qu'il doit faire** (*ex. :* Lord Canterville, *désignant un portrait accroché au fond de la scène*). Ces indications, appelées **didascalies**, sont le plus souvent écrites **en italique**.

Production d'écrit

Écrire une scène de théâtre

Je lis

1. Voici le début d'une scène de théâtre.

Souvenir 7

Le jour où je rencontrai Enrique et réalisai que j'étais heureux.

SALVADOR. *(récit)* – Sur la pointe des pieds, je sortis par la porte qui ne grince pas et décidai d'aller à l'école chercher une réponse plus satisfaisante. Comme j'étais trop petit pour entrer je m'assis sur le seuil de la porte.
ENRIQUE. – Eh ! Petit ! Qu'est-ce que tu fais là ?
SALVADOR. *(action)* – Je cherche une réponse.
ENRIQUE. – Et tu penses la trouver ici ?
SALVADOR. *(action)* – C'est l'école et ma sœur Maria dit que son maître Enrique vient de très loin et qu'il sait tout.
ENRIQUE. – Enrique, c'est moi. Alors toi, c'est Salvadorcito, le petit frère ! Maria a raison en partie seulement. C'est vrai que je viens de loin, mais je ne sais pas tout. Pose ta question et je verrai si je peux y répondre.

Suzanne Lebeau, *Salvador (la montagne, l'enfant et la mangue)*,

2. Où se déroule la scène ?
3. Comment s'appellent les personnages ? Qui sont-ils ?
4. Que raconte cette scène ? Aide-toi de son titre pour répondre.
5. Observe la première réplique et compare-la aux suivantes. Quelles différences remarques-tu ?

J'écris

- **Imagine la suite de cette scène entre Salvador et Enrique. Fais en sorte de rendre leur dialogue comique.**

Étape 1 : Je réfléchis

1. Quels vont être les personnages de la scène ?
2. Où va-t-elle se dérouler ?
3. Quelle va être la question posée par Salvador ?

Étape 2 : Nous échangeons des idées

1. Quels éléments rendront cette scène comique : la question de Salvador ? la réponse du maître* Enrique ? l'arrivée d'un nouveau personnage ?

Étape 3 : Je fais un brouillon

1. Écris une première didascalie pour présenter le contexte de ta scène : le lieu, le décor…
2. Prépare une liste de mots pour indiquer les mouvements (se diriger, tendre), les gestes, les façons de parler (étonné) ou les sentiments (avec douceur) des personnages.

Étape 4 : J'écris mon texte

1. Rends ta scène comique à travers :
   - La situation (*ex.* : la question de Salvador est très compliquée ou absurde).
   - Les personnages (*ex.* : Salvador ne comprend rien et ses interventions sont hors sujet).
   - Les dialogues (*ex.* : Enrique utilise des mots compliqués pour embrouiller Salvador).

Étape 5 : Je relis mon texte

- J'ai écrit une première didascalie pour présenter la scène.
- J'ai nommé les personnages et j'ai écrit leur nom en majuscules devant chaque réplique.
- J'ai écrit les répliques au présent.
- J'ai donné des indications pour jouer la scène.
- J'ai utilisé différents moyens pour enchaîner* les répliques.

Mettre en scène et jouer une réplique de théâtre

J'observe et je réfléchis

1. Lis cet extrait d'une scène de théâtre.

Accéléré et nerveux	klek klek dolokleks kleksido naoé kleksido naoé
Jeté et coléreux	ribérol ribérol ribérol !
Plus vite et plus fort	rokséon rokséon rokséana a a a rokséana a a a
Hurlé et tragique	ROKSANA ROKSANA
De nouveau calme en séparant les syllabes	leksoana anaksoil anaksoil aksoilllllll
Mourant	golanélidollllllllll

Maurice Lemaître, « Roxana », *Maurice Lemaître présente le lettrisme*, © Maurice Lemaître, 1958.

2. **Lire et comprendre le texte**
   • Que trouve-t-on dans la colonne de gauche ? dans la colonne de droite ?
   • Comprends-tu ce qui est dit ? Pourquoi ?
   • Qui peut être Roksana pour le personnage qui hurle son nom ? Quel sentiment se dégage globalement de cette scène ?
   • À ton avis, y a-t-il un seul personnage ou est-ce une conversation à plusieurs ?
3. **Dire le texte**
   • Fais la liste des adjectifs qui indiquent les changements de ton dans la colonne de gauche.
   • Repère les répétitions de mots ou de syllabes dans la colonne de droite.
   • Recopie les répliques et souligne ces répétitions.
4. **Mettre en scène le texte**
   • Imagine quelques éléments de décor qui rendent l'atmosphère générale du texte.
   • Comment le ou les personnages peuvent-ils être habillé(e)s ?
5. **Jouer la scène**
   • Par quels gestes peut-on accompagner chaque réplique ? Aide-toi des didascalies pour répondre.
   • Indique les déplacements liés à chaque réplique : le personnage s'adresse-t-il à un autre personnage ? au public ?

Je mets en scène et je joue une réplique de théâtre

• **Aide-toi de cette préparation pour dire cette réplique ou la mettre en scène avec des camarades.**

Pour bien mettre en scène et jouer une réplique de théâtre

• J'utilise différents tons selon les indications du texte.
• Je tiens compte des sonorités pour rythmer la réplique.
• J'ai prévu des gestes pour accompagner mes paroles et des déplacements face au public.
• Après avoir écouté mes camarades, j'explique l'histoire que j'ai imaginée.

Le verbe : Le passé simple, p. 218.
Orthographe : Les homophones grammaticaux (2), p. 220.
Lexique : Les synonymes et les mots de sens contraire, p. 226.

La Cigale et la Fourmi

se trouver dépourvu : ne plus rien avoir.
la bise : un vent froid et glacial.
un vermisseau : un petit ver de terre.
crier famine : se plaindre de ne pas avoir de quoi manger.
prier : demander.
subsister : survivre.
la saison nouvelle : l'été.
l'oût : le mois d'août.
intérêt et principal : le prix de l'argent prêté plus la somme empruntée.
moindre : le plus petit.
à tout venant : en toute occasion.
ne vous déplaise : quoi que vous pensiez.
fort aise : très content.

La Cigale, ayant chanté
Tout l'été,
Se trouva fort dépourvue
Quand la bise fut venue.
Pas un seul petit morceau
De mouche ou de vermisseau.
Elle alla crier famine
Chez la Fourmi sa voisine,
La priant de lui prêter
Quelque grain pour subsister
Jusqu'à la saison nouvelle.
« Je vous paierai, lui dit-elle,
Avant l'oût, foi d'animal,
Intérêt et principal. »
La Fourmi n'est pas prêteuse ;
C'est là son moindre défaut.
« Que faisiez-vous au temps chaud ?
Dit-elle à cette emprunteuse.
– Nuit et jour à tout venant
Je chantais, ne vous déplaise.
– Vous chantiez ? J'en suis fort aise.
Eh bien : dansez maintenant. »

Jean de La Fontaine, « La Cigale et la Fourmi », *Fables*, 1668.

Je comprends

1. Lis la fable de Jean de La Fontaine. En quelle saison la Cigale se rend-elle chez la Fourmi ?
2. Que lui demande-t-elle ?
3. Quel est le défaut de la Fourmi ?
4. Que reproche-t-elle à la Cigale ?
5. Comment se termine la fable ?
6. Raconte l'ensemble de la fable avec tes propres mots.
7. Lis maintenant la fable d'Ésope et compare l'histoire avec celle de la fable de Jean de La Fontaine.

Je repère

1. Observe la disposition des deux fables. Quelles différences constates-tu ? Décris-les.
2. Quelle leçon donnent les fourmis dans les deux fables ? C'est la morale de la fable.
3. Dans quelle fable cette morale est-elle reformulée par l'auteur ?
4. Dans quel type de caractère est-elle écrite ?
5. Par quoi débute chaque vers de la fable de Jean de La Fontaine ?
6. Observe la fin des vers deux à deux. Que remarques-tu ?

La Cigale et les Fourmis

C'était l'hiver, et les fourmis faisaient sécher le blé humide. Une cigale affamée leur demanda un peu de nourriture.

Les fourmis lui répondirent alors :

– Cet été, pourquoi n'as-tu pas, toi aussi, amassé de quoi manger ?

– Je n'en ai pas eu le temps, avança la cigale, car je chantais fort joliment.

– Eh bien, firent les fourmis en éclatant de rire, si tu chantais en été, danse en hiver !

Le courage d'aujourd'hui prépare au bien-être de demain.

Jean-Philippe Mogenet, *Les Fables d'Ésope*, © Éditions Milan jeunesse, 2011.

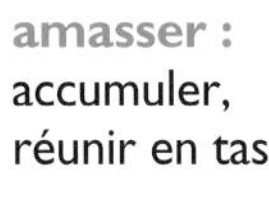

amasser : accumuler, réunir en tas.

Je dis

1. Relis la fable de La Fontaine du vers 12 à la fin. Combien de fois chaque personnage prend-il la parole ?
2. Sur quel ton parle la Fourmi ? et la Cigale ?
3. Récitez cette partie de la fable à trois (un narrateur, une Cigale et une Fourmi) en adoptant le ton qui convient.

Je participe à un débat

Ésope et Jean de La Fontaine

1. Laquelle des deux fables préfères-tu ? Pourquoi ?

Le caractère des personnages

2. Selon toi, quels défauts humains Ésope et Jean de La Fontaine ont-ils voulu montrer à travers les personnages de la Cigale et de la Fourmi ?
3. Quels autres animaux pourraient avoir les mêmes défauts ? Pourquoi ?

J'écris

1. Recopie la fable d'Ésope et souligne les verbes conjugués au passé simple.
2. Continue la fable de Jean de La Fontaine : ajoute une réplique de la Cigale, dans laquelle elle présente un nouvel argument pour obtenir du grain de la Fourmi.

Grammaire : Les compléments du nom, p. 222.
Lexique : les synonymes et les mots de sens contraire, p. 226.

Le Renard et le Bouc

encorné : muni de cornes.

ne pas voir plus loin que son nez : être naïf.

maître* en tromperie : rusé et qui aime tromper les autres.

se désaltérer : boire (langage soutenu).

un compère : un camarade, un ami.

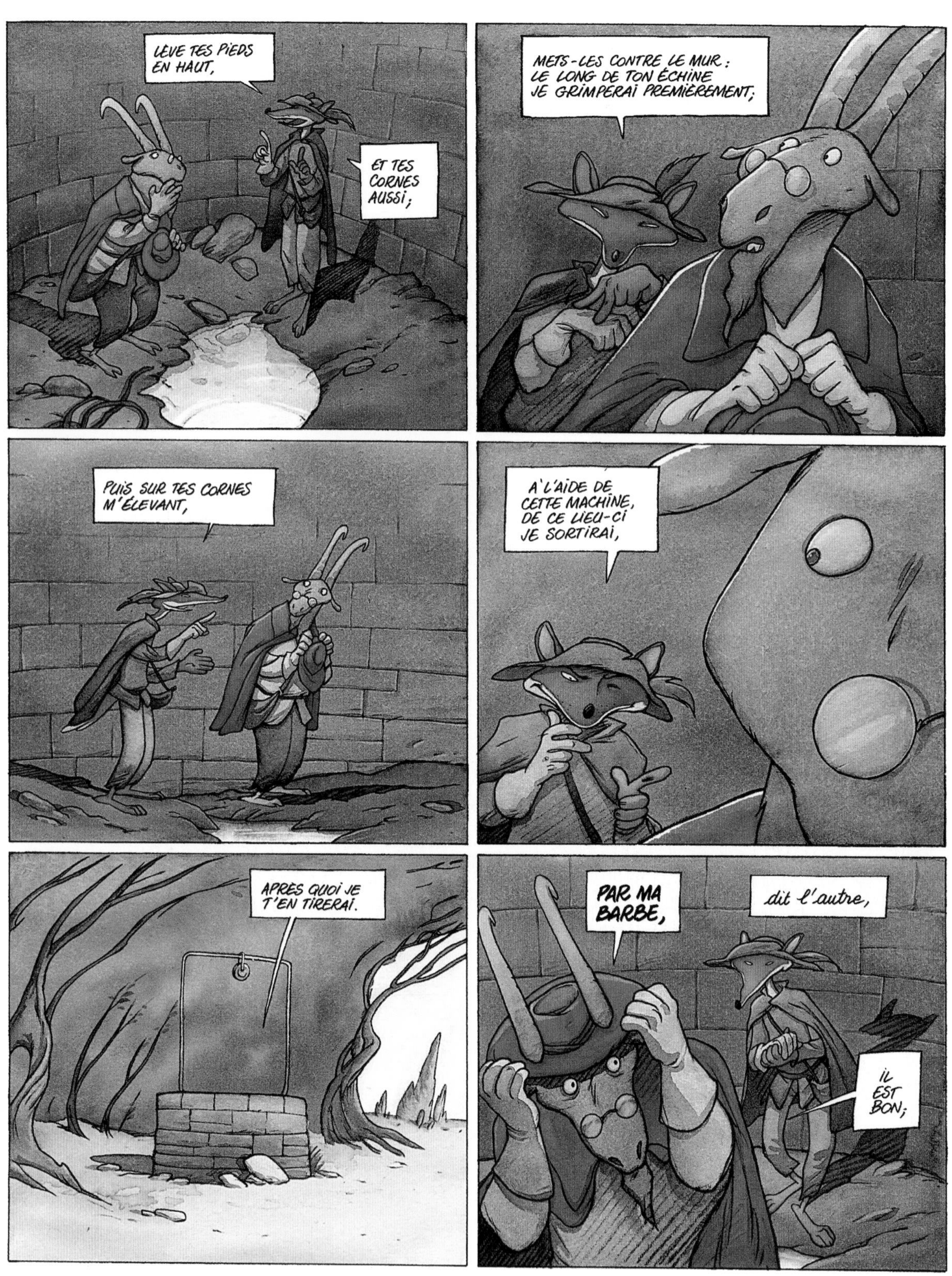

l'échine : le dos.

à l'aide de cette machine : de cette façon, par ce procédé.

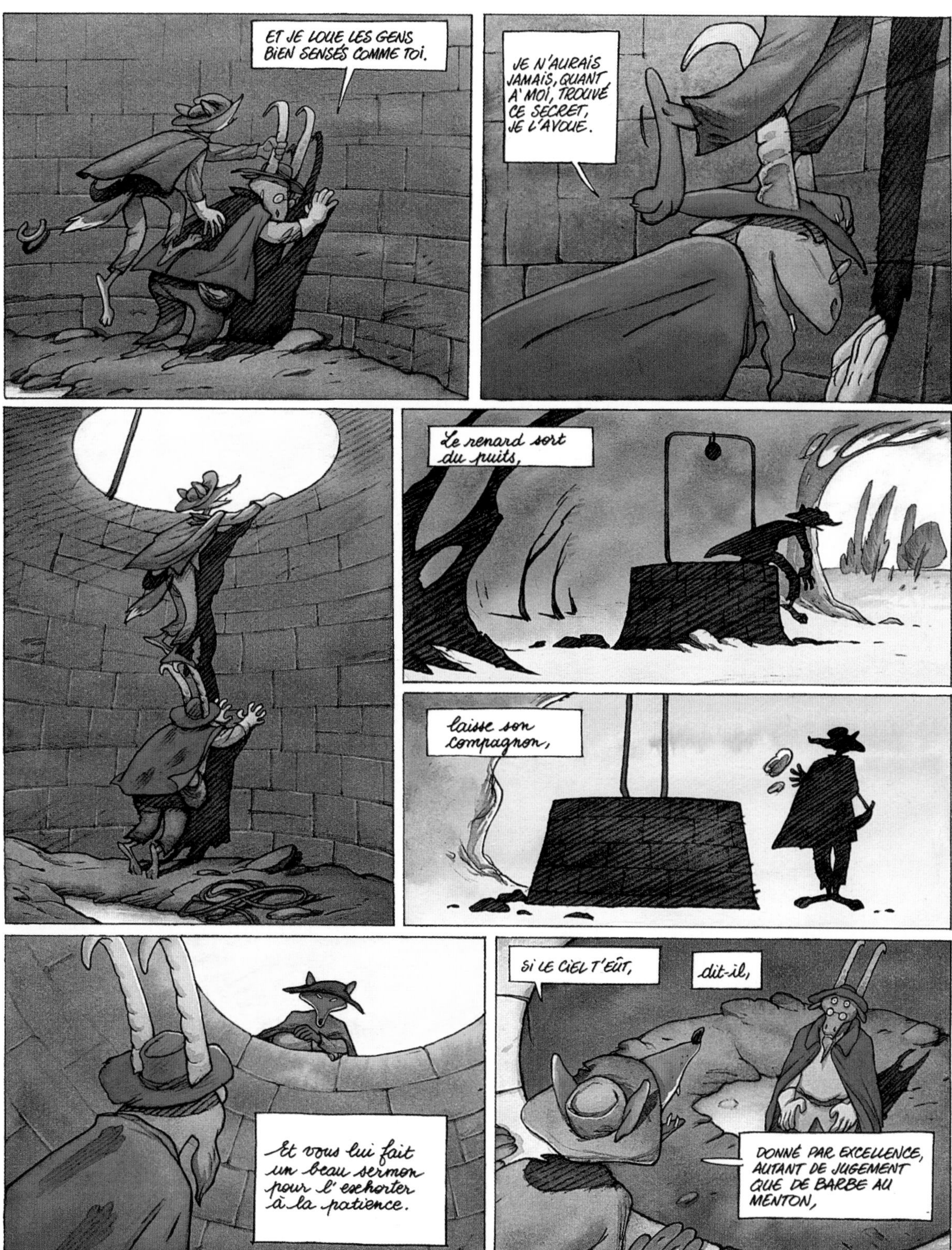

louer : vanter les mérites de quelqu'un.

sensé : intelligent.

un sermon : un long discours, une remontrance.

exhorter : encourager.

j'en suis hors : j'en suis sorti.

Je comprends

1. Qui sont les personnages de cette fable ?
2. Quel lien semble les unir au début ?
3. Où descendent-ils ?
4. Pourquoi ?
5. Quel plan imagine Renard pour en sortir ?
6. Qu'en pense Bouc ?
7. Que fait Renard une fois sorti d'affaire ?
8. Quelle est la morale de cette fable ? Où se trouve-t-elle ?

Je repère

1. Sous quelle forme cette fable est-elle racontée ?
2. Lis le texte des cases 1 à 4 à voix haute (p. 98). Que remarques-tu ?
3. Au début de la fable, quels vers laissent penser que Bouc risque d'être trompé par Renard ?
4. Quelles cases montrent que Bouc n'est pas très malin ? Explique ta réponse.
5. Observe la case 4. Reconnais-tu des personnages d'autres fables ? Si oui, lesquels ?
6. Observe la dernière case de la page 99. À l'intérieur de quoi les textes sont-ils écrits ?
7. Sont-ils présentés de la même manière ?

la fin : le résultat désiré, le but.

Jean de La Fontaine (fable) et Mazan (bande dessinée),
La Fontaine aux fables, tome I,

Je dis

1. Relis la fable et repère les différentes étapes de l'action.
2. Résume l'histoire racontée par cette fable à voix haute. N'oublie pas d'utiliser des connecteurs logiques (car, mais, or…) pour enchaîner* les événements*.

Je participe à un débat

Renard et Bouc

1. Reformule la morale de cette fable avec tes mots.
2. Penses-tu que Renard a raison ou bien plains-tu Bouc ?

La complémentarité entre le texte et l'image

3. Cette fable est-elle présentée de la même manière que celle de la p. 96 ? Qu'est-ce que cette présentation apporte de plus ?
4. Laquelle des deux présentations préfères-tu ? Pourquoi ?

J'écris

1. Relève les verbes des cases de la p. 100 et donne leur forme à l'infinitif. Puis recherche des verbes de sens contraire pour au moins trois d'entre eux.
2. Dans les cases 5 à 9, une seule comporte du texte. Complète les illustrations en décrivant le déroulement des actions case par case.

Des animaux et des hommes

Doc. 1

À MONSEIGNEUR LE DAUPHIN

[...] Je me sers d'animaux pour instruire les hommes.
Tout parle en mon ouvrage, et même les poissons.
Ce qu'ils disent s'adresse à tous tant que nous sommes [...].

PRÉFACE DE JEAN DE LA FONTAINE

Les fables ne sont pas seulement morales, elles donnent encore d'autres connaissances. Les propriétés des animaux et leurs divers caractères y sont exprimés. Par conséquent les nôtres aussi, puisque nous sommes l'abrégé de ce qu'il y a de bon et de mauvais dans les créatures irraisonnables. [...] Ainsi ces fables sont un tableau où chacun de nous se trouve dépeint.

Jean de La Fontaine, Paris, le 31 mars 1668.

Doc. 2 Illustration de A. Godefroy, vers 1900.

Je comprends

1. Quel auteur est très connu pour ses fables ? À quelle époque les a-t-il écrites ?
2. Qu'est-ce que les animaux ont de particulier dans les fables ? Se comportent-ils comme dans la réalité (Doc. 1) ?
3. Pourquoi l'auteur met-il des animaux en scène dans ses fables (Doc. 1) ?
4. Quel est le titre de la fable illustrée (Docs. 2 et 3) ?
5. Dans cette fable, que peut-on dire du caractère de la grenouille ?
6. Des Docs. 2 et 3, lequel te paraît le mieux illustrer la morale de la fable ?

Je décris les illustrations

1. Quels animaux sont représentés ?
2. En combien de parties l'illustration du Doc. 3 est-elle découpée ? À quelles phrases du texte correspondent chacune d'elles ?
3. Qu'est-ce qui différencie la manière de représenter les animaux dans les Docs. 2 et 3 ?
4. Observe les costumes des animaux dans le Doc. 2. À qui te font-ils penser ?

LA GRENOUILLE QUI VEUT SE FAIRE
AUSSI GROSSE QUE LE BŒUF

Une grenouille vit un bœuf
Qui lui sembla de belle taille.
Elle, qui n'était pas grosse en tout comme un œuf,
Envieuse, s'étend, et s'enfle, et se travaille
Pour égaler l'animal en grosseur ;
Disant : Regardez bien, ma sœur ;
Est-ce assez ? dites-moi ; n'y suis-je point encore ? —
Nenni. — M'y voici donc ? — Point du tout. — M'y voilà ?
Vous n'en approchez point. La chetive pécore
S'enfla si bien qu'elle creva.
Le monde est plein de gens qui ne sont pas plus sages :
Tout bourgeois veut bâtir comme les grands seigneurs.
Tout petit prince a des ambassadeurs,
Tout marquis veut avoir des pages.

Doc. 3 Illustration de Benjamin Rabier, 1906.

Je découvre le lexique

1. Selon l'auteur, quelles sont les deux choses qu'apportent les fables à leurs lecteurs ?
2. Dans le Doc. 1, explique pourquoi l'auteur utilise le mot « tableau ».
3. Quelle est l'expression utilisée par l'auteur pour désigner les animaux ?
4. Recherche dans la fable une expression et un adjectif qui qualifient le physique de la grenouille.

J'utilise mes connaissances

1. Reformule avec tes mots la morale de la fable illustrée.
2. Recopie les dix premiers vers de la fable en les répartissant selon les différentes parties des illustrations du Doc. 3.
3. Choisis une autre fable mettant en scène des animaux.
4. Illustre-la en faisant ressortir leur caractère.

Stratégies de lecture

Les paroles rapportées

Je cherche

1. Lis le début de cette fable.

Une Grenouille vit un Bœuf
Qui lui sembla de belle taille.
Elle, qui n'était pas grosse en tout comme un œuf,
Envieuse, s'étend et s'enfle, et se travaille,
Pour égaler l'animal en grosseur,
Disant : « Regardez bien, ma sœur ;
Est-ce assez ? dites-moi ; n'y suis-je point encore ?
– Nenni.
– M'y voici donc ?
– Point du tout.
– M'y voilà ?
– Vous n'en approchez point. »

Jean de La Fontaine, « La Grenouille qui veut se faire aussi grosse que le Bœuf », *Fables*, 1668.

2. À quel vers commence le dialogue entre la Grenouille et sa sœur ?
3. Combien de répliques prononce chacune d'elles ?
4. Quels signes de ponctuation du dialogue peux-tu relever ? À quoi servent-ils ?

Je réfléchis

1. Lis à présent le début de la même fable écrite de manière différente.

Une Grenouille voit passer un Bœuf de belle taille. Elle qui est aussi petite qu'un œuf veut tout faire pour l'égaler en grosseur. Elle se met à enfler, à enfler, et **demande** à sa sœur de bien la regarder et de lui **dire** si elle est assez grosse. Celle-ci lui **répond** qu'elle n'y est point du tout. La Grenouille insiste et **prie** sa sœur de lui annoncer si elle y est enfin. Sa sœur lui **réplique** qu'elle ne s'en approche point.

2. À partir de quelle phrase le narrateur rapporte-t-il le dialogue entre la Grenouille et sa sœur ?
3. Observe les verbes en gras. Qu'introduisent-ils ?

Je m'exerce

1. Réécris cet extrait de fable en rapportant les paroles des personnages.

« Va-t'en, chétif insecte, excrément de la Terre ! »
C'est en ces mots que le Lion
Parlait un jour au Moucheron.
L'autre lui déclara la guerre.
« Penses-tu, lui dit-il, que ton titre de roi
Me fasse peur ni me soucie… »

Jean de La Fontaine, « Le Lion et le Moucheron », *Fables*, 1668.

J'ai compris

Dans un texte, les paroles d'un ou plusieurs personnages peuvent être rapportées :
- **directement** : on utilise alors **la ponctuation du dialogue** (deux-points, tirets, guillemets) ;
- **indirectement** : on utilise **un verbe de parole** suivi par **des compléments** qui indiquent soit les paroles des personnages, soit la personne à qui elles sont destinées :

Elle demande (verbe) à sa sœur (complément du verbe) de bien la regarder (complément du verbe). Elle lui répond (verbe) qu'elle n'y est point du tout (complément de phrase).

Une fable en bande dessinée

Je lis

1. Lis le début de la fable *La Chauve-Souris et les Deux Belettes* de Jean de La Fontaine.

Une Chauve-Souris donna tête baissée
Dans un nid de Belette ; et sitôt qu'elle y fut,
L'autre, envers les souris de longtemps courroucée,
Pour la dévorer accourut.
« Quoi ? Vous osez, dit-elle, à mes yeux vous produire,
Après que votre race a tâché de me nuire ! »

2. Qui sont les deux personnages de cette fable ? Que veut faire la Belette ? Pourquoi ?

3. Comment sais-tu qu'un personnage parle ?

4. Lis le début de cette même fable racontée en bande dessinée.

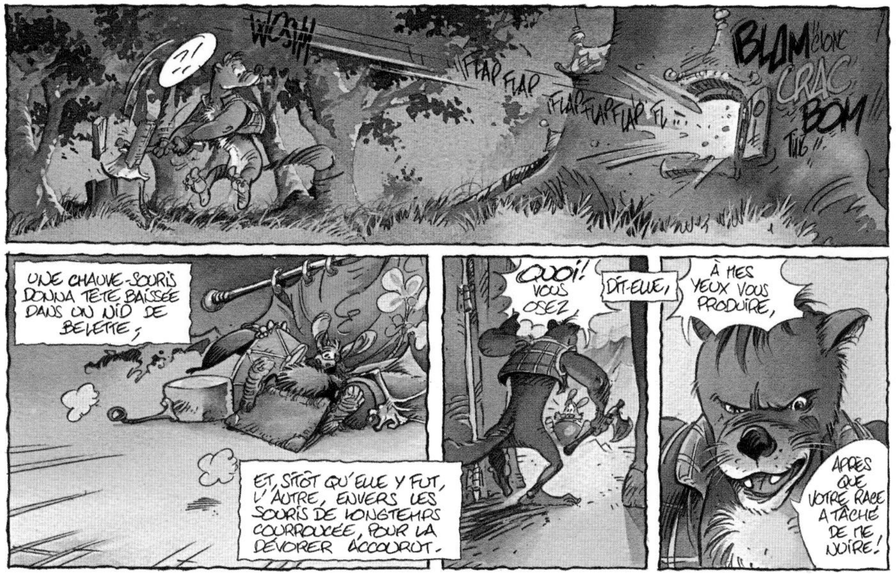

Jean de La Fontaine et Laurent Cagniat, *La Fontaine aux fables*, tome I,
© 2006 – Guy Delcourt Production – Cagniat.

5. Comment distingues-tu le récit, les paroles de la Belette et les bruits ?

6. Quelles informations te donne la case 1 ? Les retrouves-tu dans le texte d'origine ?

J'ai compris

- Dans une bande dessinée, le texte est disposé de différentes manières :
  - **le texte du narrateur** est dans de petits encadrés en haut ou en bas de la case (**des cartouches**) ; **les paroles** prononcées par les personnages sont écrites dans **des bulles** ;
  - **les bruits** (onomatopées) sont écrits directement sur l'image, souvent en majuscules. Les bulles et les caractères peuvent prendre différentes formes pour indiquer le ton des personnages.
- Dans une bande dessinée, **le texte et l'image se complètent** :
  - chaque case raconte **une étape de l'action** ;
  - les illustrations permettent au lecteur de se représenter le décor, les personnages, leurs mouvements...

Production d'écrit

Écrire une fable en bande dessinée

Je lis

1. Lis cette fable.

Maître Corbeau, sur un arbre perché,
Tenait en son bec un fromage.
Maître Renard, par l'odeur alléché,
Lui tint à peu près ce langage :
« Hé ! bonjour, Monsieur du Corbeau.
Que vous êtes joli ! que vous me semblez beau !
Sans mentir, si votre ramage
Se rapporte à votre plumage,
Vous êtes le Phénix des hôtes de ces bois. »
À ces mots le Corbeau ne se sent pas de joie ;
Et pour montrer sa belle voix,
Il ouvre un large bec, laisse tomber sa proie.
Le Renard s'en saisit, et dit : « Mon bon Monsieur,
Apprenez que tout flatteur
Vit aux dépens de celui qui l'écoute :
Cette leçon vaut bien un fromage, sans doute. »
Le Corbeau, honteux et confus,
Jura, mais un peu tard, qu'on ne l'y prendrait plus.

Jean de La Fontaine, « Le Corbeau et le Renard », *Fables*, 1668.

2. Qui sont les deux personnages de cette fable ?
3. Que peux-tu dire de leurs caractères ?
4. Que possède le Corbeau ?
5. Quelle ruse utilise le Renard pour l'obtenir ?
6. À quel(s) vers se trouve la morale de cette fable ? Reformule-la avec tes mots.

J'écris

• **Réécris cette fable sous la forme d'une bande dessinée.**

Étape 1 : Je réfléchis

1. Repère les paroles prononcées par le Renard.
2. Repère les phrases du récit. Combien en comptes-tu ?
3. En combien de cases pourrais-tu découper ta bande dessinée ?

Étape 2 : Nous échangeons des idées

1. Imaginez le décor, les personnages, ainsi que les couleurs.
   • Le paysage : l'endroit d'où vient le Renard – une forêt – l'arbre sur lequel est le Corbeau…
   • Les personnages : leur aspect général – leurs mimiques – leurs mouvements…
2. Discutez de la manière de mettre en valeur la morale de la fable.

Étape 3 : Je fais un brouillon

1. Prévois le nombre de cases dont tu auras besoin en découpant le texte en différentes scènes et trace leur cadre.
   • *Ex. :* le Corbeau sur son arbre – le Renard sentant l'odeur du fromage…
2. Fais en sorte que le texte et l'image se complètent bien.
   • *Ex. :* montre sur les images ce que ne dit pas le texte : le moment de la journée, les lieux…

Étape 4 : J'écris mon texte

1. Écris le texte du récit dans des cartouches et le texte du Renard dans des bulles. Attention à ne pas faire de bulles trop longues !

Étape 5 : Je relis mon texte

- J'ai créé plusieurs cases.
- J'ai découpé le texte en fonction des cases.
- J'ai écrit le récit dans des cartouches.
- J'ai écrit les paroles du Renard dans des bulles.

Participer à un jeu de rôle

J'observe et je réfléchis

1. Lis cette proposition de jeu de rôle en groupe.

Il s'agit de travailler sur le thème suivant : la rencontre de deux auteurs étrangers qui ne peuvent discuter que par l'intermédiaire d'un traducteur. Ils échangent des propos sur leur livre ou tout autre sujet. Chacun développe un langage composé de sonorités proches de la langue choisie (anglais, espagnol, russe, italien, allemand).
Il ne faut en aucun cas que de vrais mots s'introduisent dans le langage.
Pas de mots anglais, espagnols ou italiens, mais des mots inventés teintés des sonorités de ces langues.

Conseils
- L'anglais a des sonorités douces et des inflexions montantes ;
- l'espagnol a des *r* roulés et un parler fort ;
- l'italien est chantant et rapide ;
- l'allemand est guttural et saccadé ; etc.

Caterine Morrisson, *40 Exercices d'improvisation théâtrale – Jeu en groupe n° 5*,

2. **Comprendre le principe de ce jeu de rôle**
   - Combien de rôles (de personnages) ce jeu propose-t-il ? Lesquels ?
   - Quelle situation va obliger les personnages à parler entre eux ?
   - De quoi vont-ils parler ?
   - Comment ?

3. **Préparer le jeu de rôle – la situation**
   - Imagine le sujet et le titre du livre de chaque auteur.
   - En dehors de leurs livres, de quoi peuvent-ils parler ?
   - Quelles mimiques ou gestes peuvent faire les auteurs et le traducteur pour montrer qu'ils sont attentifs ou qu'ils ne comprennent pas bien ?
   - Quels objets pourraient-ils utiliser ?

4. **Préparer le jeu de rôle – le langage**
   - Combien de langues sont citées dans le texte ? Lesquelles ?
   - Choisis une langue et familiarise-toi avec ses sonorités.
   - Entraîne*-toi à parler dans un langage inventé en imitant les sonorités de cette langue (parler en « yaourt »).
   - Commence à dialoguer avec des camarades sous la forme de questions-réponses avec ce langage inventé.

5. **Jouer les rôles**
   - Formez des groupes de trois et répartissez-vous les rôles.
   - Préparez la scène en prévoyant les gestes, les attitudes et la place des personnages, les objets dont vous aurez besoin.
   - Pensez à la manière dont va se terminer l'échange entre les personnages.

Je participe à un jeu de rôle

- **Aide-toi de cette préparation pour participer au jeu de rôle avec deux camarades.**

Pour bien participer à un jeu de rôle

- J'utilise un langage inventé dont les sonorités sont proches d'une langue existante.
- J'écoute attentivement ce que dit mon interlocuteur(trice).
- J'attends la traduction par le(la) traducteur(trice) avant de lui répondre.
- Je fais des gestes et je prends des attitudes qui permettent de faire comprendre la situation.
- Nous avons réussi à construire un dialogue avec les langages inventés choisis.

Le verbe : Les temps des verbes en fonction du discours, p. 230.
Grammaire : La coordination dans la phrase, p. 238.

Fahrenheit 451

L'histoire se déroule dans une société futuriste où la lecture est interdite. Un corps spécial de pompiers est chargé de traquer les livres et leurs détenteurs. En attendant une nouvelle intervention, Montag discute avec son collègue Beatty…

Montag regarda les cartes qu'il tenait dans les mains.

« Je… Je me demandais, dit-il, à propos du feu de la semaine dernière… Ce type dont on a liquidé la bibliothèque. Qu'est-il devenu ?

– On l'a embarqué pour l'asile. Il braillait comme un putois.

– Il n'était pas fou. »

Beatty arrangeait calmement ses cartes.

« Tout homme qui croit pouvoir duper le gouvernement et nous est un fou.

– J'essayais de m'imaginer, dit Montag, l'effet que ça nous ferait… de voir des pompiers brûler nos maisons et nos livres.

– Nous n'avons pas de livres.

– Mais suppose qu'on en ait.

– Tu en as, toi ? »

Beatty le dévisageait.

« Non. »

liquider : détruire.
embarquer : emmener (familier).
brailler comme un putois : crier très fort (familier).
duper : tromper.

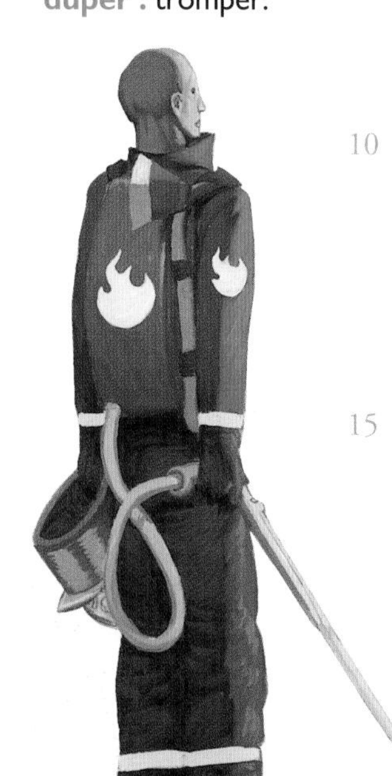

Je comprends

1. Qui est le personnage principal de ce texte ? À qui parle-t-il ?
2. Quel est leur métier ? Qu'y a-t-il d'inhabituel dans leur manière de l'exercer ?
3. Qu'ont-ils fait la semaine précédant cette conversation ?
4. Montag est-il fier de ce qu'il a fait ?
5. Qu'est-ce qui est interdit dans cette société du futur ? Relève une phrase qui le montre.
6. Qu'a fait Montag lors du dernier feu ? Avait-il le droit de le faire ?
7. Qu'est-ce que Montag aimerait bien savoir ?

Je repère

1. Quel détail concernant les maisons montre que cette scène se déroule dans le futur ?
2. Quelles questions de Montag renvoient à un temps passé ?
3. Quelle phrase indique qu'il a déjà ouvert un livre ?
4. Pourquoi la manière dont parle Montag semble-t-elle étrange à Beatty ?
5. D'où vient l'expression employée par Montag pour parler du temps passé ?
6. De quel genre de roman est extrait ce texte ? Quels éléments te permettent de répondre ?

Montag laissa errer son regard vers le mur du fond où étaient affichées les listes d'un million de livres interdits. Leurs titres bondissaient dans les flammes, tout un passé se consumait sous sa hache et sa lance qui ne crachait pas de l'eau mais du pétrole.

se consumer : brûler.

« Non. »

Mais dans son esprit, un vent frais se leva et se mit à souffler par la grille du ventilateur, chez lui, doucement, très doucement, caressant son visage. Et de nouveau, il se vit dans un parc verdoyant, parlant à un vieil homme, un très vieil homme, et le vent qui soufflait dans le parc était froid, lui aussi.

Montag hésita.

« Est-ce que… Est-ce que les choses ont toujours été pareilles ? La caserne, notre métier ? Je veux dire… Enfin, est-ce qu'il était une fois…

– Il était une fois ! dit Beatty. En voilà une façon de parler ! »

« Imbécile, pensa Montag, tu finiras par te trahir. »

Au dernier feu… un livre de contes de fées, il avait jeté un coup d'œil sur une ligne, une seule.

– Je veux dire, il y a longtemps, reprit-il, avant que les maisons soient complètement ignifugées…

ignifuger : rendre ininflammable.

Soudain, il lui sembla qu'une voix beaucoup plus jeune parlait à sa place. Il ouvrit la bouche et ce fut Clarisse McClellan qui demanda : « Est-ce que les pompiers n'éteignaient pas le feu au lieu de le déclencher et de l'activer ? »

Ray Bradbury, *Fahrenheit 451*, © Ray Bradbury, 1953, renouvelé en 1981, et © Éditions Denoël, 1995 pour la traduction française.

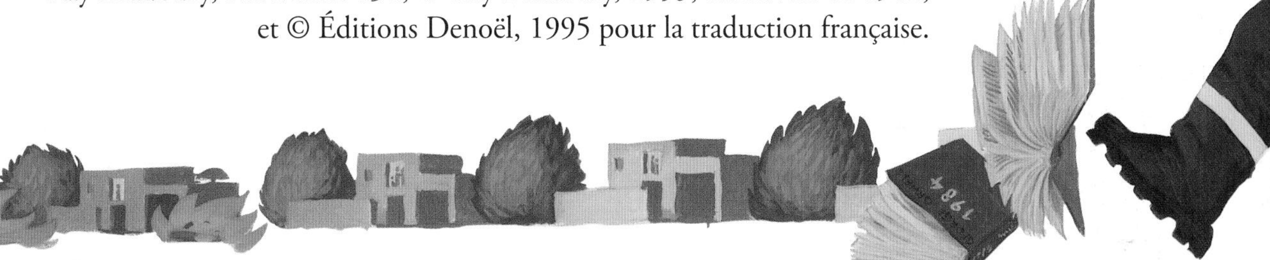

Je dis

1. Relève les mots qui montrent que Beatty soupçonne Montag de faire des choses interdites.
2. Quel sentiment ressent Montag au fur et à mesure de cette conversation ? À quoi le vois-tu (expressions, ponctuation…) ?
3. Jouez cette scène à deux en faisant ressortir les sentiments des personnages.

Je participe à un débat

Montag

1. Montag te paraît*-il heureux ? Pourquoi ?

Un monde sans livres

2. À ton avis, pourquoi les livres sont-ils interdits dans cette société du futur ?
3. Que penserais-tu d'un monde sans livres ?

J'écris

1. Recopie les lignes 36 à 38. Relève les verbes conjugués au passé simple et un indicateur de temps qui exprime une action ponctuelle.
2. Dans un cauchemar, Montag voit les pompiers brûler sa maison et ses livres. Raconte la scène à la 1re personne du singulier.

Lexique : Termes génériques et termes spécifiques, p. 232.
Grammaire : Amplification et réduction de phrases, p. 234.
Lexique : L'étymologie, p. 236.

Virus L.I.V. 3 ou la Mort des livres

À la fin du XXIe siècle, Allis, une jeune fille sourde et muette, se livre à une expérience de Lecture interactive virtuelle.

naïf : simple et coloré.
une bâtisse : une maison.
reprendre pied : ne plus ressentir de vertige.
TGB : Très Grande Bibliothèque.

J'observai la couverture. Un dessin naïf représentait une jeune femme en robe rose au bras d'un homme souriant. En arrière-plan se dressait, au milieu d'un parc, une grande bâtisse bourgeoise. Je ne prêtai même pas attention au nom de l'auteur ; je feuilletai l'ouvrage pour arriver très vite au chapitre 1 et me mis à lire.

Lorsque Valérie Morris arriva au domaine de Bois-Joli, elle fut aussitôt éblouie par les grands arbres centenaires de l'allée qui menait à la somptueuse demeure. Sur le seuil, une domestique l'attendait. En la voyant approcher, elle lui adressa un sourire radieux et s'inclina en murmurant :

« Mademoiselle Harret ? Comme je suis fière d'être la première à accueillir la fiancée de Monsieur !

– Oh non, s'empressa de rectifier Valérie, je suis seulement l'infirmière qui a été engagée pour… »

À cet instant de ma lecture, je sentis ma vue se brouiller ; tout ce qui m'entourait bascula dans un vide coloré.

Il me fallut quelques secondes pour reprendre pied – et pour comprendre…

Comprendre que je ne me trouvais plus dans les sous-sols de la TGB mais sur le seuil d'une

Je comprends

1. Qui est la narratrice de ce texte ? Qu'a-t-elle de particulier ?
2. Où se trouve-t-elle au début du texte ?
3. À quel type d'expérience s'apprête-t-elle à se livrer ?
4. Que lui arrive-t-il pendant sa lecture ?
5. Où se retrouve-t-elle ?
6. À qui parle-t-elle ?
7. Qui pense-t-elle être à la fin de l'extrait ?

Je repère

1. Quel pronom te montre que la narratrice et le personnage principal sont une seule et même personne ?
2. À quoi correspond le paragraphe du texte écrit en italique (lignes 5 à 13) ?
3. Ce passage se termine par des points de suspension. À quel endroit du texte l'action interrompue reprend-elle ?
4. Quelle question se pose la narratrice à la fin du texte ? Quel élément du texte lui fait comprendre ce qui lui arrive ?
5. De quel genre de roman est extrait ce texte ? Quels éléments te permettent de répondre ?

maison inconnue ! Face à moi, je *reconnus* le parc, les arbres… et l'héroïne du roman que je venais de commencer. Oui : *je reconnus même la domestique* qui pourtant ne figurait pas sur la couverture ! Mais elle était telle que je l'avais imaginée. Au fait, l'avais-je vraiment *imaginée* ? Non, pas exactement ; son visage et son expression étaient restés dans ce flou où sont noyés les personnages secondaires d'un texte. Mais maintenant que je l'avais en face de moi, je savais que c'était elle.
Cette réalité reconstituée était parfaite. Trop parfaite, même : la maison paraissait tirée d'une image de magazine ; le paysage ressemblait à un tableau bon marché ; Valérie Morris, face à moi, avait des airs de poupée fragile, et sa robe semblait sortir de chez le teinturier.

Je déplaçai mon regard. J'avançai. J'étais réellement *ailleurs*. À l'intérieur du texte en quelque sorte ! Mais pas dans la réalité : car, miracle, *j'entendais*. Oui : je percevais le frisson du vent dans les arbres et les cris des oiseaux ; je me tournai vers Valérie Morris qui insistait d'une petite voix acidulée :
« Je ne suis pas mademoiselle Harret, je suis l'infirmière…
– Ah ! Venez, je vais vous montrer votre chambre. »

percevoir : sentir.
acidulée : aiguë.

Le ton de la domestique était devenu froid, impersonnel. Elle pénétra dans le vestibule ; Valérie la suivit, en oubliant sa valise sur le seuil où je me trouvais. Mais *qui* étais-je dans cette histoire ? Un fantôme ? Non : en avançant la main, je m'aperçus que j'existais bel et bien. Je m'emparai de la valise ; je pus estimer son poids à une dizaine de kilos et sentir sous mes doigts la dureté de sa poignée en plastique.

impersonnel : neutre, sans chaleur.
le vestibule : l'entrée.

Christian Grenier, *Virus L.I.V. 3 ou la Mort des livres*,

Je dis

1. Relis le texte des lignes 17 à 35 et relève les signes de ponctuation utilisés. Que traduisent-ils ?
2. Dis ce texte en faisant sentir que l'héroïne va d'étonnement en étonnement.

Je participe à un débat

La narratrice

1. À ton avis, dans la seconde partie du texte, l'héroïne se trouve-t-elle dans la TGB ou bien dans le domaine de Bois-Joli ?

Une expérience de « lecture interactive virtuelle »

2. Qu'est-ce qu'une expérience de « lecture interactive virtuelle » ?
3. Aimerais-tu vivre la même expérience ? Que pourrait-elle apporter à tes lectures ?

J'écris

1. Recopie les deux premières phrases du texte. Puis réécris-les en amplifiant la première phrase et en réduisant la seconde.
2. Raconte à ton tour une expérience de lecture virtuelle : recopie un court passage d'un livre que tu aimes bien, puis deviens l'un des personnages qui intervient dans une scène.

Futur : que te promet la science ?

TECHNOLOGIE

Le Quidditch, c'est possible !

C'est jour de match : des Nimbus 3000 ont décollé dans l'enceinte du stade J. K. Rowling !

Le Quidditch d'Harry Potter deviendra réalité : au lieu de balais volants, des robots équipés d'un réacteur et d'un rotor miniature permettront de voler 15 minutes. Toujours pilotés au-dessus de plans d'eau, ils seront interdits en ville.

TEXTILE

Des vêtements en bombes

Luc a oublié son T-shirt. Heureusement, il a une Bombe-shirt. Quelques « pschitts » bien répartis sur le corps, et hop, il est habillé !

Des pulvérisateurs de fibres textiles permettront de se faire des vêtements en un clin d'œil. Plus de problème de taille. On portera ces drôles d'habits une, deux ou trois fois, puis on les jettera au recyclage. Plus de lavage : ça économisera l'eau et la lessive.

3 D

Des tablettes avec des images en relief ?

Des images en relief jaillissent de la nouvelle tablette Virtual 3D !

Pourquoi concevoir des tablettes diffusant des images en relief ? Les écrans, encombrants et gourmands en énergie, seront remplacés par des lunettes électroniques : les images en relief s'afficheront juste devant tes yeux, et un projecteur, dissimulé dans les montures, affichera un clavier lumineux sur n'importe quelle surface : un mur, ton avant-bras...

Je comprends

1. La scène illustrée se déroule dans le futur. Quels indices te le montrent ?
2. Qu'est-ce qui permettra de jouer au Quidditch ?
3. Qu'est-ce qui changera dans la manière de porter des vêtements ?
4. À quoi cela servira-t-il de recouvrir les immeubles de végétation ?
5. Pourquoi des animaux pourront-ils à nouveau vivre dans les villes ?
6. Comment les livres pourront-ils s'autoréparer ?

Je décris une page documentaire

1. Comment cette page documentaire est-elle structurée ?
2. Quel élément permet de faire le lien entre l'illustration et les encadrés ?
3. Observe le code couleur. Que signifie-t-il ?
4. Quel type d'information trouve-t-on dans les phrases en italique ?

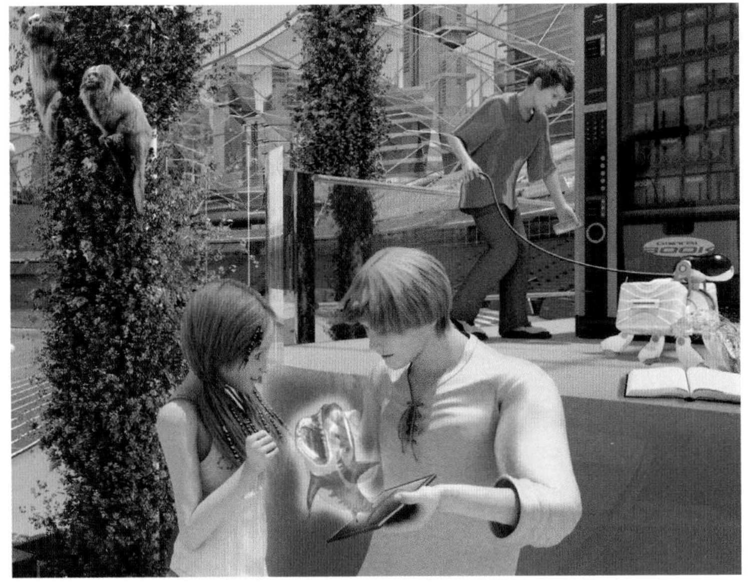

ENVIRONNEMENT

Des singes en ville

Les villes sont devenues de vrais zoos : pigeons et moineaux ont dû faire de la place à d'autres animaux !

Des immeubles seront couverts de végétations pour purifier l'air et favoriser la biodiversité. Des espèces, autrefois en voie de disparition, y trouveront refuge, comme ces tamarins-lions, des petits singes, très à l'aise dans la chaleur des villes.

ROBOTIQUE

Des robots pour porter nos cartables ?

Voici l'e-dog multifonctions qui peut même porter ton cartable !

Un cartable ? Il n'y en aura plus ! Les écoliers iront en classe, les mains les mains dans les poches : tous les systèmes informatiques de l'école seront reliés à ceux de la maison.

CHIMIE

Du papier « haute technologie »

Même si on renverse du soda sur ce livre, impossible de l'abîmer !

Les livres ne disparaîtront pas : ils n'ont besoin d'aucune énergie pour fonctionner ! Mais leur papier sera anti-tache et contiendra des microcapsules de colle pour autoréparer les pages déchirées. Les journaux, eux, se liront sur du papier électronique, souple, fin et connecté à Internet.

→ Pourquoi pas ?

→ N'importe quoi !

Image doc, n° 277, © Éditions Bayard, janvier 2012.

Je découvre le lexique pour parler du futur

1. Fais la liste des six domaines scientifiques dans lesquels il pourra y avoir des progrès dans le futur.
2. Pour parler du futur, on aura besoin de nouveaux mots. Recherches-en au moins un dans ce document et donne sa définition en t'aidant du texte.
3. À quel mot correspond la lettre D dans l'expression « 3 D » ?
4. Recherche un synonyme de cette expression.

J'utilise mes connaissances

1. Relève les deux questions posées dans ce document et les deux idées d'invention qui pourraient y répondre.
2. D'après toi, ces inventions se réaliseront-elles ? Pourquoi ?
3. Voici des idées pour le futur : transformer l'énergie du corps en électricité – se nourrir uniquement de pilules – apprendre sans aller à l'école – se déplacer avec des voitures totalement automatiques.
Choisis une idée et indique pourquoi elle aurait des chances de se réaliser ou pas.

Stratégies de lecture

L'utilisation des temps du récit

Je cherche

1. Lis cet extrait d'un récit de science-fiction.

Le docteur Matheson pénétra sans bruit dans la chambre obscure. Mais dès qu'il entendit la porte tournant sur ses gonds, le robot KZ 821 leva ses yeux photoélectriques de son cyberlivre et observa l'humain entrer dans son antre. Matheson s'arrêta, hésitant. **La pièce qu'il contemplait était pratiquement vide ; son décor se composait d'un simple lit, d'une table et d'une chaise.** Soudain son regard se fixa sur la main du robot. Celui-ci, d'un geste furtif, tenta de dissimuler la couverture de son cyberlivre.

2. Dans la première phrase, à quel temps est le verbe ?
3. Quels sont les autres verbes qui font progresser l'action ? Que remarques-tu ?
4. Dans la phrase en gras, à quel temps sont les verbes ?
5. Relis l'extrait sans cette phrase. Comprend-on encore le déroulement de l'action ?

Je réfléchis

1. Lis ces deux phrases qui décrivent une action qui a la même durée.

Le robot KZ 821 lisait depuis deux heures.
Le robot KZ 821 lut pendant deux heures, puis entendit la porte s'ouvrir.

2. Ont-elles exactement le même sens ? Explique ta réponse.
3. Lis maintenant la suite du premier extrait.

Le robot KZ 821 **restait** immobile. Son visage d'acier, lisse et impassible, ne **comportait** évidemment aucune trace d'émotion. Matheson s'empara du livre posé sur la table, le glissa dans sa poche et recula vers la porte. KZ 821 **regardait** l'humain battre en retraite. Il ne **bougeait** pas.

4. À quel temps sont les verbes en gras ? Les faits qu'ils décrivent ont-ils une durée définie ?

Je m'exerce

1. Réécris ce texte en choisissant les temps qui conviennent pour les verbes entre parenthèses.

Alors que Matheson (alla / allait) regagner le couloir, le robot (détendit / détendait) son bras articulé et (saisit / saisissait) un pan de la blouse du docteur. Matheson se (dégagea / dégageait) et (parvint / parvenait) à sortir. Maintenant, il (sut / savait).

J'ai compris

Dans un récit au passé, on utilise :
- **le passé simple** pour raconter les événements* qui se trouvent au premier plan de l'histoire et font progresser l'action. Il permet de raconter **des faits limités dans le temps**, qui ont un début et une fin marqués (ex. : *Le robot KZ 821 lut pendant deux heures, puis entendit la porte s'ouvrir*).
- **l'imparfait** pour **ce qui n'est pas indispensable à la compréhension de l'action**, ce qui se trouve au second plan : décors, faits habituels, commentaires. L'imparfait décrit des faits qui n'ont pas de début ou de fin marqués (ex. : *Le robot KZ 821 restait immobile*).

Le point de vue

Je lis

1. Lis cet extrait de roman.

Assise au soleil sur le pas de la porte, Eunice était plongée dans *La Vieille Zyvitch de Mars* quand une ombre sur la page lui fit lever les yeux. C'était Arnold [...].
– Ce bouquin-là, tu devrais le lire, dit-elle à Arnold en lui montrant la couverture.
Il fit la moue :
– Je ne sais pas, ça a l'air un peu long. [...]
– Long ? dit-elle. Pas tellement. Et ça se lit vite, tu sais. C'est une histoire de sorcière de l'espace qui voyage à travers les trous noirs et qui essaie d'aspirer la lumière du Soleil. Je n'en suis qu'au chapitre six, mais ça ferait une rudement bonne bande dessinée.
Arnold dressa l'oreille.
– En bande dessinée, je ne dis pas non.

Nancy Hayashi, *Camarade cosmique*, D.R.

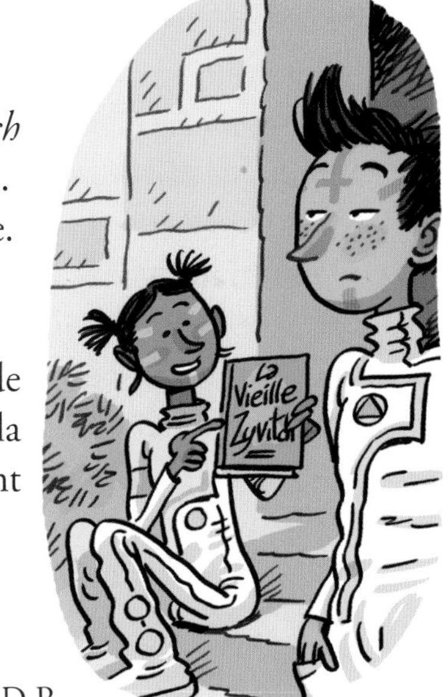

2. Quel est le titre du livre que lit Eunice ? Que raconte-t-il ?

3. Qu'en pense Arnold ? Quels arguments lui donne Eunice pour le rassurer ?

4. Lis cet extrait d'un autre récit.

Confortablement installée, Liva s'empara, les yeux brillants de plaisir, de son combilivre. Elle tapota la surface de l'écran avec son stylet et accéda aussitôt aux deux millions de volumes de la Librairie Intergalactique. Elle adorait les vieux romans du début du XXIIe siècle qui racontaient la conquête de nouveaux systèmes solaires. Elle contemplait le menu pour faire son choix quand la voix désagréable de Piotr résonna à ses oreilles : « Salut, Liva. Toujours plongée dans ton vieux truc poussiéreux ? Tu sais, plus besoin aujourd'hui de déchiffrer des petits tas de signes pour voyager dans le temps, ajouta-t-il d'une voix moqueuse. Nous vivons à l'époque de la téléportation instantanée ! »

5. Qu'aime faire Liva ?

6. Qu'en pense Piotr ? Pourquoi ?

J'ai compris

- Dans un récit, celui ou ceux qui racontent l'histoire **donnent leur point de vue sur le déroulement des événements***. Ces points de vue peuvent être :
  - **complémentaires** (*ex. : Arnold pense que le livre* La Vieille Zyvitch de Mars *est un peu long mais Eunice le rassure en lui disant que ça se lit vite*) ;
  - **opposés** (*ex. : Liva adore les vieux romans du XXIIe siècle, mais Piotr pense que leur lecture est dépassée*).
- L'expression de points de vue permet de faire ressentir au **lecteur les émotions, les sentiments, les motivations et les pensées des personnages**.

Exprimer un autre point de vue

Je lis

1. Lis cet extrait d'une nouvelle de science-fiction.

Wolther, un agent de la Sécurité impériale, vient enquêter sur Libel, une planète où se trouve la Bibliothèque Des Mondes, ou BDM, qui conserve précieusement les derniers livres papier de l'univers.

– Qui dirige cette fameuse BDM ?
– Un dénommé Angus. C'est lui qui a créé cette bibliothèque de toutes pièces, il y a vingt ans, sur ordre de l'Empereur.
– C'est donc un personnage important.
– Ici, bien entendu, mais dans le reste de la Confédération impériale... Qui se soucie d'une bande de fous qui amasse de la paperasse que le temps altère chaque jour davantage et qu'une simple allumette peut réduire en cendres ? [...] Si vous voulez mon avis, je pense que l'Empereur a voulu se débarrasser de tout ce papier qui l'encombrait et, en même temps, du bonhomme.
– Cet Angus, il faut que je le rencontre rapidement.
– Rien de plus facile, je l'appelle et je vous obtiens un rendez-vous au plus tôt.
– Non ! Non ! s'empressa de répondre Wolther. Je préfère me présenter à l'improviste. J'ai remarqué que l'effet de surprise délie souvent les langues.

Alain Grousset, *La Guerre des livres*, © Éditions Gallimard, 2013.

2. Qu'est-ce que la BDM ?
3. Quel est le métier de Wolther ? Qui est Angus ?
4. Wolther et l'homme qu'il rencontre ont-ils le même point de vue sur Angus ?

J'écris

• **Imagine la rencontre entre Wolther et Angus selon le point de vue d'Angus.**

Étape 1 : Je réfléchis

1. Quelle peut-être l'utilité de conserver les derniers livres papier de l'univers ?
2. Pour quelle raison Wolther souhaite-t-il rencontrer Angus ?
3. Que cherche-t-il à découvrir ?

Étape 2 : Nous échangeons nos idées

1. Imaginez quel type de personnage est Angus.
   • *Ex.* : un vieux savant…
2. Indiquez ce que pense Angus de Wolther.
   • *Ex.* : il le trouve sympathique, inquiétant…
3. Recherchez les sentiments qu'il peut exprimer.
   • *Ex.* : de l'étonnement – de la curiosité…

Étape 3 : Je fais un brouillon

1. Présente la scène en expliquant comment se conduisent les deux personnages.
   • *Ex.* : ils se dévisagent longuement sans prendre la parole…
2. Recherche des questions que Wolther peut poser à Angus.
   • *Ex.* : Que faites-vous de tous ces livres ? – Qui vient les consulter ?…
3. Imagine comment se termine la scène.

Étape 4 : J'écris mon texte

1. Utilise la 1re personne du singulier pour exprimer les pensées d'Angus.
2. Utilise le lexique des sentiments et des émotions.
3. Écris une chute (une fin) à ton récit.

Étape 5 : Je relis mon texte

- J'ai donné le point de vue d'Angus.
- J'ai repris l'action de la scène présentée.
- J'ai indiqué les pensées et les émotions d'Angus.
- J'ai écrit mon texte à la 1re personne du singulier.

Faire un exposé sur un phénomène scientifique

J'observe et je réfléchis

1. Lis ce texte et observe ce schéma.

L'effet de serre est un phénomène naturel qui permet à l'atmosphère de la Terre de se maintenir à + 15 °C en moyenne. Sans lui, la température serait plutôt de – 18 °C en moyenne !

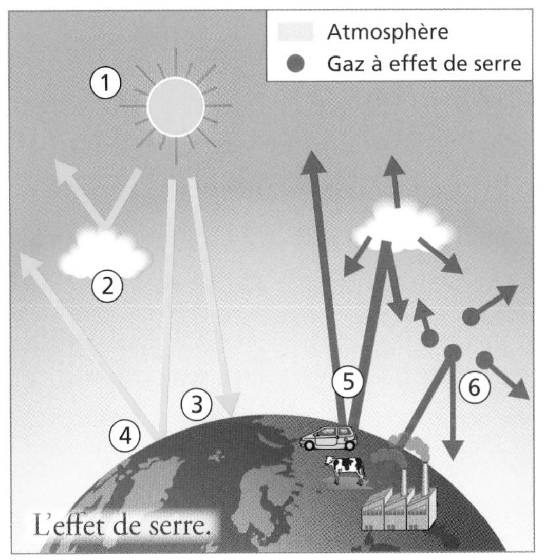

L'effet de serre.

A. Le Soleil émet des rayons.
B. Une partie des rayons du Soleil est rejetée par l'atmosphère.
C. Une partie des rayons du Soleil entre dans l'atmosphère et réchauffe la surface de la Terre.
D. Toute l'énergie solaire qui arrive sur Terre n'y reste pas : une partie « rebondit » et est renvoyée hors de l'atmosphère.
E. La surface du globe terrestre renvoie de la chaleur dans et hors de l'atmosphère.
F. Les gaz à effet de serre présents dans l'atmosphère retiennent une partie de la chaleur renvoyée par la Terre : plus il y a de gaz à effet de serre, moins la chaleur peut s'échapper de l'atmosphère.

2. **Découvrir le document**
   - Quel est le thème de ce document ?
   - Pourrait-on vivre sur Terre sans le phénomène décrit ? Pourquoi ?

3. **Classer les informations**
   - Quel est le mot-clé de ce document ?
   - Associe chaque couleur de flèche à une catégorie d'informations.
   - Observe le schéma, puis associe chaque numéro à une légende (A, B, C…). Recopie-les.

4. **Préparer l'exposé**
   - Que vas-tu dire pour introduire ton sujet ?
   - Comment vas-tu expliquer le schéma ? Identifie les étapes en deux ou trois catégories et donne-leur un titre.
   - Prends quelques notes pour les avoir sous les yeux quand tu parleras.
   - Quelle sera ta conclusion sur l'effet de serre ?

Je fais un exposé

- **À partir de la préparation, propose un exposé sur l'effet de serre.**

Pour bien faire un exposé sur un phénomène scientifique

- J'introduis le sujet.
- Je regroupe les idées en grandes parties.
- Je présente mon exposé sans lire mes notes et en parlant d'une voix claire et posée.
- J'utilise des connecteurs chronologiques et logiques et le lexique qui convient.
- Je fais une conclusion.
- Nous disons ce qui nous a permis de bien comprendre cet exposé (l'utilisation du schéma, l'ordre des informations dans l'explication, le lexique scientifique utilisé, etc.).

Orthographe : Les homophones grammaticaux (3), p. 244.
Lexique : Comprendre les articles du dictionnaire, p. 248.

Le Monde d'En Haut

Nous sommes en 2096. Depuis 2028, l'humanité s'est réfugiée dans un monde souterrain pour échapper aux grandes pollutions terrestres. Pourtant, certains, comme Élodie, s'interrogent : est-il vraiment impossible de retourner vivre à l'air libre ?

C'était la troisième fois depuis le début de l'année scolaire que le photoclare du collège était pris pour cible par ceux que le gouvernement de Suburba continuait d'appeler des « terroristes ». Mais tout le monde savait qu'il s'agissait des membres de l'Aeres, l'Association des Enterrés pour la Remontée En Surface. Depuis deux ans, l'Aeres se battait pour que l'on remonte vivre *sur* Terre au lieu de rester dans le Monde Souterrain. Des scientifiques de l'association s'étaient, paraît-il, rendus dans le Monde d'En Haut pour y effectuer des mesures. Ils assuraient que les Grandes Pollutions qui avaient ravagé la Terre en 2022 en causant des millions de morts étaient presque toutes résorbées et que, soixante-quatorze ans plus tard, il était désormais possible d'y revivre. On les avait d'abord pris pour de doux rêveurs. Mais peu à peu, l'idée de remonter avait fait son chemin et l'Aeres avait regroupé de plus en plus de sympathisants. Le gouvernement de Suburba avait alors publié plusieurs communiqués assurant que, d'après toutes les études sérieuses, la Terre ne serait pas habitable en surface avant plusieurs siècles et que l'Aeres se rendait coupable de diffuser des idées dangereuses pour l'avenir de la cité. Les principaux membres de l'association avaient été jugés à la va-vite et emprisonnés ; quant aux énormes portes blindées qui donnaient accès au Monde d'En Haut, leurs soudures avaient été renforcées. Cela n'avait pas empêché les idées de l'Aeres de faire leur chemin, surtout parmi les jeunes.

résorber : faire disparaître*.

un sympathisant : une personne qui est d'accord avec les idées d'un groupe.
un communiqué : un message officiel transmis par les médias.

à la va-vite : rapidement et sans soin.

Je comprends

1. En quelle année se déroule ce récit ?
2. Au début du texte, que se passe-t-il pour la troisième fois ?
3. Que s'est-il passé en 2022 ?
4. Où se trouve la cité de Suburba ?
5. Que signifie le sigle Aeres ?
6. Quel est le projet de cette association ?
7. Qui est Élodie ?
8. Que contient son portefeuille ? Est-ce autorisé ?
9. Qu'en fait le garde ?

Je repère

1. Que raconte le texte des lignes 1 à 19 ?
2. Relève quelques verbes de ce passage. À quels temps sont-ils conjugués ?
3. Pourquoi les verbes des lignes 20 à 42 ne sont-ils pas tous conjugués aux mêmes temps ?
4. Quel mot utilise le gouvernement de Suburba pour désigner les membres de l'Aeres ?
5. Pourquoi est-il entre guillemets ?
6. Qu'est-ce qui est interdit dans cette société du futur ? Relève deux phrases qui le montrent.

Un garde s'approcha d'Élodie. Il renversa son cartable d'un geste brusque : ses holodisques de travail et ses cahiers dégringolèrent ; le garde les feuilleta rapidement. Les dents serrées, Élodie replaçait ses affaires dans son cartable au fur et à mesure que le garde les examinait. Il termina par un petit porte-feuille de tissu dont Élodie ne se séparait jamais.

– Qu'est-ce que c'est que ça ? demanda-t-il en sortant une photo qu'il lui mit sous le nez.

– Ça ?… C'est la maison de mon arrière-grand-père. À l'époque où il habitait le Monde d'En Haut.

Élodie tenait beaucoup à cette photo. La maison de son arrière-grand-père semblait tout droit sortie d'un conte, petite, chaleureuse, pleine de trucs incroyablement anciens dont elle ne connaissait même pas le nom. Elle avait toujours pensé qu'on devait s'y sentir bien. Dad, son grand-père, lui avait donné la photo quelques mois avant sa mort. Elle avait été prise à la fin du XXe siècle : une époque où il y avait encore de l'herbe, des arbres… […]

Le garde s'approcha de son chef, la photo à la main. Ils échangèrent quelques mots puis l'homme revint vers elle.

– Tu sais très bien que ces photos sont interdites, aboya-t-il ; les seules photos du Monde d'En Haut autorisées sont celles des holodisques d'histoire et des musées. Tes parents pourraient être condamnés à une très lourde amende à cause de ça !

Élodie hocha la tête.

Totalement impuissante, elle regarda l'homme déchirer la photo en petits morceaux qu'il jeta à la poubelle.

Xavier-Laurent Petit, *Le Monde d'En Haut*, © Éditions Casterman.

Je dis

1. Relis le texte des lignes 20 à 42. Combien de fois Élodie et le garde prennent-ils la parole ?
2. Quels sentiments Élodie ressent-elle ?
3. Quelle phrase t'indique sur quel ton parle le garde ?
4. Lisez ce passage à trois (le narrateur, Élodie et le garde). Traduisez bien les émotions des personnages.

Je participe à un débat

Le gouvernement de Suburba

1. Que penses-tu de ce gouvernement ?

L'avenir de l'humanité

2. Dans ce roman, pour quelle raison l'humanité a-t-elle été obligée de se réfugier dans un monde souterrain au XXIe siècle ?
3. Aujourd'hui, quelles mesures sont prises pour éviter ce type de catastrophe ?

J'écris

1. Le mot « holodisque » se trouve-t-il dans le dictionnaire ? Aide-toi du texte pour écrire un article de dictionnaire sur ce mot.
2. Élodie rencontre un membre de l'Aeres qui a pu constater que la Terre est redevenue comme avant. Écris ce qu'il lui décrit de ce monde.

Le verbe : L'antériorité d'un fait passé par rapport à un fait présent, p. 240.
Grammaire : L'enchaînement des phrases, p. 242.
Lexique : Des mots d'origine étrangère, p. 246.

Mémoire en mi

Chapitre 1

Aujourd'hui, c'est mon anniversaire, et toutes mes copines sont invitées ! Je guette le portail grand ouvert. Des voitures vont bientôt le franchir et glisser silencieusement le long de l'allée pour se poser moelleusement devant le perron. Le gravier crissera ensuite sous les pas, et c'est un bruit que j'aime, car il signifie que quelqu'un nous rend visite. C'est si rare ! Et comme on est en vacances, il n'y a même plus l'école pour me distraire.

Je trépigne, le nez collé à la vitre. Je ne peux pas m'en empêcher. Maman me dit toujours que j'ai le diable dans le corps.

Ça y est, voilà une voiture ! Qui va arriver en premier ? Sidonie, Héléna, Victoire, Fanny ou bien Magda ?

Maman s'avance dans l'allée pour accueillir les nouveaux arrivants. Elle est belle ! J'espère que je lui ressemblerai, plus tard. C'est possible : je suis brune comme elle, avec des yeux bleus. Il ne me reste qu'à grandir et à acquérir son élégance. La voiture se pose non loin d'elle et, en plus de mon nez, c'est mon front qui se scotche à la vitre.

La portière s'ouvre et une petite fille en descend.

Ce n'est aucune de mes copines. C'est une inconnue aux longs cheveux châtains très bouclés. Ils encadrent un visage rond où pétillent des yeux noisette et s'élargit un sourire aux lèvres roses. Je ne sais pas qui c'est, mais je suis certaine que je m'entendrai rapidement avec elle. Peut-être est-elle la fille d'une amie de Maman ? À sa suite descend une femme qui doit être sa gouvernante, car elle est vêtue d'une pauvre robe sans charme. Mais la petite fille se colle à la femme qui lui caresse les cheveux. Maman reste raide devant elles et ne tend pas la main. Je comprends alors qu'il s'agit de ma nouvelle nounou, accompagnée par sa fille. Je ressens sans le vouloir la honte d'avoir trouvé cette fille sympa.

Nous ne nous mélangeons pas aux domestiques.

guetter : surveiller.
moelleusement : en douceur, sans aucun bruit.
un perron : un petit escalier en pierre devant l'entrée d'une maison.
crisser : faire un bruit aigu.
trépigner : sauter sur place en signe d'excitation.
avoir le diable dans le corps : être agité.
se scotcher : se coller.

Chapitre 2

Peu de temps après, toutes mes amies sont arrivées. On s'amuse comme des folles ! Magda et moi faisons danser mes Barbie entre la fontaine à chocolat et la brioche piquée de brochettes de bonbons. Sous la table, Fanny et Héléna essaient de nous chatouiller les pieds, ce qui nous fait rire et crier tout à la fois. Victoire et Sidonie se poursuivent entre les fauteuils et le piano du salon, l'une coiffée d'une passoire chipée dans la cuisine, l'autre avec une nappe nouée autour du cou comme une cape. Un robot ménager se déplace en silence pour ramasser au fur et à mesure tout ce que nous faisons valser par terre. Il range les objets dans son ventre dont la trappe s'ouvre et se referme constamment. Il remettra tout en place plus tard. Maman est dans son bureau, en train d'appeler ses relations. Mes parents disent que ce travail est très important.

Je fais comme si je ne me rendais pas compte de la présence de la fille de la nounou, qui nous observe de la cage d'escalier. Tout à l'heure, sa mère a monté une énorme malle jusqu'au grenier. Les domestiques, qu'ils soient humains ou robots, n'ont pas le droit d'utiliser notre ascenseur. J'ai entendu la nounou souffler, en passant :

– Justine, ne reste pas au milieu.

Les nounous logent toujours au grenier. Celle-ci est la quatrième de toutes celles dont je me souviens. Maman a mis un mois pour en dénicher une nouvelle et, durant tout ce temps, elle a dû renoncer à de nombreux rendez-vous pour rester avec moi. Papa, lui, travaille beaucoup et rentre très tard, il ne peut donc jamais me garder. J'étais secrètement très contente qu'on ne trouve pas de nouvelle nounou, parce que j'avais ma maman pour moi toute seule. Même si elle s'enfermait souvent dans son bureau.

J'ai encore plus envie de me défouler pour oublier ma nouvelle nounou.

– Hé, les filles ! Et si on jouait à cache-cache ?

La partie est épouvantablement drôle. Pour nous cacher, nous vidons des placards entiers de linge ou de vaisselle, nous faisons tomber les manteaux des penderies, écrasons les boîtes à chaussures ou à chapeaux rangés dans les armoires, et ce dans toutes les pièces, à tous les étages, jusqu'au grenier où vient juste de s'installer la nounou. Je vois même Sidonie s'introduire dans sa malle après avoir viré une bonne partie de son contenu par terre. Je crie :

– Trouvée !

Et elle émerge en riant, une tonne de vêtements sur la tête et des objets non identifiés dans ses bras tendus, cachés par des robes et des blouses. Elle adopte une voix d'outre-tombe :

– Je suis le zombie des malles qui puent !

La nounou se tient juste à côté, debout, pétrifiée. Je ne dis rien, même si j'ai un peu de peine pour cette femme qui vient d'arriver. Elle ne va sans doute pas rester très longtemps ici. Peut-être même qu'elle va partir dès ce soir. Et c'est Maman qui me gardera... Chic !

Barbie : marque de poupées.

chiper : dérober.

valser : tomber.

dénicher : trouver.

émerger : sortir brusquement.

adopter : prendre.

pétrifié : complètement immobile.

Justine, la fille de la nounou, est toujours dans la cage d'escalier, silencieuse et plaquée contre le mur. J'ai l'impression qu'elle me suit de son regard d'écureuil. Les robots engloutissent dans leur ventre tout ce qui traîne par terre. Ils font des allers-retours incessants vers la buanderie. Ils y déposent ce qu'ils ont glané. Leurs yeux clignotent rapidement, signe qu'ils fonctionnent à plein régime. La nounou voit disparaître ainsi toutes ses affaires. Son regard s'agrandit tellement que je lui lance :

– Ne vous inquiétez pas ! Les robots vont tout ranger ce soir. Ils ont enregistré l'emplacement de chaque chose dès votre arrivée. Vous ne perdrez rien...

Je me retourne pour aller me cacher à mon tour. Je passe à toute vitesse devant Justine, avant de dévaler les escaliers jusqu'au placard à balais.

plaqué : tout contre.

glaner : ramasser.

dévaler : descendre à toute vitesse.

Chapitre 3

Le calme et le silence sont revenus dans la maison.

Les robots sont encore affairés. Ils plient les vêtements et replacent tout très exactement comme c'était avant. Chez nous, les seuls domestiques humains sont le cuisinier et la nounou. Celle-ci n'est pas partie, malgré sa frayeur de cet après-midi. Elle est en train de me faire couler un bain. Je découvre les cadeaux de mes amies, que je n'ai même pas eu le temps de déballer. Maman pénètre alors dans ma chambre.

– J'y vais, ma chérie.

– Où ça ?

– À un gala de bienfaisance. Je rentrerai tard. Sois sage avec Gaëlle.

– Qui ?

– Gaëlle. Ta nouvelle nounou. Je suis contente, elle a l'air très bien. J'ai un peu hésité quand elle m'a dit que je devais aussi héberger sa fille, mais enfin il y a si peu de bons domestiques sur le marché... Oh, je suis en retard ! Je file. À demain !

Elle semble voler vers moi et dépose un baiser très léger sur mon front, avant de disparaître aussi vite. Quelques instants plus tard, j'entends le vrombissement velouté de sa voiture qui descend l'allée.

Mon robot perso est en train de replacer des modules détachés de ma boîte-mémoire durant le grand chaos de la fête. Je sens la présence de Justine dans le couloir. J'ai entendu Maman donner cette consigne à Gaëlle :

– J'accepte la présence de votre fille à condition qu'elle se fasse la plus discrète possible. Et, surtout, qu'elle n'importune pas Juliette. Interdiction pour elle de pénétrer dans sa chambre ou bien de toucher à ses affaires. Est-ce bien compris ?

Nous ne nous mélangeons pas aux domestiques.

Après mon bain, la nounou Gaëlle me rejoint dans ma chambre.

– Voulez-vous que je vous lise une histoire, mademoiselle Juliette ?

un gala de bienfaisance : une fête dont les bénéfices sont reversés à une association.

héberger : loger.

un vrombissement : le bruit de la vibration d'un moteur.

le chaos : le bazar.

importuner : ennuyer.

– Heu, non merci. Maintenant, je lis toute seule.
– Très bien, mademoiselle. Surtout, n'oubliez pas de procéder au stockage de votre mémoire, avant de vous endormir. Et... heu... désirez-vous que je vous fasse un bisou pour vous souhaiter bonne nuit ?
Je sais que je rougis violemment en répondant :
– Non ! Non... Je ne suis plus un bébé.
– Bonne nuit, mademoiselle Juliette.
Gaëlle ferme la porte, et je décide d'enregistrer tout de suite ma mémoire. Je saisis la boîte où brillent des lettres dorées. Chacun en reçoit une semblable à sa naissance, donnée à la maternité. Sur la mienne, il est écrit : *Mémoire de la vie de Juliette Livourne*. Je sors le module correspondant à l'année en cours. Celui-ci est si petit que seules mes initiales y sont inscrites. *J. L.* Je le glisse dans l'unité de stockage et installe sur ma tête le casque qui y est relié. Je m'assieds sur mon lit, confortablement appuyée contre mon oreiller, et j'attends que le voyant vert cesse de clignoter. On m'a expliqué à l'école que cet appareil allait chercher dans la zone-mémoire de mon cerveau les souvenirs de ma journée et les copiait dans la mémoire de ma boîte.

Comme notre durée de vie est très, très longue en ce XXIIe siècle (près de trois cents ans), il a fallu trouver un moyen pour conserver nos souvenirs, car le cerveau humain n'a pas une très grande capacité de stockage de mémoire. Comment dès lors savoir qui l'on est vraiment, si on oublie ses actes passés ? Alors on les enregistre de cette façon, chaque jour. Cette décision a été prise par le gouvernement l'année précédant ma naissance.
Cela fait, je n'arrive pas à trouver le sommeil... J'entends des rires étouffés. Je me lève, j'ouvre la fenêtre, entrouvre les volets. Justine et sa mère sont en train de jouer dans le jardin. Elles se poursuivent et s'attrapent. Puis elles se jettent dans les bras l'une de l'autre et restent longtemps enlacées.
Mon cœur se serre. Ce n'est pas que je sois jalouse. C'est juste que Maman me manque.
Mon regard glisse sur un holo qui flotte sur ma commode. Je suis un tout petit bébé dans les bras de Maman, qui m'enveloppe et me regarde avec amour. En ce temps-là, Maman était toute la journée à la maison. J'étais son bébé. Elle en parle souvent avec émotion.
J'aimerais tant retrouver les sensations de cette époque !
J'ai soudain une idée. J'enregistre ma mémoire de façon si machinale chaque soir que je n'y ai jamais pensé auparavant. Je me précipite vers ma boîte où sont stockés mes modules-mémoire inviolables et j'en sors celui des premières semaines de ma vie. Il ressemble à une petite clé. Je l'introduis dans le lecteur. Le cœur battant, j'effleure la touche « Lecture ».

enlacé : serré l'un contre l'autre.

un holo : abréviation d'*hologramme*, une photographie en relief.

Chapitre 4

Le jour de ma naissance !

Les hologrammes dansent devant moi. Je m'allonge sur mon lit pour mieux en profiter. La première surprise est que tout est flou. Que je suis bête : il me semble en effet avoir appris qu'un nourrisson n'y voyait pas clair avant six semaines. Et puis c'est très bref, sans doute parce qu'un nouveau-né n'a que très peu de mémoire.

Mais c'est quand même génial. L'image est d'abord un choc de lumière. Puis je perçois des formes indéfinies et mouvantes... Je devine avec une grande émotion le sein de ma maman que je prends dans ma bouche. Je rigole toute seule, tellement ça me paraît fou ! Quel dommage que ce soit si flou et que ne soient pas enregistrés les odeurs, les goûts et surtout les émotions ! Il n'y a que les images et les sons. J'entends un homme et une femme qui ne peuvent être que mes parents, mais je ne comprends évidemment pas ce qu'ils disent, c'est une bouillie sonore...

une bouillie sonore : des sons indistincts.
des bribes : de courts moments.

C'est si fantastique que je ne parviens pas à m'arrêter là pour ce soir. Je visionne des bribes de mes deux premières semaines. Peu à peu, je repère les moments où mes parents me parlent avec une voix très douce. Je crois distinguer :

– *Juju, ma chérie, ma toute belle...*

entonner : se mettre à chanter.

Et Maman, tous les jours, entonne une mélodie très jolie, qui me plaît beaucoup. Une berceuse. Comme j'apprends le solfège et le piano depuis mes six ans, je réussis à reconnaître les notes : *mi la si ré# si sol#*... Je me creuse la tête pour tenter de me rappeler Maman en train de me la chanter. Elle a sans doute cessé dès que j'ai grandi. Je ne m'en souviens pas du tout...

multiple : nombreux.
ignorer : ne rien savoir.

La voix de mes parents est lointaine et étouffée. Je ne la reconnais pas vraiment mais c'est normal : ils étaient plus jeunes, et il ne s'agit que de la retranscription d'une mémoire de nourrisson. Quoi qu'il en soit, j'emmagasine avec ces images une bonne dose de douceur et d'amour. Cela m'apaise. Je m'endors... comme un bébé.

Maman est partie en milieu de matinée, en prévenant qu'elle ne rentrerait pas avant la fin de soirée. Elle a de multiples rendez-vous dans la journée, avec des gens dont j'ignore tout... Et je n'ai même pas vu Papa, qui part au travail avant que je me réveille lorsque je suis en vacances.

La journée se déroule avec ennui. Gaëlle essaie pourtant de m'occuper, et je reconnais qu'elle se donne du mal. Elle me propose de jouer au cricket dans le jardin, ou au minigolf un peu plus loin, ou encore de faire de la peinture, de la broderie, une partie de foot... Justine nous suit comme notre ombre, n'osant nous approcher, conformément aux consignes de ma mère. Mais c'est trop bête et je m'ennuie trop. Je vois bien qu'elle aussi s'ennuie, alors, en fin d'après-midi, je craque et je vais vers elle :

craquer : ne pas résister à une envie.

– Salut. Ça te dirait de jouer au loup dans le jardin ?

– Je... heu... je sais pas si j'ai le droit.

– Écoute, on ne le dira pas. Allez, viens !

Elle m'adresse un sourire immense, et on s'élance sur la pelouse en riant. Nous jouons longtemps. La nounou Gaëlle a d'abord l'air effrayée de nous voir ensemble. Puis elle se laisse tomber dans une chaise longue, soulagée de pouvoir prendre enfin un peu de repos.

La voiture de ma mère pointe le bout de sa carrosserie dans l'allée. Elle rentre plus tôt que prévu ! Gaëlle sursaute et nous crie :

– Attention !

Elle se lève précipitamment et Justine court se cacher derrière l'abri à outils. Moi, je fais mine de chercher des fourmis ou des vers de terre, à quatre pattes dans l'herbe. La voiture de Maman se pose, et elle en sort avec élégance, comme toujours. Ses pas crissent dans l'allée, jusqu'à ce qu'elle nous aperçoive dans le pré qui jouxte la maison.

faire mine : faire semblant.

jouxter : être situé juste à côté.

– Tout s'est bien passé ? lance-t-elle à Gaëlle.

– Oui, très bien, madame.

Maman hoche la tête et pénètre dans la maison. Je vois la chevelure bouclée de Justine s'agiter derrière l'abri et je ne peux m'empêcher de pouffer.

pouffer : éclater de rire.

Quel dommage que Justine ne soit qu'une fille de domestique !

Chapitre 5

Le soir, je recommence. Après avoir enregistré ma journée, je visionne la suite de mon début de vie. Je navigue au hasard dans le module, au fil de mes troisième et quatrième semaines.

Ce sont encore des ombres vagues, des lumières, peu de couleurs, et mon regard ne se fixe jamais vraiment. Mais je ressens chaque fois une forte émotion lorsque je vois le visage très flou de Maman ou de Papa. Je comprends qu'ils sourient, que leurs regards sont remplis d'amour... Je distingue mes menottes, mes pieds, un mobile qui bouge devant moi. Sa musique qui tintinnabule.

des menottes : de petites mains.
tintinnabuler : faire le son clair des clochettes.

Et toujours la petite mélodie, fredonnée plusieurs fois par jour par Maman. Je l'entonne en même temps qu'elle dans mon lit, sourire aux lèvres. *Mi la si ré#*... Accompagnée par cet air, je tente de me rappeler mes vrais souvenirs. Je veux dire : ceux qui me restent en tête et non ceux qui sont en mémoire sur le module. Mais c'est impossible, j'étais trop jeune ! Je m'endors néanmoins le cœur rempli à craquer de bonheur.

Maman s'absente encore pour la journée. Ce matin, j'ai quand même eu le temps de voir Papa avant qu'il ne s'en aille. Il me fait un bisou au moment de partir.

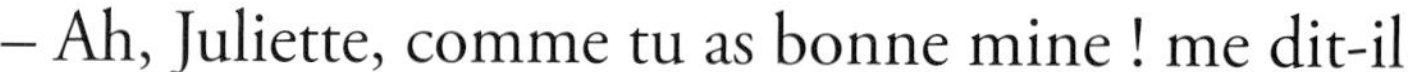

– Ah, Juliette, comme tu as bonne mine ! me dit-il.

Je me sens en pleine forme, sans être surexcitée. Et, aujourd'hui, je n'ai aucun état d'âme : je ne quitte pas Justine d'une semelle. On s'entend super bien ! Elle a plein d'idées de jeux absolument géniaux. Par exemple, elle sait construire une cabane avec des branches qu'elle pose les unes contre les autres, comme pour un tipi. Autour, nous délimitons un jardin et nous apportons de ma chambre une partie de ma dînette et quelques coussins. Durant plusieurs heures, nous jouons à aménager notre cabane. Puis nous imaginons qu'il s'agit de la bicoque de Mère-Grand, et je suis le Petit Chaperon rouge. Qu'est-ce qu'on s'amuse !

ne pas avoir d'état d'âme : ne pas avoir de remords.
ne pas quitter d'une semelle : suivre partout.
un tipi : une tente indienne.

une bicoque : une petite maison.

En fin d'après-midi, alors que le disque du soleil caresse l'horizon orange, Justine me propose en chuchotant sous les branchages :

– Et si on devenait sœurs de cœur ?

– C'est quoi ? je demande.

– Il suffit qu'on fasse un serment. On promet de toujours être amies.

J'accepte. On pose nos fronts l'un contre l'autre et on se serre les mains très fort. Je distingue pour la première fois une tache de naissance entre le pouce et l'index de la main droite de mon amie. Je trouve ça joli : elle a la forme d'une fleur. On ferme les yeux et on se promet solennellement une amitié éternelle.

un serment : une promesse.
solennellement : de manière très sérieuse.

Comme hier, Gaëlle donne l'alerte quand Maman rentre à la maison, et Justine se cache en un éclair. Mais, quelques heures plus tard, j'entends Maman hausser la voix :

– Je vous avais pourtant prévenue ! Votre fille doit rester à l'écart de la mienne. C'est incroyable que vous m'ayez désobéi de cette façon. Qu'est-ce que vous imaginez ? Tout se sait dans cette maison. Que cela ne se reproduise pas.

Nous ne nous mélangeons pas aux domestiques.

Chapitre 6

Lecture.

Extraits de la cinquième semaine de ma vie.

C'est doux, c'est chaud, c'est bon. Toutes ces sensations ne sont pas enregistrées, bien sûr – le module est juste une clé-mémoire qui conserve les faits –, je les ressens pourtant en visionnant ces moments de bonheur absolu. Je rêve de la berceuse entonnée par Maman et qui me plaît tant.

Mais ce matin, je suis réveillée par des cris.

– Qui voulez-vous que ce soit d'autre ? Cet argent n'a pas disparu par magie ! Et vous osez nier ?

Je me lève précipitamment et je rejoins Justine, calée comme le premier jour dans un recoin de la cage d'escalier. Elle pleure.

– Que se passe-t-il ? je demande.

Ses larmes l'empêchent de me répondre. De toute façon, je comprends vite. Dans le séjour qui s'ouvre devant nous, Gaëlle gémit :

– Non, madame, je vous jure, c'est pas moi. J'ai rien volé. J'ai jamais rien volé de ma vie. Vous pouvez pas m'accuser de ça. Je suis pas une voleuse !

Je prends Justine dans mes bras. Je me mets à pleurer à mon tour. Nos larmes se mêlent et coulent dans nos cheveux.

– Dehors ! crie ma mère. Gaëlle Lissac, vous êtes renvoyée.

La nounou, visage à demi caché dans ses mains, se dirige vers nous. C'est alors que Maman nous voit, Justine et moi, enlacées. Et moi je vois son air stupéfait, puis scandalisé.

Maman entre dans une fureur folle et jette quasiment Gaëlle et Justine dehors. Puis elle me gronde très fort :

– Qu'est-ce qui t'a pris ? Enfin, Juliette, c'est une fille de domestique !

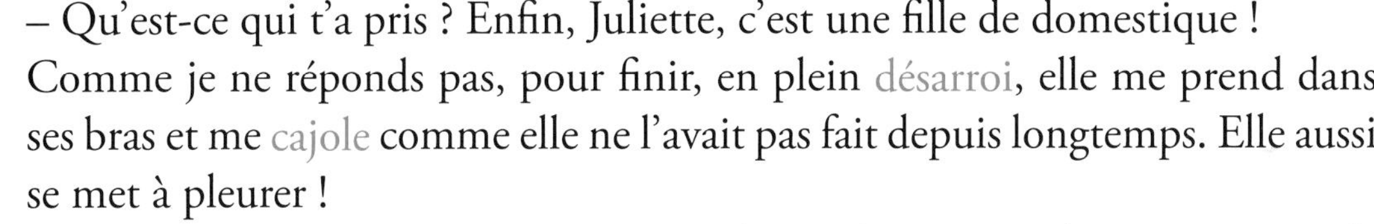

Comme je ne réponds pas, pour finir, en plein désarroi, elle me prend dans ses bras et me cajole comme elle ne l'avait pas fait depuis longtemps. Elle aussi se met à pleurer !

scandalisé : indigné, choqué.
le désarroi : la détresse.
cajoler : faire un câlin.

– Ma Juliette... Mais que nous arrive-t-il ? Tu devais sans doute manquer de câlins, pour en chercher chez une inconnue. Ma chérie, je suis désolée. Je ne me suis pas rendu compte. Je t'ai sans doute trop négligée... pour que tu en arrives là !...

négliger : ne pas s'occuper de quelqu'un.

La malle est descendue par le cuisinier. Puis une voiture emporte Gaëlle, Justine et la malle. Le gravier ne crisse plus. Tout est calme. C'est comme si mon amie et sa maman n'avaient jamais séjourné chez nous.

Pour me consoler, Maman me promet qu'on ira chez mon amie Magda demain. Après-demain, je suis invitée à l'anniversaire de Victoire. Maman me dit qu'elle fera son possible pour que j'oublie ma toute nouvelle meilleure amie...

Pourtant, je sais que je n'oublierai pas Justine. Elle est ma sœur de cœur. Et un jour, je la retrouverai, j'en suis sûre. Cette certitude m'aide à apprécier pleinement ce miracle : ma mère a décidé de passer plus de temps avec moi.

Chapitre 7

Le soir, avant de me coucher, je ne peux pas m'empêcher de pleurer encore.

J'ai retrouvé Maman, mais j'ai perdu ma sœur de cœur.

J'ai quand même grand besoin de réconfort...

Lecture.

Bribes de la sixième semaine de ma vie.

Ma vue est plus claire, les images sont moins floues. Je distingue nettement mes mains, maintenant ! Ainsi que mes pieds. Le mobile devant moi est composé d'une ribambelle de petits nounours. Et voici la silhouette de Maman, plus nette elle aussi.

une ribambelle : une série.

– Juju, oh, ma Juju jolie.

Son visage s'approche. La mélodie bienfaisante se fait à nouveau entendre. *Mi la si ré#...* Je la fredonne en même temps. L'émotion monte. C'est sans doute le premier jour de ma vie où je vais voir nettement le visage de ma maman. Le voilà !

Je n'ai pas pu m'empêcher de pousser un cri.

Je me précipite sur le lecteur pour le mettre sur pause. Mon cœur bat à mille à l'heure. Que s'est-il passé ?

Ce n'était pas le visage de Maman.

C'était le visage de Gaëlle.

J'essaie de me calmer...

Tout en tremblant, je me force à visionner à nouveau ces quelques minutes. Je regarde mieux les petites mains qui se tendent vers le mobile… et je distingue la tache de naissance entre le pouce et l'index de la main droite. Ce bébé est Justine. Ce n'est pas moi.

Je pousse d'abord un soupir de soulagement, puis je m'affole à nouveau. Je régule ma respiration puis je tente de comprendre. Il est évident que nos modules-mémoire ont été échangés. Mais quand ? Comment ?

Je me remémore les événements de ces derniers jours.

Et soudain, je crois avoir l'explication. Oui, ça ne peut être que ça ! C'était le jour de mon anniversaire. Je revois mon robot domestique ranger des modules de ma mémoire à leur place, dans la boîte qui est dans ma chambre. Pendant la partie de cache-cache de ce jour-là, tout a été mis sens dessus dessous. Sidonie a descendu des affaires de la malle de Gaëlle jusque dans ma chambre, et Héléna a fait l'inverse. C'est ainsi que les modules-mémoire de ma sœur de cœur et les miens ont été intervertis. Juliette Livourne et Justine Lissac. Nous avons les mêmes initiales, gravées sur les modules.

J.L.

Les robots se sont trompés. Ils n'ont pas su distinguer les modules.

Ce sont donc bien les six premières semaines de Justine dont j'ai visionné la mémoire, et non les miennes.

Pendant un instant, tout tourbillonne dans ma tête. Une seule chose est sûre : je dois récupérer les modules de ma mémoire et rendre les siens à Justine !

Je dois prévenir Maman pour qu'elle fasse le nécessaire… Je n'ai pas le choix. Elle va être furieuse. Ma mémoire entre les mains d'une domestique ! Je vais avoir droit à un drôle de savon.

Il faut retrouver Gaëlle et Justine !

Peu à peu, cette phrase fait son chemin dans mon cœur, et une joie immense m'envahit. Maman fera l'impossible pour que tout rentre dans l'ordre très rapidement, elle qui aime tant cet ordre-là. Elle parviendra facilement à retrouver la nounou, qui n'est sans doute pas partie très loin.

Je sais que je vais bientôt revoir ma grande amie. Je l'exigerai quand Maman donnera rendez-vous à la nounou pour l'échange ! Ce sera le caprice du siècle. Et, cette fois-ci, je demanderai à Justine ses coordonnées afin qu'on ne se perde jamais de vue. Ma sœur de cœur, nous allons nous revoir très vite…

La porte de ma chambre s'entrouvre. C'est Maman.

– Juliette, je voulais te dire quelque chose. L'argent que je croyais volé était dans une boîte à gâteaux ! Les nouveaux robots de rangement semblent défectueux, il va falloir se plaindre auprès du constructeur. Oh, je me sens si confuse d'avoir commis une telle injustice ! Demain, nous tenterons de contacter Gaëlle afin que je lui présente mes excuses.

Mon cœur déborde : tout s'arrange ! Elle ajoute plus doucement :

réguler : contrôler.

se remémorer : se souvenir.

un savon : une réprimande (familier).

les coordonnées : les renseignements sur une personne (adresse, téléphone, etc.).

défectueux : qui fonctionne mal.

– Tu viens avec moi au salon ? J'aimerais tant que l'on regarde les albums holos de quand tu étais plus petite, ça fait longtemps, non ?

Je bondis de joie et de mon lit tout à la fois. Je ne vais pas parler tout de suite de l'échange de mémoire, pour ne pas gâcher ce bon moment. Cela peut attendre demain. Une fois dans le salon, j'ai une idée :

– Attends, Maman, avant d'ouvrir les albums...

Je m'installe au piano et je joue la berceuse.

Mi la si ré# si sol#...

Une foule d'émotions me submerge avec ces notes. C'est obligé : elles doivent appartenir à mes vrais souvenirs remontant à ma toute petite enfance. Je me sens si émue en écoutant cette mélodie ! C'est tout de même une drôle de coïncidence que Gaëlle l'ait aussi chantée à Justine...

– C'est magnifique, me dit Maman une fois que j'ai fini.

Elle a les yeux fermés. Je suis heureuse du cadeau que je viens de lui faire. Puis elle ajoute :

– Qu'est-ce que c'est ?

Elle ouvre les yeux.

Je recommence à paniquer.

Maman poursuit, et ses mots s'enfoncent dans mon cœur comme des épines :

– Je n'ai jamais entendu cette mélodie de toute ma vie...

***

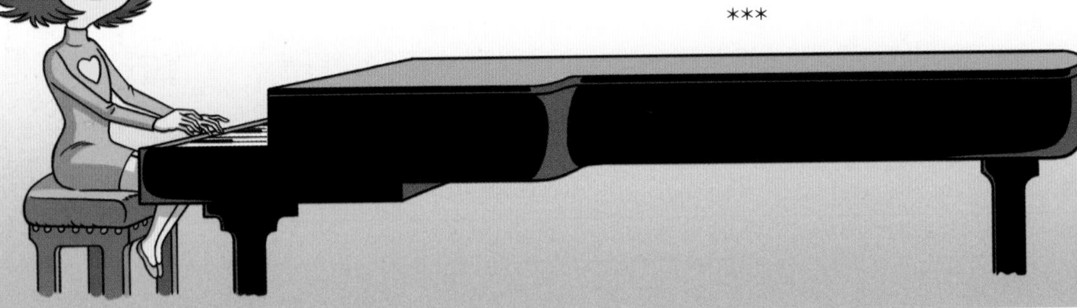

Je comprends

1. Quel jour particulier commence cette histoire ?
2. Quel est le prénom de l'héroïne de ce roman ?
3. Qui arrive chez elle en premier ?
4. Comment se comportent l'héroïne et ses amies pendant leurs jeux ?
5. Pourquoi la fille de la nounou n'a-t-elle pas le droit de jouer avec l'héroïne ?
6. Qu'est-ce qui pousse l'héroïne à jouer avec la fille de la nounou ?
7. Pourquoi la nounou est-elle renvoyée ?
8. Que s'est-il véritablement passé ?

Je repère

1. À quel siècle se déroule cette histoire ?
2. Dans le déroulement des jeux entre l'héroïne et ses amies, au début du roman, qu'est-ce qui indique que la scène se déroule dans le futur ?
3. Que doit faire l'héroïne avant d'aller se coucher ?
4. Quel changement chez les humains l'explique ?
5. Qu'est-ce qui pousse l'héroïne à aller chercher ses premiers souvenirs ?
6. Relève les premiers souvenirs de l'héroïne.
7. Pourquoi ne reconnaît*-elle pas sa mère ? Pourquoi sa mère ne reconnaît*-elle pas la berceuse qu'elle joue au piano ?

Cette nuit-là, deux mères bercent leurs filles. Elles caressent leurs cheveux pour les calmer. L'une d'elles murmure :
– Ne t'inquiète pas, ma puce. Dès demain, on va se mettre à la recherche de ton amie Justine. Je présenterai mes excuses à sa maman. Mais surtout on récupérera ta mémoire, et tu la visionneras depuis ta naissance afin de retrouver tes véritables souvenirs. Tu sauras faire le tri. Tout va rentrer dans l'ordre, ma chérie, je te le promets. Et tu pourras entendre ce que je te chantais pour t'endormir quand tu étais bébé. Tu ne te rappelles pas ? Écoute...
D'une voix plus douce que jamais, elle entonne :
– *Bonne nuit, cher trésor, ferme tes yeux et dors, laisse ta tête s'envoler au creux de ton oreiller...*
Le cœur de Juliette se gonfle d'un soulagement infini. Elle aussi a sa chanson ! Maintenant, elle s'en souvient, et un grand bonheur l'envahit.
Au même moment, l'autre mère entonne une autre berceuse : *mi la si ré# si sol#...*
Les deux mélodies, légères, fuient par les fenêtres ouvertes et grimpent vers le ciel d'un noir bleuté.

Florence Hinckel, *Mémoire en mi*, coll. « Mini Syros Soon »,

Je dis

1. Relis la scène du coucher de l'héroïne au chapitre 3 (l. 110 à 117).
2. Comment se comporte la nounou avec l'héroïne ? Pourquoi celle-ci est-elle gênée ?
3. Dis ces répliques en adoptant le ton qui convient.

Je participe à un débat

La mémoire et les souvenirs

1. À partir de ce qui arrive à l'héroïne à la fin du roman, peux-tu expliquer la différence entre les machines et les hommes ? Quelle importance ont les souvenirs pour chacun d'entre nous ?

L'avenir de l'humanité

2. Qu'est-ce qui a changé pour l'humanité dans ce roman ? Quels autres changements pourraient se produire dans le futur ?
3. Quels en seraient les avantages ? les dangers ?

J'écris

1. Recopie les deux phrases des lignes 147 et 148. Souligne le verbe dont l'action s'est déroulée en premier.
2. La mère de l'héroïne part à la recherche de la nounou et de sa fille pour présenter ses excuses et échanger les mémoires des filles. Écris un paragraphe qui raconte cette rencontre.

Accepter les différences

Doc. 1

Convention relative aux droits de l'enfant adoptée le 20 novembre 1989 par l'ONU

Article premier

Au sens de la présente Convention, un enfant s'entend de tout être humain âgé de moins de dix-huit ans, sauf si la majorité est atteinte plus tôt en vertu de la législation qui lui est applicable.

Article 2

1. Les États parties s'engagent à respecter les droits qui sont énoncés dans la présente Convention et à les garantir à tout enfant relevant de leur juridiction, sans distinction aucune, indépendamment de toute considération de race, de couleur, de sexe, de langue, de religion, d'opinion politique ou autre de l'enfant ou de ses parents ou représentants légaux, de leur origine nationale, ethnique ou sociale, de leur situation de fortune, de leur incapacité, de leur naissance ou de toute autre situation.

2. Les États parties prennent toutes les mesures appropriées pour que l'enfant soit effectivement protégé contre toutes formes de discrimination ou de sanction motivées par la situation juridique, les activités, les opinions déclarées ou les convictions de ses parents, de ses représentants légaux ou des membres de sa famille.

Article 3

1. Dans toutes les décisions qui concernent les enfants, qu'elles soient le fait des institutions publiques ou privées de protection sociale, des tribunaux, des autorités administratives ou des organes législatifs, l'intérêt supérieur de l'enfant doit être une considération primordiale.

Je comprends

1. Qu'est-ce qu'une convention ? Fais une recherche.
2. Que garantit pour les enfants le texte de la Convention (Doc. 1) ?
3. Quel organisation l'a promulguée ? À quelle date ?
4. Selon cette convention, à quel âge se termine l'enfance ?
5. Quelles différences entre les enfants les États ne doivent-ils pas prendre en compte ?
6. Dans certains pays, quelle situation d'injustice trouve-t-on entre les filles et les garçons (Doc. 2) ?
7. Qu'est-ce qui est important pour les élèves handicapés ?

Je décris les documents

1. Comment le texte du Doc. 1 est-il construit ?
2. À quel article de la Convention le Doc. 2 renvoie-t-il ?
3. À quelle personne est écrit le Doc. 3 ? Pourquoi ?
4. Donne un titre à la photographie.

Doc. 2

Les humains rêvent depuis longtemps d'égalité. Pourtant dans certains pays, on oblige les filles à s'occuper de la maison pendant que les garçons vont à l'école. On n'accorde pas la même confiance à un jeune Noir qu'à un Blanc. On oublie qu'un enfant handicapé a les mêmes besoins de vacances, de respect que les autres... Et un peu partout, c'est à cause de leur pauvreté que l'on traite injustement des familles.

> *En Inde, un enfant qui naît dans une famille d'intouchables, une catégorie très pauvre de la population, se doit de rester paria toute sa vie.*

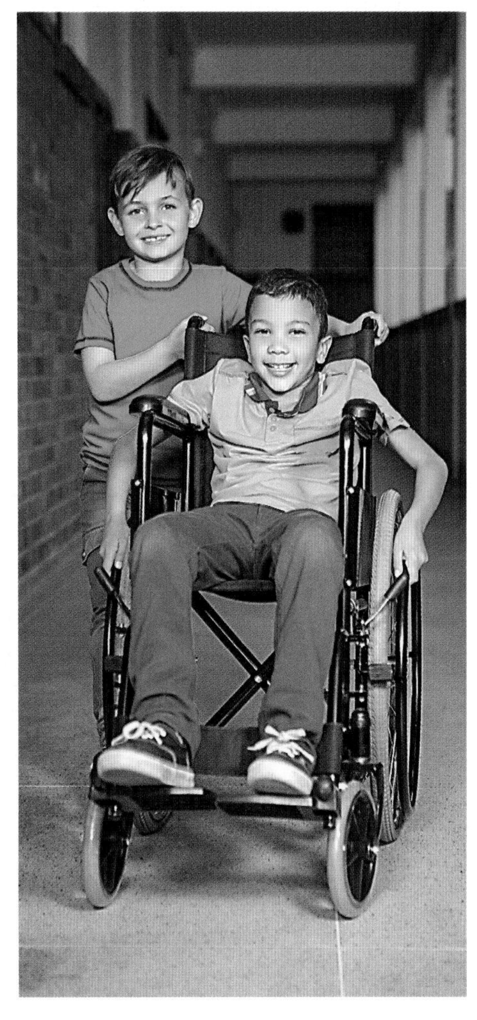

Doc. 3

Au-delà de toutes les différences

La première fois que j'ai campé c'était dans les Vosges, pendant 5 jours. Dormir à plusieurs sous une toile de tente c'est délirant. Surtout pour moi. Parmi les Éclaireurs, je suis accepté tel que je suis. Je me sens pareil aux autres. Pour moi, c'est beaucoup d'oxygène ; c'est pouvoir sortir de mon handicap.

Extrait d'un article de L'ÉQUIPÉE (Témoignage d'Olivier).

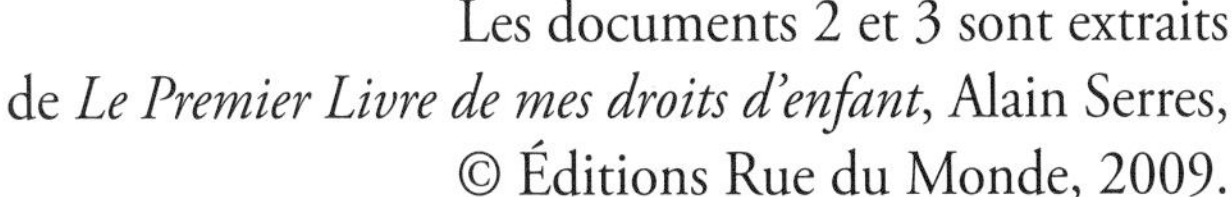

Les documents 2 et 3 sont extraits de *Le Premier Livre de mes droits d'enfant*, Alain Serres, © Éditions Rue du Monde, 2009.

Je découvre le lexique des droits de l'enfant

1. Quel mot désigne le fait de traiter différemment des enfants selon leurs caractéristiques ? Donne des exemples.
2. Au contraire, quel principe doivent respecter les États envers les enfants ?
3. En t'aidant de l'encadré du Doc. 2, explique ce qu'est un « paria ».
4. Recherche dans le Doc. 1 deux mots de la même famille que le mot « loi ».

J'utilise mes connaissances

1. Indique un droit des enfants qui te paraît* très important.
2. Rédige un article sur ce droit.
3. Recherche une photographie pour illustrer ton article.

Des mots pour parler du futur

Je cherche

1. Lis cet extrait de roman de science-fiction.

Jonathan enfila sa combinaison thermique (sur Mars, la température oscille entre – 150 et + 30 °C), et quitta la base d'Arès, fondée depuis maintenant une centaine d'années par la première colonie humaine. Bien qu'il soit installé ici depuis plus d'un an maintenant, le paysage qui s'offrait à lui lui coupa le souffle : des canaux s'étendaient à perte de vue sous le ciel rougeâtre chargé d'oxyde de fer.

2. Quelles informations sont véridiques ? Quelles informations sont imaginaires ? Aide-toi d'un dictionnaire ou d'une encyclopédie pour répondre.

Je réfléchis

1. Lis ce second extrait de roman et la liste d'expressions qui désignent des objets du futur.

A. Patricia Hardie, assise dans son **arbre-appartement**, étudiait un guide général abrégé. Elle était vêtue d'un **trois-jours** ordinaire qu'elle ne porterait qu'un jour avant de le détruire. Partout des **roboutils** travaillaient sous le contrôle de leurs cerveaux électroniques.

A.E. Van Vogt, *Les Joueurs du A*, traduit par Boris Vian, © Gallimard pour la traduction française.

B. filmer avec une Volcam – un télécran sonique – un vol hyperspatial – un métaréacteur – un réservoir d'hydrogazogel – un vaisseaucargo interplanétaire – un antigrav

2. Dans l'extrait A, comment sont construits les mots en gras ? Peux-tu en donner une définition ?

3. Dans les mots de la liste B, reconnais-tu des parties de mots existants ?

Je m'exerce

1. Recopie et complète ce texte avec des mots pour parler du futur tirés de la liste ci-dessus. Tu peux aussi en inventer d'autres.

Dès que le technicien eut rempli les réservoirs …, les passagers s'embarquèrent pour un …. Chacun avait sur son dos un …. Les … rugirent et le vaisseau décolla. Une fois dans l'espace, les passagers s'absorbèrent alors dans leurs occupations : filmer les étoiles avec leur … ou faire un jeu vidéo sur leur … personnel.

J'ai compris

- Dans un récit de science-fiction, pour parler du futur, l'auteur **s'appuie sur des informations scientifiques réelles** qu'il intègre à un récit imaginaire (*ex. : la température sur Mars oscille bien entre – 150 et + 30 °C, mais aucune colonie humaine n'y est implantée*).
- Il invente aussi des mots nouveaux pour parler des objets du futur. Cela peut être :
  – **des mots composés** (*ex. : un trois-jours*) ;
  – **des mots-valises** (*ex. : un roboutil : robot + outil*) ;
  – **des mots fabriqués** à partir de mots facilement reconnaissables (*ex. : un antigrav : préfixe **anti-** [contre] + abréviation de **gravité***) ;
  – **des mots-sigles** (*ex. : la TGB : la Très Grande Bibliothèque*).

Le roman de science-fiction

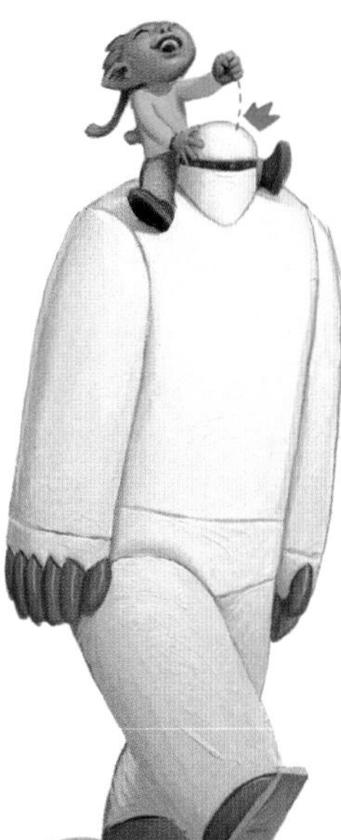

Je lis

1. Lis ces deux extraits du roman de science-fiction *Métalika*.

A. Sur Métalika, il y avait environ trois robots pour deux Humacs. La vie sans robots était inimaginable sur cette planète. Ils assuraient la plupart des tâches quotidiennes. Chaque Humac, à sa naissance, recevait un robot qui veillerait sur lui pendant toute son enfance, le protégerait en cas de besoin.

B. « Bienvenue à bord de l'*Apollonius*, un croiseur de classe II. »
Lorsque les turbines à photons furent allumées, l'*Apollonius* quitta Métalika pour l'espace profond. Salma et Robin, aidés de leurs robots, étaient aux commandes sous l'œil attentif du capitaine. Une fois les limites du système solaire franchies, Salma enclencha la procédure de passage dans l'hyperespace.

2. Sur quelle planète se déroule l'action de ce roman ? Comment s'appellent ses habitants ?

3. Qu'est-ce qui montre que leurs technologies sont plus avancées que les nôtres ?

4. Relève dans l'extrait B les mots qui renvoient à des lieux et à des moyens de transport.

5. Lis ce troisième extrait du même roman.

C. Salma était parfaitement consciente de l'angoisse de Robin. Mais le moment n'était guère propice à la réflexion. Pour l'instant, ils devaient fuir à tout prix ! Avant qu'une autre torpille sonique puisse les atteindre, les étoiles s'allongèrent et ils plongèrent dans l'hyperespace.
– Nous voici pour quelques heures en sécurité, fit le capitaine Randall.
Alors se tournant vers Corvin et Pyrrhus, il les interrogea :
– Avez-vous des explications supplémentaires sur ce qui vient de se passer ?
– Pas grand-chose de plus. Apparemment, il y a trois jours standard, les robots ont pris les commandes de Métalika, contraignant tous les Humacs à quitter les villes.

Alain Grousset, *Métalika*, © Éditions Gallimard Jeunesse, 2007.

6. Que s'est-il passé sur Métalika pendant que Salma et Robin étaient dans l'hyperespace ?

7. L'existence de robots presque humains est-il une bonne chose dans ce roman ?

J'ai compris

- Le roman de science-fiction se déroule **dans un futur très différent de notre présent**.
- L'univers présenté est à la fois **familier** et **fantastique** à travers la description :
  – **des objets aux technologies très avancées** : robots, machines, moyens de transport…
  – **des lieux** : espace, autres planètes, étoiles…
  – **des personnages** : robots, extraterrestres, animaux extraordinaires…
- Pour décrire cet univers, l'auteur invente des mots ou des expressions nouveaux (*ex. : les Humacs*).
- Le roman de science-fiction invite souvent le lecteur à s'interroger sur **l'avenir de l'humanité** et **les dangers qui la guettent** afin de les éviter (*ex. : la pollution*).

Production d'écrit

Écrire un récit de science-fiction

Je lis

1. Lis ces deux articles qui présentent la planète Autremer.

Autremer est couverte à quatre-vingt-dix-huit pour cent d'eau. Cette belle planète d'où sont originaires les vaisseaux spatiaux nommés « Abîmes », est LA planète maritime de L'Essaim. Mis à part quelques grandes îles, l'ensemble ne forme qu'un immense océan.

CosmoNet Reportage

Pour qui arrive sur Autremer, la première difficulté consiste à mémoriser les repères géographiques de l'océan planétaire. Divisée en zones suivant des lignes artificielles de longitude et de latitude, la planète possède huit grandes capitales de zone : Apalanche, Aênora, Callisto, Miyande, Obériel, Rhéa, Théthys et Umbrione.

Encyclopédia Galactica. Doc.

Danielle Martinigol, *Les Abîmes d'Autremer*, © Danielle Martinigol.

2. Quelle est la particularité de la planète Autremer ? Combien comporte-t-elle de capitales ?
3. Quelle est la difficulté majeure pour qui arrive sur Autremer ?
4. Qu'y fabrique-t-on ?

J'écris

- **Imagine l'expédition d'un groupe de Terriens sur la planète Autremer. Raconte leur arrivée sur cette planète et ce qu'ils y découvrent.**

Étape 1 : Je réfléchis

1. Qui participe à cette expédition ?
2. Comment vont-ils se rendre sur Autremer ?
3. Quels sont leurs sentiments en arrivant sur cette planète ?

Étape 2 : Nous échangeons des idées

1. Imaginez ce que les personnages découvrent sur les habitants de la planète Autremer.
   • *Ex.* : habitat – nourriture – objets étranges...
2. Discutez de leurs réactions : la surprise, la peur, l'enthousiasme...

Étape 3 : Je fais un brouillon

1. Nomme les personnages et caractérise-les.
   • Par leur fonction : capitaine – géographe – médecin...
   • Par leur qualité ou défaut : sportif – intelligent – bricoleur – peureux – maladroit...
2. Choisis leur moyen de transport et décris-le avec un vocabulaire scientifique ou inventé.
   • *Ex.* : un aéronef à turbines – un holodisque géant – une soucoupe à turboréaction...

Étape 4 : J'écris mon texte

1. Décris dans une première partie le voyage des Terriens et leur arrivée sur la planète Autremer.
2. Dans une seconde partie, indique ce qu'ils découvrent et qui ils rencontrent.
3. N'oublie pas de raconter les réactions des personnages.

Étape 5 : Je relis mon texte

- J'ai situé mon récit dans le futur.
- J'ai introduit des éléments scientifiques dans mon récit.
- J'ai créé un univers fantastique.
- J'ai inventé des mots nouveaux pour désigner des objets du futur.

Débattre sur une question d'actualité

J'observe et je réfléchis

1. Lis ce texte.

Le changement climatique ? Même les scientifiques ne sont pas d'accord !

En effet, certains scientifiques contestent encore l'influence des activités humaines sur les changements climatiques observés, mais il s'agit très exceptionnellement de climatologues. En dépit de certains aspects encore mal compris et de l'approfondissement nécessaire de nombreux points, les travaux conduits au niveau mondial sont formels et sans équivoque : le changement climatique est une réalité observée et les activités humaines sont en partie responsables de ces changements.

Le progrès technique va permettre de s'adapter au changement climatique, il suffit d'attendre ?

Les eaux montent ? Pas de problème, construisons des digues ! Des espèces disparaissent ? Clonons-les à partir de leur ADN ! L'Homme est plein de ressources, et des milliers de chercheurs travaillent chaque jour pour aider la planète à s'adapter au changement climatique. Attention cependant à ne pas croire aveuglément au solutionnisme technologique : certaines adaptations sont possibles face aux conséquences du changement climatique, mais pas toutes.

S'adapter au changement climatique coûte cher, il vaut mieux ne rien faire ?

À court terme s'adapter au changement climatique, dans certains cas, a un coût : ce sont parfois des investissements lourds, parfois des sacrifices à accepter, des nouveaux réflexes à acquérir… L'adaptation au changement climatique, dans certains cas, c'est aussi des opportunités nouvelles à saisir ou simplement faire des choses différemment sans que cela coûte rien.

Source : ministère de l'Écologie, du Développement durable et de l'Énergie, votreenergiepour la France.fr.

2. **S'informer sur un sujet**
- Quelles informations te donne ce document sur le réchauffement climatique ?
- Quelles questions ce document t'amène-t-il à te poser ? Fais-en une liste et dépose-la dans une boîte* à idées.

3. **Rechercher des arguments dans le texte**
- Relève les arguments pour ne rien faire contre le changement climatique.
- Relève les arguments pour lutter contre le réchauffement climatique.

4. **Rechercher des exemples**
- Quels sont les deux exemples cités de signes du réchauffement climatique ? En connais-tu d'autres ?
- Quels efforts faut-il faire pour lutter contre le réchauffement climatique ?

5. **Préparer le débat en groupe**
- Formez des groupes et posez des règles de prise de parole pour le débat.
- Choisissez deux ou trois questions tirées de la boîte* à idées que vous souhaitez aborder.
- Notez les arguments et les exemples.

Nous participons à un débat

- **Débattez du changement climatique à partir des questions préparées.**

Pour bien débattre

- Je respecte les règles de politesse et les tours de parole.
- J'écoute la question et j'interviens pour apporter quelque chose de nouveau au débat.
- Je donne des arguments et des exemples.
- À la suite du débat, chaque groupe réalise une affiche et écrit ce qu'il peut dire après le débat.

étude de la langue

Compétence : Connaître* le rôle du verbe dans la phrase.
Texte en lien : *La Princesse au petit pois*, p. 14.

Le rôle du verbe

Je lis et je réfléchis

Le roi **envoya** tous ses soldats dans la forêt à la recherche de Blanche-Neige, mais elle **resta** introuvable. Tout le monde prit le deuil, et beaucoup de larmes amères furent versées. Même la méchante reine **s'habilla** de velours noir, alors qu'au fond elle **était** ravie.

Joséphine Poole, d'après Jacob et Wilhelm Grimm, *Blanche-Neige*,
© Éditions Kaléidoscope, 2002.

1. Relis la première phrase en la faisant commencer par **Aujourd'hui**, puis par **Demain**.
2. Remplace ensuite **Le roi** par **Nous**, puis par **Ils**.
3. Quels mots sont modifiés ? Pourquoi ?
4. Comment appelle-t-on ce type de mots ? Quelles informations te donnent-ils ?
5. Peut-on les supprimer de la phrase ? Pourquoi ?
6. Parmi les verbes en gras, quels sont ceux qui n'indiquent pas une action ?

Je manipule

1. Trouve le verbe de chaque phrase en l'encadrant avec **ne … pas**.
- Les élèves entrent dans la classe.
- Aujourd'hui, je suis en forme.
- Ils iront chez leur oncle la semaine prochaine.
- La petite sœur de Léo mange sa compote.

2. Complète ces phrases avec **semble** ou **prend**. Justifie tes choix.
- Blanche-Neige … la pomme empoisonnée.
- Le chasseur … effrayé.
- Le roi … son cheval.
- Blanche-Neige … endormie.
- Le chasseur … son fusil.
- Le roi … inquiet.

J'ai compris

- Le verbe est **le noyau de la phrase**. C'est souvent lui qui indique **l'information principale** de la phrase.
  Le roi **envoya** tous ses soldats dans la forêt. – La méchante reine **s'habilla** de velours noir.
  Si on supprime le verbe, la phrase n'a plus de sens.
- Dans une phrase, le verbe conjugué :
  – **exprime ce que fait le sujet** (verbe d'action) :
  Elle **regarda** autour d'elle. – Nous **lançons** la balle.
  – **décrit l'état du sujet** (verbe d'état) :
  Je **suis** ravie. – Elle **reste** introuvable. – Elle **devient** grande. – Ils **semblent** tristes. – Vous **paraissez** joyeux. – Tu **demeures** discret. – Nous **avons l'air** fatigués.
- Le verbe conjugué est le seul mot de la phrase qui peut être encadré par **ne … pas**.
  Tu marches vite. → Tu **ne** marches **pas** vite.

Je m'exerce

1 ★ **Recopie uniquement les phrases qui ont un sens.**
- Dans le grand bassin, Micha nage vite.
- Tous les soirs, ma mère les fleurs du jardin.
- Les sept nains dans leur petite maison.
- J'écris.
- Ce matin, nous avons fait des courses.
- Soudain, le loup sur la maison de paille.

2 ★ **Souligne les verbes conjugués.**
***Pour vérifier tes réponses, encadre-les avec** ne ... pas.*
- Les oiseaux volent au-dessus des champs.
- Certains soirs, nous écoutons cette émission de radio.
- Elles viendront nous rendre visite bientôt.
- Les élèves semblaient intéressés par l'exposition.
- Avec le vent, les vagues deviennent impressionnantes.

3 ★★ **Recopie uniquement les phrases dans lesquelles le mot en couleur est un verbe.**
Comment as-tu fait pour les trouver ?
- Martin referma doucement la porte.
- Je place mes cartes sur la table.
- Cette grande maison semblait vide.
- Nous avons acheté notre place pour le spectacle.
- La souris a mangé le reste de fromage.
- Emmanuel vide la bouteille dans l'évier.
- La maîtresse* porte-t-elle des lunettes ?
- En faisant du sport régulièrement, il reste très en forme.

4 ★★ **Recopie uniquement les phrases dans lesquelles le verbe exprime une action.**
- Anatole glisse sur le trottoir verglacé.
- Vous êtes les neveux de mon voisin.
- Malika semble bien triste.
- Je vous interrogerai plus tard.
- Les joueurs d'échecs paraissaient concentrés.
- Nous te prêterons notre voiture demain.

5 ★★ **Recopie uniquement les phrases dans lesquelles le verbe exprime un état.**
- Je vais à la kermesse de l'école.
- Nous sommes déçus de son comportement.
- Tom regarde le spectacle avec son père.
- Ma sœur semblait malade depuis quelques jours.
- Vous avez l'air surpris !
- Vos amis iront à la piscine avec vous.

6 ★★ **Complète ces phrases avec le verbe qui convient.**
vivent – paraissent – admire – mangent – sont – deviendra
- Les marcheurs ... épuisés après leur randonnée.
- Les baleines ... jusqu'à 80 ans.
- Plus tard, Ahmed ... astronaute.
- Les baleines bleues ... des mammifères marins.
- Ahmed ... beaucoup les astronautes.
- Les marcheurs ... un solide déjeuner avant leur randonnée.

7 ★★★ **Place chacun de ces verbes au bon endroit dans les phrases suivantes.**
téléphonez – pouvez – reste – profitent – sont
- Depuis hier, les vacanciers de la plage.
- Souvent, vous à vos parents le matin de bonne heure.
- Ces nouveaux élèves très sérieux.
- Est-ce que vous prendre le pain en rentrant ?
- Le voyage en Islande pour moi un souvenir merveilleux.

8 ★★★ **Relève les verbes conjugués et précise s'ils expriment une action ou un état.**
- La tarte au citron reste mon dessert préféré.
- Vous avez entendu le signal.
- Cet homme ne semble pas sympathique.
- Ces deux renards ont l'air féroces.
- Kader ramassait des coquillages.
- Tout à l'heure, Méline ouvrira son courrier.

9 ★★★ **Dans les phrases suivantes, remplace le verbe** être **par un verbe d'état de ton choix.**
Tu peux t'aider de la leçon.
- Mes cousins sont gourmands.
- Malgré le mauvais temps, tu es prêt à sortir.
- Vous serez bientôt des adultes.
- La jeune fille était prisonnière du magicien.

Je repère dans un texte

Dans le texte pp.14-15, relève deux verbes d'état et trois verbes d'action entre les lignes 1 et 9.

J'écris

Écris trois phrases pour décrire ce que fait Blanche-Neige quand elle arrive chez les sept nains. Utilise au moins un verbe qui exprime un état et deux verbes qui expriment une action.

Orthographe

Compétences : Savoir ce que sont le genre et le nombre.
Connaître* les règles concernant le féminin et le pluriel des noms.
Texte en lien : *La Princesse au petit pois*, p. 14.

Le genre et le nombre des noms

Je lis et je réfléchis

Tiécelin le **corbeau** sort du bois et voit des dizaines de fromages qui sèchent au soleil. Affamé, il se précipite et en vole un sous le nez de la **marchande** qui, furieuse, lui lance des <u>pierres</u>. Mais l'oiseau va se poser sur une branche bien haute et entame son repas. Il ne voit pas que des morceaux de fromage tombent au pied de l'arbre, juste sous les naseaux de Renart. L'animal rusé n'en perd pas une **miette**…

D'après *Le Roman de Renart*.

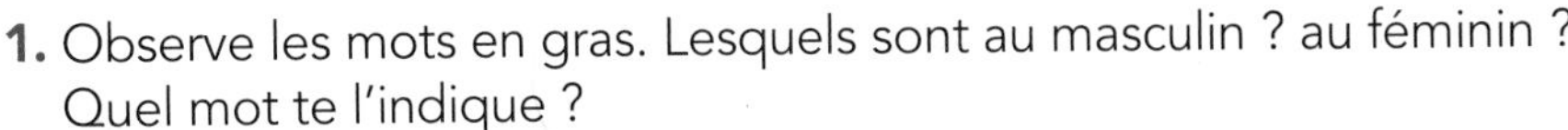

1. Observe les mots en gras. Lesquels sont au masculin ? au féminin ? Quel mot te l'indique ?
2. Que t'indique le mot placé devant le mot souligné ?
3. Par quelle lettre le mot souligné se termine-t-il ? Pourquoi ?
4. Relève tous les noms terminés par le son [ø]. Quels sont ceux qui sont au singulier ? au pluriel ? Comment les repères-tu ?

Je manipule

1. Pour chaque nom, dis s'il est féminin ou masculin. Compare tes réponses avec un(e) camarade.
le papillon – une ville – la montagne – mon amie – cet automne – sa largeur – votre meuble – notre oncle – leur invitée – l'heure

2. Trouve trois noms qui se terminent par un **s** au pluriel et trois noms qui se terminent par un **x** au pluriel. Compare tes réponses avec un(e) camarade.

J'ai compris

- Les noms ont **un genre** (**masculin** ou **féminin**) et **un nombre** (**singulier** ou **pluriel**).
- Un nom est du genre **masculin** lorsqu'il peut être précédé de **un** ou **le** au singulier.
  Il est du genre **féminin** lorsqu'il peut être précédé de **une** ou **la** :
  un arbre – **le** renard (masculin) / **une** forêt – **la** branche (féminin)
- Le féminin des noms se forme souvent en ajoutant un **e** au nom masculin :
  un marchand → une marchand**e**
- Parfois, le mot féminin a une forme différente du mot masculin :
  un acteur → une act**rice** (la fin du mot) – un homme → une **femme** (le mot entier)
- La marque du pluriel est le **s** : le voleur → les voleur**s** – une pierre → des pierre**s**
- Les noms qui se terminent par **-s**, **-x** et **-z** au singulier ne changent pas au pluriel :
  un repas → des repa**s** – une croix → des croi**x** – un nez → des ne**z**
- Les noms qui se terminent par **-al** au singulier s'écrivent **-aux** au pluriel : un animal → des anim**aux**
  Il y a des exceptions, dont le pluriel se termine par un **s** : des bal**s** – des festival**s** – des carnaval**s**
- Les noms qui finissent par **-eau**, **-eu** ou **-au** au singulier prennent un **x** au pluriel :
  un corbeau → des corbeau**x** – un noyau → des noyau**x** – un jeu → des jeu**x**
  sauf : un pneu → des pneu**s** – un bleu → des bleu**s**

Attention ! sept noms qui se terminent par **-ou** au singulier ont un **x** pour marque du pluriel :
des bijou**x** – des caillou**x** – des chou**x** – des genou**x** – des hibou**x** – des joujou**x** – des pou**x**

Je m'exerce

1 ★ **Place les mots** le, la **ou** les **devant les noms.**

- ... garagiste répare ... camionnette.
- ... bureaux sont restés allumés toute ... nuit.
- ... banane est ... fruit que je préfère.
- ... rideau est suspendu à ... fenêtre.
- ... petite fille va voir ... bateaux dans ... port.
- ... enfants jouent avec ... cerceau.

2 ★ **Souligne en bleu les noms au singulier et en rouge les noms au pluriel.**

- L'hiver approche : on sort les manteaux !
- Des gaz dangereux s'échappent de cette cheminée.
- La voix de ce chanteur me donne des frissons.
- Il a renversé des petits pois sur le tapis.

3 ★ **Mets les noms entre parenthèses au féminin.**

- Ma (cousin) habite à la frontière espagnole.
- Cette (blessé) est transportée à l'hôpital.
- Le chirurgien reçoit la (patient) dans son bureau.
- Léa s'est déguisée en (marquis) pour le carnaval.
- La (concurrent) de ce candidat a fait un bon score.

4 ★★ **Mets les noms entre parenthèses au pluriel.**

- Le gardien ferme les (verrou) de la grille.
- Ces deux petits (veau) sont nés hier.
- Ces (matelas) sont moelleux.
- En tombant, il s'est écorché les (genou).
- Cléa a gonflé les (pneu) de son vélo.
- Les (cheval) broutent dans le pré.

5 ★★ **Pour chaque mot en couleur, recopie la bonne forme du pluriel. *Tu peux t'aider de la leçon et d'un dictionnaire.***

- un signal → des signaux – des signals
- un chou → des chous – des choux
- une noix → des noix – des nois
- un festival → des festivaux – des festivals
- un drapeau → des drapeaux – des drapeaus

6 ★★★ **Écris le féminin de ces noms. *Tu peux t'aider d'un dictionnaire.***

un tigre – un pharmacien – un conducteur – un danseur – un Breton – un boulanger – un ogre – un piéton – un sportif

7 ★★★ **Écris le masculin de ces noms. *Tu peux t'aider d'un dictionnaire.***

une nièce – une impératrice – une princesse – une poule – une vache – une biche – une chèvre – une guenon – une femelle

8 ★★★ **Mets les noms entre parenthèses au pluriel.**

Dans nos (forêt), on peut rencontrer toutes (sorte) d'(animal). On peut voir des (troupeau) de (chevreuil), des (sanglier), des (cerf)... mais jamais on ne verra des (kangourou), ou des (chameau) ! Beaucoup d'(oiseau) habitent aussi les (bois) : des (hibou), des (moineau), ou des (perdrix).

9 ★★★ **Trouve les mots qui correspondent aux définitions suivantes.**

- On les lit pour s'informer : les ...
- L'Italie, l'Espagne, la France : des ...
- Les colliers, les bagues, les boucles d'oreille : des ...
- Les petits du lapin : les ...
- Ils peuvent être frisés, courts, longs, bruns, blonds ou roux : les ...

10 ★★★ **Complète ces phrases avec les noms suivants. Accorde-les si nécessaire.**

ruisseau – végétal – tableau – clou – voiture – souris – caillou – pneu – fleur – pinceau

- Le chat essaie d'attraper cette ... blanche.
- Les ... de ma ... sont dégonflés.
- Les arbres et les ... sont des ....
- Il y a beaucoup de petits ... au fond du ....

11 ★★★ **Écris ces phrases au pluriel. Attention à l'accord des verbes !**

- Le pompier lutte contre le feu.
- La cuisinière retire le noyau du pruneau.
- Le cheval saute par-dessus la barrière.

Je repère dans un texte

Dans le texte pp. 14-15, relève un nom féminin écrit à la fois au singulier et au pluriel.
Relève deux noms qui se terminent par un **x** au pluriel.

J'écris

Écris trois phrases avec au moins un mot terminé par **-eu**, un mot terminé par **-eau** et un mot terminé par **-au**, tous au pluriel.

Grammaire

Compétences : Identifier le sujet dans une phrase.
Connaître* les différents types de sujets.
Texte en lien : *Les Trois Petits Cochons*, p. 16.

Des sujets différents

Je lis et je réfléchis

La feuille descendit le cours du ruisseau, emportant Poucette loin, très loin, où la grenouille ne pouvait pas aller.
Poucette **navigua**, passa devant beaucoup d'endroits, et les petits oiseaux perchés sur les arbustes la voyaient et chantaient : quelle gentille demoiselle ! La feuille, avec elle, s'éloigna de plus en plus ; c'est ainsi que Poucette partit pour l'étranger.
Un joli petit papillon blanc ne **cessait** de voler autour d'elle, et finit par se poser sur la feuille, car Poucette lui plaisait, et elle **était** bien contente, car la grenouille ne pouvait plus l'atteindre […]. Le soleil luisait sur l'eau, c'était comme de l'or magnifique.

Hans Christian Andersen, « Poucette »,
La Petite sirène et autres contes,
© Éditions Gallimard, 1998.

1. Identifie les sujets des verbes en gras. Comment les as-tu trouvés ?
2. De quels types de mots sont constitués chacun des sujets que tu as trouvés ?
3. Trouve les sujets des verbes soulignés. Remplace chacun d'eux par le pronom qui convient. Explique tes choix.

Je manipule

Trouve trois sujets différents pour cette phrase : un groupe nominal, un nom propre et un pronom.
Compare tes réponses avec un(e) camarade. Avez-vous trouvé les mêmes sujets ?

… gronde depuis plus d'une heure.

J'ai compris

- Le verbe s'accorde en genre et en nombre avec son sujet : le sujet **commande** le verbe.
- Le sujet peut être :
  – **un nom ou un groupe nominal (GN)** :
  La feuille s'éloigne de plus en plus. – **Un joli petit papillon blanc** vole autour d'elle.
  – **un nom propre** : **Poucette** part pour l'étranger.
  – **un pronom** : **je, j' – tu – il, elle – nous – vous – ils, elles** : **Elle** était bien contente.
- Pour identifier le sujet, on peut reformuler la phrase à l'aide de **C'est … qui** (ou **Ce sont … qui**) :
  Poucette navigue sur le ruisseau. → **C'est** Poucette **qui** navigue sur le ruisseau.
  Lorsque le sujet est un groupe nominal, on peut le **remplacer** par l'un des pronoms suivants :
  il – elle – ils – elles – cela – ça.
  Les petits oiseaux perchés sur les branches la regardent. → Ils la regardent.

Je m'exerce

1 ★ **Encadre le verbe et souligne le sujet dans chaque phrase.**
- Aujourd'hui, Marie fête son anniversaire.
- Je traduis un texte en anglais.
- Le chat noir de mon voisin dort au soleil.
- Ton père et toi préparez vos bagages.

2 ★ **Complète les phrases avec le sujet qui convient.**
Adèle et son amie – Mon chien – Nous – La France – La maîtresse*
- ... quittons la pièce en courant.
- ... rentrent à pied de l'école.
- ... corrige les exercices.
- ... compte plus de soixante millions d'habitants.
- ... s'appelle Rex.

3 ★★ **Dans ce texte, encadre les verbes et souligne les sujets.**
Les cyclistes roulent depuis plusieurs heures. Sur le bord de la route, quelques spectateurs encouragent les sportifs. Un journaliste commente : « Ils sont maintenant à trente kilomètres de l'arrivée ! » Soudain, trois coureurs accélèrent.

4 ★★ **Construis un tableau à trois colonnes** (groupe nominal, pronom **et** nom propre) **et classe les sujets de ces phrases.**
- Madrid est la capitale de l'Espagne.
- Vous cherchez des renseignements sur Internet.
- Ton neveu allume son téléphone portable.
- Ce soir, elles chantent à l'Opéra.

5 ★★ **Remplace le sujet souligné par un pronom.**
Ex. : Mon amie et sa sœur se rendent au gymnase. → Elles se rendent au gymnase.
- Clémence et moi choisissons un cadeau.
- Julien et Moussa partent en classe de neige.
- Benoît et sa mère regardent la télévision.
- Ton frère et toi chantez à tue-tête.
- Elsa et Alice étudient leur leçon de géographie.

6 ★★ **Remplace le sujet de chaque phrase par un pronom personnel.**
- Tous les animaux de la ferme se réunissent autour du canard.
- La princesse est prisonnière d'une sorcière.
- Mes anciens camarades de classe et moi organisons régulièrement des pique-niques*.
- Les nageuses de l'équipe nationale participent aux Jeux olympiques.

7 ★★★ **Remplace les pronoms sujets par un groupe nominal.**
- Il habite cette cabane au milieu des bois.
- Elles dégustent un gâteau au chocolat.
- Elle frappe à la porte.
- Ils essuient la vaisselle.

8 ★★★ **Recopie uniquement les phrases dans lesquelles le mot ou groupe de mots en couleur est un sujet.**
- Le Salon du livre a lieu dans une semaine.
- Au cœur de cette forêt, un énorme dragon terrorise les villageois.
- Le directeur de la banque arrive de bonne heure.
- À travers les branches, les rayons du soleil réchauffent mon visage.

9 ★★★ **Remplace le sujet de chaque phrase par un sujet constitué des mêmes types de mots.**
Ex. : **Les oiseaux** migrent en hiver. (groupe nominal) → **Les hirondelles** migrent en hiver. (groupe nominal)
- Un grand nombre de touristes visitent ce musée.
- Il encourage les joueurs d'une voix forte.
- La lionne chasse pour nourrir ses petits.
- Léa joue très bien du piano.

10 ★★★ **Construis des phrases en inventant un sujet qui correspond au type de mot indiqué entre parenthèses. N'oublie pas de conjuguer les verbes au présent.**
- (Pronom) participer à un concours de danse.
- (Nom propre) écrire un e-mail à son oncle.
- (Groupe nominal) surveiller attentivement la porte d'entrée.
- (Noms propres) découvrir la tombe d'un pharaon.
- (Groupe nominal) parfumer agréablement la pièce.

Je repère dans un texte

Dans le texte pp. 16-17, relève un groupe nominal sujet et trois pronoms sujets différents entre les lignes 22 et 27.

J'écris

Écris quatre phrases pour raconter la suite du texte p. 146. Utilise comme sujets au moins un nom propre, un groupe nominal et deux pronoms.

Compétence : Comprendre le lien entre le verbe et son sujet.
Texte en lien : *Les Trois Petits Cochons*, p. 16.

Le verbe et son sujet

Je lis et je réfléchis

Il **entra** et se promena dans toutes les pièces. [...] Mais, tout à coup, se dressa devant lui une géante. Sans perdre son aplomb, Jack lui **dit** :
– Bonjour madame, pourriez-vous me donner un peu à manger, s'il vous plaît* ? J'ai bien faim.
– Mon pauvre enfant, dit la géante, que viens-tu faire ici ? Mon mari **est** un ogre. Au lieu de te donner à manger, c'est lui qui va te manger !
Jack n'**eut** pas le temps de répondre car à ce moment, on entendit un grand bruit. Boum ! Bam ! Boum ! Bam !
– Vite, dit la géante, cache-toi derrière le buffet !

Joseph Jacobs, « Jack et le Haricot magique », *Mille Ans de contes*, tome I, © Éditions Milan, 2004.

1. Identifie les sujets des verbes en gras. Comment les as-tu trouvés ?
2. Où sont-ils placés par rapport aux verbes ?
3. Identifie le sujet de chaque verbe souligné. Que remarques-tu ?
4. Parmi les verbes en gras, lequel est un verbe d'état ? Explique ta réponse.

Je manipule

1. Trouve le sujet de chaque phrase en l'encadrant avec **C'est ... qui**.
- Thomas prend des cours de guitare.
- Les acteurs de ce film signent des autographes.
- Ma cousine de 9 ans accroche des posters au mur.
- Nous arriverons vers 19 heures.

2. Transforme les phrases suivantes en questions. Qu'observes-tu ?
- Vous voulez aller au cinéma.
- Ils sont assis sur cette branche.
- Nous allons à la plage.

J'ai compris

- Dans une phrase, le verbe conjugué :
  – **exprime ce que fait le sujet** (verbe d'action) : Jack **entend** l'ogre.
  – **décrit l'état du sujet** (verbe d'état) : Cet homme **est** un ogre.
- Le sujet **commande** le verbe. Pour l'identifier, on repère le mot ou le groupe de mots qui peut être encadré par **C'est ... qui** (ou **Ce sont ... qui**) :
  Mon mari est un ogre. → **C'est** mon mari **qui** est un ogre.
- Le sujet est généralement placé **avant** le verbe : **Le garçon** entre dans la pièce.
  Il peut parfois être placé **après** le verbe : c'est **un sujet inversé**.
  C'est souvent le cas pour :
  – **les phrases interrogatives** : Que viens-**tu** faire ici ? – Pouvez-**vous** me donner à manger ?
  – **les dialogues** : « Mon pauvre enfant ! » dit **la géante**.

Je m'exerce

1 ★ **Recopie chaque phrase en ajoutant un sujet qui convient.**

tu – mes amis – Pénélope – vous – un tigre féroce

- Ce soir, chantent à l'Opéra.
- Soudain, surgit.
- Dès que le réveil sonne, sautes du lit.
- À quelle heure arrivez ?
- Malgré deux défaites, reste en tête du classement.

2 ★ **Indique si les mots en couleur sont des verbes ou s'ils font partie d'un sujet.** ***Comment les as-tu différenciés ?***

- Ma cousine part demain à Madrid.
- Cette part est un peu grosse pour moi !
- La plante a besoin d'être arrosée.
- Cécile plante des haricots verts dans son potager.
- Ma joue est enflée car j'ai mal aux dents.
- Mehdi joue aux cartes avec Paul.

3 ★ **Complète chaque phrase avec un sujet qui convient.**

- ... sonne pour indiquer les heures.
- ... semblent inquiètes.
- Au Moyen Âge, ... travaillaient pour le seigneur du château.
- ... était un roi de France.
- Comme il pleut, ... enfilent leur imperméable.

4 ★ **Remets les groupes de mots dans l'ordre pour écrire des phrases. Souligne leur sujet. N'oublie pas les majuscules et les points.**

- depuis deux mois – dirige – madame Ramirez – cette entreprise
- les valises – la voiture – tu – dans – mets
- demeurent – des arbres magnifiques – en hiver – les sapins
- vous – dans quelques années – des pâtissiers reconnus – deviendrez

5 ★★ **Réécris ces phrases en mettant le sujet avant le verbe.** ***Que dois-tu d'abord observer ?***

Ex. : Reconnaissez-**vous** cet endroit ?
→ **Vous** reconnaissez cet endroit.

- Voyez-vous les étoiles ?
- Cours-tu plus vite que Nolan ?
- L'été prochain, retournerons-nous à Naples ?
- Peut-il emprunter ton stylo ?
- Passent-elles souvent sous ce tunnel ?
- Resteront-ils ici jusqu'à 23 heures ?

6 ★★ **Souligne le sujet de chaque phrase.** ***Comment les as-tu identifiés ?***

- Je pars en vacances pendant deux semaines.
- Dans le Nord du pays, le soleil se couche tôt.
- Ton ami a apporté des gâteaux.
- Aimes-tu la glace à la vanille ?
- Régulièrement, Eliott et moi écoutons du rap.

7 ★★ **Transforme ces phrases pour que le sujet soit inversé. N'oublie pas le point d'interrogation en fin de phrase.**

Ex. : **Il choisit** un conte de Grimm.
→ **Choisit-il** un conte de Grimm ?

- Ce matin, nous allons à la piscine.
- Elles conduiront très prudemment.
- Tu faisais une sieste tous les dimanches.
- Dans le jardin, vous voyez un chat passer.
- Bientôt, ils démoliront cette vieille maison.

8 ★★★ **Invente des phrases où chacun des mots suivants sera soit un verbe, soit fera partie d'un sujet.**

Ex. : porte → La **porte** (sujet) ne ferme pas à clé.
Elle **porte** (verbe) son cartable sur le dos.

classe – rame – ferme – mouche

9 ★★★ **Souligne en bleu les sujets qui sont avant le verbe et en vert les sujets inversés.**

Dans une semaine, Saïd et ses camarades rencontreront leurs correspondants anglais. Ils prendront l'Eurostar pour aller à Londres. Pendant le séjour sont prévues de nombreuses visites. « Es-tu sûr d'avoir toutes tes affaires ? » lui demande son père, le jour du départ. Le garçon sourit. « J'ai tout vérifié ! Partons-nous à la gare en voiture ou en métro ? »

Je repère dans un texte

Dans le texte pp. 16-17, relève deux sujets placés avant le verbe et deux sujets placés après le verbe entre les lignes 28 et 35.

J'écris

Écris trois phrases pour décrire ce qui se passe quand l'ogre arrive chez lui. Utilise au moins un sujet inversé.

Compétences : Connaître* l'ordre alphabétique. Savoir chercher dans un dictionnaire.
Texte en lien : *Les Trois Petits Cochons*, p. 16.

Se repérer dans le dictionnaire

Je lis et je réfléchis

farandole

a b c d e **f** g

farandole (nom féminin)
Danse dans laquelle les danseurs se donnent la main en formant une longue file. *Faire une **farandole** dans les rues du village.*

farce (nom féminin)
1. Tour qu'on joue à quelqu'un. *Pour lui faire une **farce**, les enfants ont mis son lit en portefeuille.* (Syn. blague, plaisanterie.) 2. Petite pièce de théâtre drôle. *Les **farces** du Moyen Âge.* 3. Mélange d'épices et d'aliments hachés. *La **farce** de ces tomates est délicieuse.* Famille du mot : farceur, farcir.

farfelu, ue (adjectif)
Qui est bizarre, extravagant. *Quelle idée **farfelue** de manger de la moutarde sur du chocolat.*

farfouiller (verbe) ▸ conjug. n° 3
Dans la langue familière, fouiller en bouleversant tout. *William **farfouille** dans son cartable, à la recherche de son stylo.*

farine (nom féminin)
Poudre obtenue en écrasant des grains de céréales. *On fait le pain avec de la **farine**, du sel et de l'eau.*

Dictionnaire Hachette Junior, © Hachette Livre, 2014.

1. Observe le haut de la page. Quel repère t'indique la lettre par laquelle commencent les mots expliqués ?
2. Quel est le premier mot expliqué ?
3. Où retrouve-t-on ce premier mot dans la page ? Pourquoi ?
4. Pourquoi le mot **farine** est-il placé après le mot **farfouiller** ?
5. Repère les verbes. Sous quelle forme sont-ils écrits ?

Je manipule

1. Encadre chaque lettre avec la lettre qui précède et la lettre qui suit dans l'ordre alphabétique.
… d … – … k … – … l … – … y … – … q … – … s … – … h … – … r …
2. Indique à quel endroit du dictionnaire tu dois chercher les mots suivants (au début, au milieu, à la fin).
princesse – lancer – château – efficace – magique – terminaison

J'ai compris

- Dans un dictionnaire, les mots sont rangés dans **l'ordre alphabétique**.
a – b – c – d – e – f – g – h – i – j – k – l – m – n – o – p – q – r – s – t – u – v – w – x – y – z
- **Des mots-repères** sont placés en haut des pages, pour indiquer le premier et le dernier mot de la double page.
- Quand deux mots commencent par la même lettre, on regarde les lettres qui suivent jusqu'à ce qu'il y ait deux lettres différentes : le mot **farandole** est rangé avant le mot **farce** car les quatrièmes lettres de ces mots sont **a** et **c** et que, dans l'alphabet, **a** est avant **c**.
- Dans le dictionnaire, les noms sont écrits au singulier, les adjectifs au masculin singulier et les verbes à l'infinitif.

Je m'exerce

1 ★ **Écris le nombre de lettres que tu trouves entre les deux lettres données.**
Ex. : entre B et F : 3 lettres (C, D et E).
- entre H et O
- entre C et K
- entre L et V
- entre U et Z
- entre R et T
- entre A et E

2 ★ **Range les groupes de lettres de chaque série dans l'ordre alphabétique.**
- in – it – id – il – is
- gr – ga – gl – gu – gi
- epi – emu – etr – eco – eff
- deme – demi – dema – deli – demo

3 ★ **Range les mots de chaque série dans l'ordre alphabétique.**
- visite – beau – temps – plage – flamme
- boire – faire – sortir – écrire – nager
- urgent – intéressant – bon – habile – petit
- robe – écharpe – pull – blouson – gilet

4 ★ **Dans chaque série, repère le mot qui n'est pas rangé dans l'ordre alphabétique. Recopie ensuite la liste dans le bon ordre.**
- valeur – vendre – vouloir – viande – vue
- nappe – nuit – niveau – nourrir – nuage
- chinois – clou – copain – cirer – crier
- attente – addition – âgé – aimable – asseoir

5 ★★ **Range les mots suivants dans l'ordre alphabétique. *Que dois-tu d'abord observer ?***
- empreinte – emporter – emploi – empereur
- ballon – balai – baleine – balcon – balade
- tentation – tenir – tendre – tension – tenaille
- gare – garnir – gargouiller – garçon – garde
- reportage – repousser – réponse – reposer – reporter

6 ★★ **Choisis dans la parenthèse le mot qui vient juste avant et celui qui vient juste après le mot en gras dans l'ordre alphabétique.**
Ex. : … **allumette** … (allure – allonger – allumage – alliance – allumer)
→ allumer – **allumette** – allure
- … **poule** … (poulailler – poulain – poulpe – poulet – poumon)
- … **inventeur** … (inverser – invention – invité – inventer – invendable)
- … **terre** … (terrasse – terrain – terrier – terreur – terrestre)
- … **habiter** … (habituer – habile – habit – habitation – habitude)

7 ★★★ **Cherche chaque mot en gras dans le dictionnaire. Recopie-les tels qu'ils sont écrits.**
Ex. : Ces **fleurs** sentent bon → fleur
- Vous **traversez** rapidement la rue.
- Tu as été très **courageuse**.
- Nolan observe ces **animaux** sauvages.
- Nous **écrivons** la consigne de l'exercice.
- Nora a essayé une robe **longue**.
- La **directrice** est en réunion.

8 ★★★ **Complète par un mot qui convient en respectant l'ordre alphabétique. *Vérifie tes réponses à l'aide d'un dictionnaire.***
- sourd … souris
- loup … louve
- milliard … million
- ordinateur … oreille
- glacer … glisser
- apprécier … apprivoiser

9 ★★★ **Cherche cinq noms de fruits dans le dictionnaire. Indique les mots-repères des pages où tu les as trouvés.**

10 ★★★ **Indique si les affirmations suivantes sont vraies (V) ou fausses (F).**
- Le mot zone peut se trouver entre les mots-repères zéro et zoo.
- Le mot quinzaine peut se trouver entre les mots-repères quatrième et quille.
- Le mot jeter peut se trouver entre les mots-repères jeu et jeudi.
- Le mot kayak peut se trouver entre les mots-repères karting et képi.

11 ★★★ **Cherche dans le dictionnaire la définition des mots suivants, puis écris une phrase avec chacun d'eux.**
lombric – farouche – glapir – ultérieurement

Je repère dans un texte

Relève dans le texte pp. 16-17 les matériaux utilisés par les trois petits cochons pour construire leurs maisons. Classe-les dans l'ordre alphabétique.

J'écris

Cherche le mot **matelas** dans le dictionnaire et recopie le mot-repère de la page où il se trouve, ainsi que le mot qui le précède et le mot qui le suit.

Compétence : Savoir identifier le radical, la marque du temps et la marque de la personne d'un verbe.
Texte en lien : *Un tour de cochon*, p. 26.

Le verbe conjugué : radical, marques du temps et de la personne

Je lis et je réfléchis

Le prince Blub dit à la sirène :
– Quand je serai grand, je t'**épouserai**.
La sirène sourit.
– Quand tu seras grand, dit-elle, tu **épouseras** une belle princesse, qui aura deux jambes comme tout le monde et non une vilaine queue de poisson, et tu succéderas au roi ton père. [...] Tu vois, je n'ai pas de jambes : je ne peux donc pas vivre sur terre comme une femme normale. Si tu m'**épouses**, c'est toi qui devras me suivre chez mon père, dans le royaume des ondins. Tu changeras tes deux belles jambes en queue de poisson...
– Eh bien, mais c'est parfait, dit-il.
– Non, ce n'est pas parfait ! reprit-elle. Tu n'es pas le premier homme sais-tu, qui ait voulu épouser une sirène !

Pierre Gripari, « Le Prince Blub et la sirène », *Contes de la rue Broca*,

1. Observe les verbes en gras. Qu'ont-ils en commun ? Quelles sont leurs terminaisons ?
2. Le verbe souligné est-il conjugué ? Comment appelle-t-on cette forme de verbe ?
3. Mets la phrase en rouge au présent, puis remplace **tu** par **nous**.
   Qu'est-ce qui change dans le verbe quand tu changes de temps ? de personne ?

Je manipule

Avec un(e) camarad(e), écrivez toutes les solutions possibles en associant les terminaisons et les radicaux des verbes.
Que vous indiquent ces terminaisons ?

Les enfants écout •
Alexis chant •

• -era.
• -ent.
• -ait.
• -aient.
• -e.
• -eront.

J'ai compris

- Le verbe a deux formes :
  – une forme fixe : **l'infinitif** : épouser – être – devoir
  – une forme qui varie : **la forme conjuguée** : tu épouseras – j'étais – il doit
- Le verbe est formé d'une partie fixe : **le radical**.
  Certains verbes conservent toujours le même radical :
  chanter → je **chant**e – je **chant**ais – nous **chant**erons
  D'autres changent de radical selon les temps ou les personnes :
  pouvoir → je **peu**x – je **pouv**ais – nous **pourr**ons
- La forme du verbe varie en fonction du temps et de la personne. Les terminaisons changent selon les marques :
  – **du temps** : il épous**e** (présent) – il épous**ait** (passé) – il épous**era** (futur)
  – **de la personne** : tu regard**es** (2e personne du singulier) – elles regard**ent** (3e personne du pluriel)
- Les marques de personne du pluriel sont très souvent les mêmes : -ons ; -ez ; -nt

Je m'exerce

1 ★ **Souligne le radical de chaque verbe en bleu et la terminaison en rouge.**
calculer – glissera – rougit – collons – faiblir – rendent – dormir – découpes – entendre – mettre – entendront

2 ★ **Associe deux à deux les verbes qui ont le même radical.**
tu acceptais – tu demandes – j'adore – vous demandez – ils partiront – elle accepte – ils adoraient – nous partions

3 ★ **Associe les verbes qui ont les mêmes marques de temps.**
je passais – nous arriverons – elle montera – ils participaient – tu étudiais – vous déciderez – il finira – je répondais

4 ★ **Associe les verbes qui ont les mêmes marques de personnes.**
nous mangeons – tu expliqueras – il regarde – tu trouvais – nous parlerons – elle passe – tu montres – il demande – nous ouvrions

5 ★ **Entoure la terminaison des verbes suivants et indique à quelle personne ils sont conjugués.**
tu joues – nous parlerons – vous boudez – elles supportent – elle riait – nous révisions – je prenais

6 ★★ **Complète le radical de ces verbes à l'infinitif avec les terminaisons qui conviennent.**
-er ; -ir ; -oir ; -re ; -dre
- Tu dois avert... tes parents de ton départ.
- Nous voulons ven... notre maison.
- Les vaches peuvent brout... dans ce pré.
- Vous allez recev... un e-mail de Sarah.
- Charly doit tradui... ce texte en italien.

7 ★★ **Complète ces phrases avec le verbe qui convient.**
voulons – veux – voulez – veulent – veut
- Il ... caresser le chat.
- Nous ... une nouvelle voiture.
- Elles ... lui faire un beau cadeau.
- Vous ... partir en vacances à la mer.
- Je ... finir mon exercice avant de jouer.

8 ★★ **Encadre la terminaison des verbes et indique à quelle personne ils sont conjugués.**
Ex. : La fleuriste tri[e] les roses.
→ 3e personne du singulier
- Elle admire les tableaux de Van Gogh.
- Ces livres semblent en très bon état.
- Antoine et moi traversons les Pyrénées.
- Travailles-tu après dîner* ?
- Ta sœur et toi n'avez qu'un an de différence.
- À la nuit tombée, je rentre chez moi.

9 ★★ **Complète les verbes avec la marque de personne qui convient.**
-t ; -a ; -s ; -ez ; -ent ; -ons
- Demain, Louis cuisiner... une ratatouille.
- Elles sortai... beaucoup autrefois.
- Tu mélange... les œufs et le sucre maintenant.
- Lison et toi goûter...* dans une demi-heure.
- Hier, il s'inquiétai... pour ses neveux.
- En ce moment, nous descend... la piste rouge.

10 ★★★ **Barre l'intrus de chaque liste.**
Que dois-tu observer ?
- chargerons – changeait – charger
- embarrasser – embarrassait – embrasses
- foncerai – forcer – forcerai
- habitueras – habitais – habituer
- salais – salirai – saler

11 ★★★ **Pour chaque paire de verbes, sépare le radical de la terminaison. Indique si la terminaison change en fonction de la personne ou du temps.**
Ex. : **tu** parl/**es** – **nous** parl/**ons** → la personne
ils salu/**eront** – **ils** salu/**aient** → le temps
- tu agis – tu agissais
- vous ouvrirez – j'ouvrirai
- je tremble – elles tremblent
- vous mettez – vous mettrez
- il allumait – il allume

Je repère dans un texte

Dans le texte pp. 26-31, relève un verbe conjugué à la 2e personne du pluriel, un verbe conjugué à la 2e personne du singulier et un verbe conjugué à la 3e personne du singulier.

J'écris

Écris trois phrases dans lesquelles tu utiliseras le verbe **demander**. Commence la première phrase par **Aujourd'hui**, la deuxième par **Hier** et la troisième par **Demain**.

Compétence : Savoir accorder le verbe avec son sujet.
Texte en lien : *Un tour de cochon*, p. 26.

Orthographe

L'accord sujet-verbe

Je lis et je réfléchis

Goulûment, Igor se jette vers les biquets. Mais dans la précipitation, il se tord la cheville, s'empêtre dans sa robe et vient s'écraser violemment contre le mur.
« Maudite chaussures ! Maudite robe » a-t-il le temps de penser avant de perdre connaissance.
« Il faut téléphoner à Papa ! » s'écrient les chevreaux. Puis ils courent se réfugier à l'étage.
Monsieur Broutchou arrive au moment précis où Igor commence à reprendre ses esprits.
Il le secoue par les épaules. « Où sont mes enfants ? » gronde-t-il.
Au même instant Madame Broutchou rentre du marché.

Geoffroy de Pennart, *Le loup, la chèvre et les 7 chevreaux*,

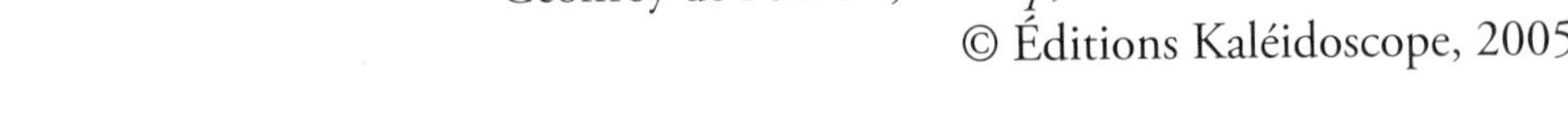

1. Observe le groupe de mots en gras. De quel verbe est-il le sujet ?
2. Remplace le sujet en gras par le pronom personnel qui convient. Que se passe-t-il pour le verbe ?
3. Remplace ensuite ce pronom personnel par **ils**, puis par **nous**. Que se passe-t-il pour le verbe ?
4. Compare les verbes des sujets en rouge. Qu'observes-tu ?

Je manipule

Relie les sujets aux groupes verbaux pour faire des phrases correctes.

Sujets	Groupes verbaux
Nous •	
Elles •	• consultez un médecin.
Mon cousin et moi •	• embellissent le jardin.
Ta sœur et toi •	• travaillons sur cette affaire.
Les fleurs •	
Vous •	

J'ai compris

- Le verbe **s'accorde toujours avec son sujet**, selon **la personne** (1re, 2e, 3e) et **le nombre** (singulier ou pluriel).
  Le loup entre dans la maison des chevreaux. (sujet à la 3e personne du singulier → verbe au singulier)
  Les loups entr**ent** dans la maison des chevreaux. (sujet à la 3e personne du pluriel → verbe au pluriel)
  Tu entre**s** dans la maison des chevreaux. (sujet à la 2e personne du singulier → verbe au singulier)
- Il existe six personnes :

1re personne du singulier : **je** ou **j'**	1re personne du pluriel : **nous**
2e personne du singulier : **tu**	2e personne du pluriel : **vous**
3e personne du singulier : **il**, **elle**	3e personne du pluriel : **ils**, **elles**

- Un sujet peut être composé de plusieurs personnes différentes.
  Ma sœur et moi (1re pers. du pluriel) écout**ons** cette chanson. – Tes amis et toi (2e pers. du pluriel) conduis**ez** prudemment.

Je m'exerce

1 ★ **Souligne le verbe de chaque phrase et indique la personne à laquelle il est conjugué.**
- Pauline achète des stylos.
- Il confie un secret à son meilleur ami.
- Les animaux de la ferme dorment dans leur enclos.
- Tu finis ton assiette.
- Lola semble triste aujourd'hui.

2 ★ **Complète ces phrases avec le verbe conjugué qui convient.**
- Sous les feuilles mortes, le promeneur (découvrent / découvre) des champignons.
- Les cyclistes (franchissent / franchisses) la ligne d'arrivée.
- Le guitariste, le pianiste et le violoniste (joue / jouent) devant une foule nombreuse.
- Ta sœur et toi (rendez / rendons) visite à votre grand-mère.
- Chaque matin, tu (écoute / écoutes) les informations.

3 ★ **Complète ces phrases avec le sujet qui convient.**
- (Sophie / Manon et Sarah) traverse le fleuve en barque.
- (Les passants / Le passant) s'attardent devant les vitrines.
- À quelques kilomètres de là se trouve (les petits villages / le petit village).
- Pourquoi courent-(elle / elles) si vite ?
- Dans le pré, (la vache / les vaches) broute tranquillement.

4 ★★ **Complète ces phrases avec un pronom qui convient.**
- ... fournit beaucoup d'efforts.
- À Noël, ... décorent le sapin.
- ... soupçonnons cet homme d'être un voleur.
- ... vernis cette étagère en bois.
- Tous les matins, ... achète un pain au chocolat.
- ... partez tôt pour arriver à l'heure.

5 ★★ **Remplace chaque groupe nominal par un pronom qui convient.**
- Les filles se réfugient sous le préau.
- Deux ours habitent dans cette grotte.
- Le chevalier brandit son épée.
- Les pirates ouvrent le coffre.
- Abdel et moi jouons au tennis.
- Lucas et sa sœur se promènent sur la plage.

6 ★★ **Écris toutes les phrases possibles en utilisant les sujets et les verbes suivants.**

Elles •	
Hugo •	• déjeunes.
Les garçons de la classe •	• déjeunent.
Tu •	• déjeune.
Le camarade de Léa •	

7 ★★ **Remplace chaque pronom par un groupe nominal de ton choix.**
- Il se mit soudain à rugir.
- Nous vendons des tartes aux fraises délicieuses.
- Elle attend près de l'entrée.
- Elles jouent avec leurs amis.
- Vous gouvernez le royaume avec sagesse.

8 ★★★ **Complète les sujets de ces phrases lorsque c'est nécessaire. *Que dois-tu observer ?***
- Nora (et) ... portent des lunettes.
- Ton cousin (et) ... participez à un tournoi d'échecs.
- À la terrasse du café, des clients (et) ... sirotent un jus de fruits.
- Mes parents (et) ... partons en Bretagne.
- Le vétérinaire (et) ... soigne un chien malade.

9 ★★★ **Réunis chaque paire de phrases en une seule. Attention aux accords !**

Ex. : Théo traverse la rue. Salim traverse la rue.
→ Théo et Salim traver**sent** la rue.
- Ma grande sœur passe un examen. Son amie Lucie passe un examen.
- Victor rentre dans la classe. Je rentre dans la classe.
- Sofia skie sur la piste rouge. Ludovic skie sur la piste rouge.
- Le voyageur arrive en avance. Son épouse arrive en avance.
- Tu observes un papillon. Zoé observe un papillon.

Je repère dans un texte

Dans le texte pp. 26-31, relève les différentes formes du verbe **avoir** aux lignes 29, 128 et 137. Indique dans chaque cas le sujet du verbe.

J'écris

Écris trois phrases pour raconter ce qui va se passer dans la maison des chevreaux après l'arrivée de Madame Broutchou. Utilise un sujet au pluriel et un sujet au singulier.

Compétence : Différencier les verbes selon leur infinitif.
Texte en lien : *Un tour de cochon*, p. 26.

Trier les verbes

Je lis et je réfléchis

Un jour, un jeune homme étrange se présenta à la mairie. Il portait une veste en peau de mouton, des sandales, un chapeau garni d'un grand ruban. On aurait dit un joueur de cornemuse. Et cependant il n'avait pas de cornemuse.
Quand il demanda à être reçu par le maire, l'huissier lui **répondit** sèchement :
« Laisse-le tranquille, il n'a pas envie d'écouter de concert.
– Mais je n'ai pas de cornemuse.
– C'est encore pire ! Si tu n'as même pas une cornemuse, pourquoi diable le maire devrait-il te recevoir ?
– Dites-lui que je sais comment débarrasser la ville des automobiles.
– Quoi ? Quoi ? Écoute, fiche le camp, il y a des plaisanteries qu'il vaut mieux éviter de faire.
– Annoncez-moi au maire, je suis sûr que vous ne le regretterez pas… »
Il insista tant et tant que l'huissier **finit** par le conduire auprès du maire.

Gianni Rodari, « Le Joueur de flûte et les voitures », *Histoires à la courte paille*,
trad. Candido Temperini, © Le Livre de Poche Jeunesse, 2014.

1. Les verbes soulignés sont-ils conjugués ou à l'infinitif ?
2. Quelle est la terminaison de chaque verbe souligné ?
3. Recherche d'autres verbes à l'infinitif dans le texte. Auquel des verbes soulignés leur terminaison ressemble-t-elle ?
4. Trouve l'infinitif de chaque verbe en gras. Quelle est leur terminaison ?

Je manipule

1. Choisis une action et mime-la à un(e) camarade. Demande-lui de trouver le verbe qui correspond et son infinitif. Inversez ensuite les rôles.
2. Trouve au moins deux verbes dont l'infinitif se termine par les terminaisons suivantes. Compare ensuite tes réponses avec un(e) camarade.

-dre | -ir | -er | -oir | -re

J'ai compris

- Quand le verbe n'est pas conjugué, on dit qu'il est **à l'infinitif**. L'infinitif d'un verbe est invariable. Il ne porte pas de marque de personne ni de marque de temps.
- Les verbes à l'infinitif se terminent par :
  -er : écout/**er** – demand/**er** – arriv/**er**
  -ir : fin/**ir** – ven/**ir** – ouvr/**ir**
  -oir : v/**oir** – sav/**oir** – voul/**oir**
  -re : fai/**re** – di/**re** – boi/**re**
  -dre : pren/**dre** – répon/**dre** – mor/**dre**
- Pour trouver l'infinitif d'un verbe et sa terminaison, on peut utiliser les formules **… est en train de …** ou **Il faut …**.
  Les voitures **envahissent** la ville. → Les voitures **sont en train d'**envah**ir** la ville.
  Il **met** sa flûte* dans sa poche. → **Il faut** met**tre** sa flûte* dans sa poche.

Je m'exerce

1 ★ **Recopie uniquement les verbes à l'infinitif. Souligne en rouge leur terminaison.**
parlera – servir – élevais – produire – continuer – couper – boire – éteignent – poursuivre – rejoindre – blanchissait – faites – tordre – établir – avez – choisiras – prévoir – grandissons – interrompre

2 ★ **Transforme les phrases comme dans l'exemple.**
Ex. : Tu nettoies ton bureau.
→ Tu **dois nettoyer** ton bureau.
- Lou apprend une poésie. → Elle doit ….
- Nous quittons la maison. → Nous devons ….
- Les légumes cuisent dans la poêle. → Ils doivent ….
- Je dors dans cette chambre. → Je dois ….
- Vous recevez un e-mail. → Vous devez ….
- Elles terminent leur exercice. → Elles doivent ….

3 ★ **Complète les verbes à l'infinitif avec la terminaison qui convient.**
-er ; -ir ; -oir ; -re ; -dre
- Nous pouvons part… de bonne heure.
- Elle va bientôt pouv… achet… une voiture.
- Paul doit pren… le bus pour fai… ce trajet.
- Je vais écri… à mon cousin pour l'invit… à mon anniversaire.
- Les spectateurs vont admir… et applaud… ces acrobates.
- Il va se permett… de répon… avant toi.
- Vas-tu te joindre… à nous ou préfères-tu dorm… ?

4 ★★ **Trouve les infinitifs de ces verbes. Construis un tableau à deux colonnes (**verbes en -er **et** verbes en -ir**) et classe ces verbes.**
tu grandiras – elles tiennent – nous pleurons – il partageait – je choisirai – vous profitiez – tu découvres – elles glisseront – nous réussissons – je nourrissais

5 ★★ **Complète chaque terminaison avec un radical afin que le verbe corresponde à la définition donnée.**
Ex. : couper la pelouse → **ton**dre la pelouse
- piloter une voiture → …re une voiture
- connaître* sa leçon → …oir sa leçon
- égarer ses clés → …dre ses clés
- désirer quelque chose → …oir quelque chose
- dévaler l'escalier → …dre l'escalier
- choisir le président de la République → …re le président de la République
- calculer une addition → …dre une addition

6 ★★ **Barre l'intrus dans chaque série. Explique ton choix.**
- nous décevons – je sais – tu peux – elle avoue
- vous obtenez – ils écrivent – je pars – nous applaudissons
- elles comprennent – tu étends – vous mettez – il fond
- elle ouvre – vous pariez – elles jouent – tu manges
- nous rions – elle disent – tu lis – je pars

7 ★★★ **Transforme chaque groupe nominal comme dans l'exemple. Sépare ensuite le radical du verbe de sa terminaison.**
Ex. : la résistance au froid → résist/**er** au froid
- l'atterrissage en urgence
- la peinture de la cuisine
- l'explication de ce problème
- la reproduction d'une figure géométrique
- la prévision de l'avenir
- la réduction des prix
- l'installation des meubles

8 ★★★ **Dans cette recette de cuisine, relève les verbes conjugués et classe-les selon leur terminaison à l'infinitif dans un tableau à cinq colonnes (**-er, -ir, -oir, -re, -dre**).**
Dans un saladier, bats trois œufs avec de la crème fraîche* et une pincée de sel. Épluche et découpe un oignon. Fais revenir l'oignon avec des lardons dans une poêle. Garnis le fond d'un plat à tarte avec une pâte feuilletée. Verse le contenu du saladier, l'oignon et les lardons sur la pâte. Mets la quiche dans le four et prévois environ 35 minutes de cuisson. N'attends pas trop longtemps pour servir !

Je repère dans un texte

Dans le texte pp. 26-31, relève entre les lignes 57 et 70 cinq verbes conjugués dont chacun des infinitifs se termine par **-er**, **-ir**, **-oir**, **-re** et **-dre**.

J'écris

Fais la liste de cinq règles à respecter à l'école ou dans la classe. Utilise des verbes dont les infinitifs se terminent par **-er**, **-ir**, **-re**, **-oir** et **-dre**.
Ex. : **entrer** dans la classe en silence ; **se tenir** correctement sur sa chaise ; etc.

Compétence : Savoir identifier le prédicat dans une phrase.
Texte en lien : *La Princesse au petit pois (extra-fin)*, p. 24.

Le prédicat de la phrase

Je lis et je réfléchis

En plongeant, je me suis souvenu que c'était la première fois que je me baignais et que je ne savais pas nager. Dans l'eau, il se passe plein de choses étranges :
– **Le chant des oiseaux** disparaît.
– Les gestes sont ralentis et on n'arrive même pas à marcher au fond.
– **On** trouve des cailloux brillants, mais pas des cailloux blancs.

Philippe Lechermeier, *Journal secret du Petit Poucet*,
© Éditions Gautier-Languereau, 2009.

1. Dans les phrases en vert, quelle information donne chaque mot ou groupe de mots en gras ? Quel est leur rôle dans la phrase ?
2. Quel mot trouve-t-on au début de chaque groupe de mots souligné ?
3. Quelle(s) information(s) donne chaque groupe de mots souligné (les prédicats) ?
4. Peux-tu déplacer ou supprimer chacun des prédicats ? Pourquoi ?

Je manipule

Écris une courte phrase pour décrire chaque photographie. Sépare le sujet et le prédicat.

.... sujet | .... prédicat

.... sujet | .... prédicat

.... sujet | .... prédicat

J'ai compris

- Comme le sujet, **le prédicat** est un élément essentiel de la phrase. C'est un **groupe de mots dont le mot-noyau est un verbe conjugué**.
- Le prédicat **permet de donner des informations sur le sujet**, sur ce qu'il est (verbe d'état) ou sur ce qu'il fait (verbe d'action).
  Le Petit Poucet (sujet) est curieux (prédicat). – **Le Petit Poucet** (sujet) voit plein de choses étranges (prédicat).
- Pour identifier le prédicat dans une phrase, on doit trouver **le verbe conjugué** et **les mots qui le complètent**.
  Le petit garçon trouve des cailloux brillants dans la rivière.
  → **C'est** le petit garçon (sujet) **qui** trouve des cailloux brillants (prédicat) dans la rivière.
- On **ne peut pas supprimer ni déplacer** le prédicat.
- Le prédicat peut comporter :
  – **un verbe seul** : Le chant des oiseaux disparaît.
  – **un verbe et un complément du verbe** :
  Il cherche des petits cailloux blancs. – Poucet parle à son grand frère.

Je m'exerce

1 ★ **Dans chaque phrase, souligne le prédicat et encadre le verbe conjugué.**
- M. Lifar boit un verre d'eau fraîche*.
- Les scientifiques s'inquiètent du réchauffement climatique.
- Le pneu avant de ma voiture paraît* dégonflé.
- Mon amie visite un musée d'Art moderne.
- Eliott fait ses devoirs de français.

2 ★ **Associe les sujets et les prédicats pour faire des phrases correctes.**

Le vétérinaire •	• regardait son dessin animé préféré.
Martin •	• mangera sa compote.
Lucie •	• nourrit les girafes du zoo.
Mon frère •	• allume la télévision du salon.

3 ★ **Remets ces phrases dans l'ordre. Sépare ensuite le sujet et le prédicat par un trait vertical.**
- éteignent – les pompiers – l'incendie de l'immeuble
- un cadeau – Kamal – à sa petite sœur – offrira
- un service – a demandé – à son voisin – mon père
- son petit – et – échappèrent – à la lionne – l'antilope

4 ★ **Complète ces phrases avec un prédicat. Attention aux accords !**
- Tatiana ....
- Les arbres de cette forêt ....
- Nous ....
- Le camion de déménagement ....
- Bastien et toi ....

5 ★★ **Utilise ces groupes nominaux pour écrire des phrases avec un verbe conjugué. Souligne ensuite le prédicat de chaque phrase.**

Ex. : la tarte aux framboises de Papy
→ Papy **prépare** une tarte aux framboises.
- le fabuleux numéro des trapézistes
- l'album de contes de Claire
- les crayons de couleur de ces élèves
- la nièce de la reine

6 ★★ **Construis des phrases avec un sujet et un prédicat à l'aide des verbes suivants.**
- ... attendront ...
- ... collait ...
- ... deviendrez ...
- ... appartient ...
- ... rafraîchissent* ...

7 ★★ **Recopie ces phrases en ne conservant que le sujet et le prédicat.**

Ex. : Souvent, Léonard oublie de se coiffer le matin. → Léonard oublie de se coiffer.
sujet prédicat
- Le dragon cracha de puissantes flammes sur la tour du château.
- En ce moment, en classe, nous étudions les fourmis rousses.
- Elles dessineront ce soir.
- Au zoo, Matthias a assisté au spectacle des otaries.
- Au printemps, des moineaux construisent leur nid dans cet arbre.

8 ★★★ **Indique si le groupe de mots qui suit le verbe en couleur fait partie d'un prédicat ou s'il est sujet inversé.**
- Cet après-midi, nous préparerons la pâte à crêpes.
- Dans la plaine soufflait un vent violent.
- Au fond du jardin fleurissent deux rosiers.
- Le berger a rassemblé son troupeau de moutons.

9 ★★★ **Invente des phrases en utilisant les groupes nominaux suivants dans des prédicats de ton choix.**

Ex. : le Premier ministre → Les journalistes interrogeaient **le Premier ministre**.

un caribou – Solal et Gaspard – des archéologues – les musiciennes

10 ★★★ **Utilise les groupes nominaux et les verbes proposés pour former le plus de phrases possibles. Souligne ensuite le prédicat de chaque phrase.**
- Groupes nominaux : Léo – La grande lampe rouge – Le bureau du directeur
- Verbes : allumer – éclairer – chercher

Je repère dans un texte

Dans le texte pp 24-25, recopie les trois phrases des lignes 15 à 16. Souligne le prédicat.

J'écris

Comme le Petit Poucet, écris trois phrases pour décrire trois sensations que tu éprouves quand tu es sous l'eau. Utilise un prédicat qui contient un verbe seul, un prédicat qui contient un verbe et un complément, et un prédicat qui contient un verbe d'état.

Compétence : Savoir reconnaître les différents sens d'un même mot.
Texte en lien : *La Princesse au petit pois (extra-fin)*, p. 24.

Les différents sens d'un mot

Je lis et je réfléchis

L'unique ampoule du grenier éclairait plusieurs paires de chaussures.
– Je te conseille de **prendre** ton temps pour choisir, dit la fée.
Cendrillon hésita. Elle était très attirée par de magnifiques escarpins à talons hauts. Mais elle savait que, si elle dansait toute la nuit, ses pieds risquaient d'être recouverts d'ampoules douloureuses.
– Je vais **prendre** cette paire de baskets rouges, elles ont l'air très confortables.
– Tu n'as pas oublié de **prendre** l'adresse du château ? demanda sa marraine.
– Non, je l'ai programmée sur le GPS, et j'ai une carte routière.
Au revoir, et merci encore !
Cendrillon dévala les escaliers, monta dans sa voiture, attacha sa ceinture, alluma les phares et démarra.

1. Observe le verbe en gras. Quel sens a-t-il dans chacune des phrases où il est employé ?
2. Dans le texte, cherche un mot qui a deux sens différents. Donne sa définition dans chaque cas.
3. Qu'est-ce qui t'a permis de les distinguer ?
4. Quel autre sens le nom en vert peut-il avoir ?

Je manipule

1. Observe ces dessins. Associe deux à deux ceux qui portent le même nom.

A

B
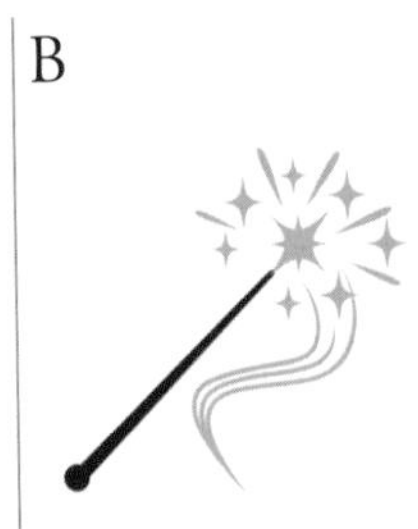
C

D
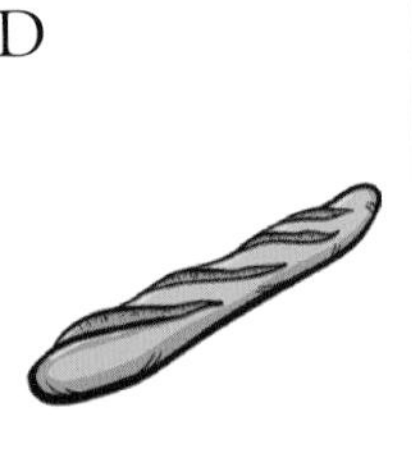
E

F

2. Utilise chaque mot de l'exercice précédent dans deux phrases où il aura un sens différent.

J'ai compris

- **Un même mot** peut avoir **plusieurs sens**.
- On peut savoir dans quel sens un mot est utilisé **en fonction des mots ou des phrases qui l'accompagnent** : c'est **le contexte**.
  J'ai une **ampoule** au talon car j'ai marché avec mes chaussures neuves. → Les mots talon et chaussures nous aident à comprendre qu'il s'agit d'une **blessure au pied**.
  L'**ampoule** de ma lampe n'éclaire plus. → Les mots lampe et éclaire nous aident à comprendre qu'il s'agit d'un **objet qui fait de la lumière**.
- Selon sa construction, **un verbe** peut avoir des **sens différents**.
  jouer → Il **joue** dans le jardin. (se distraire) – Maëlle **joue** de la guitare. (se servir d'un instrument de musique) – Cet acteur **joue** dans un film d'action. (interpréter un rôle) – Tu **joues** avec le feu ! (prendre de grands risques) – Vous **jouez** la comédie. (faire semblant)

Je m'exerce

1 ★ **Écris le mot qui correspond à chaque définition.**

une opération – un avocat – un verre – une cabine

- Il peut se manger ou défendre un accusé.
- une petite chambre sur un bateau ou un espace pour essayer des vêtements.
- un calcul ou une intervention chirurgicale.
- un récipient ou une matière transparente.

2 ★ **Écris la définition du nom** place **qui correspond à chaque phrase.**

– une situation professionnelle
– une partie de l'espace occupée par un objet
– un siège dans une salle de spectacle

- Cet énorme canapé prend beaucoup de place dans le salon.
- Il ne reste plus de place pour le concert de ce soir !
- Mme Derry occupe une bonne place dans son entreprise.

3 ★ **Complète le verbe** porter **avec le groupe nominal qui correspond au contexte.**

de beaux fruits – le costume gris – le regard – le gros sac

- Tu portes ... que j'ai repassé hier.
- Jean porte ... jusqu'à la cuisine pour ranger les courses.
- Le pommier porte ....
- Je porte ... vers la mer.

4 ★ **Indique lequel des sens proposés correspond à chaque verbe souligné.**

- Les élèves doivent <u>tirer</u> un trait sous la date. (remorquer / tracer)
- Ensuite, tu <u>monteras</u> les blancs en neige. (battre / grimper)
- Sonia <u>est tombée</u> malade. (devenir / chuter)
- Elles ne <u>perdent</u> pas un mot de la conversation. (manquer / égarer)

5 ★★ **Complète chaque paire de phrases par le même mot. Souligne les mots ou les groupes de mots qui t'ont permis de trouver.**

- Mily m'a donné son ... de téléphone.
  J'ai beaucoup apprécié le ... de ce clown.
- J'ai pu observer des dauphins grâce à mes ....
  Mes cousines sont des sœurs ....
- Clique sur ta ... pour aller sur Internet.
  La ... est poursuivie par le chat.
- Nous allons vous expliquer la ... du jeu.
  Prends ta ... pour souligner la consigne.

6 ★★ **Complète chaque phrase avec le groupe de mots qui convient.** ***Qu'est-ce qui t'a permis de trouver ?***

- Pour aller à la poste, vous devez tourner (un film / à gauche).
- Les handballeurs ont engagé (la partie / un nouvel employé).
- En passant par ce chemin, je gagnerai (le match / du temps).
- Le roi leva (la tête / une armée) contre ses ennemis.

7 ★★ **Dans chaque phrase, remplace le verbe** couler **par l'un des verbes suivants.**

s'enfonce – verse – fuit – se déplace

- Le robinet coule et il y a de l'eau partout !
- Le caillou que tu as lancé coule dans l'étang.
- Le sang coule dans les veines.
- Le sculpteur coule du bronze dans un moule pour fabriquer une statue.

8 ★★★ **Utilise chaque mot dans deux phrases où il aura un sens différent.** ***Tu peux t'aider d'un dictionnaire.***

course – table – planche – sirène

9 ★★★ **Relève dans chaque phrase le mot ou le groupe de mots intrus et remplace-le par un mot ou un groupe de mots qui correspond au contexte.**

Ex. : Il a rangé ses documents dans sa chemise <u>à manches longues</u>. → Il a rangé ses documents dans sa chemise <u>cartonnée</u>.

- Le vaisseau sanguin s'approche de la planète Mars.
- Ce matin, on a signalé un vol d'oiseaux à la banque.
- Le bûcheron* a coupé la parole avec sa tronçonneuse.
- Les feuilles des cahiers tombent en automne.

Je repère dans un texte

Dans le texte pp. 24-25, cherche le sens du mot **terre** (l. 21). Écris une phrase dans laquelle ce mot aura un autre sens.

J'écris

Cendrillon doit prendre son **temps** pour choisir ses chaussures. Écris deux phrases dans lesquelles tu utiliseras le mot **temps** avec deux sens différents.

Évaluation

Grammaire

1 Par quel pronom peux-tu remplacer le sujet de cette phrase ?

Cette jeune fille et ses deux amis assistent au championnat de motocross.

a. Ils
b. Il
c. Elles
d. Elle

Voir p. 146

2 Dans quelle phrase le groupe de mots en couleur est-il un sujet ?

a. Dans ce grand magasin, j'ai trouvé une jolie table.
b. Sur la table du salon sont posés d'importants documents.
c. Sans ces précieux documents, il n'aurait pas pu identifier l'assassin.
d. La table du salon est envahie de documents de toutes sortes.

Voir p. 146

3 Dans quelle phrase le sujet est-il un groupe nominal ?

a. Soudain, M. Moulinier hurla de douleur.
b. Cet appareil photo ne coûte* pas très cher.
c. Depuis deux mois, elles habitent à Lyon.
d. Safia apprend le violoncelle.

Voir p. 146

4 Dans quelle phrase le mot ferme **fait-il partie d'un sujet ?**

a. Baptiste va à la ferme chercher des œufs.
b. Maëlle ferme la porte de la classe.
c. Cette ferme tombe en ruine.
d. Je lui ai parlé d'un ton ferme.

Voir p. 148

5 Dans quelle phrase le sujet n'est-il pas inversé ?

a. Pendant les vacances, rendrez-vous visite à vos cousines ?
b. Dans ce potager poussaient des légumes anciens.
c. En passant par cette route, tu découvriras un château du XIIIe siècle.
d. « Bonjour à tous ! » dit la maire du village.

Voir p. 148

6 Laquelle de ces affirmations est fausse ?

a. Le prédicat est un groupe de mots qui contient un verbe.
b. On peut supprimer le prédicat d'une phrase.
c. Le prédicat donne des informations sur le sujet.
d. On ne peut pas déplacer le prédicat d'une phrase.

Voir p. 158

7 Dans quelle phrase le groupe de mots en couleur n'est-il pas un prédicat ?

a. Arthur prendra le train demain matin.
b. Il y a deux jours, Anouk a fait la sieste.
c. Antoine aime les gaufres au chocolat.
d. Souvent, nous cueillons des champignons dans la forêt.

Voir p. 158

8 Quelle phrase contient uniquement un sujet et un prédicat ?

a. Hier, tu as nagé dans la rivière.
b. Jim prendra l'avion à l'aéroport de Roissy.
c. L'énorme ours brun attrapa un saumon.
d. Nous écrivons des poèmes depuis longtemps.

Voir p. 158

Le verbe

9 Quel mot est le verbe conjugué dans cette phrase ?

Sur le terrain, les joueuses attendaient le signal de l'arbitre.

a. joueuses
b. signal
c. attendaient
d. terrain

Voir p. 142

10 Dans quelle phrase le verbe exprime-t-il un état ?

a. Le générique du film apparaît* sur l'écran.
b. Cette montagne paraît* imposante.
c. J'aime me promener sur ce sentier.
d. Le berger rassemble ses brebis.

Voir p. 142

11 Observe le verbe en couleur dans cette phrase. Où se situe la bonne séparation entre le radical et la terminaison ?

Tu réfléchiras bien avant de prendre ta décision.

a. réfléchi/ras
b. réfléch/iras
c. réflé/chiras
d. réfléchir/as

Voir p. 152

12 Quel verbe n'a pas la même marque de temps que les autres ?

a. vous finissiez
b. vous servirez
c. vous vouliez
d. vous pensiez

Voir p. 152

13 Relie les verbes conjugués à leur terminaison de l'infinitif.

je sors •	• -oir
je mords •	• -ir
je veux •	• -er
je verse •	• -dre

Voir p. 156

14 Quel est le verbe dont l'infinitif ne se termine pas en -re ?

a. elles écrivent
b. vous croyez
c. nous conduisons
d. tu cours

Voir p. 156

15 Quel est l'infinitif du verbe conjugué en couleur dans cette phrase ?

Cette belle nappe blanche couvrira la table.

a. couver
b. courir
c. coudre
d. couvrir

Voir p. 156

Orthographe

16 Relie chaque nom au genre et au nombre qui conviennent.

	• une cerise •	
masculin •	• des hiboux •	• singulier
	• des livres •	
singulier •	• les voix •	• pluriel
	• un pantalon •	

Voir p. 144

17 Quelle phrase est correctement écrite ?

a. Les petits hibous ont attrapé une souri et des mulots près des roseaux de la rivière.
b. Les petits hiboux ont attrapé une souris et des mulot près des roseau de la rivières.
c. Les petits hiboux ont attrapé une souris et des mulots près des roseaux de la rivière.
d. Les petits hibous ont attrapé une souri et des mulotx près des roseaux de la rivière.

Voir p. 144

18 Par quel verbe conjugué peux-tu compléter cette phrase ?

Le loup, le renard et la belette ... dans la forêt.

a. gambades
b. gambadez
c. gambadent
d. gambade

Voir p. 154

19 Par quel groupe nominal peux-tu compléter cette phrase ?

Peu à peu, ... guérissons de cette vilaine grippe.

a. mon mari et mes enfants
b. mon mari et moi
c. tes enfants et toi
d. son mari et leurs enfants

Voir p. 154

20 À quelle personne correspond le pronom en couleur dans cette phrase ?

Emportez-vous des gobelets pour le pique-nique* ?

a. 2e personne du singulier
b. 3e personne du pluriel
c. 2e personne du pluriel
d. 1re personne du singulier

Voir p. 154

Lexique

21 Observe cette liste de mots classés dans l'ordre alphabétique. Entre quels mots peux-tu ranger le mot chevalier ?

cheval – chevaleresque – chevalerie – chevalet – chevalin – chevauchée – chevelu

a. entre chevalin et chevauchée
b. entre chevalerie et chevalet
c. entre chevauchée et chevelu
d. entre chevalet et chevalin

Voir p. 150

22 Dans le dictionnaire, à quel mot vas-tu chercher la définition du verbe de cette phrase ?

Mon grand-père connaissait tous les habitants du village.

a. connu
b. connaissait
c. connaître*
d. connaissance

Voir p. 150

23 Relie chaque phrase au sens du nom note qui convient.

Joana a eu une bonne note. •	• signe musical
Le pianiste déchiffre les notes sur la partition. •	• facture
À la fin du repas, le serveur nous apporte la note. •	• appréciation

Voir p. 160

24 Quelle est la définition du verbe en couleur dans cette phrase ?

Kéni et Damien ne se parlent plus.

a. adresser la parole à quelqu'un
b. maîtriser* une langue
c. être fâché
d. avouer

Voir p. 160

Le verbe

Compétence : Comprendre les notions d'action passée, présente et future.
Texte en lien : *Une question de temps*, p. 40.

Les temps du discours : passé, présent, futur

Je lis et je réfléchis

– Hum… commença Sherlock Yack en s'arrêtant sur le seuil de sa guérite. Il me semble que… hum… votre collier devrait être mis à l'abri. J'ai justement dans mon bureau un petit coffre-fort qui…
– Jamais ! s'exclama Marina en plaquant ses pattes sur ses émeraudes. Vous entendez, vieux bouc ? **Jamais je ne me séparerai de mon fabuleux collier.** Je l'ai trouvé, il y a bien longtemps, en nageant dans les eaux turquoise. Il y avait une forme sombre sous moi. Et savez-vous ce que c'était ?
– Heu… un requin ?
– Non, un vieux galion espagnol. C'est là que j'ai trouvé cette merveille. Elle date du XVe siècle.

Michel Amelin, *Sherlock Yack zoo-détective, tome 7 : Qui a étranglé le tigre ?*, © Éditions Milan, 2006.

1. Lis les phrases en vert. Sont-elles au passé, au présent ou au futur ?
2. Qu'est-ce qui t'a permis de répondre ?
3. Dans la phrase en gras, le verbe est-il au présent, au passé ou au futur ? Qu'est-ce qui t'a permis de répondre ?
4. À quel temps sont conjugués les verbes soulignés ? Pourquoi ?

Je manipule

Fais des phrases pour décrire chaque dessin en utilisant le temps qui convient.

AUJOURD'HUI

DEMAIN

J'ai compris

- Dans un texte, l'auteur utilise **les temps du discours** quand il fait parler les personnages dans un dialogue. **Le temps du verbe change** selon **le moment où se déroule l'action**.
  Il existe trois temps du discours :
  – **le passé**, pour parler de ce qui a déjà eu lieu :
  un événement* ou une action terminée : Vous **avez trouvé** un collier. (passé composé)
  une action habituelle du passé : Chaque jour, je **surveillais** les animaux du zoo. (imparfait)
  – **le présent**, pour exprimer ce qui se passe en ce moment : Vous **entendez** le détective.
  – **le futur**, pour décrire ce qui va se passer : Je ne me **séparerai** jamais de mon collier.
- Des indicateurs de temps permettent de savoir si la phrase est au passé, au présent ou au futur.
  l'an dernier – hier – en ce moment – aujourd'hui – demain – la semaine prochaine…

Je m'exerce

1 ★ **Recopie uniquement les verbes au présent.**
- Nos amis nous rendront bientôt visite.
- Je vais dans la chambre de ma sœur.
- Mon cousin adorait nager dans ma piscine quand il était petit.
- Je changerai d'école l'année prochaine.
- Lisa joue en ce moment son premier match de football.

2 ★ **Entoure les indicateurs de temps, puis indique si chaque phrase est au passé, au présent ou au futur.**
- Mes cousines étaient en pleine forme hier !
- Nous déciderons de notre itinéraire plus tard.
- Il neige en ce moment dans les Pyrénées.
- Vous avez taillé les rosiers la semaine dernière.
- Je devrai bientôt changer mon ordinateur.
- Que comptes-tu faire maintenant ?

3 ★ **Indique pour chaque phrase si elle est au passé, au présent ou au futur.**
- Aimes-tu les pommes ?
- Nous étions chez mon frère.
- Vous n'oublierez pas vos affaires.
- Les enfants sont déjà au lit.
- Manon ne viendra pas au cinéma.
- Tu construis une cabane en bois.

4 ★★ **Relie pour faire des phrases correctes.**

Il y a deux siècles, •	• j'ai un peu mal à la tête.
L'année prochaine, •	• j'ai cuisiné un gâteau au chocolat.
En ce moment, •	• je déménagerai dans le village voisin.
Avant-hier, •	• les voitures n'existaient pas.

5 ★★ **Construis un tableau à trois colonnes (**passé, présent **et** futur**) et classe ces verbes.**
vous parlez – nous irons – ils sont revenus – je ferai – elle prend – tu pleurais – nous avons chanté – tu pars – vous finirez

6 ★★ **Complète ces phrases avec les indicateurs de temps qui conviennent.**
l'hiver dernier – dans quelque temps – actuellement – hier
- Tu parviendras à jouer de la guitare.
- Nous étions en vacances à l'étranger.
- Léa et Félix ont pris le train pour aller à Lille.
- Je marche jusque chez moi.

7 ★★ **Barre l'intrus de chaque série.** ***Qu'est-ce qui t'a permis de le trouver ?***
- elle a mangé – il marchait – nous dormions – vous garderez – j'ai vu
- tu termineras – il donnera – j'étudiais – nous partirons – vous ferez
- ils jouent – nous rentrons – tu as regardé – vous discutez – elles sifflent

8 ★★★ **Complète chaque phrase avec le verbe conjugué qui convient.**
- En avant ! Le spectacle (pourra / peut) commencer !
- Il y a deux semaines, Jérémy (a eu / aura) un accident de moto.
- Quand la nuit (tombera / tombe), il (faut / fallait) allumer la lumière.
- Demain, la récolte (commence / commencera) car le temps (est / était) clément.
- Le chien (a pu / peut) rentrer car j'(laisserai / ai laissé) la porte ouverte.

9 ★★★ **Les phrases du texte suivant ont été mélangées. Remets-les dans l'ordre chronologique.** ***Souligne ce qui t'a permis de choisir.***

a. Autrefois, les êtres humains étaient nomades. Ils ne restaient jamais au même endroit très longtemps.

b. De nos jours, la plus grande partie de la population mondiale habite dans les villes. Peut-être qu'un jour, nous en construirons sur Mars !

c. Les villages se sont peu à peu développés au fil des siècles, jusqu'à devenir de grandes villes modernes : c'est l'urbanisation.

d. Petit à petit, ils se sont regroupés pour vivre ensemble dans des villages : c'est la sédentarisation.

Je repère dans un texte

Dans le texte pp. 40-43, relève un verbe au présent et un autre au futur entre les lignes 70 et 73 et deux verbes au passé entre les lignes 58 et 62.

J'écris

Il y a quelques semaines, c'était la rentrée des classes. Écris tes impressions sur cette première journée et cette nouvelle année qui commence. Utilise au moins une phrase au passé, une phrase au présent et une phrase au futur.

Orthographe

Compétence : Savoir accorder les mots qui composent le groupe nominal.
Texte en lien : *Touchez pas au roquefort !*, p. 38.

Les accords dans le groupe nominal

Je lis et je réfléchis

Ma copine avait dû se débattre avant d'être enlevée par la bande à Brandon. J'ai fouillé sous la paille. C'est là que Lisbeth gardait ses affaires. J'y ai trouvé un ruban rose qu'elle avait dû voler à notre fermière, **une petite cuillère** en métal qu'elle utilisait comme micro quand elle faisait des karaokés et sa boule de cristal pour lire l'avenir. J'ai bien compris que tout cela n'était pas des indices. C'étaient juste **ses <u>objets secrets</u>**. Des secrets de poulette. J'ai pris ma loupe et passé le nid au **peigne fin**. Rien à noter de particulier, à part des morceaux de coquilles écrasés, des vermisseaux tout secs et **quelques crottes rabougries**.

Claudine Aubrun, *Le Magot des dindons*, © Éditions Syros, 2008.

1. Repère le nom-noyau de chaque groupe nominal en gras en supprimant le ou les mots qui peuvent l'être. Quel est leur genre et leur nombre ?
2. Dans chaque groupe nominal, quel petit mot t'indique le genre et le nombre du nom ?
3. Observe les adjectifs qui accompagnent ces noms. Quel est leur genre ? leur nombre ? À quoi le vois-tu ?
4. Dans le groupe nominal souligné, remplace **objets** par **choses**. Que se passe-t-il pour l'adjectif ?

Je manipule

Reconstitue le plus de groupes nominaux possible. Indique pour chacun son genre et son nombre. Compare tes réponses avec celles d'un(e) camarade.

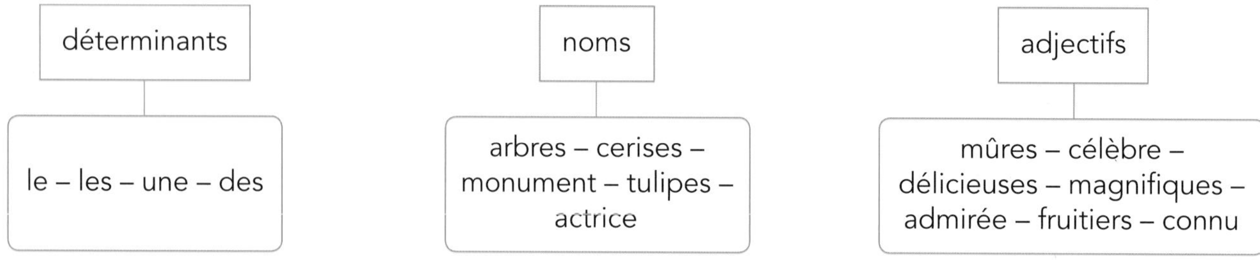

J'ai compris

- Le plus souvent, le groupe nominal est constitué d'**un nom-noyau**, d'**un déterminant** et d'**un ou plusieurs adjectifs**.
- Le déterminant et les adjectifs d'un groupe nominal **s'accordent en genre et en nombre avec le nom-noyau** : la petite poule noire (féminin singulier) – un peigne fin (masculin singulier) – des plumes colorées (féminin pluriel) – des objets secrets (masculin pluriel)
- Quand un adjectif qualifie plusieurs noms, il se met au pluriel : J'ai <u>un oncle</u> et <u>un cousin</u> très **gentils**.
- Quand un adjectif qualifie plusieurs noms, il s'accorde au masculin si au moins l'un des noms est masculin.
  <u>Les vaches</u>, <u>les brebis</u> et <u>les chevaux</u> **gourmands** broutaient dans le pré.
  (Les vaches : féminin ; les brebis : féminin ; les chevaux : masculin)

Je m'exerce

1 ★ **Construis un tableau à quatre colonnes** (masculin singulier, masculin pluriel, féminin singulier, féminin pluriel) **et classe ces groupes nominaux.**

de longues jambes – une célébrité anglaise – des plages désertes – un lion endormi – leurs incroyables histoires – un bébé souriant – des employés ravis – vos animaux domestiques – de vieux livres

2 ★ **Associe chaque nom au déterminant et à l'adjectif qui conviennent.**

un •	• tarte •	• migrateurs
les •	• village •	• sensibles
une •	• oiseaux •	• fondante
des •	• garçons •	• éloigné

3 ★ **Complète ces groupes nominaux avec un déterminant et l'adjectif entre parenthèses qui convient.**

- … (petit / petite) accident
- … jardin (fleuri / fleurie)
- … caissière (sérieux / sérieuse)
- … (lourd / lourde) silence
- … alarme (retentissant / retentissante)

4 ★ **Mets ces groupes nominaux au pluriel.**

un cheval rapide – un quartier ancien – un beau manteau – un vent favorable – un délicieux gâteau

5 ★ **Mets ces groupes nominaux au masculin.**

une gentille fleuriste – des louves grises – une grande sportive – les petites sœurs – une tigresse affamée

6 ★★ **Complète ces phrases avec des déterminants qui conviennent.**

- … policiers ont arrêté … grosse moto à … entrée du village.
- Nous avons mangé … glaces délicieuses au restaurant de … hôtel.
- … chemise blanche va très bien avec … pull vert.
- … femme discrète arrive près de … grille et entre dans … maison silencieuse.
- Ils ont passé … très bonnes vacances à … montagne avec … enfants.

7 ★★ **Complète ces phrases avec un nom qui convient.** ***Qu'est-ce qui va te permettre d'écrire correctement la terminaison du nom ?***

- Elles avaient de jolis … rouges.
- L'agriculteur plantait des … biologiques.
- Ces … parfumées viennent de ce magasin.
- Les … discrètes s'approchent lentement des … terrifiés.
- Je vais ranger ces précieuses ….

8 ★★ **Dans les groupes nominaux suivants, remplace le nom masculin par un nom féminin.** ***Quelles modifications vas-tu apporter ?***

mon meilleur ami – les beaux coqs bien nourris – ce pain doré et croustillant – des conducteurs attentifs – un vieux bricoleur adroit

9 ★★★ **Complète ces groupes nominaux avec un autre nom lorsque c'est nécessaire.** ***Que dois-tu observer avant de commencer ?***

- un livre (et) … posés sur la table
- une pomme (et) … verte
- un enfant (et) … secouru par les pompiers
- une tour (et) … fortifiés
- une robe (et) … bleues

10 ★★★ **Complète ces phrases avec les adjectifs qui conviennent.**

- Les piétons (prudents / prudentes) marchaient lentement sur le trottoir et la rue (glissantes / glissants).
- Une biche et un faon (attentifs / attentives) au moindre mouvement broutaient de (grandes / grands) herbes.
- Les musiciennes et le chanteur (concentrées / concentrés) entrent sur la scène (imposant / imposante).
- Ce père (affectueuse / affectueux) tente d'apaiser sa fille et son fils (effrayés / effrayées) par l'orage.

Je repère dans un texte

Dans le texte pp. 38-39, relève un groupe nominal féminin (comportant un déterminant, un adjectif et un nom) et un groupe nominal masculin entre les lignes 29 et 36.

J'écris

Recopie les deuxième et troisième phrases du texte p. 166 et souligne tous les noms. Réécris ensuite ces phrases en complétant chaque groupe nominal par un adjectif.

Grammaire

Compétences : Savoir identifier et utiliser les compléments du verbe.
Texte en lien : *Touchez pas au roquefort !*, p. 38.

Les compléments du verbe

Je lis et je réfléchis

Autour de moi, les hommes de main du cafard **commencèrent** à trembler. Le petit poisson d'argent fit de son mieux. Tout en balbutiant, il s'approcha du scorpion, mais ce faisant, il passa un peu trop près de moi. Avant que ses camarades puissent m'en empêcher, je **frappai** le répugnant personnage en plein sur la tête. BOUM !
Outre le plaisir que ce geste me procura, il s'avéra radical. Pierrot était très fort pour bavarder mais la moindre pichenette le mettait hors service. Il s'évanouit.

Paul Shipton, *Un privé chez les insectes*,
trad. Marianne Costa, © Le Livre de Poche Jeunesse, 2008.

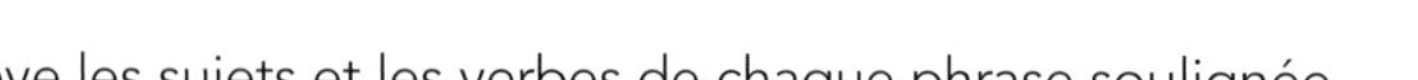

1. Relève les sujets et les verbes de chaque phrase soulignée.
2. Par quels mots les verbes en gras sont-ils complétés ?
3. Que se passe-t-il si tu supprimes ces compléments ? si tu les déplaces ?
4. Quel nom le mot en bleu remplace-t-il ? Est-ce un déterminant ? Pourquoi ?
5. Dis la phrase en remplaçant **le** par un groupe nominal qui convient. Que remarques-tu ?

Je manipule

1. Essaie de supprimer les compléments des verbes dans chaque phrase. Que remarques-tu ?
- La petite fille rencontra le loup.
- Juliette et Capucine profitent de leurs vacances.
- Pour créer les costumes, il s'est inspiré du Moyen Âge.
- Tous les matins, Matthias prend son petit déjeuner.

2. Essaie de déplacer les compléments des verbes dans chaque phrase. Que remarques-tu ?
- Lilou donne un gâteau à son frère.
- Nous avons deux chiens.
- Ton amie et toi organisez votre voyage autour du monde.
- Le serveur prend la commande.

J'ai compris

- Dans une phrase, le sujet **indique ce dont on parle** et le verbe **donne des informations sur le sujet**.
- Pour apporter **des précisions supplémentaires**, le verbe peut être suivi par **un complément**.
  Le scarabée frappe **le poisson d'argent**.
  Le verbe et le complément du verbe **forment le prédicat**.
- On peut remplacer le complément du verbe par un pronom.
  Les insectes agitent **leurs antennes**. → Les insectes **les** agitent.
- Les compléments du verbe **ne peuvent pas être déplacés ni supprimés** sans changer le sens de la phrase.
  J'écris une lettre. → J'écris.

Je m'exerce

1 ★ **Invente le plus de phrases possibles pour répondre à ces questions.**
- Qu'offre-t-on à un anniversaire ?
  On offre ....
- À qui écrit-on pendant les vacances ?
  On écrit ....
- De quoi te sers-tu en classe ?
  Je me sers ....
- À quoi joues-tu avec tes ami(e)s ?
  On joue ....

2 ★ **Encadre le verbe et souligne en bleu le complément du verbe dans chaque phrase.**
- Vous réfléchirez à ma proposition.
- Ces grandes chauves-souris* effraient Lisa.
- Mes amis voulaient partir.
- Les élèves de CM1 jouent au volley-ball*.
- Le bûcheron* coupe un arbre.
- Ce petit garçon ressemble à Tristan.

3 ★ **Ajoute au verbe un complément du verbe de ton choix.**
- Le courageux chevalier délivra ....
- L'avocat défend ....
- Ibrahim parle ....
- Les élèves se souviennent ....
- Pauline voulait ....
- Cette bague plaît* beaucoup ....

4 ★★ **Remplace les compléments des verbes en couleur par un pronom.**
Ex. : M. Gallot lit **son journal**.
→ M. Gallot **le** lit.
- Nourdine prépare ses affaires de piscine.
- Vous manquez beaucoup à Noémie.
- La navigatrice traverse l'océan Atlantique.
- Le gangster échappe aux policiers.
- Madeleine poste sa lettre.
- Juliette enlève son bonnet.

5 ★★ **Remplace les pronoms en couleur par un groupe nominal de ton choix.**
Ex. : Mon père me **la** donne.
→ Mon père me donne **sa vieille montre**.
- L'espion les surveille très discrètement.
- Le skieur la descend très vite.
- L'artiste le peint dans son atelier.
- Le message vous informe qu'elle est absente pour le moment.
- Le panneau lui indique la direction.
- Les insectes se méfient d'elle.

6 ★★ **Écris une phrase avec chacun des verbes suivants complétés par un complément du verbe.**
Ex. : boire → Tu bois **du lait**.
observer – réfléchir – mentir – peindre – faire – sourire

7 ★★★ **Souligne les verbes en rouge et les compléments du verbe en bleu. Utilise un logiciel de traitement de texte.**
Depuis plusieurs jours, il pleut. Les vacanciers ont renoncé à la baignade. Ils écoutent le bulletin météo. Le présentateur leur annonce une amélioration pour le lendemain ! Ils se réjouissent de l'arrivée du soleil. Enfin, ils pourront se promener et aller à la plage ! En attendant, ils préparent des crêpes et les font sauter à la poêle. Puis, ils joueront à un jeu de société après le dîner*.

8 ★★★ **Utilise ces groupes nominaux comme compléments de verbe dans une phrase.**
une tasse de café – un ordinateur portable – une bouteille d'eau – un bonhomme de neige – un tableau de Picasso

9 ★★★ **Indique si les groupes de mots en couleur sont des compléments du verbe ou des sujets inversés.**
- Hier matin, la police a arrêté un malfaiteur.
- L'architecte présente un projet de construction de musée.
- Dans le four rôtit un gros poulet fermier.
- Le bibliothécaire me donne une carte d'emprunt.
- Tout à coup surgit une panthère noire affamée.
- Dans cinq minutes arrive le taxi que j'ai commandé.

Je repère dans un texte

Dans le texte pp. 38-39, relève deux compléments du verbe entre les lignes 23 et 28.

J'écris

Raconte en quatre phrases ce que tu as fait à la dernière récréation. Utilise quatre compléments du verbe.

Lexique

Compétences : Savoir reconnaître* les préfixes et les utiliser pour comprendre le sens des mots. Savoir former des mots en utilisant des préfixes.
Texte en lien : *Touchez pas au roquefort !*, p. 38.

Les préfixes

Je lis et je réfléchis

Et quand mon maître m'a sifflé : « Tssst ! Ici, Rex, on va dormir ! », j'ai fait ce qui m'aurait paru impensable la veille, je n'ai pas **obéi**.
Le maître est rentré, haussant les épaules et répétant :
– De toute façon, je ne comprends plus rien à rien, moi…
J'ai distribué les tours de garde. Noirot, Pépette, Noirot, Pépette, moi, et on recommence. Deux pour eux, un pour moi, c'est comme ça quand on commande.

Sophie Dieuaide, *Peur sur la ferme*,
© Éditions Casterman, 2006.

1. Cherche le radical du mot en rouge. Quelle syllabe n'appartient pas à ce radical ? Où est-elle placée dans le mot ?
2. De quelle manière ce préfixe change-t-il le sens du mot ?
3. Que se passe-t-il si tu supprimes le préfixe **im-** dans le mot en vert ? Que peux-tu en déduire sur le sens de ce préfixe ?
4. Quel est le contraire du mot en gras ? Comment est-il construit ?

Je manipule

Complète ces mots avec les préfixes suivants. Compare tes réponses avec un(e) camarade et trouvez le sens de ces mots.
re- ; para- ; dé-

- …pluie
- …boutonné
- …construire
- …chargé
- …lancer
- …lever
- …sol
- …faire

J'ai compris

- **Un préfixe** est composé d'**une ou plusieurs lettres placées devant le radical** d'un mot pour former un nouveau mot : re / commencer (re : préfixe ; commencer : radical)
- Les préfixes permettent de **modifier le sens du radical**. Connaître* leur sens aide à comprendre le sens d'un mot. Par exemple :
  – **in-**, **im-**, **il-**, **ir-**, **mal-**, **mé-**, **dé-** et **dés-** indiquent le contraire : **in**actif – **im**prévu – **il**lettré – **ir**réel – **mal**heureux – **mé**connu – **dé**coller – un **dés**accord
  – **re-** et **ré-** indiquent la répétition : tomber → **re**tomber – une élection → une **ré**élection
  – **pré-** signifie « avant » : venir → **pré**venir – un lavage → un **pré**lavage
  Il existe de nombreux préfixes : **para-**, **anti-**, **sur-**, **sou-**, **en-**, **em-**, **multi-**… : un **para**chute – un **anti**vol – un **sur**vêtement – **sou**peser – **en**dormir – **em**porter – **multi**prise
  (*Voir le tableau des principaux préfixes et de leur sens p. 252.*)

Je m'exerce

1 ★ **Entoure le préfixe et souligne le radical de chaque nom.**
Ex. : incapacité → in capacité
impolitesse – inactivité – prénom – antivirus – inhabituel – irremplaçable – désespoir – réorganisation – paravent

2 ★ **Sépare le préfixe, le radical et la terminaison de chaque verbe.**
Ex. : retourner → re/tourn/er
réagir – définir – surprendre – emporter – défaire – agrandir – prévenir – parcourir – entrouvrir

3 ★ **Entoure dans chaque famille le mot qui n'a pas de préfixe.**
- multicolore – décoloré – recolorer – coloration
- planter – transplantation – déplanter – replanter
- réchauffer – chaufferie – surchauffée – préchauffage
- atterrir – déterrer – terre – enterrer

4 ★ **Relie pour former des mots de sens contraire.**

in- •	• adroit
im- •	• content
il- •	• sensible
ir- •	• mortel
mal- •	• limité
mé- •	• réel

5 ★★ **Dans chaque série, barre le mot qui n'a pas de préfixe.** ***Qu'est-ce qui t'a permis de trouver ?***
- imprévu – impatient – imprudent – important
- déboucher – décorer – décoiffer – déboiser
- incertitude – incompréhension – incendie – inconfort
- reproduire – revenir – reformer – refuser

6 ★★ **Utilise le préfixe** dé- **ou** dés- **pour former des verbes à partir de ces noms.**
Ex. : colle → **dé**coller
chaîne* – calque – barque – goût* – maquillage – arme – équilibre – obéissance

7 ★★ **Écris le contraire des mots en couleur à l'aide d'un préfixe.**
- Cette personne agréable est la plus honnête que j'ai rencontrée.
- Il a une écriture lisible et régulière.
- Je te conseille de t'adresser à cette jeune fille polie et respectueuse.
- Tu le crois capable de bloquer cette porte.

8 ★★ **Utilise le préfixe** re- **ou** ré- **pour former des verbes à partir de ces noms.**
Ex. : présentation → **re**présenter
union – bond – sortie – écriture – pli – vue – élection – venue

9 ★★★ **Complète ces phrases avec un verbe de la même famille que** venir.
parvenir – devenir – convenir – revenir – prévenir – intervenir
- Mon frère veut … pâtissier.
- Je suis sûre* que les pompiers vont … à éteindre le feu.
- Il faut le … qu'Élisa arrive dans dix minutes.
- Molly va bientôt … du Japon.
- J'espère que cette jupe va te ….
- Le plombier sera le premier à … sur le chantier.

10 ★★★ **Complète ces phrases avec des mots de la même famille que les mots en couleur.**
- Mettre quelqu'un en prison, c'est l'….
- Une personne qu'on ne connaît* pas est une personne ….
- Un spectacle qu'on ne peut pas oublier est un spectacle ….
- Un événement* qu'on ne peut pas prévoir est un événement* ….
- Un baigneur qui n'est pas prudent est un baigneur ….
- Un shampoing contre les poux est un shampoing ….

11 ★★★ **Utilise les préfixes et les mots suivants pour former d'autres mots de la même famille. Fais des phrases avec ces mots.**
- préfixes : pré – sur – re – dé – in
- mots simples : peuplé – couvrir – croyable – histoire – faire

Je repère dans un texte

Dans les trois premières lignes du texte pp. 38-39, trouve deux mots qui contiennent un préfixe.

J'écris

Tu pars bientôt en vacances. Fais la liste de trois choses à faire avant de partir. Utilise trois verbes à l'infinitif qui contiennent un préfixe.
Utilise au moins deux préfixes différents.

Compétence : Savoir retrouver les suffixes qui permettent la dérivation de certains mots.
Texte en lien : *Une question de temps*, p. 40.

Les suffixes

Je lis et je réfléchis

Pendant ce temps, le paysage a **complètement** changé. Le fleuve est toujours là mais les arbres ont été remplacés par d'<u>innombrables</u> constructions comme autant de **fourmilières** géométriques. L'oiseau de fer perd de l'altitude. Nous approchons vraisemblablement du but.
L'oiseau s'est posé en **douceur**. Des Indiens blancs recouverts d'une seconde peau orange ouvrent son ventre de métal. Vite ! Nous nous cachons dans une caisse ! Nous n'y voyons plus rien mais nous sentons qu'on nous transporte ainsi que tous les autres animaux qui s'agitent à côté de nous. Nouveau vrombissement. Nouvel arrêt. **Déchargement.**

Fred Bernard, *La reine des fourmis a disparu*,
© Éditions Albin Michel, 1996.

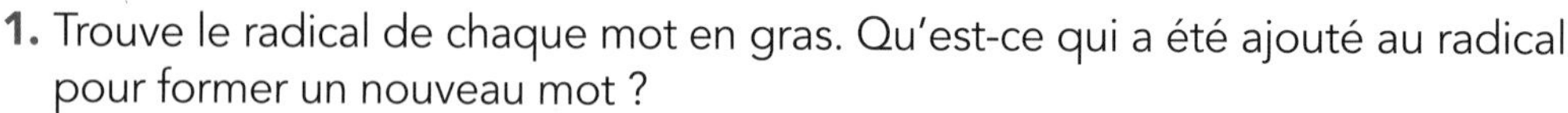

1. Trouve le radical de chaque mot en gras. Qu'est-ce qui a été ajouté au radical pour former un nouveau mot ?
2. Quel est le radical du mot souligné ? Qu'observes-tu ?

Je manipule

Complète ces mots avec les suffixes suivants. Compare tes réponses avec un(e) camarade et trouvez le sens de ces mots.
-able ; -ien ; -ment

- aim...
- Paris...
- fais...
- classe...
- cap...
- place...
- discrète...
- Ital...

J'ai compris

- Un suffixe est composé d'**une ou plusieurs lettres placée(s) après le radical** d'un mot pour former un nouveau mot : décharge (radical) / ment (suffixe)
- Les suffixes permettent de **modifier le sens du radical**. Connaître* leur sens aide à comprendre le sens d'un mot. Par exemple :
  – **-able** et **-ible** indiquent la possibilité : jou**able** – vis**ible**
  – **-aison** et **-ison** désignent une action ou son résultat : la carg**aison** – la guér**ison**
- Il existe de nombreux suffixes : **-ard**, **-age**, **-if**, **-ive**, **-ée**, **-ette**... :
  bav**ard** – le pays**age** – agress**if** – affirmat**ive** – une cuiller**ée** – une fill**ette**
  (*Voir le tableau des principaux suffixes et de leur sens p. 252.*)
- On peut ajouter différents suffixes à un même radical.
  siffler → siffle**ment** – siffl**oter**...
- Un mot peut avoir à la fois un préfixe et un suffixe : in (préfixe) / nombr (radical) / able (suffixe)

Je m'exerce

1 ★ Recopie uniquement les verbes conjugués au présent.
nous partirons – vous finissiez – je sors – elle danse – tu parlas – ils dorment – ils accomplissent – tu reviens – ils mentaient – il place – nous déménageons – j'offrirai – vous maigrissez – elles servent – tu grandis – nous tiendrons

2 ★ Dans chaque phrase, souligne le verbe conjugué au présent, puis donne son infinitif.
- Que souhaitez-vous manger au dîner* ?
- Les chanteurs discutent avant le concert.
- Je finis mon exercice de mathématiques.
- Tu gagnes à tous les coups !
- Quand partons-nous en vacances ?
- Il voyage souvent dans ce pays.

3 ★ Classe l'infinitif de ces verbes dans un tableau à deux colonnes (verbes en -er **et** verbes en -ir**).**
je préviens – nous écoutons – vous remplissez – tu maintiens – elles révisent – vous offrez – il cueille – tu manges – nous construisons – je parcours – ils appartiennent

4 ★ Complète ces phrases avec la forme du verbe entre parenthèses qui convient.
- Ma mère (conduis / conduit) la nouvelle voiture.
- Tu (finit / finis) ton exercice de géographie.
- Les lions (saisissent / saisisses) leur proie.
- Adèle (racontent / raconte) une histoire.
- Jules (part / pare) à New York.
- Je n'(envoie / envoies) pas de message.

5 ★★ Complète avec tous les pronoms qui conviennent.
Ex. : ... trie → **je**, **il**, **elle** trie
- ... fuis
- ... maintient
- ... assurez
- ... interviennent
- ... rappelle
- ... oublions

6 ★★ Complète avec e **ou** t.
il nourri... – il march... – elle ser... – il franchi... – elle reli... – il blanchi... – il soutien... – elle copi... – il grandi... – elle découvr... – il signifi... – on copi... – elle décri...

7 ★★ Conjugue les verbes suivants aux 1res personnes du singulier et du pluriel du présent.
dépasser – mentir – courir – ouvrir – nager

8 ★★ Écris les verbes entre parenthèses au présent.
- Les cuisiniers (rôtir) un gigot.
- Servane (distribuer) ses cartes.
- Vous (servir) des jus de fruits.
- Mon amie anglaise (venir) en Eurostar.
- Tu (entourer) les verbes en jaune.

9 ★★★ Écris les phrases en mettant les verbes en couleur au présent, à la personne demandée.
- ressentir de la joie (1re personne du singulier)
- partir en vacances (3e personne du pluriel)
- consoler ta petite sœur (2e personne du singulier)
- manger à la cantine (1re personne du pluriel)
- ralentir en ville (2e personne du pluriel)
- poser une addition (3e personne du singulier)

10 ★★★ Remplace les mots soulignés par un pronom. Conjugue les verbes entre parenthèses au présent.
- Les fleurs (pousser) dans le jardin.
- Clara et toi (partir) en Grèce cet été.
- Mon père et moi (finir) le gâteau.
- Les louveteaux (revenir) jusqu'au terrier.
- L'ordinateur de Paul (fonctionner) très bien.

11 ★★★ Réécris ce texte en conjuguant les verbes en couleur au présent. Utilise un logiciel de traitement de texte.
Après le petit déjeuner, Axel a débarrassé la table. Après, il est allé dans sa chambre et a préparé son cartable. Peu après, la sonnette a retenti : son ami Jules venait d'arriver ! Axel l'a salué, puis ils sont partis ensemble : direction l'école !

Je repère dans un texte

Dans le texte pp. 50-51, relève entre les lignes 1 et 10 tous les verbes conjugués au présent dont les infinitifs se terminent en **-er** ou en **-ir**.

J'écris

Écris un texte de cinq phrases en utilisant les verbes suivants conjugués au présent : encourager – applaudir – courir – obtenir – gagner.

Compétence : Savoir conjuguer les verbes fréquents au présent de l'indicatif.
Texte en lien : *La Villa d'en face*, p. 50.

Le présent des verbes fréquents

Je lis et je réfléchis

La faible clarté lunaire qui règne dans le sous-bois ne leur fait pas un portrait engageant : ils ont des sales trognes de rôdeurs patibulaires et l'air aussi surpris que Christophe de se croiser.
Le maigre balance la banane au bout de son doigt.
– Qu'est-ce que tu fais là gamin ? **dit**-il.
Vilaine voix rocailleuse. Le gros ricane. Ce n'**est** pas plus agréable à entendre.
– T'as mal choisi ton heure pour te promener dans la forêt, tu sais, on peut y faire de mauvaises rencontres !

Jean-Hugues Oppel, *Nuit rouge*,
© Éditions Syros, 2013.

1. Relève les deux formes du verbe **faire** en vert. À quelle personne le verbe est-il conjugué dans chaque cas ? Qu'est-ce qui les différencie ?
2. Relève les deux formes du verbe **avoir** en rouge. À quelle personne le verbe est-il conjugué dans chaque cas ? Qu'est-ce qui les différencie ?
3. Observe les verbes en gras. Donne l'infinitif de chaque verbe.
4. À quelle personne ces deux verbes sont-ils conjugués ? Quelle terminaison ont-ils en commun ?

Je manipule

Transforme chaque phrase à la 1re personne du pluriel.
Que remarques-tu ?

- Je vois la tour Eiffel. → Nous … la tour Eiffel.
- Vous pouvez grimper tout en haut. → Nous … grimper tout en haut.
- Tu fais du vélo dans le jardin. → Nous … du vélo dans le jardin.
- Il dit toujours la vérité. → Nous … toujours la vérité.

J'ai compris

- Au présent de l'indicatif, la plupart des verbes en **-oir** et en **-re** se terminent par : **-s**, **-s**, **-t**, **-ons**, **-ez**, **-ent**.
  je fai**s** – tu di**s** – il/elle voi**t** – nous ven**ons** – vous dev**ez** – ils/elles voi**ent**
  Certains se terminent par **-x**, **-x**, **-t**, **-ons**, **-ez**, **-ont** comme **pouvoir** et **vouloir**.
  je peu**x** – tu veu**x** – il/elle peu**t** – nous pouv**ons** – vous voul**ez** – ils/elles veul**ent**
- La plupart des verbes en **-dre** se terminent par **-ds**, **-ds**, **-d**, **-ons**, **-ez**, **-nt**.
  je pren**ds** – tu enten**ds** – il/elle répon**d** – nous vend**ons** – vous mord**ez** – ils/elles rend**ent**

Attention ! Selon la personne, certains verbes changent de radical (*voir les tableaux au début et à la fin du manuel*).
aller → je vais – nous allons
prendre → vous prenez – ils prennent
être → je suis – tu es – il/elle est – nous sommes – vous êtes – ils/elles sont
avoir → j'ai – tu as – il/elle a – nous avons – vous avez – ils/elles ont

Je m'exerce

1 ★ **Recopie uniquement les verbes conjugués au présent. Écris leur infinitif.**
ils savent – nous partions – tu fais – ils prennent – tu auras – je dis – vous saviez – je peux – nous voulions – il vint – elles peuvent – tu vas

2 ★ **Associe chaque pronom aux verbes qui conviennent.**

	• voulez
tu •	• fais
	• peux
je •	• prend
	• voit
vous •	• dois
	• vas
il •	• dites

3 ★ **Complète ces phrases avec la forme du verbe au présent qui convient.**
- Je (prends / prend) le bus tous les matins.
- Nous (faisons / faites) de la poterie.
- Ahmed et Camille (veut / veulent) trouver la solution à cette énigme.
- (Dois / Doit)-tu apporter quelque chose ?
- Je (peut / peux) vous renseigner.

4 ★★ **Complète ces phrases avec la forme des verbes** être **ou** avoir **qui convient.**
- Le clown … une grande veste à carreaux.
- Je … contente que mes cousines viennent.
- Nous … une grande salle de bains.
- Mes parents … une voiture bleue.
- Tu … satisfait de tes résultats.
- Vous … capables de gravir cette montagne.

5 ★★ **Complète ces verbes avec la terminaison du présent qui convient.**
tu veu… – elle fai… – je di… – il pren… – elle voi… – je peu… – tu doi… – elle veu… – tu fai… – je pren… – elle di… – je voi… – elle doi… – il peu…

6 ★★ **Réécris chaque phrase en remplaçant le sujet par le pronom entre parenthèses.**
- Je vais au cinéma une fois par mois. (Ils)
- Mes anciens camarades vont au collège depuis un an. (Tu)
- Sofiane a une angine et il va chez le médecin. (Vous)
- Vous êtes très nombreux et vous n'avez pas assez de place pour vous asseoir. (Ils)
- Elle est en vacances et elle va à la plage. (Nous)

7 ★★ **Écris le verbe entre parenthèses au présent.**
- Ma grand-mère et moi (faire) une partie de dames.
- Tes camarades et toi (prendre) la piste rouge.
- Emma et sa sœur (vouloir) un cadeau.
- Ton voisin et toi (dire) la vérité.
- Cécile et moi (devoir) terminer nos exercices.

8 ★★★ **Réécris ces phrases à la personne du pluriel qui correspond.**
Ex. : Je **relis** ma leçon d'anglais. (1re personne du singulier) → Nous **relisons** notre leçon d'anglais. (1re personne du pluriel)
- Je vais régulièrement chez le dentiste.
- Il peut jongler avec six balles en même temps.
- Tu fais de nombreux voyages.
- Elle pond trois œufs tous les matins.
- Je connais peu mes voisins de palier.
- Il comprend bien l'énoncé.

9 ★★★ **Écris les définitions de cette grille de mots croisés.**
Ex. : 1. *prends* → verbe **prendre** conjugué au présent, 1re ou 2e personne du singulier.

	1			4			5		6
	P			F			V		E
	R		3	A	L	L	O	N	S
	E			I			U		T
	N			T			L		
2	D	I	T	E	S	7	O	N	T
	S			S			N		
							S		

Je repère dans un texte

Dans le texte pp. 50-51, entre les lignes 11 et 32, relève un verbe en **-oir**, un verbe en **-re** et un verbe en **-dre** conjugués au présent.
Indique à quelles personnes ils sont conjugués.
Relève deux formes différentes du verbe **aller**.
Indique à quelles personnes il est conjugué.

J'écris

Tu es en vacances et tu écris une carte postale à un(e) ami(e). Parmi les verbes **être**, **avoir**, **aller**, **pouvoir**, **faire** et **prendre**, choisis-en au moins trois que tu conjugueras au présent.

Grammaire

Compétences : Savoir identifier et utiliser les compléments de phrase.
Texte en lien : *Rapt brutal*, p. 52.

Les compléments de phrase

Je lis et je réfléchis

Pendant des semaines, je l'ai observé discrètement, le voisin… Il ne parlait à personne dans le quartier. Parfois, il restait enfermé toute la journée sans ouvrir les volets.
Et quand la nuit tombait, aucune lumière ne brillait chez lui, à part une petite lampe au sous-sol. Je me suis souvent demandé ce qu'il y fabriquait dans le sous-sol…
J'avais remarqué qu'il sortait tous les mardis soir. J'ai souvent eu envie de le suivre, mais quelque chose me disait qu'il valait mieux rester chez moi…
Un soir, j'ai été témoin d'une chose abominable.
C'était un soir du mois dernier. Maman m'a demandé d'aller chercher Mozart dans le jardin. Mozart, c'est mon chat.

Florence Dutruc-Rosset, *L'Assassin habite à côté*,

1. Repère le verbe et le complément du verbe des phrases en vert.
2. Par quels groupes de mots les phrases en vert sont-elles complétées ?
3. Quelles informations ces compléments apportent-ils dans la phrase ?
4. Que se passe-t-il si tu supprimes ces compléments ? si tu les déplaces ?

Je manipule

1. Supprime les compléments quand c'est possible. Que remarques-tu ?
- La semaine dernière, Reda a envoyé une lettre.
- Nous avons campé au bord d'une rivière.
- Clara s'était cachée derrière les buissons.
- Qui sont ces gens devant la mairie ?
- Hier, le cirque a installé son chapiteau sur la grande place.
- En 2014, quelqu'un a gagné au Loto dans mon village.

2. Essaie maintenant de déplacer les compléments que tu as réussi à supprimer. Que remarques-tu ?

J'ai compris

- À la différence du complément du verbe, **le complément de phrase est facultatif.**
Il peut être déplacé ou supprimé sans changer le sens de la phrase.
Pendant des semaines, j'ai observé le voisin. → J'ai observé le voisin **pendant des semaines**. (déplacement) → J'ai observé le voisin. (suppression)
- Un complément de phrase peut être :
– **un nom ou un groupe nominal** : Tu cherches le chat **dans le jardin**. – Elle se promène **au parc**.
– **un adverbe** (un mot invariable qui indique le temps, le lieu ou la manière) :
Parfois, il reste enfermé.

Je m'exerce

1 ★ **Souligne les compléments de phrase.**
- Depuis dix minutes, il m'attendait au bout du quai.
- Un jour, dans la chambre bleue, la reine accoucha de deux jumeaux.
- Mon frère arriva à la maison tard dans la nuit.
- Depuis trois mois, Sylvana joue du violon dans cet orchestre.
- Demain, le soleil brillera partout.

2 ★ **Souligne en bleu les compléments du verbe et en rouge les compléments de phrase. *Comment les as-tu repérés ?***
- Ils ont annoncé la nouvelle hier soir.
- Au milieu de la piste, les clowns font leur numéro.
- Inès se souvient parfois de son voyage en Inde.
- Benoît ouvrit quelques minutes plus tard tous les volets.
- Le garçon prit dans sa main un petit oiseau blessé.

3 ★ **Recopie ces phrases et déplace chaque complément de phrase. Attention à la ponctuation !**

Ex. : **La semaine prochaine**, je pars en vacances.
→ Je pars en vacances **la semaine prochaine**.
- Dans la forêt lointaine, on entend le hibou.
- Les soldats installèrent leur campement quelques heures plus tard.
- Quentin fait du ski tous les hivers.
- Le bus s'est soudain arrêté en pleine rue.
- Le mois prochain, à l'Opéra, aura lieu une représentation de *La Flûte enchantée*.

4 ★★ **Les mots de ces phrases ont été mélangés. Reconstitue-les sans les compléments de phrase.**

Ex. : un gâteau – maman – **ce matin** – a fait
→ Maman a fait un gâteau.
- écoute – dans sa voiture – Grégoire – tous les jours – ce morceau de musique
- une enquête – la police – depuis ce matin – mène – dans notre quartier
- un feu – dans la cheminée – mon père – à la nuit tombée – allumera
- ont photographié – dans le port – des bateaux – cet après-midi – des touristes
- dès neuf heures – le courrier – mon assistante – sur mon bureau – pose
- devant chez moi – passera – dans trois quarts d'heure – le taxi – me chercher

5 ★★ **Recopie le texte sans les compléments de phrase.**

Cette nuit-là, Mortimer se réveilla en sursaut. Il avait entendu des craquements étranges au-dessus de sa chambre. Le garçon prit une lampe de poche dans le tiroir de son bureau. Soudain, il entendit un bruit sur sa gauche.

6 ★★★ **Indique pour chaque phrase si le complément de phrase précise le lieu ou le temps.**

Ex. : Elles ont joué **pendant une demi-heure**.
→ le temps
- J'ai lu trois chapitres de ce roman aujourd'hui.
- Dans cette rivière, Anna a pêché deux écrevisses.
- Elle courra le cent mètres le week-end* prochain.
- Au fond du couloir, vous trouverez mon bureau.
- Vous êtes arrivés près du vieux chêne.

7 ★★★ **Complète ces phrases avec un complément de phrase de ton choix.**
- Les écureuils ramassent des noisettes.
- La tempête fait rage.
- Christophe Colomb découvrit l'Amérique.
- Tu étais championne de tennis.
- L'avion atterrira.
- Mon frère aime chanter.
- Je mange du chocolat.

8 ★★★ **Complète ces phrases avec deux compléments de phrase de ton choix.**
- Robinson construisit une cabane.
- Elle achète du lait frais.
- Yanis pose son sac.
- Nous avons vu des flamants roses.
- Une belle libellule bleue vole.
- Vous prenez le train.

Je repère dans un texte

Dans le texte pp. 52-55, trouve deux compléments de phrase entre les lignes 1 et 5.

J'écris

En quelques lignes, raconte une sortie que tu as faite avec ta classe. Utilise au moins deux compléments de phrase. Mets ton texte au propre dans un logiciel de traitement de texte.

Grammaire

Compétences : Connaître* et utiliser les déterminants.
Texte en lien : *La Villa d'en face*, p. 50.

Les variations des déterminants

Je lis et je réfléchis

« **Ma parole** ! Mais c'est que je suis dans **un labyrinthe** ! »
Presqu'en même temps, elle distingue une épaisse porte de bois, sur le côté.
Une solide barre métallique, retenue par **des crochets**, la ferme en travers.
Au même instant, **le bruit** étouffé d'un sanglot lui parvient, très proche.
– Cheng ? murmure-t-elle.

Florence Lamy, *Le Tangram magique. L'Énigme des pivoines*,
© Éditions Casterman, 2014.

1. Observe les groupes nominaux en gras.
Quels mots sont placés avant les noms ?
2. Qu'indiquent ces mots sur les noms qui les suivent ?

Je manipule

Complète chaque phrase avec un déterminant qui convient. Compare ensuite tes réponses avec celles d'un(e) camarade.

- Fais attention à … livre.
- Ce n'est pas … faute.
- Je t'assure que … idée est bonne.
- Nous aimerions retrouver … clés.

J'ai compris

- Dans une phrase, **le déterminant** se place toujours devant le nom. Il indique **le genre** (masculin ou féminin) et **le nombre** (singulier ou pluriel) du nom.
un matin (masculin singulier) – **les** doigts (masculin pluriel) – **cette** robe (féminin singulier)
- Il existe différents types de déterminants :

<table>
<tr><th></th><th>Masculin</th><th>Féminin</th></tr>
<tr><td rowspan="2">Singulier</td><td>le, l'
un
mon, ton, son
ce, cet</td><td>la
une
ma, ta, sa
cette</td></tr>
<tr><td colspan="2">notre, votre, leur</td></tr>
<tr><td>Pluriel</td><td colspan="2">les
des
mes, tes, ses
ces
nos, vos, leurs</td></tr>
</table>

Je m'exerce

1 ★ **Relève les déterminants présents dans ces phrases.**
- Mon frère part en vacances avec ses amis.
- Les hiboux sont perchés sur une grosse branche.
- Vos amis espagnols sont très gentils.
- Ces enfants s'amusent dans le parc.
- Des affiches décorent le mur.
- Je dépose une lettre dans cette boîte*.

2 ★ **Réécris la phrase suivante avec tous les déterminants qui conviennent.**

Les enfants vont entrer dans la classe.

ta – leur – ces – le – des – mes – nos – la – vos – cette

3 ★★ **Souligne les déterminants et indique s'ils sont masculin ou féminin.**

Ex. : <u>Cette</u> matière est très douce. → féminin
- Juliette a réussi son exercice.
- Je vous ai donné vos cadeaux.
- Ma plante est fanée.
- L'anniversaire de Léo est la semaine prochaine.
- Avez-vous vu leur spectacle ?
- Paul a acheté un sapin pour Noël.

4 ★★ **Souligne les déterminants et indique s'ils sont au singulier ou au pluriel.**
- Les pommes et les bananes sont délicieuses.
- Le loup se cache dans la forêt.
- Cette femme ressemble à ma tante.
- Votre fille est une grande sportive.
- J'ai aperçu tes amis au marché.
- Alice et sa sœur rendent visite à leurs cousins.

5 ★★ **Complète ces phrases avec les déterminants qui conviennent.**

sa – notre – leur – ton – son – vos
- Maya a oublié ... vélo derrière la maison.
- ... ami viendra avec nous à la fête.
- Ils iront chez Sasha avec ... petite fille.
- Veux-tu regarder ... film préféré ?
- Il a perdu ... chaussure en courant.
- Chaque soir, vous promenez ... chiens.

6 ★★ **Remplace le nom souligné par le nom entre parenthèses. Attention aux accords !**
- N'oublie pas de fermer la <u>porte</u>. (volets)
- La tornade a emporté ces <u>maisons</u>. (bâtiment)
- Nos parents cultivent leur <u>potager</u>. (salades)
- Elle a participé à des <u>compétitions</u>. (tournoi)
- Joues-tu avec ton <u>ami</u> ? (sœur)

7 ★★ **Souligne** le, la **ou** les **lorsque ce sont des déterminants.**
- Écrivez les lettres, puis vous pourrez les poster.
- Si vous la voyez, demandez-lui le numéro.
- Le basket est le sport que je préfère.
- Il retira la combinaison, puis la mit à sécher.
- La cousine d'Antoine les emmène à la piscine.
- Le danseur les fit virevolter dans les airs.

8 ★★★ **Complète ces phrases avec un déterminant qui convient.**
- ... chalet de mes grands-parents est derrière la montagne.
- ... bracelets sont en argent.
- ... quartier est très grand : nous n'avons pas trouvé ... appartement.
- Avez-vous vu ... père ? Il est parti avec ... oncle.

9 ★★★ **Complète ces phrases avec tous les déterminants possibles.**
- ... hiver, nous irons en vacances au ski.
- Nous avons aperçu ... voisin hier matin.
- ... cathédrale est grandiose.
- Il faut que vous écoutiez ... chansons !
- À ... instant précis, je perdis l'équilibre.

10 ★★★ **Complète ce texte avec des déterminants qui conviennent.**

Auparavant, ... amis et moi jouions ensemble dans ... parc. Tous ... après-midi*, nous faisions ... parties de cache-cache ; nous nous cachions derrière ... arbres. Puis nous prenions ... goûter* chez ... grand-mère avant de rentrer chez nous.

11 ★★★ **Construis des phrases avec les mots suivants en utilisant des déterminants qui conviennent.**

spectacle – danseur – scène – costumes – public

Je repère dans un texte

Dans le texte pp. 50-51, relève tous les déterminants des lignes 17 à 24 et classe-les selon leur genre et leur nombre.

J'écris

Raconte en quatre phrases ce que tu aimes faire avec tes ami(e)s. Utilise au moins cinq déterminants différents.

Orthographe

Compétence : Savoir accorder les adjectifs.
Texte en lien : *Rapt brutal*, p. 52.

L'accord de l'adjectif

Je lis et je réfléchis

– Il dit que les gens au-dessus de nous ont tué quelqu'un et qu'ils l'ont coupé en morceaux pour le fourrer dans deux valises !
La mère porta un coin de son tablier à ses lèvres, en un geste **horrifié** :
– Les Kellerman ? Oh, Buddy, quand cesseras-tu donc d'inventer des choses ?
Ce seraient les **dernières** personnes au monde... Elle a même l'air d'être très gentille. L'autre jour, elle est venue m'emprunter une tasse de sucre et elle a toujours un sourire ou un mot **aimable** quand nous nous rencontrons dans l'escalier. Comment as-tu pu imaginer des choses **pareilles** à propos de gens comme eux ?

William Irish, *Une incroyable histoire*,
© Éditions Syros, 2007.

1. Observe les adjectifs en gras. Quel nom chaque adjectif précise-t-il ?
2. Quel est le genre et le nombre de chaque nom ? Quel mot te donne ces informations ?
3. Dans la phrase en rouge, remplace **personnes** par **personne**, puis par **voisin**. Comment l'adjectif varie-t-il ?

Je manipule

Complète les noms en couleur par un ou plusieurs adjectifs de ton choix.

- Des souris couraient dans l'herbe.
- La boulangère vend des brioches.
- Deux animateurs présenteront cette émission.
- Mes amis ont cueilli des champignons.
- Une athlète a remporté cette épreuve.

J'ai compris

- **Un adjectif précise** ou **décrit** le nom qui l'accompagne. Il fait partie du groupe nominal et se place **avant** ou **après** le nom. On peut le **supprimer**.
  une **gentille** voisine (adjectif – nom) — un roman **policier** (nom – adjectif)
- L'adjectif **s'accorde en genre et en nombre avec le nom qu'il qualifie**.
  une joli**e** voiture (féminin singulier) – des véhicules puissant**s** (masculin pluriel)
- **Au féminin**, l'adjectif se termine toujours par un **e** : un petit immeuble → une petit**e** maison
- **Au pluriel** :
  – l'adjectif se termine le plus souvent par un **s** : un point commun → des points commun**s**
  – les adjectifs en **-eau** et en **-al** prennent un **x** : beau → beau**x** – égal → égau**x**
  – les adjectifs qui se terminent par **-s** ou **-x** ne changent pas :
  un pays **merveilleux** → des pays **merveilleux** – un chat **gris** → des chats **gris**

Je m'exerce

1 ★ **Souligne les adjectifs.**
un nouvel élève – une histoire vraie – un garçon courageux – des ordinateurs performants – une petite chèvre noire – l'abominable homme des neiges – des bougies parfumées – une grande pyramide

2 ★ **Construis un tableau à deux colonnes** (adjectifs féminins **et** adjectifs masculins) **et classe les adjectifs de ce texte.**
Par la fenêtre ouverte, j'entends toutes sortes de bruits : la sonnerie stridente d'un téléphone portable, une musique entraînante* venant d'un autoradio, un klaxon sonore et le rire joyeux d'un enfant.

3 ★ **Choisis l'adjectif qui convient dans chaque phrase.**
- Une (affreux / affreuse) sorcière préparait une potion (répugnante / répugnant).
- Un (étroit / étroite) escalier (tortueuse / tortueux) mène au château.
- L'individu (masqué / masquée) s'empara des pierres (précieux / précieuses).
- L'actrice (principal / principale) de ce film (policière / policier) est (connu / connue).

4 ★ **Complète en mettant les adjectifs en couleur au féminin.**
- un magasin fermé → une boutique …
- un lourd paquet → une … boîte*
- un homme élégant → une femme …
- un pantalon blanc → une jupe …
- un jeu dangereux → une activité …
- un bon score → une … performance

5 ★ **Complète en mettant les adjectifs en couleur au masculin.**
- une histoire fabuleuse → un récit …
- une fille laide → un garçon …
- une leçon instructive → un cours …
- une guirlande clignotante → un feu …
- une poupée articulée → un pantin …
- une activité manuelle → un travail …

6 ★★ **Trouve l'adjectif masculin et l'adjectif féminin qui correspondent à chaque nom.** ***Tu peux t'aider d'un dictionnaire.***
Ex. : une action → actif, active
- la nouveauté
- la douceur
- l'honnêteté
- la prudence
- la sécheresse
- la curiosité
- la couleur
- le malheur

7 ★★ **Mets les groupes nominaux en couleur au pluriel.**
- J'ai commandé un menu spécial.
- Elle a acheté un nouveau pantalon vert.
- Nous avons souri à cette petite fille timide.
- Vous n'êtes pas sortis à cause de ce vent violent.
- Le seigneur récompense ce guerrier valeureux.

8 ★★ **Souligne les adjectifs du texte. Indique ensuite le genre et le nombre de chacun d'entre eux.**
Ex. : sourds → masculin, pluriel
Des grondements sourds et menaçants se font entendre. Soudain, il sort de sa sombre grotte humide. Il dresse son cou écailleux et se met à cracher d'immenses flammes orangées. Sa longue queue pointue ondule. Il observe les alentours déserts, puis déploie ses vastes ailes et s'envole.

9 ★★★ **Remplace les mots soulignés par les mots entre parenthèses.**
- Il m'a accueilli avec de grands gestes amicaux. (paroles)
- Le gymnaste a effectué des sauts périlleux. (figures)
- Il faut limiter les aliments trop gras. (nourritures)
- Les journalistes commentent les événements* internationaux. (nouvelles)
- Ces ogres cruels mangent les petits enfants. (sorcières)

10 ★★★ **Accorde les adjectifs entre parenthèses quand c'est nécessaire.**
Les marchands (ambulant) franchirent les (grand) portes de la ville (fortifié). Ils avaient traversé de (nombreux) contrées et rapporté des marchandises plus (merveilleux) les unes que les autres : des étoffes (multicolore), des pierres (précieux), de (beau) vases, de la (magnifique) vaisselle d'argent. Ils vendaient aussi de (multiple) épices aux odeurs (entêtant) et de (splendide) bijoux.

Je repère dans un texte

Dans le texte pp. 52-55, trouve un adjectif masculin singulier, un adjectif féminin singulier, un adjectif masculin pluriel et un adjectif féminin pluriel.

J'écris

Rédige le portrait d'une personne que tu connais bien (tes parents, ton frère, ta sœur, un(e) camarade…). Utilise des adjectifs pour décrire sa taille, la couleur de ses yeux, de ses cheveux, la forme de son visage, ses vêtements…

Évaluation

Grammaire

1 Quel groupe de mots est le complément du verbe dans cette phrase ?
Lundi dernier, le fils de ma voisine a commencé un puzzle de mille pièces.
a. le fils de ma voisine
b. Lundi dernier
c. un puzzle de mille pièces
d. a commencé
Voir p. 168

2 Quel pronom, qui remplace un complément du verbe, peut compléter cette phrase ?
Sabine n'a pas fini ses exercices, elle … terminera après la récréation.
a. le
b. l'
c. la
d. les
Voir p. 168

3 Dans quelle phrase le groupe de mots en couleur n'est-il pas un complément du verbe ?
a. Sur la piste galopaient des chevaux noirs.
b. Sur le mur, on a collé du papier peint.
c. Marianne pose ses livres sur l'étagère.
d. Sur le trottoir, un homme promène son chien.
Voir p. 168

4 Quels groupes de mots sont des compléments de phrase ?
L'été prochain, au mois de juillet, Fouzia commencera des cours de conduite à l'auto-école* du Centre.
a. des cours de conduite – L'été prochain – Fouzia
b. Fouzia – à l'auto-école* du Centre – au mois de juillet
c. à l'auto-école* du Centre – des cours de conduite – au mois de juillet
d. au mois de juillet – à l'auto-école* du Centre – L'été prochain
Voir p. 178

5 Quelle phrase contient deux compléments de phrase qui précisent le temps ?
a. Hier soir, nous sommes allés au théâtre.
b. Pendant les vacances, Louise est allée à la plage tous les jours.
c. Picasso est né en 1881, à Malaga, en Espagne.
d. Dans une semaine, les enfants partiront dans les Alpes.
Voir p. 178

6 Combien de déterminants y a-t-il dans cette phrase ?
L'autre jour, mon meilleur ami a perdu ses lunettes dans la cour mais notre maîtresse* les a retrouvées dans un coin, près de ce banc.
a. 5
b. 7
c. 6
d. 8
Voir p. 180

7 Avec quels déterminants peux-tu compléter cette phrase ?
… frères soulèvent … valises, montent dans … train et s'installent sur … banquette.
a. Mon / leurs / le / ces
b. Mes / leur / le / les
c. Mes / leurs / le / cette
d. Mes / leurs / la / cet
Voir p. 180

Le verbe

8 À quel temps cette phrase est-elle écrite ?
Les hommes préhistoriques taillaient des silex pour fabriquer des outils.
a. passé
b. présent
c. futur
Voir p. 164

9 Dans quelle liste les verbes conjugués ont un infinitif en -er **?**
a. vous offrez – je souffre – tu découvres
b. vous osez – je souffle – tu découpes
c. vous obtenez – je souris – tu défends
Voir p. 174

10 Quelle est la forme correcte du verbe remuer **conjugué au présent et à la 3e personne du singulier ?**
a. elle remu
b. elle remues
c. elle remue
d. elle remut
Voir p. 174

11 Dans quelle phrase le verbe choisir **est-il conjugué au présent ?**
a. Nous choisissons un pain au chocolat.
b. Nous choisirons un pain au chocolat.
c. Nous avons choisi un pain au chocolat.
d. Nous choisissions un pain au chocolat.
Voir p. 174

12 Quel est l'infinitif des verbes conjugués en couleur ?

Les écureuils prennent des noisettes et font des réserves pour l'hiver.

a. prévoir et faire
c. prendre et fondre
b. prendre et faire

Voir p. 176

13 Dans quelle phrase les verbes sont-ils correctement conjugués ?

a. Je sait que tu écris avec un stylo dont l'encre peux s'effacer.
b. Je sais que tu écris avec un stylo dont l'encre peut s'effacer.
c. Je sais que tu écrit avec un stylo dont l'encre peux s'effacer.
d. Je saix que tu écries avec un stylo dont l'encre peus s'effacer.

Voir p. 176

14 Associe chaque pronom aux verbes qui conviennent.

il •	• faites
	• entends
tu •	• peint
	• lisez
vous •	• veux
	• es
je •	• croit

Voir p. 176

Orthographe

15 Quel groupe de mots n'est pas un groupe nominal ?

a. ce grand ciel bleu
b. vous mélangez délicatement
c. le jardin de ma tante
d. un joli cadeau

Voir p. 166

16 Quel est le genre et le nombre des groupes nominaux en couleur dans la phrase ?

Cet animal dangereux vit dans des régions désertiques.

a. féminin singulier / féminin pluriel
b. masculin pluriel / masculin singulier
c. masculin singulier / féminin pluriel
d. féminin singulier / masculin pluriel

Voir p. 166

17 Quel groupe nominal est correctement orthographié ?

a. des assiettes et des plats peinte à la main
b. des assiettes et des plats peintes à la main
c. des assiettes et des plats peints à la main
d. des assiettes et des plats peint à la main

Voir p. 166

18 Parmi ces adjectifs, quel est celui dont la terminaison ne change pas au féminin ?

a. aimable
b. spécial
c. charmant
d. décoratif

Voir p. 182

19 Parmi ces adjectifs, quel est celui dont la terminaison ne change pas au pluriel ?

a. royal
b. beau
c. ennuyeux
d. jaune

Voir p. 182

Lexique

20 Quels préfixes peux-tu ajouter aux mots en couleur pour exprimer leur contraire ?

Nous sommes ...capables de ...faire nos lacets.

a. dé- / mal-
b. in- / dé-
c. anti- / im-
d. im- / re-

Voir p. 170

21 Quel est le mot pour lequel im- **n'est pas un préfixe ?**

a. imprévisible
b. imprimante
c. imprécision
d. imprudent

Voir p. 170

22 Quel est le mot pour lequel -ment **n'est pas un suffixe ?**

a. applaudissement
b. appartement
c. avancement
d. approfondissement

Voir p. 172

23 Quels suffixes faut-il ajouter aux mots en couleur ?

Après avoir effectué le dépann... de la voiture, le mécanic... commença la répar....

a. -ement / -iste / -age
b. -eur / -able / -ation
c. -ier / -ien / -age
d. -age / -ien / -ation

Voir p. 172

Le verbe

Compétence : Savoir conjuguer les verbes à l'imparfait de l'indicatif.
Texte en lien : REPORTAGE : *Raconte-moi la Terre !*, p. 64.

L'imparfait

Je lis et je réfléchis

LA DESCENTE DU FLEUVE AMAZONE EN PIROGUE

Long d'environ 7 000 kilomètres, le fleuve Amazone traverse six pays d'Amérique du Sud.
Christophe, 21 ans, a descendu une partie du fleuve en pirogue. Il raconte son expérience.

« La navigation sur l'Amazone n'était pas de tout repos, surtout quand il pleuvait ! Mais les paysages en valaient la peine ! Et vu que nous n'allions pas très vite, nous avions bien pris le temps d'observer ce qui nous entourait : les arbres, les animaux, les couleurs… Le temps semblait comme suspendu ! »

Le fleuve Amazone.

1. Les verbes en couleur sont-ils au présent, au passé ou au futur ?
2. À quelle personne chaque verbe en rouge est-il conjugué ?
3. Observe leur terminaison. Que remarques-tu ?
4. Fais de même pour les verbes en vert.

Je manipule

Complète avec un pronom qui convient.

- … disais
- … bavardaient
- … rencontriez
- … avais
- … partaient
- … finissions
- … revenait
- … jouions
- … rougissiez
- … naviguions

J'ai compris

- L'imparfait est un temps du passé.
- Ses marques de temps et de personne sont les mêmes pour tous les verbes : **-ais**, **-ais**, **-ait**, **ions**, **-iez** et **-aient**.
  j'aim**ais** – tu sort**ais** – il/elle sav**ait** – nous part**ions** – vous parl**iez** – ils/elles dis**aient**
- Pour les verbes en **-yer**, **-ier**, **-gner** et **-iller**, les 1re et 2e personnes du pluriel se prononcent de la même manière au présent et à l'imparfait.
  Il ne faut pas oublier le **i** à ces personnes, même si on ne l'entend pas.
  soigner → nous soignons (présent) – nous soign**i**ons (imparfait)
  payer → vous payez (présent) – vous pay**i**ez (imparfait)
  plier → nous plions (présent) – nous pli**i**ons (imparfait)
- Pour certains verbes en **-ir**, on intercale les lettres **ss** entre le radical et la terminaison.
  je fini**ss**ais – tu rempli**ss**ais – il/elle bâti**ss**ait – nous garni**ss**ions – vous choisi**ss**iez – ils/elles obéi**ss**aient

Je m'exerce

1 ★ **Recopie uniquement les verbes conjugués à l'imparfait.**

je vais – tu étais – nous venons – vous regarderez – ils pouvaient – elle prenait – nous voyons – ils dînaient* – vous voyiez – vous agirez – j'aurai – nous allions – ils disent – vous aviez

2 ★ **Recopie ces phrases avec la forme du verbe à l'imparfait qui convient.**

- Les enfants (avalais / avalaient) leur chocolat.
- Mounia (partait / partais) régulièrement en Écosse.
- Vous (franchissais / franchissiez) les haies.
- Tu (déplaçait / déplaçais) les cartons qui te gênaient.
- Je (voyais / voyiez) le soleil descendre sur la mer.

3 ★ **Indique le temps auquel sont conjugués les verbes de ces phrases (**présent **ou** imparfait**). Qu'est-ce qui t'a permis de trouver ?**

- Nous appréciions votre compagnie.
- Vous envoyez toujours des cartes postales.
- À chacune de ses blagues, vous riiez aux éclats.
- Vous saignez du nez à cause de ce choc.
- Nous accueillons un nouvel élève.
- Vous repeigniez les volets.

4 ★ **Complète ces phrases avec les verbes** être**,** avoir **ou** aller **conjugués à l'imparfait.**

- Fanny … malade la semaine dernière.
- Mon ami et moi … souvent au cinéma.
- Les contrôleurs … dans le wagon.
- Quand tu … petit, tu … une collection de timbres.
- Autrefois, vous … vendre vos légumes au marché.

5 ★★ **Conjugue ces verbes à la personne demandée.**

Ex. : **imprimer** un document (2e personne du singulier) → Tu **imprimais** un document.

- décorer le sapin (1re personne du pluriel)
- imaginer la suite de l'histoire (3e personne du pluriel)
- franchir le portail (1re personne du singulier)
- guérir rapidement (3e personne du singulier)
- prendre des leçons de piano (2e personne du singulier)
- faire la lessive (2e personne du pluriel)

6 ★★ **Conjugue les verbes entre parenthèses à l'imparfait.**

- Ton frère et toi (arriver) toujours en retard.
- De la fumée grise (jaillir) du cratère.
- À l'époque, tu (marcher) fréquemment.
- Au mois de juillet, les touristes (envahir) les plages.
- Nous (vouloir) toujours faire un tour de manège.
- Quand vous (organiser) des fêtes, je (venir) volontiers.

7 ★★ **Conjugue les verbes de chaque phrase à l'imparfait.**

- Nous sommes contents de vous revoir.
- Ils iront au garage pour faire réparer leur voiture.
- Tu dis certainement la vérité.
- Rébecca paiera ses dettes.
- Vous partez en vacances dans les Landes.
- Nous verrons des dauphins et des baleines.

8 ★★★ **Complète ce texte avec les verbes suivants conjugués à l'imparfait.**

louer – construire – être – passer – faire

Quand nous … enfants, nous … une partie de nos vacances en Bretagne. Mes parents … une petite maison en bord de mer. Nous … de longues promenades le long des côtes. Mon frère et moi … des châteaux de sable sur la plage.

9 ★★★ **Conjugue les verbes de ce texte à l'imparfait. Recopie-le sur un logiciel de traitement de texte.**

C'est un voyage fabuleux. Nous parcourons le continent australien d'est en ouest. À chaque étape, nous découvrons des paysages magnifiques et des animaux inconnus. Les gens que nous rencontrons sont incroyablement accueillants.

Je repère dans un texte

Dans le texte pp. 64-65, relève cinq verbes conjugués à l'imparfait. Indique à quelle personne est conjugué chacun d'eux.

J'écris

Raconte en cinq phrases comment tu étais quand tu étais plus petit(e) (ton caractère, tes traits physiques, ce qu'on disait de toi, ce que tu aimais…). Conjugue les verbes à l'imparfait.

Orthographe

Compétences : Savoir distinguer et utiliser les différents types de pronoms.
Texte en lien : *Quatre ans de vacances !*, p. 62.

Les variations des pronoms

Je lis et je réfléchis

Le dimanche, une des places de la ville se transforme en véritable arène. Les combats de boxe amateurs y sont très nombreux. [...] Manny gagne souvent. Pourtant, cette année-là, **il** décide de tenter sa chance à Manille, la capitale des Philippines. Mais 4 230 pesos pour le billet d'avion, c'est hors de prix ! Alors, huit de ses amis se cotisent et **lui** payent un passage par bateau, bien moins cher. Avant de s'embarquer, il embrasse sa mère : « Ne t'inquiète pas, m'man. **Je** <u>te</u> promets de vous tirer de là ! » Cette promesse, il **la** tiendra...

Marc Beynié, « L'incroyable destin du petit garçon devenu un héros à la force de ses poings », *Images Doc*, n° 288, décembre 2012.

Manille, capitale des Philippines.

1. Remplace les mots en gras par le nom du personnage qui convient. À quoi servent ces pronoms ?
2. Quel personnage est désigné par le mot souligné ?
3. Relève les mots en gras qui sont sujets d'un verbe.
4. Relève ceux qui sont compléments d'un verbe. Est-ce que ce sont les mêmes ?

Je manipule

Utilise des pronoms à la place des groupes nominaux soulignés pour éviter les répétitions.
Ex. : **Les élèves** partent en classe de découverte. **Les élèves** vont à la campagne.
→ **Les élèves** partent en classe de découverte. **Ils** vont à la campagne.

- Le chat dort sur le fauteuil. <u>Le chat</u> ronronne.
- Mes parents partent en voyage. <u>Mes parents</u> reviendront dimanche.
- Irina et toi sortirez ce soir. <u>Irina et toi</u> irez danser.
- La réunion d'information a lieu à 19 heures. <u>La réunion d'information</u> durera une heure.

J'ai compris

- **Un pronom** sert à remplacer un nom ou un groupe nominal, afin d'éviter les répétitions.
  Manny gagne souvent. → **Il** gagne souvent. – **Cette promesse**, il **la** tiendra.
- Les pronoms varient selon **la personne** et **le nombre**.

	Singulier	Pluriel
1re personne	je, me, moi	nous
2e personne	tu, te, toi	vous
3e personne	il, elle, lui, le, la, l', se, soi	ils, elles, eux, les, leur

- Les pronoms varient aussi selon **leur rôle dans la phrase**. Ils peuvent être :
  – **sujets** : **Tu** décides de tenter ta chance.
  – **compléments du verbe** : Vous **le** gagnez. – Ses amis **lui** payent un passage par bateau.

Je m'exerce

1 ★ **Souligne le nom ou le groupe nominal auquel se rapporte le pronom en couleur.**
- Morgane s'installe dans la voiture, puis elle attache sa ceinture.
- Bastien téléphone à son fils et lui demande de ses nouvelles.
- Mes cousins sortent du magasin où ils ont acheté des baskets.
- Margot a cueilli des framboises et elle les mangera ce soir.
- Les filles aimeraient que tu leur parles plus souvent.

2 ★ **Complète ces phrases avec des pronoms sujets.**
- Les deux sœurs bavardent. … rient de bon cœur.
- William et toi, … prenez des cours de dessin.
- Le sanglier grogne. Soudain, … racle le sol.
- Ilona et moi, … habitons dans cette rue.
- Les pompiers montent dans leurs camions, puis … sortent de la caserne.
- La meilleure amie d'Elie arriva. … lança un « Bonjour ! » sonore.

3 ★ **Remplace chaque complément du verbe souligné par un pronom.**

Ex. : Julie parle à sa mère. → Julie **lui** parle.
- Nous apportons un disque à Renaud.
- Il voit son reflet dans l'eau.
- Je vais offrir des fleurs à Cécile et Zoé.
- Magali pense à sa tante.
- Jules enfile ses chaussures.

4 ★★ **Remplace chaque pronom en couleur par un groupe nominal de ton choix.**
- Emmanuel a pensé à lui cette semaine.
- Nadia leur a dit de venir samedi.
- Les invités le félicitent pour son bon dîner*.
- Papa s'adresse à nous.
- Ma tante se joint à eux.

5 ★★ **Dans ce texte, souligne en bleu les pronoms qui désignent Pauline, et en vert ceux qui désignent le médecin.**

Pauline tremblait de fièvre et sa gorge **la** brûlait*. **Elle** arriva chez le médecin. **Il l'**ausculta et inspecta le fond de sa gorge. « **Tu** as une grosse angine » déclara-t-**il**. « **Je** vais **te** prescrire quelques médicament pour faire tomber la fièvre et faire disparaître* la douleur. » Pauline **le** remercia, **lui** dit au revoir et fila directement à la pharmacie.

6 ★★ **Évite les répétitions à l'aide d'un pronom.**
- Jonathan rencontre ses amis et propose à ses amis de jouer au ping-pong*.
- Les vaches sont rentrées à l'étable et le fermier peut traire les vaches.
- Julien rend visite à son oncle et apporte des chocolats à son oncle.
- Khaled finit son livre et range son livre dans la bibliothèque.
- La neige tombe sur la prairie et recouvre la prairie d'un manteau blanc.
- Les pêcheurs déchargent les poissons et vendent les poissons au marché.

7 ★★★ **Dans ce texte, souligne d'une même couleur chaque pronom et le nom ou le groupe nominal qu'il désigne.**

Le cavalier s'approcha de la maison de bois. Il l'avait aperçue depuis la colline et la curiosité l'avait poussé jusque là. Il poussa la porte. Elle n'était pas fermée à clé. Il s'avança dans la pièce. Elle était propre et bien rangée. Sur la table étaient posées deux épées. Il les reconnut immédiatement. Elles avaient appartenu à l'héritier du trône, mais personne ne les avait réclamées depuis bien longtemps.

8 ★★★ **Dans ce texte, souligne en bleu les pronoms sujets et en vert les pronoms compléments du verbe.**

Mes frères étaient impressionnés par les poissons du grand aquarium. Ils les regardaient avec de grands yeux ronds. Je leur montrai une raie manta. Ils l'observèrent un moment. Elle semblait voler dans les profondeurs de l'eau. Les garçons me demandèrent dans quel océan elle vivait. Tout à coup, un requin nous surprit en passant juste sous notre nez.

Je repère dans un texte

Dans le texte pp. 62-63, trouve un pronom sujet et un pronom complément du verbe entre les lignes 6 et 12.

J'écris

Raconte en trois phrases une situation où tu as beaucoup ri. Utilise les pronoms suivants (tu peux les employer plusieurs fois et en utiliser d'autres) : ils/elles – la – lui – il/elle – leur.

Lexique

Compétence : Comprendre un mot en s'aidant de son radical, de son préfixe et/ou de son suffixe.
Texte en lien : REPORTAGE : *Raconte-moi la Terre !*, p. 64.

Comprendre un mot grâce au radical, au préfixe et au suffixe

Je lis et je réfléchis

Votre dernière expédition en date, le passage du Nord-Ouest à la rame, est encore inachevée. De quoi s'agit-il ?

C'est la traversée de l'océan Pacifique à l'océan Atlantique sur 6 000 km, le long des côtes Nord de l'Alaska et du Canada. [...] Mais cette année, le 5 septembre, je me suis à nouveau retrouvé bloqué par la banquise à 1 000 km de mon arrivée. Elle n'avait pas dégelé ! Même si le réchauffement climatique est **indiscutable** – il y a quinze ans, il ne fallait même pas penser à une telle expédition – ses effets sont très aléatoires.

La banquise.

Nicolas Martelle, « Que reste-t-il à explorer ? Interview de Charles Hedrich », *Géo Ado*, n° 142, décembre 2014.

1. Observe le mot en gras. Que signifie le préfixe **in-** ? et le suffixe **-able** ?
2. Trouve un autre mot formé avec le radical **discut**.
3. Donne une définition du mot en gras en t'aidant de tes réponses aux questions 1 et 2.
4. En procédant de la même manière, donne une définition du mot souligné.

Je manipule

Sépare le préfixe, le radical et la terminaison de chaque mot.
Trouve ensuite une définition de ces mots pour les faire deviner à un(e) camarade.
Ex. : dé/poussiér/age* → action d'enlever la poussière
inévitable – recommencement – déformation – illisible – empoisonner

J'ai compris

- Pour comprendre un mot que tu ne connais pas bien, tu peux t'aider de **son radical**, de **son préfixe** et/ou de **son suffixe**.
  indiscutable → in / discut / able → qui ne peut pas être discuté.
  - in : préfixe indiquant le contraire
  - discut : radical de discuter
  - able : suffixe indiquant la possibilité
- Il est donc important de connaître* le sens des principaux préfixes et suffixes. (*Voir les tableaux p. 252.*)

Je m'exerce

1 ★ **Indique le radical commun aux mots de chaque liste.**
- mobiliser – immobile – mobilité – démobilisation
- incomplet – complément – complémentaire – complètement
- découragement – courageux – encourager – courageusement
- chargement – décharger – rechargeable – chargeur
- sécheresse* – dessèchement – séchage* – assécher*
- recompter – comptable – comptant – décompté

2 ★ **Complète chaque phrase avec le mot qui convient.**
- Les archéologues ont (recouvert / découvert) la tombe d'un pharaon.
- Matthieu (referma / enferma) doucement la porte avant de sortir.
- Les élèves ont cherché l'Afrique sur le globe (terrien / terrestre).
- Mon père paraît* (inoccupé / préoccupé) par la situation.
- Ces athlètes pratiquent un (entraînement* / entraîneur*) quotidien.
- L'arbitre déclenche le (thermomètre / chronomètre) au départ de la course.

3 ★ **Relie ces mots de la même famille à la définition qui leur correspond.**

	• relatif au climat
climatologie •	• adaptation d'un être vivant à un nouveau climat
acclimatation •	• étude des climats
climatisation •	• maintien d'une température déterminée dans un endroit fermé
climatique •	

4 ★★ **Ajoute le préfixe qui convient au verbe** porter **d'après les définitions proposées.**
re – trans – im – rem – ap – em
- déplacer un objet ou une personne d'un lieu à un autre → ...porter
- prendre un objet avec soi en quittant un lieu → ...porter
- remettre à un autre moment → ...porter
- porter quelque chose à quelqu'un → ...porter
- faire entrer dans un pays des marchandises provenant de l'étranger → ...porter
- être vainqueur → ...porter

5 ★★ **Remplace le groupe de mot souligné par un adjectif formé avec un préfixe et un suffixe.** ***Vérifie tes réponses à l'aide d'un dictionnaire.***

Ex. : C'est un endroit <u>auquel on n'a pas accès</u>.
→ C'est un endroit **inaccessible**.
- C'est un objet <u>qu'on ne peut pas déformer</u>.
- Il a eu une attitude <u>qu'on ne peut accepter</u>.
- Le commissaire avance des preuves <u>qu'on ne peut discuter</u>.
- Cette légende raconte l'histoire d'un héros <u>qui ne peut pas mourir</u>.
- Cet acteur a un charme <u>auquel on ne peut résister</u>.
- C'est une encre <u>qu'on ne peut pas effacer</u>.
- C'est un chien <u>qui n'obéit pas</u>.

6 ★★★ **Sépare le radical du préfixe et du suffixe de chaque mot, puis écris leur définition.** ***Vérifie tes réponses dans le dictionnaire.***

Ex. : la dératisation → la dé/rat/isation : action de se débarrasser des rats

une débroussailleuse – le déverrouillage – une indisponibilité – l'enrichissement – l'agrandissement

7 ★★★ **Complète chaque adjectif par un nom qu'il peut qualifier. Écris ensuite une définition de l'adjectif.**

Ex. : **inutilisable** → une voiture **inutilisable**
→ une voiture <u>qui ne peut pas être utilisée</u>

extrascolaire – équilatéral – surchauffé – intraveineuse

8 ★★★ **Écris la définition de ces mots, puis emploie-les dans une phrase.**
incontestable – l'embellissement – surnaturel – décoloration

Je repère dans un texte

Dans le texte pp. 64-65, relève un mot formé à partir d'un préfixe, d'un radical et d'un suffixe entre les lignes 24 et 29.

J'écris

Crée des mots nouveaux à partir des préfixes suivants, puis utilise-les dans trois phrases différentes : anti-, para-, télé-.

Orthographe

Compétence : Savoir utiliser le participe passé en tant qu'adjectif.
Texte en lien : REPORTAGE : *Raconte-moi la Terre !*, p. 64.

Le participe passé employé comme adjectif

Je lis et je réfléchis

L'année dernière, j'ai visité Prague, la capitale de la République tchèque. C'était vraiment dépaysant ! Je me suis promenée à travers les rues pavées et j'ai pu admirer l'architecture si particulière de la ville.
La tour de l'hôtel de ville, avec son toit pointu, attire de nombreux visiteurs. Toutes les heures, les touristes captivés se pressent devant elle pour observer et photographier l'horloge astronomique, qui a la particularité de s'animer.
C'est un spectacle connu dans toute l'Europe !

L'horloge astronomique de Prague.

1. Observe les mots soulignés. À quels mots se rapportent-ils ? À quoi servent-ils ?
2. Repère le participe passé dans la phrase en vert. De quel verbe est-il issu ?
3. Que se passe-t-il pour ce participe passé si tu remplaces **spectacle** par **manifestations** ?

Je manipule

Accorde les participes passés en couleur avec les groupes nominaux féminins. Que remarques-tu ?

- un beau salon équipé → une belle cuisine …
- des obstacles franchis facilement → des barrières … facilement
- ce poteau tout tordu → cette planche toute …
- les cadeaux promis → les récompenses …
- le lampadaire éteint → la lampe …

J'ai compris

- **Le participe passé** est une forme du verbe qui peut être utilisée comme **adjectif**.
  captiver (infinitif) → **captivé** (participe passé) → des spectateurs **captivés** (adjectif) – connaître* (infinitif) → **connu** (participe passé) → un spectacle **connu** (adjectif)
- Un participe passé employé comme adjectif **s'accorde en genre et en nombre** avec le nom qu'il accompagne.
  un transport apprécié (apprécier) (masculin singulier) – la fillette endormi**e** (endormir) (féminin singulier) – ces livres lu**s** (lire) (masculin pluriel) – des valises défait**es** (défaire) (féminin pluriel)
- Le participe passé employé comme adjectif est généralement placé **à côté** du nom qu'il accompagne.
  Il a soigné cet animal **blessé**. – Sa mission **accomplie**, Selma rentra chez elle.

Je m'exerce

1 ★ **Relève les participes passés employés comme adjectifs et indique entre parenthèses le verbe à l'infinitif dont ils sont issus.**
- Les résultats obtenus sont excellents.
- Le garçon affamé finissait son repas.
- Les enfants perdus ont retrouvé leur chemin.
- Mon père m'a offert une montre gravée.
- Déposez les fruits coupés sur la pâte sablée.

2 ★ **Complète ces phrases avec la forme du participe passé qui convient.**
fleuri – fleurie – fleuris – fleuries
- Un petit ruisseau coule au pied de ces haies ....
- J'aime me promener dans ce jardin ....
- ... au printemps, les pommiers donneront leurs fruits à la fin de l'été.
- Il a taillé la belle haie ....

3 ★ **Indique si les noms en couleur sont des noms ou des participes passés employés comme adjectifs.**
- J'ai posé les assiettes et les couverts sur la table.
- Les enfants couverts peuvent aller jouer dehors.
- Le tableau produit par ce peintre est magnifique.
- Le vendeur fait de la publicité pour un produit de beauté.

4 ★★ **Complète chaque participe passé par la terminaison qui convient.**
- Les pompiers arrivèrent devant les bâtiments ravag... par l'incendie.
- Le ballon atterrit dans les buts de la gardienne stupéfai....
- Les enfants réveill... descendirent dans la cuisine éclair....
- Le prince instrui... entra dans la tour envah... par les ronces.

5 ★★ **Utilise le participe passé des verbes entre parenthèses dans un groupe nominal. Fais attention aux indications de genre et de nombre.**
Ex. : garer / féminin, singulier
→ **une** voiture gar**ée**
- pondre / masculin, singulier
- fermer / masculin, pluriel
- agrandir / féminin, pluriel
- traduire / féminin, singulier
- apprendre / masculin, singulier
- battre / féminin, pluriel

6 ★★★ **Remplace les mots soulignés par les mots entre parenthèses. Accorde les déterminants et les verbes si nécessaire.**
- Le client attendu est dans votre bureau. (personne)
- Tu apprécies les histoires racontées par ta tante. (contes)
- L'immeuble construit près d'ici comporte deux étages. (maison)
- Les jongleurs applaudis laissèrent place aux clowns. (jongleuses)
- Les pêcheurs ont relevé les langoustes prises dans leurs filets. (crabes)

7 ★★★ **Dans ce texte, transforme les verbes à l'infinitif en participes passés. N'oublie pas les accords.**
Le cavalier (épuiser) avançait péniblement. Que de kilomètres (parcourir) depuis son départ ! La princesse et sa servante (dévouer) l'accueillirent dans le donjon (fortifier). Les soldats (réunir) écoutèrent son histoire.

8 ★★★ **Remplace l'adjectif par un participe passé de ton choix. Attention aux accords !**
Ex. : une maison **solide** → une maison hant**ée**
- un tissu rouge → un tissu ...
- une poésie difficile → une poésie ...
- des gâteaux délicieux → des gâteaux ...
- des guirlandes lumineuses → des guirlandes ...
- cet élève sérieux → cet élève ...

9 ★★★ **Remplace chaque participe passé en couleur par un participe passé de sens contraire. *À quoi dois-tu faire attention ?***
- Son match gagné, le joueur rentra au vestiaire.
- Ces pâtes réchauffées n'avaient pas de goût*.
- Elle regarda à travers les rideaux fermés.
- Il se tient dans l'ombre des lampadaires allumés.

Je repère dans un texte

Dans le texte pp. 64-65, relève entre les lignes 1 et 16 un participe passé masculin pluriel, un participe passé féminin singulier et un participe passé masculin singulier employés comme adjectifs.

J'écris

Tu te promènes au bord de la mer. Décris en trois phrases ce que tu vois en utilisant des participes passés employés comme adjectifs.

Lexique

Compétences : Savoir reconnaître*, former et utiliser des mots d'une même famille.
Texte en lien : REPORTAGE : *Raconte-moi la Terre !*, p. 64.

Les mots de la même famille

Je lis et je réfléchis

Chez elle, Betty est déjà une star ! C'est la plus jeune **athlète** salomonaise à avoir gagné une médaille d'or dans une course de longue distance. [...] Dans son pays, elle a battu le record du 3 000 m féminin en courant pieds nus, comme à son habitude.
À part ça, Betty est une écolière comme les autres ! Elle est en classe 6, l'équivalent de la 5e en France. « J'habite dans un village qui s'appelle Rurusia. La vie y est très simple. À l'école, ma matière préférée c'est le sport. J'ai un entraînement d'**athlétisme** tous les jours. Les leçons d'anglais me plaisent aussi car j'aime bien lire. »

Annabelle Noir, « Les Ados du Pacifique font leurs jeux », *Géo Ado*, n° 108, février 2012.

Les îles Salomon.

1. Observe les mots en gras. Quel radical ont-ils en commun ?
2. Pourquoi dit-on qu'ils appartiennent à la même **famille** ?
3. Trouve dans le texte un mot appartenant à la même famille que le mot souligné.
4. Trouve deux mots de la même famille que le mot en vert.
5. Quel radical ont-ils en commun ?

Je manipule

Trouve le radical de ces mots. Complète-le ensuite avec un préfixe, puis avec un suffixe, pour obtenir des mots de la même famille. Compare tes réponses avec un(e) camarade.
Ex. : sabl/e → **en**sabler – sabl**ier**

- neige
- arme
- construire
- planter

J'ai compris

- **Une famille de mots** comporte tous les mots formés à partir d'un **même radical**. Tous ces mots se rapportent à une même idée.
  école – **écol**ier – s**col**aire – s**col**ariser…
  habitude – **habitu**er – **habitu**el – **habitu**ellement
- Les mots de la même famille peuvent être des types de mots différents.
  raison (nom commun) – raisonnable (adjectif) – raisonner (verbe)
- Connaître* les mots de la même famille permet de mieux les comprendre et de mieux les orthographier : **terr**e – **terr**itoire

Attention ! le radical est parfois différent d'un mot à l'autre :
pied → **piét**on – **mer** → **mar**itime

Je m'exerce

1 ★ **Encadre le radical dans chaque famille de mots.**

Ex. : long|ueur – al|long|é – long|er – long

- blanc – blancheur – blanchir – blanchisserie
- dentifrice – dentiste – dent – dentition – denture
- agrandissement – grandir – grandeur – grand – grandement
- patinoire – patineur – patin – patiner – patinage

2 ★ **Regroupe ces mots par famille (il y en a 4).**

refroidir – rougissement – ensoleillé – glaciation – froidement – parasol – rougir – glacial – froideur – refroidissement – déglacer – rougeâtre – ensoleillement – glaciaire – rougeur – solaire

3 ★ **Relève l'intrus dans chaque famille de mots.**

- commerçant – commercial – commencement – commerce
- brûlant* – brutal – brûlure* – brûlerie* – brûler*
- enchaîner* – déchaînement* – chaînette* – chaise
- compléter – complémentaire – incomplet – compliment – complètement

4 ★ **Complète chaque famille par au moins un mot. Entoure ensuite le radical commun.** ***As-tu ajouté un préfixe, un suffixe ou les deux à la fois ?***

- lenteur – ralentissement → …
- encourager – courageux → …
- compteur – décompte → …
- éclairer – éclaircir → …

5 ★★ **Construis un tableau à trois colonnes et classe ces mots dans trois familles.**

solide – soigneux – sonnerie – sonnant – soigner – solidifier – consolider – soigneusement – sonore – soin – soignant – solidement – sonnette – sonneur – soigneur – solidité

6 ★★ **Pour chaque série, recopie uniquement les mots qui appartiennent à la même famille.** ***Tu peux t'aider d'un dictionnaire.***

- terre – terrestre – terrain – terrifiant – enterrement – terminer – déterrer – terreur – souterrain – terrier – terrible – atterrir – termite – terrien
- chant – champignon – chandail – chanson – chanter – changer – chansonnier – chansonnette – chantilly – chantier – chanteuse – chantonner

7 ★★ **Pour chaque mot, trouve deux mots de la même famille.** ***Tu peux t'aider d'un dictionnaire.***

laver – utile – action – passer – électricité

8 ★★ **Complète ce tableau par des mots de la même famille. Utilise le radical pour bien les orthographier.**

Nom	Adjectif	Verbe
…	inventif	…
la patience	…	…
…	…	respirer
…	sec	…
…	…	rafraîchir*

9 ★★★ **Regroupe deux par deux les mots de la même famille. Attention ! les radicaux sont très différents d'un mot à l'autre.**

espace – scolaire – nuit – nasal – spatial – forestier – cœur – impératrice – main – cardiaque – floraison – empire – nocturne – nez – horaire – manuel – fleur – forêt – école – heure

10 ★★★ **Retrouve les mots de la famille de** nager **qui correspondent à ces définitions.**

- un sport que l'on pratique à la piscine → la …
- une personne qui nage → une …
- Elles permettent aux poissons de se déplacer dans l'eau. → les …

11 ★★★ **Dans ces phrases, les mots en couleur appartiennent à la famille du verbe** croire**. Essaie d'expliquer les phrases sans t'aider du dictionnaire.**

- Ce garçon est très crédule.
- Ta version des faits n'est pas crédible.
- La crédibilité de cette histoire n'est pas prouvée.
- On doit respecter toutes les croyances religieuses.

Je repère dans un texte

Dans le texte pp. 64-65, retrouve un mot de la même famille que **populaire** entre les lignes 1 et 10. Indique si ce mot contient un préfixe ou un suffixe.

J'écris

Écris des devinettes pour faire trouver les mots **soleil** et **ensoleillé**.

Le verbe

Compétence : Savoir conjuguer les verbes au futur simple de l'indicatif.
Texte en lien : *Keith Haring, et l'art descend dans la rue !*, p. 74.

Le futur simple

Je lis et je réfléchis

Au cours de sa vie, Niki de Saint Phalle ne sera pas toujours très heureuse. Le monde réel la rendra souvent triste. C'est pourquoi elle choisira de créer son propre monde, où **régneront** le bonheur et la joie de vivre.
« Je montrerai tout, disait-elle. Mon cœur, mes émotions. Vert – rouge – jaune – bleu – violet – haine – amour – rire – peur – tendresse. Je ferai les plus grandes sculptures de ma génération. »
Cette artiste inventera des femmes extraordinaires, les « Nanas », aux couleurs éclatantes.

Niki de Saint Phalle, *La Tempérance*, 1985.

1. Les verbes en couleur sont-ils au passé, au présent ou au futur ?
2. À quelle personne chaque verbe en rouge est-il conjugué ?
3. Observe leur terminaison. Que remarques-tu ?
4. Fais de même pour les verbes en vert.
5. Observe la terminaison du verbe en gras. À quelle personne est-il conjugué ?

Je manipule

Fais commencer les phrases suivantes par **Demain**. Que remarques-tu ?

- Nous descendons la rivière en canoë.
- Je rends visite à ma grand-mère.
- Maxime participe à ce tournoi de tennis.
- Lilou et toi copiez vos devoirs.
- Tu visites le musée des Beaux-Arts.

J'ai compris

- Au futur simple, on garde l'infinitif du verbe auquel on ajoute les marques de personne suivantes : **-ai**, **-as**, **-a**, **-ons**, **-ez**, **-ont**.
  Ces terminaisons sont les mêmes pour tous les verbes.
  parler → tu parler**as** – grandir → elle grandir**a**
- Pour de nombreux verbes en **-ir** ou en **-oir**, on ajoute un **r** au radical.
  courir → je cour**rai** – pouvoir → tu pour**ras**
- D'autres verbes voient leur radical totalement modifié.
  faire → je **ferai** – aller → tu **iras** – vouloir → elle **voudra** – venir → nous **viendrons** – voir → vous **verrez** – être → je **serai** – avoir → tu **auras**
  (*Voir les tableaux au début et à la fin du manuel.*)

Je m'exerce

1 ★ **Recopie uniquement les verbes conjugués au futur simple.**

tu partiras – vous iriez – il fera – tu avais – nous parlerons – elles tentent – je donnerai – ils courront – je cuisinais – elle rira – tu prends – vous resterez – nous cherchons

2 ★ **Recopie uniquement les phrases dont le verbe est conjugué au futur simple.**

- Ce plombier réparait bien les robinets.
- Elles partiront en vacances.
- Quelques enfants jouent dans le parc.
- M'emmèneras-tu au match de football ?
- Vous vous mettrez ici.

3 ★ **Complète ces phrases avec un pronom qui convient.**

- … attendras ta mère à la sortie de l'école.
- … commencerons nos devoirs.
- Il espère que … gagnerez la course.
- … aidera son père à préparer le dîner*.
- Elle ne sait pas si … aurai la possibilité de venir.

4 ★ **Relie pour former toutes les phrases correctes possibles.**

Vous •	• partageront leurs jouets.
Elles •	• habiterai près de chez toi.
J' •	• nourriras le chien.
Tu •	• éteindra toutes les lumières.
Il •	• dessinerez avec ce crayon.

5 ★★ **Complète ces phrases avec les verbes suivants.**

profiterez – effaceront – écrirons – discutera – réfléchirai – seras

- Il … avec son ami plus tard.
- Nous … une lettre à notre grand-mère.
- …-tu présent à la fête ?
- À la fin du cours, ils … le tableau.
- Vous … du beau temps pour aller vous promener.
- Je … à ce problème demain.

6 ★★ **Conjugue ces verbes à la personne demandée au futur simple.**

- verser (2e personne du singulier)
- réclamer (3e personne du pluriel)
- écraser (1re personne du pluriel)
- sentir (1re personne du singulier)
- obéir (2e personne du pluriel)
- faire (3e personne du singulier)

7 ★★ **Complète ces phrases avec le verbe** être **ou le verbe** avoir **conjugué au futur simple.**

- Tu … toujours près de moi.
- Lina … la dernière de la file.
- J'… un cadeau pour toi.
- Mes sœurs … le temps de venir me voir.
- Ils … encore en vacances la semaine prochaine.
- Jules … un jeu de société pour Noël.
- Vous … ravis de les rencontrer.

8 ★★★ **Conjugue les verbes entre parenthèses au futur simple.**

- Vous (apprendre) votre leçon.
- Nous (aller) à la plage tous ensemble.
- Diane (sauter) sur le trampoline.
- Je (prêter) mon livre à ton cousin.
- Il (faire) trop de bruit.
- (Savoir)-tu retrouver le chemin ?
- Les deux filles (venir) à la maison.
- Elles (conduire) bientôt leur nouvelle voiture.

9 ★★★ **Conjugue les verbes de chaque phrase au futur simple.**

- Écrivons-nous une carte postale ?
- A-t-elle besoin d'aide ?
- Je comprends très bien vos problèmes.
- Vous marchez dans la rue.
- Ne peuvent-ils pas venir plus tôt ?
- Vous mangez ce délicieux gâteau.

10 ★★★ **Remplace les sujets de chaque phrase par ceux proposés entre parenthèses.**

- Ils construiront la nouvelle maison l'été prochain. (Le maçon / Vous)
- Martin ira voir le match de football. (Mes cousines / Tu)
- On mangera tout à l'heure. (Nous / Ses amis)
- Elles écouteront l'histoire jusqu'au bout. (Je / Juliette et toi)

Je repère dans un texte

Dans le texte pp. 74-77, relève à la ligne 31 les verbes à l'imparfait et conjugue-les au futur simple. Donne la personne à laquelle ils sont conjugués.

J'écris

Raconte ce que tu feras le week-end* prochain. Utilise quatre verbes conjugués au futur simple.

Le verbe

Compétence : Savoir distinguer les temps simples et les temps composés.
Texte en lien : *Keith Haring, et l'art descend dans la rue !*, p. 74.

Temps simples et temps composés

Je lis et je réfléchis

Un jour, Picasso **a organisé** un banquet en mon honneur parce qu'il venait d'acheter un tableau de moi, un grand portrait de femme, pour presque rien chez un brocanteur de la rue des Martyrs. Son atelier, au Bateau-Lavoir, à Montmartre, était plein de gens, il y avait même des Américains. Je **suis venu** avec mon violon et, pour les faire danser, j'**ai joué** *Clémence*, une valse que j'ai écrite pour ma femme. Ils se sont tous beaucoup amusés. Et qu'est-ce qu'ils en **ont parlé** après, dans leurs livres ! Peut-être se moquaient-ils un peu de moi, gentiment. Qu'importe ! Je sais qu'au fond ils reconnaissent l'étendue de mon génie !

Gilles Plazy, *Un dimanche avec le douanier Rousseau*,

Le Douanier Rousseau, *Portrait de femme*, 1895.

1. Compare les verbes en gras et les verbes soulignés. De combien de mots sont-ils formés ?
2. À quels temps les verbes soulignés sont-ils conjugués ? Donne leur infinitif.
3. À quel temps les verbes en gras sont-ils conjugués ? Donne leur infinitif.
4. Que remarques-tu concernant le premier mot de chaque verbe en gras ?

Je manipule

Construis un tableau à deux colonnes (**temps simples** et **temps composés**) et classe ces verbes.

tu dis – nous ferons – elle a fini – nous avions bu – je partais – ils ont placé – tu entends – elle fit – tu as eu – vous agissiez – je suis allé – vous venez – elle avait pris – ils emmèneront – nous sommes – j'avais été – vous étiez sortis

J'ai compris

- Un verbe peut se conjuguer à **un temps simple** (présent, futur simple, imparfait…) ou à **un temps composé** (passé composé, plus-que-parfait…).
- Lorsqu'il est conjugué à un temps simple, le verbe s'écrit en **un seul mot**.
  Il **achète** un grand portrait. (présent) – Il **achètera** un grand portrait. (futur simple) – Il **achetait** un grand portrait. (imparfait) – Il **acheta** un grand portrait. (passé simple)
- Lorsqu'il est conjugué à un temps composé, le verbe s'écrit **en deux mots** :
  – **le verbe** être **ou** avoir. Dans ce cas, c'est un **auxiliaire**, qui permet de conjuguer un autre verbe ;
  – **le participe passé** du verbe conjugué.
  Vous **avez organisé** un banquet. (passé composé) – J'**étais venue** seule. (plus-que-parfait)
  avez : auxiliaire avoir ; organisé : participe passé ; étais : auxiliaire être ; venue : participe passé

Je m'exerce

1 ★ **Écris l'infinitif des verbes conjugués.**
- ils ont surgi
- nous avions descendu
- elle a ajouté
- tu auras bu
- vous avez fait
- j'avais voulu

2 ★ **Souligne les verbes de chaque phrase et indique s'ils sont conjugués à un temps simple ou à un temps composé.**
- Sarah avait déjeuné au restaurant avec ses parents.
- L'armée romaine a vaincu Vercingétorix à Alésia.
- Les dinosaures disparurent il y a 65 millions d'années.
- Les trois amies sont revenues très tard de la plage.
- L'infirmière accompagne le malade à sa chambre.

3 ★ **Entoure l'auxiliaire et souligne le participe passé dans chaque phrase.**
- Rosa a eu la varicelle.
- Papa avait retrouvé ses clés dans sa poche.
- Ils ont mis trop de sel dans la soupe.
- Marouane a beaucoup grandi depuis la dernière fois que je l'ai vu.
- Je ne suis pas partie en colonie cet été.
- Vous êtes passés nous dire bonjour.

4 ★★ **Associe deux à deux les formes d'un même verbe conjugué à un temps simple et à un temps composé. Donne ensuite son infinitif.**
Ex. : tu regardes, tu avais regardé (regarder)
vous avez affiché – nous sentons – elles ont saisi – tu offriras – j'avais aimé – il a senti – tu pouvais – nous aimions – j'afficherai – vous saisissiez – ils ont pu – elle a offert

5 ★★ **Souligne en bleu les verbes conjugués à un temps simple et en rouge les verbes conjugués à un temps composé.**
Samedi dernier, nous sommes allés nous promener en forêt. Il faisait très beau. Ma petite sœur gambadait joyeusement, quand tout à coup elle nous appela : elle avait aperçu une forme sombre au détour d'un arbre. Nous avons observé attentivement. C'était une biche !

6 ★★ **Conjugue le verbe au présent dans chaque phrase.**
*Ex. : Bachir **a lu** ce livre. → Bachir **lit** ce livre.*
- La documentaliste a trié ces livres.
- Selma et Hugo ont souvent joué ensemble.
- Maman et moi sommes allées au zoo.
- Nous avons invité nos amis pour le Nouvel An.
- Vous êtes partis très vite de la fête.

7 ★★★ **Recopie uniquement les phrases dans lesquelles les verbes** être **et** avoir **sont utilisés comme auxiliaires.**
- Vous serez absents toute la semaine.
- Le champion de tennis a remporté quatre tournois cette année.
- Les archéologues avaient découvert des ossements vieux de 3 millions d'années.
- Nous aurons l'occasion de rencontrer ton frère.
- Jamila est venue vous rendre visite.
- Les comédiens sont sur la scène.
- Tu seras content quand le soleil reviendra.

8 ★★★ **Remplace les verbes conjugués à un temps simple par les verbes suivants conjugués à un temps composé.**
aviez reçu – es parti – avait fini – avons appris – ai trouvé
- Antoine fera ses devoirs.
- Tu arrivais à l'heure.
- Nous disons la vérité.
- Je cherche une voiture d'occasion.
- Vous écrivez une lettre.

9 ★★★ **Souligne les verbes conjugués, puis réécris le texte au présent.**
Anaïs est allée à la piscine avec ses amies. Elles ont nagé le crawl, puis elles ont fait la course en papillon. Anaïs a gagné. Elles ont effectué quelques plongeons, puis sont montées à plusieurs sur une grosse bouée.

Je repère dans un texte

Dans le texte p. 74-77, relève trois verbes conjugués à des temps simples et deux verbes conjugués à des temps composés entre les lignes 1 et 6.

J'écris

Raconte en quatre phrases un de tes meilleurs souvenirs. Utilise des temps simples et des temps composés.

Orthographe

Compétence : Savoir distinguer le participe passé et l'infinitif des verbes en **-er**.
Texte en lien : *Qui a peint le tout premier tableau ?*, p. 72.

Participe passé en -é ou infinitif en -er ?

Je lis et je réfléchis

C'est une gravure sur bois. Hokusai l'a créée avec l'aide d'un graveur : il lui a confié le dessin, que le graveur a reproduit sur une plaque de bois. Ensuite, il a étalé des encres de différentes couleurs sur la plaque avant de l'appliquer sur une feuille de papier.
Les gravures, plus légères et souvent plus petites, sont bien plus faciles à transporter que des toiles. On a pu envoyer des estampes comme celle-ci partout dans le monde.

Amanda Renshaw, *Le Musée de l'Art pour les enfants*, © Éditions Phaidon, 2006.

Hokusai, *La Grande Vague de Kanagawa*, 1830-1832.

1. Observe les mots en couleur. De quel type de mots s'agit-il ?
2. Par quel son se terminent-ils ?
3. Leurs terminaisons sont-elles identiques ? Pourquoi ?

Je manipule

Remplace oralement les verbes en couleur par leur contraire.
Complète ensuite leurs terminaisons.

vendre – vendu

- Vous allez achet… un costume.
- Aurore a achet… une voiture.
- Je te conseille d'achet… cet appartement.

remplir – rempli

- Tu as vid… tous les placards.
- Les pirates voulaient vid… le coffre.
- Nous avions vid… l'arrosoir.

J'ai compris

- Pour les verbes en **-er**, il ne faut pas confondre **les terminaisons du participe passé et de l'infinitif** :
  – **participe passé** : L'artiste a **travaillé**. – Le peintre est **émerveillé**.
  – **infinitif** : Il regarde le peintre **travailler**. – On peut **transporter** des gravures.
- Pour les distinguer, on peut **remplacer** à l'oral **le verbe en -er** par **un verbe en -ir** ou **un verbe en -dre**, pour entendre la différence de terminaison :
  – cas du participe passé (employé comme verbe conjugué à un temps composé ou comme adjectif) : Hokusai était **passionné**. → Hokusai était **perdu**.
  – cas de l'infinitif : Il va **entrer** dans l'atelier. → Il va **attendre** dans l'atelier.

Je m'exerce

1 ★ **Dans chaque phrase, souligne en bleu les verbes à l'infinitif et en rouge les participes passés.**
- Tu entends aboyer le chien enfermé dans sa niche.
- Bilal est pressé de déjeuner avec ses amis.
- Les enfants ont regardé le funambule avancer sur le fil.
- Amélie semblait décidée à remporter la victoire.
- Écrasés de chaleur, les vacanciers sont allés se baigner.

2 ★ **Remplace les formes verbales soulignées par l'infinitif ou le participe passé qui convient.** ***Comment vas-tu faire ton choix ?***
- Alicia a <u>mis</u> (posé / poser) cette lampe sur son bureau.
- Ils veulent <u>vendre</u> (donné / donner) leur mobylette.
- Vous avez <u>perdu</u> (égaré / égarer) votre belle écharpe.
- Papa doit <u>conduire</u> (emmené / emmener) Juliette chez le médecin.
- Pour <u>venir</u> (allé / aller) chez elle, il a <u>franchi</u> (traverser / traversé) un ruisseau.

3 ★★ **Complète chaque série de phrases avec la forme verbale qui convient.**

parler – parlé
- Mes neveux ont … de vous à leurs camarades.
- Mes neveux souhaitent … de vous lors de la réunion.

accroché – accrocher
- Pour … cette affiche, tu as besoin de punaises.
- Tu as … cette affiche dans le couloir.

passée – passer
- Cette femme ne peut pas … par ici.
- Cette femme est … il y a deux minutes.

4 ★★ **Remplace les formes verbales de** faire **par l'un des verbes suivants.**

réaliser – mesurer – pratiquer – effectuer – créer
- Malika a fait des bijoux.
- Faire un sport est bon pour la santé.
- Elle a correctement fait ses additions.
- Nous avons fait une maquette de ce château.
- Il doit faire 1,85 m.

5 ★★ **Transforme comme dans l'exemple. Attention aux accords !**

Ex. : **inviter** des amis → des amis **invités**

manquer un train – mélanger des ingrédients – percer des oreilles – peupler une région – proposer des exercices – rassurer une fillette

6 ★★★ **Complète ces phrases par les terminaisons qui conviennent (**-é **ou** -er**). Attention aux accords !**
- Boulevers… par la nouvelle, elle a pleur… un long moment.
- Le médecin va plâtr… le bras cass… de Léonie.
- Ils ne veulent pas nous quitt… sans nous donn… leur adresse.
- As-tu devin… ce qui va arriv… ensuite ?
- Très concentr…, les joueurs s'apprêtent à entr… sur le terrain.

7 ★★★ **Invente des phrases dans lesquelles tu utiliseras chaque verbe sous la forme d'un participe passé et d'un infinitif.**

Ex. : fermer → Nous avons **fermé** la porte à clé.
Clara va **fermer** le magasin à 19 heures.

envoyer – appeler – glisser – marquer

8 ★★★ **Complète ces phrases avec un verbe en** -er **de ton choix qui sera sous la forme d'un participe passé ou d'un infinitif.**
- Noam a … le gâteau en huit parts égales.
- Une fois son travail …, elle est sortie.
- Oh ! Un hérisson vient de … devant nous !
- Peux-tu m'… mes gants, s'il te plaît* ?
- Je me suis … le doigt avec ce couteau pointu.
- Il aime beaucoup … aux cartes avec ses amis.
- Tu vas enfin … ton rêve !

9 ★★★ **Complète les verbes par les terminaisons qui conviennent (**-é **ou** -er**). Attention aux accords !**

Laurent aimait march… dans la forêt. Le jeune homme entendit chant… un pinson perch… sur une branche élev…. Les bourgeons avaient commenc… à pouss…. Le soleil avait perc… les nuages et il voyait ses rayons pass… entre les arbres. Il s'arrêta quelques instants pour observ… des fourmis occup… à cherch… de la nourriture.

Je repère dans un texte

Dans le texte pp. 72-73, relève entre les lignes 22 et 34 tous les verbes qui se terminent par **-é** ou **-er**. Explique leur terminaison.

J'écris

Décris *La Grande Vague de Kanagawa* en utilisant au moins deux participes passés en **-é** et deux infinitifs en **-er**.

Grammaire

Compétence : Savoir distinguer les phrases simples et les phrases complexes.
Texte en lien : *Keith Haring, et l'art descend dans la rue !*, p. 74.

Phrase simple et phrase complexe

Je lis et je réfléchis

Pendant que leurs parents travaillent, ils jouent. [...] Ces enfants vivent au 16e siècle, il y a plus de quatre cents ans. [...] À l'époque, les enfants de paysans ou d'artisans ne possèdent guère de jouets. Ils se débrouillent avec des bouts de bois, d'os et de cuir. **Certains fabriquent des petits moulins avec des noix, d'autres font des bulles ou jouent avec les oiseaux qu'ils capturent.**

Claire d'Harcourt, *Voyage dans un tableau de Brueghel, Jeux d'enfants*, © Éditions Palette, 2008.

Pieter Brueghel l'Ancien, *Jeux d'enfants*, 1560.

1. Relève le verbe conjugué de la phrase soulignée. Donne son infinitif.

2. Relis la phrase en vert. Combien d'actions décrit-elle ?

3. Combien de verbes sont conjugués dans cette phrase ? Relève-les et donne leurs sujets.

4. Combien y a-t-il de verbes conjugués dans la phrase en gras ?
5. Observe le sujet des verbes en rouge. Que remarques-tu ?

Je manipule

Transforme chaque phrase complexe en deux phrases simples.

- J'ai cassé une assiette et maman m'a grondé.
- Pierre va à la bibliothèque et emprunte trois bandes dessinées.
- Sasha allume la télévision et le présentateur apparaît*.
- Dix minutes plus tard, elle prenait le téléphone et composait le numéro.

J'ai compris

- Une phrase qui ne comporte qu'un **seul verbe conjugué** s'appelle **une phrase simple** (même si elle est longue).
  À l'époque, les enfants de paysans ou d'artisans ne **possèdent** (verbe) guère de jouets.
- Une phrase qui comporte **plusieurs verbes conjugués** s'appelle **une phrase complexe**.
  Pendant que leurs parents **travaillent** (verbe 1), les enfants **jouent** (verbe 2).
- Pour identifier les verbes conjugués dans une phrase complexe, il faut bien **repérer les différentes actions ou descriptions** et bien **identifier le sujet qui les commande** :
  – les verbes peuvent avoir **le même sujet**. Certains peuvent alors être très éloignés de leur sujet :
  Le peintre (sujet 1) **observe** (verbe 1) la scène, **sort** (verbe 2) son carnet de dessins et **commence** (verbe 3) un croquis.
  – les verbes peuvent avoir **un sujet différent** :
  Certains (sujet 1) **fabriquent** (verbe 1) des petits moulins avec des noix, d'autres (sujet 2) **font** (verbe 2) des bulles.

Je m'exerce

1 ★ **Recopie uniquement les phrases complexes. *Comment peux-tu les trouver ?***
- Il a claqué la porte tellement fort que sa sœur a sursauté.
- Le joueur tomba sur la pelouse, victime de la bousculade.
- Quand ils sont revenus de la mine, les nains sont entrés dans la petite maison et ont trouvé Blanche-Neige inanimée.
- Poursuivie par les bandits, elle préféra se cacher dans un lieu sûr.
- Il transporte ses valises jusque dans sa chambre, puis décide de préparer le dîner*.

2 ★ **Souligne les verbes conjugués dans chaque phrase complexe.**
- Les musiciens montent sur scène, saluent le public, accordent leurs instruments et attendent le premier signe du chef d'orchestre.
- Les gendarmes arrêtent les véhicules qui dépassent la limite de vitesse.
- Dans mon jardin vit un hérisson qu'on peut apercevoir si on est très patient.
- Laura prit son élan, fit trois grands pas et franchit la barre qui indiquait 1,75 m.

3 ★ **Souligne les verbes conjugués dans chaque phrase. Indique s'il s'agit d'une phrase simple ou d'une phrase complexe.**
- Maman monte dans la voiture et démarre.
- Surpris par l'orage, ils coururent jusqu'à la maison.
- L'année dernière, pendant les grandes vacances, nous avons visité le Sud de l'Italie.
- Ilona ferma la porte à double tour, descendit l'escalier et sortit de l'immeuble.
- Je ne suis pas allé à la piscine car j'étais malade.

4 ★★ **Dans chaque phrase, souligne d'une même couleur les verbes conjugués et leurs sujets.**
- Le renard pénétra dans le poulailler mais le coq donna l'alerte.
- Marianne finissait ses devoirs et sortait jouer dans le jardin.
- Le peintre qui a réalisé ce tableau a vécu au XIXe siècle.
- Matthieu a compris qu'il pouvait compter sur toi.
- Le marin arpentait le pont et scrutait l'horizon.

5 ★★★ **Complète chaque phrase avec le verbe entre parenthèses pour former une phrase complexe. Attention à la conjugaison du verbe !**
- Enzo écrit une carte postale …. (envoyer)
- Au plus profond d'une sombre forêt vivait un bûcheron* …. (avoir).
- … quand tout à coup surgit sur le chemin un loup aux oreilles dressées. (se promener).
- Leïla ne pouvait pas nager dans ce lac …. (être)
- … mais ils réussirent à atteindre le sommet. (grimper)

6 ★★★ **Écris une phrase complexe avec chaque série de verbes.**

Ex. : enlever – accrocher → Manuel **enlève** son blouson et l'**accroche** au portemanteau de l'entrée.
- monter – sauter
- prendre – courir – franchir
- explorer – découvrir
- marcher – descendre – tourner
- mettre – partir
- se lever – manger – partir
- courir – nager – dormir

7 ★★★ **Souligne les verbes conjugués et relie-les à leurs sujets par une flèche. Donne ensuite leur infinitif.**

Je me souviens encore de cette journée où mon cousin m'emmena au parc d'attractions. Pour la première fois ce jour-là, je fis un tour de « montagnes russes ». Je montai avec une certaine appréhension dans le wagonnet mais je ne voulus rien montrer de ma peur à mon cousin. Je ne pus cependant m'empêcher de crier dans la première descente, car je crus que j'allais m'envoler, et j'avais l'impression que mon estomac remontait dans ma gorge. Mais au bout de quelques minutes, je m'habituai au rythme effréné des montées et descentes abruptes.

Je repère dans un texte

Dans le texte pp. 74-77, relève deux phrases simples et deux phrases complexes.

J'écris

Raconte en quatre phrases à quels jeux jouent les enfants du XXIe siècle. Utilise au moins deux phrases simples et deux phrases complexes.

Lexique

Compétences : Savoir ce que sont les homophones lexicaux, les repérer et les distinguer.
Texte en lien : *Qui a peint le premier tableau ?*, p. 72.

Les homophones lexicaux

Je lis et je réfléchis

Alexander Calder est né le 22 juillet 1898 près de Philadelphie (Pennsylvanie). Sa mère est peintre, son père et son grand-père sont des sculpteurs académiques réputés. Enfant, Calder passe son temps à bricoler dans le petit atelier que ses parents lui ont aménagé à la cave. Il aime tant fabriquer des objets qu'il choisit de **faire** des études d'ingénieur. [...]
En 1931, année où il épouse Louisa James avec qui il aura deux filles, il devient membre du groupe Abstraction-Création et commence à exposer régulièrement. Ses sculptures en fil de **fer** lui valent un succès rapidement international.

Caroline Larroche, *Calder : le magicien des airs*, © Éditions Palette, 2008.

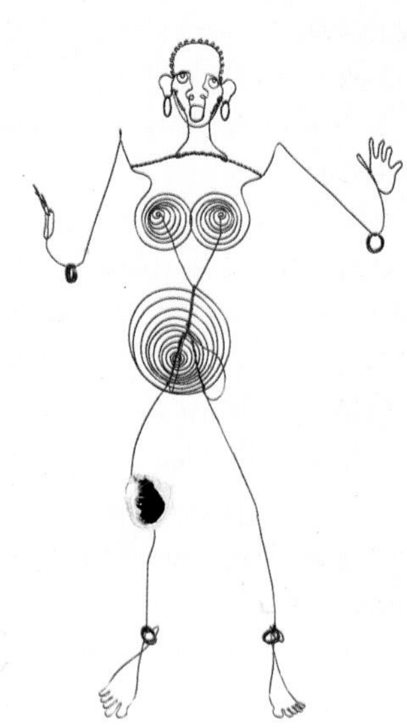

Alexander Calder, *Joséphine Baker*, 1928.

1. Lis les mots en gras à voix haute. Quel est leur point commun ?
2. Qu'est-ce qui les différencie ?
3. Trouve un mot qui se prononce de la même manière que le mot souligné. Quelle est son orthographe ?

Je manipule

Avec un(e) camarade, essayez de trouver l'orthographe de ces couples d'homophones. Comment avez-vous procédé ?

a.  

b.  

c.  

J'ai compris

- **Les homophones lexicaux** sont des mots qui **se prononcent de la même manière** mais qui **n'ont pas le même sens** : un fil de **fer** (la matière) – **faire** (verbe)
- Certains homophones s'écrivent différemment : le **cou** – un **coup**
- Certains homophones ont une orthographe identique. C'est **le contexte** qui indique alors le sens :
  Il achète une jolie **plante** verte. (un végétal) – Il a mal à la **plante** des pieds. (le dessous du pied)
- Pour vérifier l'orthographe des homophones, il faut regarder dans le dictionnaire.

Je m'exerce

1 ★ **Entoure les homophones dans chaque phrase.**
- Le maître* mesure ses planches de bois avec son mètre.
- Je dois aller à l'hôpital car je me suis cassé le doigt.
- J'irai prendre un verre avec mes amis vers huit heures.
- On entend le chant des oiseaux dans le champ du voisin.
- Anissa pousse un cri : elle vient de se pincer le pouce dans la porte.
- Les canes s'éloignent du bord de l'eau pour éviter les cannes à pêche des pêcheurs.
- Dans la cour du château, le gentilhomme fait la cour à la comtesse.

2 ★ **Dans chaque phrase, choisis l'homophone qui convient.**
- La (mer / mère) Michelle a perdu son chat.
- Il habite (vert / vers) la poste.
- C'est ton anniversaire le 20 (mais / mai).
- Je me régale de ce (bon / bond) plat.
- Ma tante met son chemisier en (soi / soie).
- Le (serf / cerf) galope dans la forêt.

3 ★ **Complète ces phrases avec l'homophone qui convient.**

a) conte / compte / comte
- Sa sœur vient d'ouvrir un … en banque.
- Monsieur le … habite dans ce château.
- J'aime lire ce … sur l'Égypte ancienne.

b) malle / mâle / mal
- Dans ce zoo, il y a un gorille … et deux gorilles femelles.
- Je me suis fait … à la cheville.
- Mon père a rangé cette vieille … dans le grenier.

4 ★★ **Complète ces phrases avec les homophones suivants.** ***Qu'est-ce qui t'a permis de trouver ?***

verre – ver – faim – fin – col – colle – ancre – encre
- Tu as taché le … de ta chemise.
- C'est le départ, les marins lèvent l'….
- Je prendrais bien un … de soda.
- La sonnerie retentit : c'est la … des cours.
- Mon tube de … est vide !
- Elle a vu un … ramper dans l'herbe.
- Il n'y a plus d'… dans l'imprimante.
- J'ai … ! Il est l'heure de déjeuner.

5 ★★ **Complète ces phrases par des homophones des mots en couleur.** ***Tu peux t'aider d'un dictionnaire.***
- Le professeur écrit la date au tableau.
  Mamie a acheté un kilo de ….
- Une phrase se termine par un point.
  Tu as reçu un coup de ….
- Ce gratin manque de sel.
  Kenza remonte la … de son vélo.
- Il a le teint pâle, il doit être malade.
  Du romarin et du … poussent dans mon jardin.

6 ★★★ **Complète ces phrases avec les homophones qui conviennent.**
- Victor prend le … tous les jours pour aller à l'école.
  Le film commence à neuf heures moins le ….
- Les enfants s'amusent à ramasser des pommes de ….
  Le client achète un … de campagne tranché.
- Ce soir, on plante la … dans ce camping.
  Elle a invité son oncle et sa … à déjeuner.
- Naël aimerait beaucoup danser avec ….
  De mon hublot, je peux voir l'… gauche de l'avion.

7 ★★★ **Emploie chacun des mots suivants dans une courte phrase. Tu peux t'aider d'un dictionnaire pour vérifier leur sens.**

une amande – une amende – un cap – une cape – sale – une salle

8 ★★★ **Remplace les mots en couleur par des homophones pour donner un sens à ces phrases.**
- La scène traverse pari et se jette dans la maire.
- Le médecin a pris le poux du malade pour entendre les battements de son chœur.
- Julien a renversé un sot d'os sur ma robe. J'attends qu'elle seiche.
- Diego boit un vert de laid chaux.

Je repère dans un texte

Dans le texte pp. 72-73, cherche un homophone de **dois** et un homophone de **haut** entre les lignes 25 et 34.

J'écris

Écris trois phrases dans lesquelles tu emploieras ces homophones : mettre – maître* – mètre.

Évaluation

Grammaire

1 Combien y a-t-il de pronoms sujets et de pronoms compléments dans cette phrase ?
Elle ouvre le coffret à bijoux que nous lui avons offert.
a. 3 pronoms sujets et 1 pronom complément
b. 2 pronoms sujets et 1 pronom complément
c. 1 pronom sujet et 1 pronom complément
d. 1 pronom sujet et 2 pronoms compléments
Voir p. 188

2 Avec quels pronoms peux-tu compléter cette phrase ?
... écoutent attentivement le morceau que ... joues pour ....
a. Nous / je / leur
b. Tu / elle / eux
c. Ils / tu / eux
d. Je / vous / leur
Voir p. 188

3 À quel groupe nominal se rapporte le pronom en couleur dans la phrase ?
Hubert et Mélissa sont arrivés tard, mais leurs camarades leur ont laissé deux parts de gâteaux.
a. leurs camarades
b. Hubert et Mélissa
c. deux parts de gâteaux
Voir p. 188

4 Combien de verbes conjugués y a-t-il dans cette phrase complexe ?
Dès qu'il avait un moment, Tom rejoignait Eliott qui habitait près de la rivière et ils partaient pêcher jusqu'au soir.
a. 5
b. 2
c. 4
d. 7
Voir p. 202

5 Quelle phrase n'est pas une phrase complexe ?
a. Trente secondes plus tard, les policiers arrivaient et bouclaient le quartier.
b. Pour le moment, nous sommes dans l'impossibilité de donner suite à votre demande.
c. Elle enfila son casque, enfourcha sa moto et démarra en trombe en un temps record.
d. Il y a ici quelqu'un qui souhaite vous parler.
Voir p. 202

Le verbe

6 Parmi ces phrases, laquelle est à l'imparfait ?
a. Nous faisons de notre mieux pour arriver à l'heure.
b. Nous ferions mieux de nous dépêcher.
c. Nous ferons une partie de tennis.
d. Nous faisions nos courses régulièrement.
Voir p. 186

7 Parmi ces verbes, lequel n'est pas conjugué à l'imparfait ?
a. vous soigniez
b. vous copiez
c. vous envoyiez
d. vous travailliez
Voir p. 186

8 Quelle phrase contient un verbe au futur simple ?
a. Mégane courut jusqu'à la maison.
b. Tu entendras les cloches sonner douze coups.
c. Mon père rassura Adèle et sa sœur.
d. Je déclarais le vol de mon portefeuille.
Voir p. 196

9 Quelles sont les formes verbales correctes pour compléter cette phrase ?
Sekou et Mila ... leur peinture quand elle ... sèche.
a. vernirons / serat
b. vernieront / seras
c. verniront / sera
d. vernira / seront
Voir p. 196

10 Quelle phrase contient un verbe conjugué à un temps composé ?
a. Vous danserez toute la nuit.
b. Vous avez bu un grand verre d'eau.
c. Vincent et toi pensiez que j'étais là.
d. Vous avez certainement une voiture.
Voir p. 198

11 Dans quelle phrase le verbe être **n'est-il pas auxiliaire ?**

a. Nous sommes partis avant midi.

b. Elle est venue me rendre visite.

c. Je suis sûre* qu'il dort profondément.

d. Ils sont allés au parc d'attraction.

Voir p. 198

Orthographe

12 Dans quelle phrase tous les participes passés employés comme adjectifs sont-ils correctement écrits ?

a. Les enfants apeuré pénétrèrent dans la forêt interdites.

b. Le clown porte un chapeau arrondie et une veste colorées.

c. Les fleurs fraîchement cueillie ont les tiges coupés.

d. Recouvrez les poires avec du chocolat fondu et des amandes effilées.

Voir p. 192

13 Quelles terminaisons faut-il ajouter aux participes passés employés comme adjectifs dans la phrase ?

Tu porteras à ta grand-mère un petit pot de beurre sal..., une galette bien cui... et des bananes flamb....

a. -ée / -tes / -ées

b. -é / -te / -ées

c. -és / -se / -ées

d. -ées / -te / -ée

Voir p. 192

14 Dans quelle phrase toutes les formes verbales en couleur sont-elles correctement écrites ?

a. Vous avez oublier votre porte-monnaie au supermarché.

b. Les livreurs ont bloqué un instant la rue pour déchargé leurs colis.

c. Les élèves ont changé de tenue avant d'aller au gymnase.

d. Tu pouvais grimpé cette côte sans t'arrêter.

Voir p. 200

15 Quelle est la terminaison du verbe en couleur ?

Quelques gardes vont surveill... l'entrée du bâtiment.

a. -er

b. -é

Voir p. 200

Lexique

16 Avec quel mot peux-tu compléter cette phrase ?

Ce conducteur est ..., il n'a conduit que trois fois depuis qu'il a son permis.

a. inexpérimenté

b. incorrigible

c. irréparable

d. illisible

Voir p. 190

17 Quelle est la signification du mot inatteignable **?**

a. qu'on ne peut pas éteindre

b. qu'on ne peut pas faire atterrir

c. qu'on ne peut pas atteindre

Voir p. 190

18 Quel mot n'appartient pas à la même famille que le mot forme **?**

a. déformant

b. formidable

c. formation

d. reformer

Voir p. 194

19 Quel mot est formé avec le radical vent **?**

a. invention

b. aventure

c. ventre

d. ventilateur

Voir p. 194

20 Parmi ces homophones, lequel convient pour compléter cette phrase ?

Le traîneau* rempli de cadeaux était tiré par des ....

a. reines

b. rennes

c. rênes

Voir p. 204

21 Associe chaque homophone à sa définition.

a. un cou	un prix
b. un coût*	un choc
c. un coup	une partie du corps

Voir p. 204

Orthographe

Compétences : Savoir identifier un attribut du sujet et l'accorder.
Texte en lien : *De mal en pis*, p. 86.

L'accord de l'attribut du sujet

Je lis et je réfléchis

L'OISILLONNE
Toi et moi sortons d'un œuf. Tu es un garçon, je suis une fille. Nous possédons tous deux des ailes... Mais, tout cela ne nous dit pas qui nous sommes exactement.

L'OISILLON
Des écureuils !

L'OISILLONNE
Des écureuils ?

L'OISILLON
Qui c'est qui niche au sommet des grands pins en volant de branches en branches ?... Les écureuils !

L'OISILLONNE
Mais, il est idiot ! Les écureuils, ça mange des noisettes. […]

Christian Jolibois, *Drôles d'Oiseaux*, © Christian Jolibois.

1. Relève les mots sur lesquels les mots ou groupes de mots en vert apportent des informations.
2. Quel est leur rôle dans la phrase ?
3. Quel verbe sépare les mots que tu as relevés et les mots ou groupes de mots en vert ?
4. Peux-tu déplacer ou supprimer les mots ou groupes de mots en vert ? Pourquoi ?

Je manipule

Associe chaque début de phrase à un attribut du sujet. Y a-t-il plusieurs solutions ? Qu'est-ce qui t'a permis de trouver ?

Nathalie était •	• silencieux.
Les spectateurs restèrent •	• fatiguée.
Le commissaire demeure •	• un homme impressionnant.
Ma cousine est •	• une danseuse de ballet.
Albert semble •	• étonnés.

J'ai compris

- **L'attribut du sujet** est un mot ou un groupe de mots qui donne **des informations sur les caractéristiques ou la manière d'être du sujet**. Il est essentiel à la phrase et ne peut être ni déplacé, ni supprimé.

  Tu es **un garçon**. (attribut du sujet) — Il est **idiot**. (attribut du sujet)

- L'attribut est relié au sujet par **un verbe d'état** (être, sembler, paraître*, demeurer, devenir, rester, avoir l'air…). Ces verbes sont dits « **d'état** » pour les distinguer des **verbes d'action**, qui sont **suivis d'un complément du verbe** (faire, manger, construire, parler…).

  Je suis **une fille**. (suis : verbe d'état ; une fille : attribut du sujet) — Il mange **un gâteau**. (mange : verbe d'action ; un gâteau : complément du verbe)

- L'attribut du sujet est le plus souvent **un adjectif**, **un nom** ou **un groupe nominal**. Il s'accorde **en genre et en nombre** avec le sujet.

  Elsa est **grande**. (adjectif) – Il est **boulanger**. (nom) – Nous sommes **des écureuils roux du Canada**. (groupe nominal)

Je m'exerce

1 ★ **Remplace le verbe** être **par l'un des verbes suivants. Souligne ensuite les attributs du sujet.**

rester – paraître* – devenir – sembler – demeurer

- Le cordonnier est un homme sympathique.
- Ce serpent est venimeux.
- Cette nageuse sera championne olympique.
- Les deux fauteuils étaient confortables.
- La coccinelle est un insecte utile.

2 ★ **Encadre le verbe, souligne le sujet en bleu et l'attribut du sujet en vert.**

- Mon grand-père demeure un homme solide.
- Le sourire de la *Joconde* restera mystérieux.
- La Belgique est un pays voisin de la France.
- La souris avait l'air effrayée.
- Le bâtiment semblait désert.
- Claire est devenue une architecte renommée.

3 ★ **Souligne les attributs du sujet et indique s'ils sont des adjectifs ou des groupes nominaux.**

- Mamadou est un bon joueur de handball.
- Ces pantalons paraissaient larges.
- L'attitude de ce passant semble étrange.
- Malgré notre dispute, Mia est restée mon amie.
- Benjamin et Lana seront chefs d'équipe.

4 ★ **Parmi les adjectifs en couleur, relève ceux qui sont attributs du sujet.** ***Comment les as-tu trouvés ?***

- Le Prince charmant entra dans le palais royal.
- Les berges de la rivière paraissent glissantes.
- Le petit village semble tranquille.
- Le dentiste a soigné la dent cariée du patient.
- Tes nouvelles boucles d'oreilles sont superbes.
- Êtes-vous souffrants ?

5 ★★ **Accorde les attributs si nécessaire.**

- Ils sont favori… pour le prochain match.
- Ce calcul semble tout à fait correct….
- La mère de Lucie est pharmacien….
- Toutes les guitares paraissent accordé….
- Samira est un… bon… élève….
- Le loup reste affamé….

6 ★★ **Mets le sujet de chaque phrase au féminin.** ***Que dois-tu vérifier ?***

- Mon père semble inquiet.
- Ces coqs paraissent inoffensifs.
- Le petit garçon est endormi.
- Ils restent des couturiers sérieux.
- Son frère est devenu acteur de théâtre.

7 ★★ **Mets le sujet de chaque phrase au singulier. Attention aux accords !**

- Les fleurs semblent fanées.
- Les nuages resteront menaçants.
- Ces vêtements paraissaient neufs.
- Ils paraissent satisfaits de leurs cadeaux.
- Elles seront ravies de vous voir.

8 ★★ **Remplace les sujets de chaque phrase par ceux proposés entre parenthèses. N'oublie pas les accords !**

- Le temps devenait menaçant. (La tempête)
- Ces œuvres semblent originales. (Ces tableaux)
- Malgré sa fatigue, le petit garçon restait actif. (les filles)
- La carte de ce restaurant paraît* variée. (Les plats)
- Mon voisin est un homme généreux. (Ma voisine)

9 ★★★ **Accorde l'adjectif entre parenthèses.**

- L'attente ne sembla pas trop (long).
- La table de salle à manger est (ancien).
- Ces traits paraissent (vertical).
- Elles ont été (gagnant) de ce concours.
- Ces poires et ces fraises sont (mûr).

10 ★★★ **Complète chaque phrase avec un attribut du type indiqué entre parenthèses. Fais les accords nécessaires.**

- La reine d'Angleterre semble …. (adjectif)
- Les vaches resteront …. (groupe nominal)
- Clovis est devenu …. (groupe nominal)
- Mes pommiers avaient l'air …. (adjectif)
- La Méditerranée demeure …. (adjectif)
- Les gratte-ciel* sont …. (groupe nominal)

11 ★★★ **Complète chaque phrase avec un sujet de ton choix.** ***À quoi dois-tu faire attention ?***

- … paraissent très légers.
- … a l'air satisfait de son achat.
- … demeurait un endroit agréable.
- … restent effrayantes.

Je repère dans un texte

Dans le texte pp. 86-89, relève un attribut du sujet entre les lignes 52 et 57. Indique son genre et son nombre.

J'écris

Écris trois phrases pour donner des informations sur ton animal préféré. Utilise trois verbes d'état.

Compétences : Savoir identifier et conjuguer les verbes au passé composé.
Texte en lien : *De mal en pis*, p. 86.

Le passé composé

Je lis et je réfléchis

La scène se passe dans un restaurant.
DEUX : Alors nous sommes partis. Résultat...
UN : Résultat, je n'ai plus faim. C'est un résultat.
DEUX : Oui, seulement, c'est moi qui commence à avoir faim. À cette heure-ci.
UN : Drelin drelin !
DEUX : Pourquoi vous faites : drelin drelin ?
UN : C'est vous qui m'avez appris le truc, le jour où la sonnette ne marchait pas, vous avez fait : drelin drelin. [...]
DEUX : Oui. Eh bien, ça ne fait pas venir le garçon. [...]
UN : Moi, ce qui m'étonne, c'est que vous ayez encore faim. Parce que moi, quand j'ai vu passer le lapin aux épinards, là-bas, tout à l'heure, eh bien ça m'a coupé l'appétit.

Roland Dubillard, *Le Gobe-douille et autres diablogues*,
© Éditions Gallimard, 2013.

1. Les phrases en vert sont-elles au passé, au présent ou au futur ?
2. Donne l'infinitif de chacun des verbes soulignés. Sont-ils conjugués à un temps simple ou à un temps composé ?
3. Repère à chaque fois le participe passé et le verbe auxiliaire utilisé.
4. Observe la terminaison du participe passé en rouge. Que se passe-t-il si tu remplaces le sujet **nous** par **elles** ?

Je manipule

Donne le participe passé de ces verbes. À l'oral, utilise-les ensuite dans des phrases au passé composé.
obéir – manger – dire – répondre – venir – prendre – ouvrir

J'ai compris

- **Le passé composé** est un temps composé. Il est **formé de deux mots** : **un auxiliaire** (**être** ou **avoir**) conjugué au présent et **le participe passé du verbe conjugué**.

Nous	sommes	partis.	Vous	avez	fait.
	auxiliaire *être* au présent	participe passé du verbe *partir*		auxiliaire *avoir* au présent	participe passé du verbe *faire*

- **Les participes passés des verbes** se terminent de différentes façons :
  – en **-é** pour les verbes en **-er** et pour le verbe **être** : couper → elle a coup**é** – être → j'ai ét**é**
  – en **-i** pour la plupart des verbes en **-ir** : grandir → tu as grand**i** – sortir → je suis sort**i**
  – en **-u** : venir → tu es ven**u** – voir → elle a v**u** – défendre → vous avez défend**u** – avoir → j'ai e**u**
  – en **-s** : prendre → vous avez pri**s** – mettre → ils ont mi**s**
  – en **-t** : peindre → il a pein**t** – faire → j'ai fai**t** – ouvrir → tu as ouver**t** – dire → elles ont di**t**
- Avec l'auxiliaire **avoir**, le participe passé **ne s'accorde pas** avec le sujet du verbe : Elles ont attend**u**. – Ils ont dîn**é**.
- Avec l'auxiliaire **être**, le participe passé **s'accorde en genre et en nombre** avec le sujet du verbe, comme un adjectif attribut : Les serveuses sont entr**ées**. – Les clients sont ven**us**.

Je m'exerce

1 ★ **Souligne les verbes conjugués au passé composé.**

- La fleuriste a vendu cinq bouquets ce matin.
- Nous sommes allées à Nîmes au mois d'août.
- Tu as déménagé samedi dernier.
- Papa a mis son joli costume pour la cérémonie.
- Soline n'a pas encore défait ses valises.
- L'avion a atterri en douceur sur la piste.
- Avez-vous lu le roman que je vous ai prêté ?

2 ★ **Complète chaque phrase avec un pronom qui convient.**

- ... sommes montés au deuxième étage.
- ... as vu un magnifique chien dans la rue.
- Avez-... éteint votre portable ?
- ... a compris l'énoncé du problème.
- Finalement, ... ai suivi vos conseils.
- La pluie commençait à tomber, mais ... sont revenues juste à temps.

3 ★★ **Remplace le sujet par le sujet entre parenthèses. Attention à l'accord de l'auxiliaire !**

- Tu as renversé le verre de lait sur le tapis. (Nous)
- Mes amies ont reçu ma carte postale de Turquie. (Ma cousine)
- Oumar a peint un paysage de montagne. (Mes frères)
- Nous avons découvert un nid de guêpes dans le jardin. (Elles)
- Je suis sorti du magasin à 19 heures. (Vous)
- Vous avez transmis les informations. (J')

4 ★★ **Complète ces phrases avec le verbe** avoir **ou le verbe** être **conjugué au passé composé.**

- Vous ... des nouvelles de Dylan.
- Les épreuves ... difficiles.
- Nous ... heureux de faire votre connaissance.
- Tu ... du mal à monter cette côte.
- J'... prudent tout au long du trajet.
- Elles ... très peur pour toi !

5 ★★ **Conjugue les verbes entre parenthèses au passé composé.**

- Le chirurgien (opérer) son patient ce matin.
- Mon meilleur ami (faire) le tour du monde.
- Papa (servir) le dîner*.
- Élise (reprendre) un morceau de fromage.
- Maël et Félix (partir) au Mexique.
- Elle (descendre) à la cave.
- J'(entendre) mon réveil sonner.

6 ★★ **Dans chaque série, entoure le verbe qui se conjugue avec l'auxiliaire** être**.**
Fais des phrases pour t'aider.

- sentir – venir – cueillir – mentir
- entendre – attendre – faire – partir
- dormir – aller – fuir – saisir
- demandre – suivre – asseoir – rire

7 ★★★ **Conjugue les verbes de chaque phrase au passé composé.**

- Nous choisirons cette jolie paire de chaussures.
- Vous inscrivez vos enfants au cours de théâtre.
- Je peux te rapporter des épices d'Inde.
- Les élèves connaissent leur table de 8 par cœur.
- Ils arrivaient au bon moment.
- Karine et Rebecca vont au cinéma.
- Je comprends cette leçon.

8 ★★★ **Écris une phrase avec chaque verbe conjugué au passé composé. Utilise les personnes indiquées entre parenthèses.**

rentrer (1re personne du pluriel) – démolir (1re personne du singulier) – tenir (3e personne du singulier) – conduire (2e personne du pluriel) – permettre (2e personne du singulier) – devenir (3e personne du pluriel)

9 ★★★ **Recopie ce texte et remplace** Aujourd'hui **par** Hier**. Conjugue les verbes au passé composé.**

Aujourd'hui, nous allons dans la forêt pour participer à une course d'orientation. Par chance, il fait beau. La maîtresse* forme les équipes, puis nous prenons un plan et une boussole. Leïla, Baptiste et moi partons aussitôt à la recherche des balises numérotées. Au bout de quelques minutes, nous découvrons la première balise ! Encouragés par cette trouvaille, nous poursuivons notre parcours et dénichons sans problème les autres balises. Nous finissons largement en tête de la course !

Je repère dans un texte

Dans le texte pp. 86-89, relève deux verbes conjugués au passé composé entre les lignes 39 et 44 et donne leur infinitif.

J'écris

Raconte ce que tu as fait dimanche dernier. Utilise au moins quatre verbes au passé composé.

Grammaire

Compétence : Savoir distinguer le complément du verbe et l'attribut du sujet.
Texte en lien : *De mal en pis*, p. 86.

Distinguer complément du verbe et attribut du sujet

Je lis et je réfléchis

BOUT DE BOIS : [...] Je ne sais pas lire, je suis un bout de bois.
BOUT D'ALU : Et alors ? Moi je suis un bout d'aluminium et je sais lire.
BOUT DE BOIS : Est-ce qu'il y aura mon père dans la baleine ?
BOUT D'ALU : Le tien non, mais le mien, oui.
BOUT DE BOIS : T'es sûr ?
BOUT D'ALU : C'est ce qu'on m'a dit. Et il va me transformer en pantin et je vivrai **des aventures**. J'irai à l'école des ingénieurs incroyables et je deviendrai un garçon brillant et plus tard un homme brillant et célèbre. J'épouserai **une fée**, j'aurai **sept usines d'aluminium**, les gens travailleront pour moi, je me reposerai toute la journée, je m'appelle Pinocchio.
BOUT DE BOIS : Eh, ça va pas ! C'est moi Pinocchio !

Jean Cagnard, *Bout de bois. D'après l'infatigable, l'inoxydable Pinocchio*, © Jean Cagnard.

1. Observe les groupes de mots en gras. Quelles indications donnent-ils sur le verbe qui les précède ?
2. Quel est leur rôle dans la phrase ?
3. Donne l'infinitif des verbes en rouge. Est-ce que ce sont des verbes d'action ou des verbes d'état ?
4. Quel est le rôle des mots et groupes de mots soulignés dans la phrase ?

Je manipule

Remplace le verbe en couleur par le verbe **être** quand c'est possible.
Que peux-tu dire des mots ou groupes de mots qui suivent ces verbes ?

- Max invite ses amis pour le goûter*.
- Même en ruine, ce château reste un bâtiment impressionnant.
- Le conducteur du bus semble attentif.
- Éliette appelle un taxi.
- Le libraire vend des livres de poche.
- Louise demeure une femme sympathique.

J'ai compris

- Le complément du verbe et l'attribut du sujet **font tous les deux partie du prédicat** : ils ne peuvent être **ni déplacés, ni supprimés**.
- Pour les distinguer, il faut observer le verbe de la phrase :
  - si c'est **un verbe d'action**, le mot ou groupe de mots placés après le verbe est **un complément du verbe**.
    Le pantin **épousera** une fée.
    v. d'action c. du verbe
  - si c'est **un verbe d'état**, le mot ou groupe de mots placés après le verbe est **un attribut du sujet**.
    Le petit bonhomme **est** un bout de bois.
    v. d'état att. du sujet

Je m'exerce

1 ★ **Indique si les deux groupes de mots en couleur sont une seule personne ou deux personnes différentes.**
- Pinocchio est un pantin de bois.
- Le menuisier fabrique un pantin de bois.
- Béatrice pensait à sa cousine éloignée.
- Béatrice restait une cousine éloignée.
- Il demeura longtemps un roi puissant.
- Il servit longtemps un roi puissant.

2 ★ **Pour chaque paire de phrases, indique si le groupe de mots en couleur est un complément du verbe ou un attribut du sujet.**
- M. Moulard est un garagiste.
  M. Moulard appelle un garagiste.
- Ta nièce admire cet acrobate.
  Ta nièce deviendra acrobate.
- Il obéit au professeur d'histoire.
  Il est professeur d'histoire.
- Elles restaient de grandes championnes.
  Elles applaudissaient les grandes championnes.

3 ★ **Recopie uniquement les phrases où les mots ou groupes de mots en couleur sont des compléments du verbe.**
- Benjamin sera le chef d'équipe.
- Cette tarte aux abricots semble délicieuse.
- Le jardinier entretient le massif de fleurs.
- Les élèves ont appris une jolie poésie.
- Cette aventure est restée un très bon souvenir.

4 ★ **Dans chaque phrase, souligne en bleu les compléments du verbe et en vert les attributs du sujet.** ***Qu'est-ce qui peut t'aider à trouver ?***
- Gabrielle aime les jeux vidéo.
- Grégoire n'a pas l'air en forme.
- Ils demeurèrent étonnés.
- Elles demandèrent une autorisation.
- Le saumon remontait le courant.

5 ★ **Complète ces phrases avec les verbes proposés.**
est devenue – a terminé – chasse – semble
- La lionne ... des antilopes.
- Manuela ... archéologue.
- La lionne ... assoiffée.
- Manuela ... son sandwich.

6 ★★ **Dans chaque série de verbes, barre l'intrus. Explique ton choix.**
- disparaître* – apparaître* – paraître* – connaître*
- demeurer – devenir – prévenir – être
- trembler – sembler – combler – assembler

7 ★★ **Avec les sujets proposés, forme des phrases qui contiennent soit des compléments du verbe, soit des attributs.**
Ex. : Les éléphants .... (complément du verbe) → Les éléphants **mangent** des fruits et des racines.
verbe d'action — complément du verbe
- Le vent .... (attribut du sujet)
- M. et Mme Pérot .... (complément du verbe)
- Nous .... (complément du verbe)
- Les tables .... (attribut du sujet)

8 ★★★ **Recopie ce texte sur un ordinateur. Souligne les verbes en rouge, les attributs du sujet en vert et les compléments du verbe en bleu.**
Le public était attentif. Sur la piste, le couple de patineurs exécutait des figures périlleuses. Glissant à grande vitesse, le champion souleva sa jeune partenaire à bout de bras. Elle semblait légère comme une plume.

9 ★★★ **Complète ces phrases avec un verbe qui convient, selon les indications entre parenthèses qui concernent le groupe de mots en couleur.**
- Amélie ... une infirmière. (attribut du sujet)
  Amélie ... une infirmière. (complément du verbe)
- Le seigneur de ce château ... un grand guerrier. (complément du verbe) / Le seigneur de ce château ... un grand guerrier. (attribut du sujet)
- Nous ... des collectionneurs passionnés. (complément du verbe) / Nous ... des collectionneurs passionnés. (attribut du sujet)

10 ★★★ **Fais des phrases avec les groupes nominaux proposés, d'abord comme attributs du sujet, puis comme compléments du verbe.**
Ex. : une émission de télévision → Ce jeu est **une émission de télévision**. (attribut du sujet) – Damien regarde **une émission de télévision**. (complément du verbe)
un médecin réputé – un poisson – des animaux de la jungle – les pays d'Europe

Je repère dans un texte

Dans le texte pp. 86-89, relève un complément du verbe et un attribut du sujet entre les lignes 35 et 50.

J'écris

Comme Bout d'alu, imagine ce que tu feras dans l'avenir. Écris quatre phrases dans lesquelles il y aura deux attributs du sujet et trois compléments du verbe.

Compétence : Savoir distinguer les homophones grammaticaux fréquents.
Texte en lien : *Le Bourgeois gentilhomme*, p. 84.

Les homophones grammaticaux (1)

Je lis et je réfléchis

IRÈNE
Mon père était magnifique, son dos surtout, un dos fin, remarquable. Et ma mère, une jolie sarrasine **à** l'huile d'olive. Quel couple !
SAMUEL
Tu **as** des frères et sœurs ?
IRÈNE
Désolée, tout un banc de ma famille m'est inconnu. Vous savez, l'océan est profond. Sous l'eau, on n'y voit goutte.
SIMON
Dis, Irène, on peut te prendre en photo ?

Pef, « La Petite Irène », *Le Théâtre de Motordu*,
© Éditions Gallimard, 2005.

1. Lis les mots en gras à voix haute. Que remarques-tu ?
2. Pourquoi ne s'écrivent-ils pas de la même manière ?
3. Procède de la même manière avec les mots soulignés.

Je manipule

Les mots en couleur sont-ils des verbes ? Transforme les phrases au pluriel pour le savoir.
- La forêt est sombre.
- On entend un bruit étrange.
- Elle a pris son manteau.
- Ma grand-mère a une maison à la campagne.

J'ai compris

- **Les homophones grammaticaux** sont des mots qui se prononcent de la même manière mais qui n'appartiennent pas à la même classe de mots :
  – **et** (mot de liaison) / **est** (forme conjuguée du verbe **être**) ;
  – **on** (pronom) / **ont** (forme conjuguée du verbe **avoir**) ;
  – **son** (déterminant) / **sont** (forme conjuguée du verbe **être**) ;
  – **à** (mot invariable) / **a** (forme conjuguée du verbe **avoir**).
- Attention à ne pas confondre **on** / **on n'** / **ont** !
  – **on** est un pronom. On peut le remplacer par **il** ou **elle** : **On** est assis. → **Il** est assis.
  – **on n'** est un pronom suivi de la négation **n'**. On peut le remplacer par **il** ou **elle** : **On n'**y voit rien du tout. → **Il n'**y voit rien du tout.
  – **ont** est la forme conjuguée du verbe **avoir**. On peut le remplacer par **avaient** ou **auront** : Ils **ont** une jolie maison. → Ils **avaient** une jolie maison.

Je m'exerce

1 ★ **Mets un accent grave sur le** a **quand c'est nécessaire.** ***Comment vas-tu procéder ?***
- Vincent a un vélo a dix vitesses.
- Corine a deux leçons a apprendre.
- Mon collègue a déjeuné a la cantine a midi.
- Il y a des bus a deux étages a Londres.
- Le président a fait un discours a 20 heures.
- On a écouté cette musique a la radio.

2 ★ **Choisis le bon homophone entre parenthèses.**
- (On / On n' / Ont) a appris que les horaires (on / on n' / ont) changé.
- (On / On n' / Ont) est très heureux, (on / on n' / ont) a eu notre examen !
- Où (on / on n' / ont)-ils posé le ventilateur ? (On / On n' / Ont) commence à avoir chaud !
- (On / On n' / Ont) avait pas de crème solaire. Ils nous (on / on n' / ont) prêté la leur.
- Ces papillons (on / on n' / ont) de belles couleurs. (On / On n' / Ont) essaie de les photographier mais (on / on n' / ont) y arrive pas toujours !

3 ★ **Complète ces phrases par** est **ou** et. ***Comment peux-tu vérifier tes réponses ?***
- Rémi ... prêt pour la rentrée : il a acheté des stylos ... des cahiers.
- Ahmed ... à la plage ... il construit un château de sable.
- Avec son bonnet ... son écharpe, Sami ... allé affronter le froid.
- Elle ... tombée ... sa mère ... arrivée pour la soigner.
- Cette dame ... son fils habitent l'appartement qui ... à côté du mien.
- Mon frère ... malade, il a de la fièvre ... le nez tout rouge.

4 ★★ **Choisis le bon homophone entre parenthèses.**
- Il (est / et) à la bibliothèque (est / et) il lit une bande dessinée.
- Elle a pris (sont / son) manteau et ils (sont / son) sortis.
- Victor et (sont / son) frère (sont / son) très sympathiques.
- (A / À) 18 heures, Maxime (a / à) rendu son dossier.
- Hier, (on / ont) a regardé un film (a / à) la télévision.
- Chaque matin, (on / ont) se lève (a / à) 7 h 30 (et / est) mes parents nous emmènent à l'école.

5 ★★ **Complète ces phrases par** a **ou** à.
- Il ... apprécié mon thé ... la menthe.
- Le cheval ... encore trois obstacles ... franchir.
- Vous devez apporter le colis ... Éloïse ... la fin de la journée.
- Il y ... de gros nuages, alors elle ... pris son parapluie.
- Jim ... du mal ... voir les bateaux ... l'horizon.

6 ★★ **Complète ces phrases par** sont **ou** son.
- Il décroche ... téléphone et demande à Noé si ses parents ... là.
- Willy répond à ... maître* que ses camarades ... malades.
- « Vos baguettes ...-elles bien cuites ? » demande Papa à ... boulanger.
- ... chat a poursuivi les souris quand elles ... sorties de leur cachette.
- Blandine et ... frère ... partis en Allemagne.
- ... manteau est posé sur ... lit et ses gants ... dans le salon.

7 ★★★ **Complète avec** on, on n' **ou** ont.

Hier soir, ... a assisté à un concert de jazz. Malheureusement, ... était loin de la scène et ... a pas très bien vu les musiciens. Mais ils ... joué des airs entraînants* et ... était très heureux d'entendre cette musique. ... a pas vu le temps passer ! ... espère pouvoir y retourner bientôt.

8 ★★★ **Complète avec** est, et, sont **ou** son.
- Quentin ... Samira ... très appréciés de tous leurs amis.
- Ses chemises ... sèches ... ... pull aussi.
- Les ennemis ... vaincus grâce au prince ... à ... armée de courageux soldats.
- Pauline ... partie avec ses parents et ... frère : ils ... allés au Mexique ... au Brésil.
- Ma mère ... inquiète ... appelle ... amie : « Malo ... Jordan ...-ils bien arrivés chez toi ? »

Je repère dans un texte

Dans le texte pp. 84-85, relève deux paires d'homophones grammaticaux.

J'écris

Écris deux autres répliques pour continuer le texte de la page 214. Emploie au moins deux paires d'homophones grammaticaux.

Lexique

Compétence : Savoir repérer les mots appartenant à un même champ lexical.
Texte en lien : *Le Bourgeois gentilhomme*, p. 84.

Le champ lexical

Je lis et je réfléchis

Bouli porte un tablier et une toque de chef cuisinier. Daddi a noué une serviette autour de son cou.

BOULI MIRO : En entrée : « Légumes et fruits d'automne cuisinés main dans la main en cocotte au jus de raisin muscat et piment des squelettes. »

DADDI ROTONDO : C'est absolument...

BOULI MIRO : Suivi de : « Gamberoni du golfe de Gênes poêlés au piment des squelettes, cèpes marinés d'un filet d'huile d'olive, échalote ciselée et persil plat, train corail pilé au mortier. »

DADDI ROTONDO : Ça a l'air tellement... [...] Je suis obligé de tout finir ce soir ?

BOULI MIRO : T'en fais pas, en dessert, j'ai juste fait un « Fondant à la nougatine, accompagné d'une boule de glace à la moustache ».

Fabrice Melquiot, *Bouli redéboule*, © L'Arche Éditeur, 2005.

1. Observe les mots et groupes de mots en couleur. À quel domaine se rapportent-ils ?
2. À quel type de mots appartiennent les mots en bleu ?
3. À quel type de mots appartiennent les mots en rouge ?

Je manipule

1. Trouve le domaine qui correspond à chaque série.
la musique – la géométrie – le cirque – la mer
- un triangle – perpendiculaire – tracer – une droite
- une vague – naviguer – salée – un port
- chanter – une partition – un piano – rythmé
- un chapiteau – une trapéziste – jongler – dompté

2. Les mots de deux domaines ont été mélangés : celui du **théâtre** et celui du **sport**. Classe ces mots.
un entraîneur* – un rideau – la scène – le gymnase – la compétition – une actrice – athlétique – une pièce – musclé – saluer – courir – l'entracte – le décor – lancer

J'ai compris

- **Le champ lexical** regroupe l'ensemble des mots qui expriment **la même idée** ou qui se rapportent au **même domaine**. Il peut être composé :
  – de **noms communs** ou de **noms propres** :
  une cocotte – des légumes – un chef – un dessert...
  – de **verbes** : cuisiner – déguster – rôtir – beurrer – cuire...
  – d'**adjectifs** : délicieux – savoureux – croustillant – amer...
- Dans un champ lexical, on peut trouver **des mots de la même famille**.
  un restaurant – se restaurer – la restauration – un restaurateur...

} champ lexical de la cuisine

Je m'exerce

1 ★ **Complète chaque série de mots avec un nom et un verbe de la liste.**
un titre – dépenser – une pile – trotter – brancher – un cavalier – la banque – lire
- le cheval : une selle – des sabots – le crin – …
- l'argent : un euro – riche – un porte-monnaie* – …
- l'électricité : une ampoule – allumé – une prise – …
- le journal : un article – quotidien – une page – du papier – …

2 ★ **Souligne tous les mots qui appartiennent au champ lexical de la coiffure.**
Laurie entra dans le salon. Son coiffeur l'accueillit et la fit asseoir* sur un fauteuil. La jeune femme lui expliqua qu'elle souhaitait une nouvelle coupe et que ses cheveux soient frisés. Son coiffeur lui suggéra de les éclaircir avec quelques mèches. Quand ils furent d'accord, il prépara les bigoudis, le peigne et les ciseaux. Puis il guida sa cliente jusqu'au bac à shampoing.

3 ★ **Trouve à quel champ lexical appartiennent les mots de chaque série.**
- neige – froid – gelé – décembre – frissonner – glacial
- cartable – récréation – cahier – écrire – apprendre – préau
- couler – rivière – boire – désaltérant – liquide
- selle – pédaler – course – rouler – guidon

4 ★★ **Écris au moins trois mots appartenant à chaque champ lexical.**
la peinture – la pêche – le chocolat – l'espace

5 ★★ **Construis un tableau à trois colonnes (**la vue**,** l'odorat **et** l'ouïe**) et classe ces mots.**
le parfum – écouter – sentir – un murmure – une couleur – apercevoir – puant – bruyant – flairer – observer – un paysage – chuchoter

6 ★★ **Barre l'intrus dans chaque série de mots. Explique ton choix.**
- le sommet – les Alpes – un sous-marin – l'altitude
- conduire – tourner – freiner – se garer – grandir
- ensoleillé – affamé – nuageux – l'orage – chaud – la grêle
- la souris – un écran – une gomme – le clavier – imprimer

7 ★★★ **Les mots de deux champs lexicaux ont été mélangés. Retrouve ces champs lexicaux et classe ces mots.**
un ovipare – dénombrer – expérimenter – la division – un angle – vivant – le corps – un énoncé – calculer – le volcanisme – la respiration – décimal

8 ★★★ **Complète le tableau.**

Champ lexical	2 noms	2 verbes	1 adjectif
les oiseaux	les ailes – une pie	voler – gazouiller	perché
la forêt	… – …	… – …	…
…	aliment – …	manger – …	…
l'été	… – …	… – …	…
…	flammes – …	… – …	brûlant*

9 ★★★ **Trouve dans cette grille douze mots qui appartiennent au champ lexical du** jardin **(il y a neuf noms et trois verbes).**

I	J	A	R	D	I	N	I	E	R	B
G	P	L	A	N	T	E	R	T	A	R
R	U	P	C	V	O	L	Q	I	R	A
A	H	A	I	E	H	W	K	G	R	N
I	X	G	N	T	E	R	R	E	O	C
N	F	L	E	U	R	D	B	M	S	H
E	Y	L	L	O	B	E	A	S	E	E
T	A	I	L	L	E	R	C	H	R	O

Je repère dans un texte

Dans le texte pp. 84-85, relève les mots qui appartiennent au champ lexical du visage.

J'écris

Décris ton sport préféré en trois phrases. Utilise au moins quatre noms, deux verbes et un adjectif qui appartiennent au champ lexical de ce sport.

Le verbe

Compétence : Savoir conjuguer les verbes au passé simple.
Texte en lien : *La Cigale et les Fourmis*, p. 97.

Le passé simple

Je lis et je réfléchis

Le Lion et le Rat reconnaissant

Un lion dormait ; un rat s'en vint trottiner sur son corps. Le lion, se réveillant, le saisit, et il allait le manger quand le rat le pria de le relâcher, promettant, s'il lui laissait la vie, de le payer en retour. Le lion se mit à rire et le laissa aller. Or il arriva que peu de temps après il dut son salut à la reconnaissance du rat. Des chasseurs en effet le prirent et l'attachèrent à un arbre avec une corde. Alors le rat, l'entendant gémir accourut, rongea la corde et le délivra.[...]

Ésope, « Le Lion et le Rat reconnaissant », *Fables*,
traduction d'Émile Chambry.

1. Cet texte est-il écrit au passé, au présent ou au futur ?
2. Observe les terminaisons des verbes en rouge. À quelle personne sont-ils conjugués ? Que remarques-tu ?
3. Fais de même avec le verbe en bleu, puis avec les verbes en vert.
4. Dans la phrase soulignée, remplace **Des chasseurs** par **Un chasseur**. Que remarques-tu ?

Je manipule

Dans chaque série, entoure les verbes qui se conjuguent comme les verbes du texte.
Compare tes réponses avec celles d'un(e) camarade.

- arriver → il arriva : ranger – punir – aller – connaître* – cacher – faire
- saisir → il saisit : vouloir – sentir – parler – apprendre – dire – remplir
- devoir → il dut : trembler – pouvoir – courir – mentir – comprendre
- venir → il vint : dormir – retenir – devenir – penser – savoir

J'ai compris

- **Le passé simple** est un temps du passé qu'on utilise surtout **à l'écrit** : c'est **le temps du récit**. Il est surtout employé aux 3es personnes du singulier (il, elle, on) et du pluriel (ils, elles).
- Au passé simple, les verbes peuvent avoir **quatre terminaisons différentes** :
  - **-a** / **-èrent** pour tous les verbes en **-er** : il laiss**a** – elle arriv**a** – ils all**èrent** – elles attach**èrent**
  - **-it** / **-irent** pour certains verbes en **-ir**, **-oir**, **-re** et **-dre** : il sais**it** – elle m**it** – ils v**irent** – elles pr**irent**
  - **-ut** / **-urent** pour certains verbes en **-ir**, **-oir**, **-re** et **-dre** : il cour**ut** – elle d**ut** – ils b**urent** – elles voul**urent**
  - **-int** / **-inrent** pour les verbes **tenir** et **venir** : il v**int** – elle t**int** – ils v**inrent** – elles t**inrent**
- Les verbes **être** et **avoir** changent totalement de radical au passé simple. être → il **fut**, elles **furent** – avoir → il **eut**, elles **eurent**

Je m'exerce

1 ★ **Recopie uniquement les verbes conjugués au passé simple.**
ils arrêtèrent – elle rangeait – elles voulurent – elle accomplira – il vint – elles écrivirent – ils enlèvent – elles démolirent – ils furent – il partira – elles fixaient – ils applaudirent – elle eut – il chanta – elles tiennent

2 ★ **Donne l'infinitif de ces verbes. Compare tes réponses avec celles d'un(e) camarade.**
il fit – elle reçut – ils achetèrent – elles apprirent – on retint – il jeta – elle but – ils devinrent – il lut – on eut – elles suivirent – elle construisit

3 ★★ **Complète ces phrases avec la forme du verbe entre parenthèses au passé simple.**
- Arrivé dans le hall, il (grimpa / grimpait) les escaliers quatre à quatre.
- Tania (lut / lit) l'énoncé du problème.
- Soudain, les deux chiens (aboieront / aboyèrent).
- Goran (soutint /soutient) son équipe.
- Elles (croyaient / crurent) à cette histoire.

4 ★★ **Complète ces phrases avec les verbes suivants.**
salit – firent – appela – obtinrent – aperçut
- Comme ils s'étaient perdus, ils ... demi-tour.
- Elles ... une bonne note à l'évaluation de sciences.
- Amine ... son pull en tombant dans l'herbe.
- Ma sœur ... son amie vers midi.
- Anne ... deux cavaliers qui approchaient.

5 ★★ **Conjugue les verbes entre parenthèses au passé simple.**
- Ce jour-là, ils (décorer) entièrement le sapin.
- Elle (franchir) le portail dès que la sonnerie (retentir).
- Les hirondelles (partir) à l'automne et (revenir) au printemps.
- Candice (parcourir) le couloir et (descendre) dans le préau.
- Le bélier (voir) une guêpe, il (vouloir) l'éviter, mais il (courir) droit sur la barrière.

6 ★★★ **Conjugue les verbes en couleur au passé simple.**
Il cherche toute la journée un paysage à peindre dans la campagne. Soudain, il aperçoit une cabane au bord d'un ruisseau. Il choisit cet endroit et court chercher son matériel dans sa voiture : il met son chevalet sur son dos, puis il revient près de la cabane.

7 ★★★ **Écris la suite de chaque phrase. Utilise des verbes dont la terminaison au passé simple est indiquée entre parenthèses.**
Ex. : Alors que vous dormiez paisiblement, ils .... (-èrent) → Alors que vous dormiez paisiblement, ils frapp**èrent** à la porte.
- Nous déjeunions à notre table habituelle, quand Sélim .... (-it)
- Je rangeais ma moto dans le garage, quand elles .... (-urent)
- Les singes se suspendaient aux branches, mais l'un d'entre eux .... (-a)
- Jonas et Dylan tombèrent dans la rivière mais .... (-inrent)

8 ★★★ **Conjugue ces verbes au passé simple aux personnes demandées, puis emploie chacun d'eux dans une phrase.**
- prendre (3e personne du singulier)
- avoir (3e personne du pluriel)
- dire (3e personne du singulier)
- faire (3e personne du pluriel)
- être (3e personne du singulier)
- voir (3e personne du pluriel)

9 ★★★ **Complète la grille en conjuguant les verbes au passé simple à la personne indiquée entre parenthèses.**
1. remuer (3e personne du pluriel)
2. rougir (3e personne du pluriel)
3. manger (3e personne du singulier)
4. croire (3e personne du singulier)

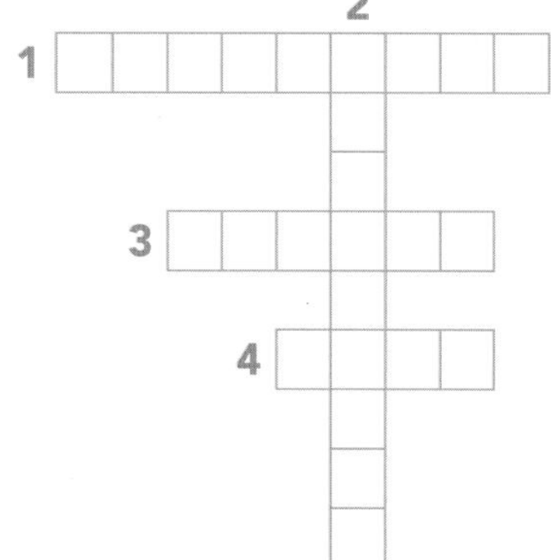

Je repère dans un texte

Dans la fable p. 97, relève les verbes conjugués au passé simple et indique leur infinitif.

J'écris

Écris la suite de la fable *Le Lion et le Rat reconnaissant* en trois phrases. Utilise des verbes conjugués au passé simple.

Compétence : Savoir distinguer les homophones grammaticaux fréquents.
Texte en lien : *La Cigale et la Fourmi*, p. 96.

Les homophones grammaticaux (2)

Je lis et je réfléchis

Le Héron

Un jour, sur ses longs pieds, allait je ne sais où,
Le Héron au long bec emmanché d'un long cou.
Il côtoyait une rivière. [...]
Après quelques moments l'appétit vint : l'oiseau
S'approchant du bord vit sur l'eau
Des Tanches qui sortaient du fond de ces demeures.
Le mets ne lui plut pas ; [...]
Moi des Tanches ? dit-il, moi Héron que je fasse
Une si pauvre chère ? Et pour qui me prend-on ?
La Tanche rebutée il trouva du goujon.
Du goujon ! c'est bien **là** le dîner d'un Héron ! [...]

Jean de La Fontaine, « Le Héron », *Fables*, 1668.

1. Lis les mots en gras à voix haute. Que remarques-tu ?
2. Pourquoi ne s'écrivent-ils pas de la même manière ?
3. Observe le mot en rouge. Connais-tu un autre mot qui se prononce de la même manière ? Comment s'écrit-il ?

Ajoute un accent grave sur les mots en couleur lorsque c'est nécessaire.
Pour t'aider, remplace-les à l'oral par **ou bien**.

- Tu préfères aller à la plage ou te promener ?
- Savez-vous ou se trouve la Terre Adélie ?
- Nous partirons au Mexique ou au Guatemala.
- Ils ont l'air pressés. Ou vont-ils ?

J'ai compris

- Attention à ne pas confondre **ou** et **où** :
  - **ou** est un mot invariable qui indique le choix. On peut le remplacer par **ou bien** :
    Veux-tu un thé **ou** un café ? → Veux-tu un thé **ou bien** un café ?
  - **où** est un mot invariable qui indique le lieu, la direction ou le temps : **Où** partez-vous en vacances ?
- Attention à ne pas confondre **la / l'a / l'as / là** :
  - **la** est un déterminant ou un pronom complément. On peut le remplacer par **une** ou par **le** / **les** :
    la rivière → **une** rivière – Le héron **la** voit. → Le héron **les** voit.
  - **l'a** / **l'as** sont les formes raccourcies du pronom complément **le** ou **la** devant la forme conjuguée du verbe **avoir**. On peut les remplacer par **l'avais** ou **l'avait** :
    Tu **l'as** trouvé. → Tu **l'avais** trouvé. – Il **l'a** mangé. → Il **l'avait** mangé.
  - **là** est un mot invariable qui indique le lieu. On peut le remplacer par **ici** : Elle est **là**. → Elle est **ici**.
- Attention à ne pas confondre **mes** et **mais** :
  - **mes** est un déterminant. On peut le remplacer par **tes** ou **ses** : **mes** cahiers → **tes** cahiers
  - **mais** est un mot invariable qui marque une opposition, un changement :
    Il voit des poissons **mais** il refuse de les manger.

Je m'exerce

1 ★ **Choisis le bon homophone entre parenthèses.**

- J'aurais volontiers pris une limonade (mes / mais) il n'y en a plus.
- (Mes / Mais) pourquoi es-tu resté sous la pluie ?
- Je suis sans nouvelle de (mes / mais) amis.
- (Mes / Mais) photos de la fête sont très réussies.
- Je cherche (mes / mais) lunettes (mes / mais) je ne les trouve pas.
- J'ai attendu (mes / mais) ils ne sont pas venus.

2 ★ **Choisis le bon homophone entre parenthèses.**

- Nous aimons cet endroit (ou / où) les vagues viennent frapper les rochers.
- Je ne sais plus (ou / où) j'ai entendu cette chanson.
- On regarde le film (ou / où) le documentaire ?
- Tu ignores si elle vient aujourd'hui (ou / où) demain.
- (Ou / Où) irez-vous déjeuner ce midi ?
- (Ou / Où) elles vont à la piscine (ou / où) elles vont à la patinoire.

3 ★ **Choisis le bon homophone entre parenthèses. *Comment vas-tu faire ton choix ?***

- As-tu vu (là / la) souris ? Elle est passée par (là / la) !
- Malou est contente : son grand-père (la / l'as / l'a) emmenée au manège.
- Tu as renversé ton verre sur ta jupe et tu (l'a / la / l'as) salie.
- Dès qu'il (l'a / là / la) vit, il (l'a / là / la) reconnut.
- Tu (l'a / la / l'as / là) prévenue que nous sommes là ? Nous sommes si pressés de (là / l'as / l'a / la) revoir !

4 ★ **Mets un accent grave sur les mots en couleur quand c'est nécessaire.**

- Il ne sait plus ou il a rangé ses affaires. Dans la commode ou dans l'armoire ?
- Je me demande ou est passé mon chat. Il doit être dans le jardin ou chez le voisin.
- Là ou tu vas, tu trouveras bien un endroit ou téléphoner.
- Au cas ou nous ne serions pas revenus, demande la clé au voisin ou à la gardienne.
- Ou puis-je trouver cette affiche : dans ce magasin ou dans celui-ci ?
- Ma mère ou mon père doit venir me chercher à l'endroit ou nous irons manger.

5 ★★ **Complète ces phrases avec** mes **ou** mais**. *Comment vas-tu faire ton choix ?***

- Où as-tu rangé … dossiers ?
- Il a voulu éviter le piéton … c'était trop tard.
- … que se passe-t-il ici ?
- … crayons sont dans ma trousse … ma gomme n'y est plus.
- … pneus sont crevés … je vais les changer.
- … où sont passées … affaires de sport ?

6 ★★ **Complète ces phrases avec** la, l'as **ou** l'a**.**

- Tu … croisé à … mairie.
- L'aigle a saisi … proie et … emportée.
- … femme a embrassé … fillette et … prise dans ses bras.
- Depuis que tu … réparée, … bicyclette est comme neuve.
- Yvan a enfourné … tarte et … fait cuire 30 minutes.

7 ★★ **Complète ces phrases avec** ou **ou** où**.**

- Ils savent … est cachée la sorcière.
- … vas-tu ? Au gymnase … au stade ?
- Vous prenez le pion rouge … le pion bleu ?
- On ne sait pas … partir en vacances : à la mer … à la montagne ?
- Le collège … enseigne ma sœur n'est pas très loin.
- Est-elle professeur de français … d'histoire ?

8 ★★★ **Complète avec** la, là, l'a **ou** l'as**.**

Ben a sonné. … voisine lui a ouvert … porte et … fait entrer. Elle … emmené dans la cuisine. Le chaton était …, dans son panier. … voisine a délicatement saisi … petite boule de poil et … posée dans la main de Ben. Quand le petit garçon … caressé, le chaton a poussé un léger miaulement de plaisir. « Eh bien, je crois que tu … adopté », a dit … voisine.

Je repère dans un texte

Dans la fable p. 96, relève les homophones grammaticaux entre les lignes 8 et 16.

J'écris

Continue ce dialogue. Utilise au moins une fois les homophones de la leçon.

Samia demande à Bruno :

« Où as-tu rangé tes rollers ?

– Je ne sais plus... »

Compétences : Savoir identifier et manipuler les compléments du nom.
Texte en lien : *Le Renard et le Bouc*, p. 98.

Les compléments du nom

Je lis et je réfléchis

Le Singe ne tenait pas à vivre en compagnie d'un énorme serpent. [...] Un matin enfin germa une idée. Il se procura un grand sac en toile épaisse et demanda à un de ses cousins de faire semblant de se disputer avec lui. Les deux singes se mirent à crier **au pied de l'arbre**.
– Il peut y rentrer, dit l'un.
– Il ne peut pas, répondit l'autre.
– Tu te trompes, reprit le premier.
– Pas du tout !
– Faisons un pari, dit alors **le voisin du Python**.

Jean Muzi, « Le Singe et le Python », *Dix-Neuf Fables de singes*,
© Éditions Flammarion, 1992.

1. Combien de noms comporte chaque groupe nominal en gras ?
2. Recopie le groupe nominal en vert et souligne le nom-noyau.
3. Essaie de supprimer l'autre nom : la phrase a-t-elle le même sens ?
4. Fais de même avec les autres groupes nominaux en gras.
5. Relève les petits mots qui séparent les noms-noyaux de ces compléments.

Je manipule

Associe chaque groupe nominal à un complément du nom qui convient.

	• en cristal
	• d'hiver
un pull •	• à col roulé
	• à pied
un verre •	• à rayures
	• en laine
	• d'eau

J'ai compris

- **Le complément du nom** fait partie du groupe nominal. Il **apporte des précisions sur le nom-noyau**.
- Il peut être :
  – **un autre nom** : le voisin (nom-noyau) **du singe** (c. du nom)
  – **un groupe nominal** : un sac (nom-noyau) **en toile épaisse** (c. du nom)
- Le complément du nom est **toujours placé après le nom-noyau**. Il est souvent introduit par un petit mot invariable : **à**, **de**, **en**, **par**, **pour**, **sans**, **près**, **contre**...
- Le complément du nom **ne s'accorde ni en genre ni en nombre** avec le nom-noyau.
  un avion **à réaction** – des avions **à réaction**

Je m'exerce

1 ★ **Recopie uniquement les groupes nominaux qui contiennent un complément du nom.**
une table en bois – la tour de Pise – une armoire carrée – un stylo rouge – une moto bruyante – la plage de sable blanc – des enfants sages – une nuit sans lune – un garçon sensible – un plat à tarte

2 ★ **Souligne les compléments du nom et relie-les par une flèche aux noms-noyaux.**
Ex. : Ce **gâteau** au chocolat est savoureux.

- On n'utilise plus de lampe à pétrole.
- Tu peux recycler les bouteilles en verre.
- La chanteuse d'opéra salue le public.
- Le lycée de Camille se trouve dans cette rue.
- La trousse de secours est dans le tiroir du bas.

3 ★ **Supprime les compléments du nom de ces phrases.**
- Ce midi, j'ai cuisiné une tarte aux oignons.
- Les touristes ont visité la grotte de Lascaux.
- J'ai visité un appartement avec une belle salle de bains.
- Il adore les légumes de ton jardin.
- La cabane près du chemin est abandonnée.

4 ★★ **Transforme les phrases suivantes en mettant les groupes nominaux en couleur au pluriel. *À quoi dois-tu faire attention ?***
- Il a terminé son exercice de géographie.
- Mon père entraîne* ce cheval de course.
- Prends cette serviette en coton.
- Marie utilisera sa nouvelle brosse à dents.
- Le médecin lui a prescrit un médicament contre le rhume.

5 ★★ **Complète ces phrases avec les mots invariables qui conviennent.**
en – pour – contre – de – à
- Jules a mal aux dents : il prend un médicament … la douleur.
- Maya a acheté une crème … le visage.
- Ma cousine s'est maquillée avec son rouge … lèvres.
- As-tu jeté la bouteille … plastique ?
- Le ballon … basket est dégonflé.

6 ★★ **Complète ces groupes nominaux par un complément du nom de ton choix.**
un œuf – une chaise – une voiture – un chien – un stylo – un chapeau – une glace – un exercice

7 ★★ **Complète ces groupes nominaux par un mot invariable qui convient.**
un yaourt … fruits – une robe … soie – un bol … riz – un repas … viande – une casquette … visière – un ami … la vie – un sac … tissu

8 ★★ **Complète les noms en couleur par un complément du nom de ton choix.**
- Le chat miaule devant la porte.
- J'ai trouvé un nouveau jeu pour ma nièce.
- Écris plutôt sur cette feuille.
- J'aime beaucoup les biscuits.
- J'écris avec ton stylo.
- Il mange une glace.

9 ★★★ **Transforme ces groupes nominaux comme dans l'exemple.**
Ex. : un village charmant → le charme d'un village
un lion paresseux – des cornes solides – une chambre décorée – des nuits d'hiver tranquilles

10 ★★★ **Transforme ces phrases en groupes nominaux.**
Ex. : Les ouvriers sont partis.
→ le départ des ouvriers
- Les coureurs sont fatigués.
- Les exercices sont finis.
- Les championnes sont acclamées.
- Le pêcheur est déçu.
- La veste est nettoyée.

11 ★★★ **Utilise les mots de chaque liste pour écrire une phrase avec au moins un complément du nom.**
- terrasse – béton – maison – derrière
- salade – fromage – tomates – plat
- agriculteur – vache – pré – herbe
- coussins – cuir – tissu – canapé

Je repère dans un texte

Dans la fable pp. 98-103, relève les compléments du nom des pp. 98 à 100. Explique quelle information ils donnent sur le nom-noyau auquel ils se rattachent.

J'écris

Décris ta chambre en quatre phrases. Utilise au moins quatre compléments du nom.

Orthographe

Compétence : Savoir écrire les noms qui se terminent par les sons **[aj]**, **[ej]** et **[œj]**.
Texte en lien : *La Cigale et les Fourmis*, p. 97.

Les noms terminés en -ail / -aille, -eil / -eille, -euil / -euille

Je lis et je réfléchis

Le Chameau qui voulait des cornes

En passant près d'un troupeau de bétail, le chameau vit un taureau qui se vantait de ses cornes. Il l'envia et voulut lui aussi en obtenir autant.
Sur les conseils de ses amis, il alla trouver Zeus et le pria de lui accorder des cornes. Mais Zeus, indigné qu'il ne se contentât point de sa grande taille et de sa force et qu'il désirât encore davantage, non seulement refusa de lui ajouter des cornes, mais encore lui retrancha une partie de ses oreilles.
Ainsi beaucoup de gens qui, par cupidité, regardent les autres avec envie, ne s'aperçoivent pas qu'ils perdent leurs propres avantages.

D'après Ésope, *Le Chameau qui voulait des cornes.*

1. Quel son commun entends-tu quand tu lis les mots en bleu ?
2. Ce son s'écrit-il de la même manière dans les deux mots ? Pourquoi ?
3. Quel son commun entends-tu quand tu lis les mots en vert ?
4. Comment ce son s'écrit-il dans le premier mot ? dans le second ? Pourquoi ?

Je manipule

Construis un tableau à deux colonnes (**noms masculins** et **noms féminins**) et classe ces mots. Ajoute un déterminant singulier devant chacun d'eux.
maille – seuil – rail – oreille – soleil – muraille – travail – taille – corail – faille – sommeil

J'ai compris

- Tous les noms qui se terminent par le son **[aj]** s'écrivent **-ail** à la fin des mots masculins et **-aille** à la fin des mots féminins : le bét**ail** (masculin) – la t**aille** (féminin)
- Tous les noms qui se terminent par le son **[ɛj]** s'écrivent **-eil** à la fin des mots masculins et **-eille** à la fin des mots féminins : le cons**eil** (masculin) – une or**eille** (féminin)
- Tous les noms qui se terminent par le son **[œj]** s'écrivent **-euil** à la fin des mots masculins (sauf le mot **œil**) et **-euille** à la fin des mots féminins : un faut**euil** (masculin) – une f**euille** (féminin)
- Il y a cependant **quelques exceptions** :
  – les noms masculins formés à partir du mot **feuille** se terminent par **-euille** (sauf le mot **cerfeuil**) : un porte**feuille** ;
  – après les consonnes **c** et **g**, le son **[œj]** s'écrit **-ueil** : l'acc**ueil** – l'org**ueil**. Les voyelles **e** et **u** sont inversées pour que la lettre **c** fasse toujours le son **[k]** et la lettre **g** le son **[g]** ;
  – le mot **œil**.

Je m'exerce

1 ★ **Complète ces phrases avec les mots suivants.**

vitrail – feuille – veille – corneille – bataille

- Ella a mal dormi la … de son examen.
- Le général a dévoilé son plan de ….
- La … est un oiseau de la famille des corbeaux.
- Elles admirent le … de cette église.
- Peux-tu me prêter une … de classeur ?

2 ★ **Complète avec** -ail **ou** -aille.

- Il retire le clou avec une ten….
- Par cette chaleur, on utilise un évent….
- Ce grand épouvant… fait fuir les oiseaux.
- La poule est une vol….

3 ★ **Complète avec** -eil **ou** -eille.

- Mamie prépare des confitures à la gros….
- N'oublie pas ton appar… photo !
- J'ai posé tous les fruits dans cette corb….
- Sonia achète une bout… de sirop.
- Tu t'es cassé l'ort… du pied droit.

4 ★ **Complète avec** -euil **ou** -euille.

- Cette femme a perdu son mari : elle est en d….
- Ce faut… en cuir me plaît* beaucoup.
- Les f… mortes crissent sous nos pas.
- Dans ce jardin, ça sent bon le chèvref….
- À l'approche des chasseurs, le chevr… s'enfuit.

5 ★★ **Complète avec** -euil **ou** -ueil.

- Il a emprunté un rec… de poésies à la bibliothèque.
- Le bateau a heurté un éc… et il a coulé.
- Ce petit écur… fait sa réserve de noisettes.
- Le bouvr… est un oiseau à ventre gris.
- Le défunt reposait dans son cerc….

6 ★★ **Retrouve les mots terminés par** -ail **ou** -aille **à partir de chaque mot proposé.**

Ex. : gris → la ***grisaille***

- trouver → une …
- le fer → la …
- une porte → un …
- le mur → la …
- gouverner → le …
- travailler → le …

7 ★★★ **Complète les mots avec** -ail, -eil, **ou** -euil.

- Ils nous attendaient sur le s… de la porte.
- Les ouvriers ont utilisé ce tr… pour soulever ces blocs de béton.
- Vous feriez bien d'écouter mon cons….
- Au fond de ces mers, on trouve du cor… rouge.
- Jules tombe de somm….

8 ★★★ **Complète avec** -aille, -eille **ou** -euille.

- Au marché, Mélanie a trouvé des œufs de c….
- Mon grand-oncle entend mal de l'or… gauche.
- Dans ton potager, tu fais pousser des épinards, des salades et de l'os….
- Le fermier entasse les ballots de p… dans la grange.
- Préfères-tu un éclair au chocolat ou un millef… ?

9 ★★★ **Complète avec** -ail / -aille, -eil / -eille **ou** -eil.

- Pour cette recette, il faut un oignon et une gousse d'….
- Dans l'étable, les vaches dorment sur de la p….
- Les sapins n'ont pas de f…, mais des aiguilles.
- Louis me fait un clin d'o….

10 ★★★ **Complète cette grille de mots croisés à l'aide des définitions suivantes.**

1. Elle peut être d'or, d'argent ou de bronze.
2. Elles recouvrent le corps des poissons.
3. Il se lève le matin, brille dans la journée et se couche le soir.
4. Action d'accueillir.
5. Il permet de se lever à l'heure le matin.
6. Cet insecte vit dans une ruche.

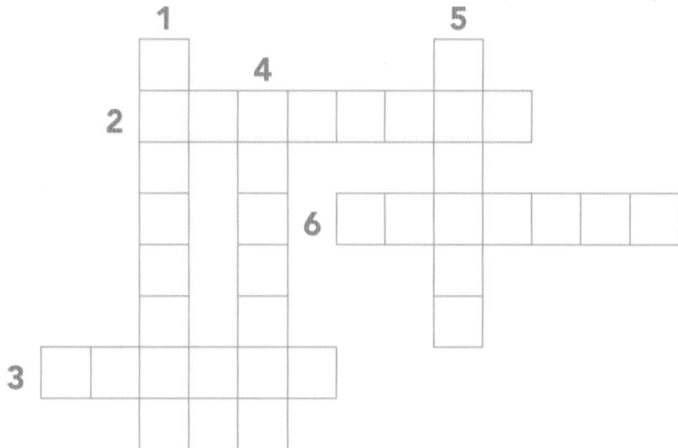

Je repère dans un texte

Dans la fable p. 97, cherche dans l'illustration un mot qui se termine par **-euille**.

J'écris

C'est l'été. Écris un texte où tu emploieras des mots qui se terminent par les sons **[aj]**, **[ɛj]** et **[œj]**.

Lexique

Compétences : Connaître* les notions de synonymes et de contraires et savoir en utiliser.
Texte en lien : *La Cigale et la Fourmi*, p. 96.

Les synonymes et les mots de sens contraire

Je lis et je réfléchis

Des souris vivaient dans une ville entourée de hautes murailles. Celles-ci étaient percées de trous juste assez grands pour laisser un passage aux souris, et juste assez petits pour que tout autre animal plus gros et plus dangereux, comme les belettes, ne puissent les franchir. Les souris et les belettes se haïssaient. Elles se livraient **bataille** régulièrement et les souris perdaient chaque fois le combat.

D'après Ésope, *Les Insignes du pouvoir*.

1. Observe le mot en gras. Trouve un mot dans le texte qui a le même sens.
2. Cherche dans le texte un mot qui exprime le contraire du mot souligné.
3. Indique l'infinitif du verbe en vert. Connais-tu un verbe qui a le même sens ? un verbe de sens contraire ?

Je manipule

1. Relie chaque mot avec les mots qui ont le même sens.

délicieux •
fort •

• solide
• exquis
• robuste
• bon
• excellent
• costaud

2. Relie chaque mot avec les mots de sens contraire.

autoriser •
allumer •

• éteindre
• interdire
• débrancher
• empêcher
• refuser

J'ai compris

- **Les synonymes** sont des mots qui ont le même sens ou un **sens voisin**. Ils appartiennent au même type de mots.
  protéger (verbe) → défendre, abriter, préserver (verbes)
  la **guerre** (nom) → le conflit, la lutte (noms)
  dangereux (adjectif) → menaçant, risqué, périlleux (adjectifs)
  On les utilise pour éviter les répétitions.
- **Les mots de sens contraire** sont des mots qui ont un **sens opposé**. Ils appartiennent au même type de mots.
  perdre (verbe) → gagner (verbe) – un **ennemi** (nom) → un ami (nom) –
  petit (adjectif) → grand (adjectif)
- Les synonymes et les mots de sens contraire d'un même mot peuvent être **différents selon le contexte** :
  – synonymes : un **gros** homme → un homme **corpulent** – une grosse **averse** → une averse **abondante**
  – mots de sens contraire : du pain **frais** → du pain **rassis** – un vent **frais** → un vent **chaud**

Je m'exerce

1 ★ **Recopie uniquement les contraires des mots en couleur.**

- gentil : sympathique – méchant
- neuf : vieux – récent
- débuter : commencer – terminer
- le début : la fin – le commencement
- le calme : la tranquillité – l'agitation

2 ★ **Entoure l'intrus dans chaque série de mots.**

- s'amuser – se distraire – se déplacer – jouer – se divertir
- affreux – hideux – joli – laid – horrible
- paix – accord – harmonie – guerre – union
- parler – causer – chanter – converser – bavarder
- bizarre – nouveau – étrange – insolite – étonnant

3 ★ **Remplace les mots en couleur par les synonymes suivants. Attention à l'accord des verbes !**

patienter – précision – mauvais – un remède – immeuble

- Le bureau de ma mère est au seizième étage d'un grand bâtiment.
- Fumer est dangereux pour la santé.
- De nombreuses personnes attendent devant le guichet.
- Pour soigner son angine, Vincent doit prendre ce médicament pendant huit jours.
- Les calculs de cet astronome sont d'une grande exactitude.

4 ★★ **Remplace les mots en couleur par des synonymes.**

- Ce bijoutier vend de superbes colliers.
- Il était 8 heures quand le feu s'est déclaré.
- Juliette engloutit un gros morceau de gâteau au chocolat.
- Il faut frapper à la porte avant d'entrer dans cette pièce.
- Lucas raconte une blague très drôle.

5 ★★ **Remplace les mots en couleur par des mots de sens contraire.**

- Nous ignorons comment il s'appelle.
- Quelques personnes sont présentes aujourd'hui.
- Vous étalez la confiture sur de fines tranches de pain.
- Le guide nous autorise à parler à voix basse dans ce lieu.
- On s'attend à une forte augmentation des prix.

6 ★★ **Remplace le mot** place **par l'un des synonymes suivants. Change les déterminants si nécessaire.**

disposition – endroit – espace – emploi – classement

- Ce chômeur a perdu sa place il y a trois mois.
- Je ne m'habitue pas à la place des meubles.
- Dans ce parc, il y a beaucoup de place.
- Roxane a obtenu une bonne place à la course.
- Tu as toujours vu ce banc à la même place.

7 ★★★ **Dans chaque phrase, remplace le verbe** faire **par un synonyme qui convient.**
Quels mots ou groupes de mots peuvent t'aider à trouver ?

- Charlotte et toi faites un château de sable.
- Pour le dessert, tu fais une tarte aux pommes.
- La tour Eiffel fait 324 m de haut.
- Mon père fait des photos du carnaval.
- Sami et moi faisons du basket depuis trois ans.
- Le livre et les deux CD font 59 €.

8 ★★★ **Remplace les mots en couleur par des mots de sens contraire.**

La voisine d'Émilie est une jeune femme charmante. Elle est élégante et polie. Ses cheveux noirs sont frisés. Émilie l'apprécie beaucoup. Elle lui rend visite de temps en temps. Elles s'installent dans la grande cuisine claire pour bavarder.

Je repère dans un texte

Dans la fable p. 96, retrouve les phrases dans lesquelles se trouvent les groupes nominaux suivants : la saison nouvelle – son moindre défaut – au temps chaud.
Écris le contraire de ces phrases en modifiant un seul mot.

J'écris

Imagine et écris en trois phrases les portraits de deux personnages dont les traits physiques et le caractère sont totalement opposés.
Tu peux utiliser ce tableau pour noter les mots qui te seront utiles.

	Personnage 1	Personnage 2
Adjectif		
Verbe		
Nom		

Évaluation

Grammaire

1 Parmi les groupes de mots en couleur, lequel est un attribut du sujet ?

a. Louis achète un bijou de grande valeur.
b. Ce collier ancien reste un bijou de grande valeur.
c. Cette actrice célèbre porte un bijou de grande valeur.
d. Quelqu'un a volé un bijou de grande valeur dans ce magasin.

Voir p. 212

2 Avec quel verbe faut-il compléter cette phrase pour que le groupe de mots en couleur soit un complément du verbe ?

Augustin ... un chanteur d'opéra.
a. écoutera
b. deviendra

Voir p. 212

3 Quel groupe nominal contient un complément du nom ?

a. un bébé endormi
b. des fenêtres ouvertes
c. une lampe de chevet
d. un gros oreiller moelleux

Voir p. 222

4 Combien y a-t-il de compléments du nom dans cette phrase ?

Le grand-frère d'Aurélie ira en vélo à la boulangerie du village pour acheter deux pains bien cuits, un éclair à la vanille, un œuf en chocolat et une baguette viennoise.
a. 3
b. 4
c. 5
d. 6

Voir p. 222

5 Avec quels mots invariables faut-il compléter cette phrase pour que les groupes nominaux en couleur soient des compléments du nom ?

Dans le salon ... mes grands-parents, il y a deux fauteuils ... cuir, des étagères ... les livres et une télévision ... écran plat.
a. en / pour / sans / de
b. de / sans / en / à
c. à / de / près / sans
d. de / en / pour / à

Voir p. 222

Le verbe

6 Quelle phrase est au passé composé ?

a. La chanteuse avait interprété quelques-uns de ses titres.
b. Nous sommes arrivés à sept heures un quart.
c. Vos amies seront présentes à votre exposition.
d. Nous sommes contents de tes résultats.

Voir p. 210

7 Parmi ces verbes, quel est celui dont le participe passé ne se termine pas comme les autres ?

a. pouvoir
b. prendre
c. venir
d. connaître*

Voir p. 210

8 Parmi ces verbes, lequel se conjugue avec l'auxiliaire être **au passé composé ?**

a. faire
b. dire
c. écrire
d. partir

Voir p. 210

9 Parmi ces phrases, laquelle est au passé simple ?

a. Ils plongeaient dans la Méditerranée.
b. Elles indiquent le chemin à des passants.
c. Il ramassa un coquillage de forme étrange.
d. Elle corrigera son exercice au stylo vert.

Voir p. 218

10 Dans quelle série les verbes dire, vouloir **et** tenir **sont-ils tous conjugués au passé simple ?**

a. il disa – il voula – il tena
b. il dit – il voulut – il tint
c. il dut – il voudra – il tenut
d. il disait – il voulait – il tenait

Voir p. 218

11 Quelles terminaisons faut-il ajouter pour que les verbes de cette phrase soient conjugués au passé simple ?

Elles f... du thé et le b... tranquillement.
a. -urent / -irent
b. -irent / -uvèrent
c. -irent / -urent
d. -eront / -urent

Voir p. 218

Orthographe

12 Quelle phrase ne contient pas d'attribut du sujet ?

a. Cette scie à métaux semble rouillée.
b. Mon voisin a l'air de bonne humeur.
c. Les pêcheurs remontent leurs lourds filets.
d. Le prince est devenu un beau jeune homme.

Voir p. 208

13 Dans quelle phrase l'attribut du sujet est-il correctement accordé ?

a. Le serpent paraissait inoffensive.
b. Tiphaine et moi sommes ravie de te rencontrer.
c. Mattéo et Gina restent mes fidèles amis.
d. Ces roses sont fanés depuis hier.

Voir p. 208

14 Dans quelle phrase les mots en couleur sont-ils tous écrits correctement ?

a. On avait pas pu aller a la piscine car Esther et sa sœur avaient oublié leur maillot de bain.
b. On n'avait pas pu aller à la piscine car Esther est sa sœur avaient oublié leur maillot de bain.
c. On n'avait pas pu aller à la piscine car Esther et sa sœur avaient oublié leur maillot de bain.
d. Ont n'avait pas pu aller a la piscine car Esther et sa sœur avaient oublié leur maillot de bain.

Voir p. 214

15 Avec quels homophones faut-il compléter cette phrase ?

Elle sait que ... cousin va ... la campagne avec des amis qui ... loué une grande maison.

a. son / à / ont
b. sont / a / ont
c. sont / à / on

Voir p. 214

16 Dans quelle phrase les homophones en couleur sont-ils tous correctement écrits ?

a. Par chance, j'ai retrouvé mais clés la ou je les avais posées !
b. Par chance, j'ai retrouvé mes clés là où je les avais posées !
c. Par chance, j'ai retrouvé mes clés l'a ou je les avais posées !
d. Par chance, j'ai retrouvé mais clés l'as où je les avais posées !

Voir p. 220

17 Avec quel homophone faut-il compléter cette phrase ?

Est-ce que tu ... appelé à son bureau ?

a. la
b. là
c. l'a
d. l'as

Voir p. 220

18 Parmi les mots suivants, lequel est correctement écrit ?

a. un conseille
b. une oreille
c. une abeil
d. un travaille

Voir p. 224

19 Parmi ces noms, lequel est féminin ?

a. éventail
b. portefeuille
c. appareil
d. paille

Voir p. 224

Lexique

20 Dans quelle liste les mots appartiennent-ils au champ lexical du cinéma ?

a. un écran – une émission – une chaîne* – un présentateur – un programme – des images
b. un écran – un réalisateur – tourner – des images – une salle
c. un écran – un clavier – une souris – cliquer – une imprimante

Voir p. 216

21 À quel champ lexical appartiennent les mots en couleur de cette phrase ?

Après avoir franchi un second col, il descendit l'autre versant et arriva dans une petite vallée où quelques chalets avaient été construits près de la rivière.

a. la montagne
b. la campagne
c. le ski
d. la mer

Voir p. 216

22 Par quel synonyme peux-tu remplacer le mot en couleur ?

Un paysage magnifique apparaît* devant nos yeux.

a. magique
b. splendide
c. hideux
d. maléfique

Voir p. 226

23 Parmi ces mots, lequel a un sens contraire du mot en couleur ?

Marco marcha prudemment dans le couloir obscur.

a. sombre
b. effrayant
c. imprudent
d. éclairé

Voir p. 226

Compétences : Savoir repérer les différents temps et les utiliser à bon escient.
Texte en lien : *Fahrenheit 451*, p. 110.

Les temps des verbes en fonction du discours

Je lis et je réfléchis

Elle regarda le livre, l'ouvrit et le feuilleta avec d'infinies précautions. Il était vieux, vieux… C'était encore du vrai papier cellulosique, du papier « d'arbre » ! Elle commença à lire quelques lignes :
Les Orionis ont eux-mêmes du mal à comprendre comment le parasite minéral qui ensemence le cerveau de certains enfants leur confère autant de particularités.
« **Nunzia ! Où es-tu ?** »
C'était Marien. D'un coup, elle referma le livre et le glissa sous son blouson.

Danielle Martinigol, *L'Enfant-Mémoire*,
© Le Livre de Poche Jeunesse, 2007.

1. Dans la phrase en gras, le verbe conjugué indique-t-il une action passée, présente ou future ?
2. Cette phrase appartient-elle au récit ou au dialogue ? Qu'est-ce qui te le montre ?
3. À quel temps les verbes en rouge sont-ils conjugués ? Indiquent-ils une action qui dure ou une action soudaine ?
4. Fais de même avec les verbes en vert.
5. Dans la phrase soulignée, quel groupe de mots t'indique s'il s'agit d'une action qui dure ou d'une action soudaine ?

Je manipule

Transforme les verbes en couleur au passé simple. Explique ce qui change dans le sens de chaque phrase.
- Le chien des voisins aboyait.
- Elles fermaient la fenêtre.
- Sami imprimait ces documents.
- Ils félicitaient leur neveu pour son concours.

J'ai compris

Dans un même texte ou une même phrase, on utilise des temps différents selon les circonstances.
- **Le présent** s'utilise souvent dans un dialogue. Il sert à :
  – exprimer **une action au moment où elle a lieu** : Je **marche** derrière toi.
  – exprimer **une action habituelle** : Je **lis** un chapitre tous les soirs.
- **L'imparfait** s'utilise autant à l'écrit qu'à l'oral. Il sert à :
  – exprimer **une action habituelle dans le passé** : Tous les jours, j'**allais** à l'école à pied.
  – faire **une description ou un portrait** dans un récit au passé : C'**était** du vrai papier.
  – exprimer **une action qui dure** dans le passé : Il **travaillait** depuis longtemps sur cet exercice.
- **Le passé simple** est le temps du récit au passé. Il est employé à l'écrit et sert à exprimer **des actions ponctuelles ou soudaines** : D'un coup, elle **referma** le livre.
- **Le passé composé** est le temps du discours au passé. Il sert à rapporter **des événements* ou des actions qui se sont déroulés et sont achevés** : J'**ai passé** mon enfance sur cette planète.

Je m'exerce

1 ★ **Souligne les verbes conjugués et indique pour chacun le temps utilisé.**
- À Noël, je décore notre salon.
- Comment vas-tu ? Tu as bien dormi ?
- Les photos que vous cherchiez étaient dans ce tiroir.
- Anissa s'allonge sur sa serviette. Elle s'est baignée pendant une heure.

2 ★ **Complète chaque phrase avec la forme du verbe entre parenthèses qui convient.**
- Mon père parle encore des randonnées qu'il (fait / faisait) quand il était jeune.
- Les enfants jouaient depuis une heure, quand l'orage (éclata / éclatait).
- Il (observait / observa) les éléphants au moment où un barrissement retentit.
- Alors que Marjane (prenait / prit) son petit déjeuner, une guêpe (se posait / se posa) sur le pot de confiture.

3 ★ **Complète ces phrases avec la forme du verbe qui convient.** ***Qu'est-ce qui t'a permis de trouver ?***
peux – pouvais – as pu
- Tu as terminé tes devoirs ; tu … aller jouer.
- Je me demande comment tu … parcourir autant de kilomètres à pied l'été dernier !
- Te souviens-tu de ce grenier dans lequel tu … te cacher quand tu étais petite ?

4 ★★ **Écris les verbes entre parenthèses au temps qui convient (**passé simple **ou** imparfait**).**
- La maîtresse* nous (punir) souvent.
- Dès que le fermier apparut, les vaches (lever) la tête.
- Hakim vous (accompagner) à la gare tous les dimanches.
- Pendant son discours, il (déclarer) que les impôts n'augmenteraient pas cette année.

5 ★★ **Écris les verbes entre parenthèses au temps qui convient (**présent **ou** passé composé**).**
- Je (penser) qu'elle (mettre) trop de sel dans sa préparation.
- Vous (perdre) vos clés ? C'(être) très ennuyeux !
- Nous (enlever) enfin le plâtre que le médecin (poser) six semaines auparavant.
- Comme ils (vendre) toute leur marchandise, ils (repartir) chez eux.
- Tu (débarrasser) la table où nous (dîner*) il y a une heure.

6 ★★ **Transforme les récits suivants en discours. Qu'observes-tu ?**
Ex. : Lili **raconta** que son voyage s'**était** bien passé. → Lili **raconta** : « Mon voyage s'**est** bien **passé**. »
- Il demanda à son frère s'il pouvait faire moins de bruit.
- Alice murmura qu'elle était trop fatiguée pour jouer.
- Paul cria qu'il s'était fait mal.
- J'ai dit à tout le monde que nous allions passer à table.
- Ma sœur ajouta qu'elle venait de remporter le premier prix.

7 ★★★ **Construis un tableau à deux colonnes (**événements* avec un début et une fin marquée **et** événements* sans durée définie**) et classe ces phrases.**
- J'ai fini mon travail !
- L'avion survolait la ville.
- Le canard s'ébroua en sortant de l'eau.
- Nous craignions l'arrivée de l'orage.
- Je suis allé à la poste ce matin.

8 ★★★ **Complète ces phrases en utilisant les verbes entre parenthèses. Indique le temps que tu as employé pour chacun d'eux et explique ton choix.**
- Le menuisier fabrique le meuble que tu …. (commander)
- Le chef de gare … aux passagers que le train avait cinq minutes de retard. (annoncer)
- Ma grand-mère m'a donné une bague qu'elle … depuis longtemps. (posséder)
- …-tu que ces tomates seront bientôt mûres* ? (savoir)
- Maintenant que nous avons écrit la date, nous … commencer la dictée. (pouvoir)

Je repère dans un texte

Dans le texte pp. 110-111, relève une phrase qui décrit ce qui se passait avant qu'on ne brûle* les livres.

J'écris

C'est ton premier cours de sport. Écris un court texte pour raconter comment il se déroule. Utilise au moins deux verbes au présent, deux verbes au passé composé et un verbe à l'imparfait.

Lexique

Compétences : Savoir identifier et manipuler les termes génériques et les termes spécifiques.
Texte en lien : *Virus L.I.V. ou la Mort des livres*, p. 112.

Termes génériques et termes spécifiques

Je lis et je réfléchis

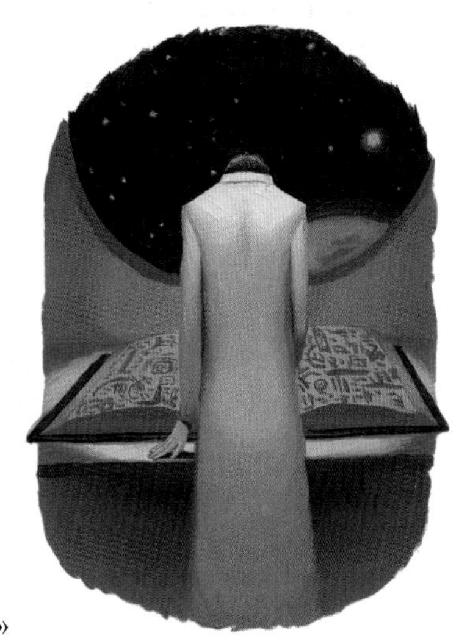

Marcus salua Jordan et s'assit devant lui.
« Comment vas-tu ? Es-tu content de ton nouveau **métier** ?
– Eh bien, au début, j'avais un peu peur de ne pas y arriver. Maintenant, ça va beaucoup mieux. En ce moment, je déchiffre des manuscrits que les spatio-archéologues m'ont rapportés de Mars. Ils contiennent peut-être des informations importantes sur Callisto, un des satellites de Jupiter.
– Tu as trouvé quelque chose ?
– Pas encore. Mais j'ai relevé ce symbole étrange, à propos de cette planète… »

1. Relève dans le texte le terme générique sous lequel on peut regrouper les noms soulignés.
2. Trouve des noms qui correspondent au terme générique en gras.
3. Observe le mot en vert. Connais-tu d'autres satellites ?

Je manipule

Écris le terme spécifique qui correspond à chaque dessin, puis le terme générique qui correspond à chaque ensemble.

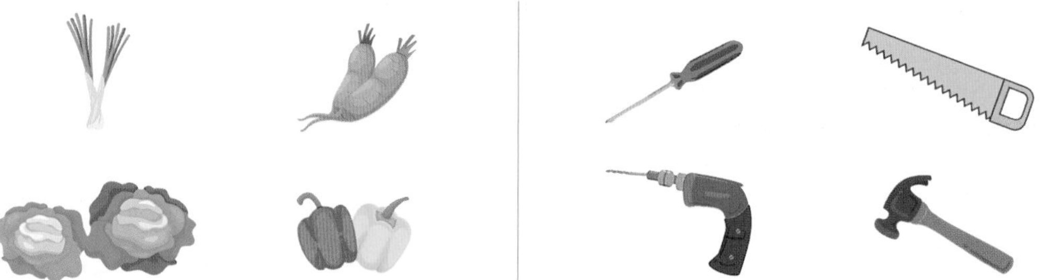

J'ai compris

- **Un terme générique** est un mot qui désigne un ensemble d'objets, d'animaux ou de personnes. Chaque élément de cet ensemble est appelé **un terme spécifique**.
  une planète (terme générique) → Mars – la Terre – Jupiter (termes spécifiques)
- Un même mot peut être à la fois terme générique et terme spécifique selon le contexte.
  Les tabourets et les fauteuils (termes spécifiques) sont des sièges (terme générique). → **Les sièges et les armoires** (termes spécifiques) sont des meubles (terme générique).
- On utilise les termes génériques :
  – pour **écrire les articles du dictionnaire** : **Pigeon** (**nom masculin**) – oiseau au corps trapu, gris, blanc ou brun. → **oiseau** est un terme générique.
  – pour **regrouper plusieurs faits ou éléments sous un même titre**, notamment dans les textes documentaires : les planètes du système solaire – les animaux des montagnes
  – pour **éviter les répétitions** : **Le loup** (terme spécifique) vit en horde. **Cet animal** (terme générique) a besoin de vivre avec ses semblables.

Je m'exerce

1 ★ **Trouve le terme générique correspondant à chaque série de mots.**

- La poire, la pomme, l'abricot, la banane et la pêche sont des ….
- Le cyclisme, le football, la natation, le rugby et le tennis sont des ….
- La sauterelle, le scarabée, la fourmi et la guêpe sont des ….

2 ★ **Souligne en rouge le mot générique et en bleu le terme spécifique.**

- Le saumon est un poisson très apprécié pour sa chair.
- Le continent le plus vaste du monde est l'Asie.
- Le bouleau est un arbre dont l'écorce est blanche.
- Le bateau que j'aperçois là-bas est un voilier.

3 ★ **Barre l'intrus dans chaque liste de mots. Justifie ta réponse.**

Ex. : le chimpanzé – le gorille – l'orang-outan – ~~le cobra~~ – le babouin → Ce sont tous des singes alors que le cobra est un serpent.

- samedi – septembre – lundi – dimanche – vendredi
- une angine – une otite – une bronchite – une canine – un rhume – une grippe
- Nantes – Lille – Strasbourg – la Loire – Grenoble

4 ★★ **Trouve quatre termes spécifiques qui correspondent à chaque terme générique.**

des instruments de musique – des formes géométriques – des capitales européennes – des métiers – des félins

5 ★★ **Retrouve les deux listes de termes spécifiques qui se sont mélangées et trouve le terme générique qui correspond à chacune.**

l'avion – le thé – l'eau – la bicyclette – le train – l'automobile – le soda – le jus de fruits – la moto – la grenadine – le bateau – la limonade

6 ★★ **Remplace chaque terme générique souligné par trois termes spécifiques.**

Ex. : On a pêché des <u>coquillages</u>. → On a pêché **des moules, des coques et des palourdes**.

- Robin s'est arrêté à la pâtisserie pour acheter <u>des bonbons</u>.
- Beaucoup de <u>véhicules</u> circulent sur cette route.
- Lors de ce voyage en bateau, j'ai eu la chance de voir des <u>mammifères marins</u>.
- Cette année, tu as visité des <u>pays d'Amérique du Sud</u>.

7 ★★★ **Complète ces phrases avec le terme générique qui correspond aux termes spécifiques en couleur.** ***Tu peux t'aider d'un dictionnaire.***

- Le mistral et la tramontane sont des … qui soufflent dans le Sud de la France.
- Il existe de nombreuses sortes de … : le blé, le seigle, le maïs.
- Nous avons fait une leçon sur les … : le centimètre, le décamètre, l'hectomètre.
- Des émeraudes, des rubis, des diamants, des saphirs et de nombreuses autres … remplissaient le coffre.
- Agnès aimerait pratiquer un … mais elle hésite encore entre le judo, le karaté ou l'aïkido.

8 ★★★ **Forme deux phrases avec chacun des mots suivants : l'une où il est terme spécifique, l'autre où il est terme générique.**

Ex. : bague → **Une bague** est un bijou. (terme spécifique) – Une alliance est **une bague**. (terme générique)

un conifère – un rapace – un fromage – une fleur

9 ★★★ **Dans cette grille, trouve le terme générique et les huit termes spécifiques qui lui correspondent.**

P	E	U	P	L	I	E	R
B	O	U	L	E	A	U	W
S	C	X	A	Q	V	A	S
A	H	E	T	R	E	R	A
U	E	B	A	K	P	B	P
L	N	B	N	R	I	R	I
E	E	X	E	J	N	E	N

Je repère dans un texte

Dans le texte pp. 112-113, relève tous les mots qui désignent la résidence du Bois-Joli. Trouve le terme générique qui peut les regrouper.

J'écris

Tu prépares ta valise pour des vacances au bord de la mer. Tu vas y mettre des **vêtements** et des **affaires de toilette**. Fais la liste de ce que tu dois emporter.

Compétences : Savoir reconnaître* et manipuler les phrases réduites et les phrases amplifiées.
Texte en lien : *Virus L.I.V. ou la Mort des livres*, p. 112.

Amplification et réduction de phrases

Je lis et je réfléchis

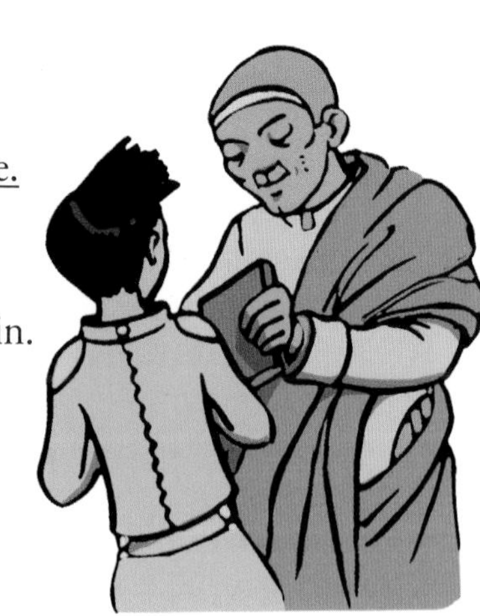

Thalin avait les traits tirés. La téléportation comportait beaucoup de risques et demandait une intense concentration, surtout pour franchir des années-lumière. Mais en ces temps de guerre intergalactique, c'était le moyen le plus sûr de voyager en toute sécurité. Il s'assit à côté de sa fille.
« Ikko, voici un objet de valeur inestimable. Je te demande d'en prendre grand soin.
– Qu'est-ce que c'est ?
– Cet objet est le dernier livre paru avant la déshumanisation des habitants de la Terre par les machines en 2076. »

1. Observe la phrase en vert. Réduis-la au maximum en supprimant tous les adjectifs et les compléments de phrase. Que reste-t-il ?
2. Observe la phrase en rouge. Que pourrais-tu ajouter pour l'amplifier afin d'apporter plus de précisions et d'informations sur le sujet et sur le verbe ?
3. Dans la phrase soulignée, combien d'actions sont décrites ? Par quels mots sont-elles reliées ?

Je manipule

1. Dans chaque phrase, quels groupes de mots encadrés peux-tu supprimer pour obtenir une phrase réduite qui ait un sens ?
- Hier, après le repas, Zineb a perdu son écharpe dans la cour.
- En 2013, Matthieu est parti avec toute sa famille en vacances en Amérique du Sud.
- Il offrira des fleurs à Denise, ce soir, pour son anniversaire.
- Autour du feu de camp, sous les étoiles, nous chantions à tue-tête des chansons anciennes.

2. À partir des phrases réduites, ajoute d'autres groupes de mots de ton choix pour créer de nouvelles phrases. Compare avec un(e) camarade.

J'ai compris

- **Une phrase réduite** est constituée uniquement des deux éléments nécessaires à sa compréhension : **le groupe sujet** et **le prédicat**.
  Thalin (sujet) était fatigué (prédicat). – Elle (sujet) prend un livre (prédicat). – Mégane et moi (sujet) discutons (prédicat).
- On peut amplifier une phrase en ajoutant :
  – **des adjectifs** ou **des compléments du nom** aux groupes nominaux.
  La fille achète un manuel. → La **jeune** (adjectif) fille **brune** (adjectif) achète un manuel **d'histoire** (c. du nom).
  – **des compléments de phrase**.
  Le petit frère de Sofiane fait du judo.
  → Depuis trois mois (c. de phrase), tous les mardis (c. de phrase), le petit frère de Sofiane fait du judo dans cette salle de sport (c. de phrase).
  – **des mots de liaison** (mais, et, ou, car, ni, or, donc) entre des mots ou des phrases (simples).
  Vous étudiez la géographie. → Vous étudiez la géographie **et** la musique du XXe siècle. – Les randonneurs sont arrivés au refuge. → Les randonneurs sont arrivés au refuge **car** ils se sont bien repérés sur la carte.

Je m'exerce

1 ★ **Recopie uniquement les phrases réduites.**

- Cette maison appartient à mon grand-oncle.
- Il a gelé car il a fait très froid.
- Dina rentrera chez elle tout à l'heure.
- J'ai vendu ma voiture à Ruben.
- Nous vivons ici depuis dix ans.
- Regarderas-tu ce reportage ?

2 ★ **Recopie ces phrases en réduisant au maximum chaque groupe nominal.**

Ex. : **Des** grands **arbres** fruitiers poussent dans **le jardin** de ma tante. → Des arbres poussent dans le jardin.

- Des tuiles rouges recouvrent le toit de la maison.
- La reine de ce palais se regarde dans un miroir magique.
- Après une sérieuse enquête, le commissaire de police a arrêté le criminel recherché depuis plusieurs semaines.
- Dans la nouvelle boulangerie de mon quartier, on vend des tartes au citron délicieuses.

3 ★ **Les mots de ces phrases ont été mélangés. Reconstitue-les en ne recopiant que le sujet et le prédicat.**

Ex. : un gâteau – papa – ce matin – a fait → Papa a fait un gâteau.

- écoute – dans sa voiture – Gladys – tous les jours – ce morceau de musique
- un feu – dans la cheminée – ma mère – à la nuit tombée – allumera
- photographiaient – dans le port – des bateaux – hier – des touristes – dans l'après-midi
- dès neuf heures – le courrier – mon assistante – sur mon bureau – pose – près de l'ordinateur

4 ★★ **Souligne les mots ou groupes de mots qui amplifient ces phrases. Indique s'il s'agit d'adjectifs, de compléments du nom ou de compléments de phrase.**

Ex. : Mes camarades de classe (c. du nom) ont annoncé la bonne (adjectif) nouvelle hier soir (c. de phrase).

- Le gardien du musée ouvrit quelques minutes plus tard les grandes salles des peintures.
- Tout à l'heure, le petit garçon a pris au creux de sa main l'oiseau blessé.
- Au milieu de la piste, les jongleurs du cirque Amar exécutent un numéro extraordinaire avec des balles et des couteaux.
- Tes charmants amis reviendront-ils un jour dans cette maison de campagne ?

5 ★★ **Complète ces phrases pour les amplifier.**

- Dans ce coffret, ils ont trouvé des pièces d'or et ....
- Zinédine a fermé la porte à clé car ....
- Nous ne sommes pas loin, mais ....
- Qui a fait ces dégâts ? Est-ce le chien du voisin ou ... ?
- Il proposa à sa cousine de l'accompagner jusqu'à la gare, or ....
- Je suis fatigué, donc ....

6 ★★★ **Complète ces phrases avec les mots ou groupes de mots proposés. *Compare tes phrases avec celles d'un(e) camarade. Obtenez-vous les mêmes ? Pourquoi ?***

- La chouette hulula sous la lune. → argentée – majestueuse – au plumage gris – cachée dans le feuillage
- Le héron aperçut un poisson. → blanc – dans la rivière – de belle taille – à ce moment-là – au bec jaune
- Abdel collectionne les timbres. → de course – depuis trois ans – miniatures – étrangers – dans son grenier – et les voitures
- Les vaches broutent les herbes. → au milieu des alpages – tachetées – parfumées – tout l'été – hautes – du troupeau
- Mon amie est arrivée. → devant la porte – mais – un peu en avance – Alice – elle était fermée – grande – hier – en bois

7 ★★★ **Complète les phrases de ce texte avec les mots ou groupes de mots demandés entre parenthèses.**

Biscuit est un chat (complément du nom). Je l'ai trouvé (complément de phrase) (complément de phrase). J'ai entendu un miaulement (adjectif) et me suis approché. Je l'ai pris (complément de phrase) et l'ai emmené chez moi. (Complément de phrase), il s'est précipité sur le lait (adjectif) que j'avais versé (complément de phrase). Depuis, nous sommes inséparables.

Je repère dans un texte

Dans le texte pp. 112-113, relève deux phrases réduites et deux phrases amplifiées.

J'écris

Tu as découvert un très vieil objet. En trois phrases, raconte où et quand tu l'as trouvé et décris-le le plus précisément possible.

Lexique

Compétence : Connaître* l'origine latine ou grecque des mots que nous utilisons.
Texte en lien : *Virus L.I.V. ou la Mort des livres*, p. 112.

L'étymologie

Je lis et je réfléchis

Le présentateur du *Journal des galaxies* disparut de l'écran. Le cosmos était une nouvelle fois menacé par une guerre, mais les préfets et gouverneurs des différents systèmes stellaires devaient se réunir pour négocier la paix. Valkim se leva et se rendit dans sa bibliothèque personnelle, qui contenait ce qu'il avait de plus précieux au monde : douze livres, faits de papier et recouverts d'encre si pâle que les lignes en étaient presque illisibles. Avec un maximum de délicatesse, il saisit un des ouvrages. Ces objets avaient plus de mille cinq cents ans. Il fallait tous les mettre à l'abri le plus vite possible.

1. À ton avis, quelle est l'origine du mot en rouge ? celle du mot en vert ?
2. Ces langues sont-elles toujours parlées aujourd'hui ?
3. Dans la deuxième phrase du texte, trouve un mot qui a pour origine le mot **étoile** en latin.
4. En grec ancien, le mot **livre** se disait **biblion**. Quel mot du texte est issu de ce mot ?

Je manipule

1. Relie chaque mot français au mot latin dont il est issu.

l'hôpital •	• lumen
le peuple •	• magister
la famille •	• populus
la lumière •	• hospitalis
le maître* •	• familia

2. Relie ces préfixes et suffixes grecs pour former cinq mots.

poly- •	• -scope
photo- •	• -phone
télé- •	• -naute
micro- •	• -gone
astro- •	• -graphie

J'ai compris

- **L'étymologie** est l'étude de l'origine des mots. Elle permet de comprendre **le sens des mots** et souvent **leur orthographe**.
  En grec, **écriture** se dit **graphos**. Donc, tous les mots français issus de **graphos** s'écrivent avec **ph** : la géogra**ph**ie – l'orthogra**ph**e.
  L'étymologie des mots est souvent donnée dans le dictionnaire.
- Beaucoup de mots de la langue française viennent du **latin** ou du **grec ancien**.
  livre vient du mot latin **liber**. – **bibliothèque** vient des mots grecs **biblion** (**livre**) et **thêkê** (**armoire**). – **galaxie** vient du mot grec **galaktos**.
- De nombreux **préfixes** et **suffixes** viennent du latin ou du grec ancien :
  – latin : **multi-** (plusieurs) → **multi**colore (**plusieurs couleurs**) / **-vore** (qui mange) → herbi**vore** (**qui mange de l'herbe**)
  – grec : **para-** (contre) → un **para**pluie (**qui protège de la pluie**) / **-logie** (l'étude de) → la bio**logie** (**l'étude des êtres vivants**)
- Certains mots latins ou grecs sont encore utilisés aujourd'hui :
  – latin : **maximum** (le plus possible) – un **cumulus** (un gros nuage)
  – grec : le **cosmos** (l'univers)

Je m'exerce

1 ★ **Complète ces phrases avec les mots d'origine latine suivants.**
lavabo – tibia – détritus – aquarium – silex
- Julie a jeté tous les … dans un grand sac-poubelle.
- Ouvre le robinet et frotte bien tes mains au-dessus du ….
- On a retrouvé des pointes de … datant de la Préhistoire.
- Le joueur s'écroule après avoir reçu un violent coup dans le ….
- Dans cet …, vous pouvez voir des requins.

2 ★ **Associe les définitions aux mots suivants, qui sont formés à partir du mot grec** hippos (le cheval)**.**
un hippodrome – un hippopotame – un hippocampe – le hippisme
- poisson marin à tête de cheval → …
- ensemble des activités sportives pratiquées à cheval → …
- piste destinée aux courses de chevaux → …
- mammifère dont le nom signifie « cheval du fleuve » → …

3 ★ **Construis un tableau à deux colonnes** (origine latine **et** origine grecque) **et classe ces mots. *Tu peux t'aider d'un dictionnaire.***
calcul – géographie – mathématiques – grammaire – sciences – numération – orthographe

4 ★ **Ces mots grecs sont devenus des préfixes. Trouve deux mots de la langue française pour chacun. *Tu peux t'aider d'un dictionnaire.***
Ex. : astro- (l'étoile) → un **astro**logue, l'**astro**nomie
- thermo- (la chaleur)
- aéro- (l'air)
- zoo- (l'animal)
- micro- (petit)
- octo- (huit)

5 ★★ **Trouve le sens de ces mots latins et utilise chacun d'eux dans une phrase.**
album – agenda – verso – rébus – index

6 ★★ **Barre l'intrus de chaque série de mots. *Tu peux t'aider d'un dictionnaire.***
- koala – visa – agenda
- minimum – aquarium – chewing-gum – forum
- omnibus – bonus – humérus – cactus
- moto – bravo – gratis – recto

7 ★★★ **Associe les préfixes de la liste** a **avec les suffixes de la liste** b **pour former cinq mots. Associe chacun de ces mots à sa définition dans la liste** c.
a. préfixes : poly- ; cardio- ; méta- ; chrono- ; hexa-
b. suffixes : -logie ; -gone ; -morphose ; -glotte ; -logue
c. définitions : un changement de forme – une figure géométrique à six angles – la succession des événements* dans le temps – qui parle plusieurs langues – médecin qui soigne les maladies du cœur

8 ★★★ **Trouve un mot français formé à partir des préfixes et suffixes latins proposés, puis donne sa définition.**
Ex. : tri- (trois) → **tri**colore : qui a trois couleurs
- -vore (manger)
- déci- (dixième partie)
- quadri- (quatre)
- -mobile (déplacer)
- inter- (entre)

9 ★★★ **Aide-toi des définitions des mots grecs et latins pour expliquer les expressions suivantes.**
Ex. : ludos (grec) : jeu → un exercice **ludique**
→ un exercice qui ressemble à un jeu
- frigidus (latin) : froid → un camion frigorifique
- aqua (latin) : eau → un toboggan aquatique
- arachné (grec) : araignée – phobos (grec) : peur → une personne arachnophobe

10 ★★★ **Construis un tableau à cinq colonnes** (la mesure**,** la médecine**,** le sport**,** le corps **et** la terre) **et classe ces mots d'origine grecque.**
un athlète – un hectolitre – une pédiatre – un hématome – l'épiderme – un stéthoscope – un séisme – un disque – un kilogramme – un géologue – un décathlon – cardiaque – la spéléologie – la chirurgie – un décamètre

Je repère dans un texte

Dans le texte pp. 112-113, cherche l'étymologie des mots **domestique**, **vestibule** et **kilos**, entre les lignes 38 et 43.

J'écris

Écris un petit texte qui contiendra les mots latins **virus**, **vidéo**, **minimum** et **examen**.

Grammaire

Compétence : Savoir reconnaître* la coordination dans une phrase complexe.
Texte en lien : *Fahrenheit 451*, p. 110.

La coordination dans la phrase

Je lis et je réfléchis

– [...] À quoi ça sert de garder tous ces livres ?
– Tu penses comme la plupart de nos dirigeants, fit le père de Marien, un peu vexé. Tous ces gens ont été heureux de se débarrasser du volume incroyable que représentent les livres, revues et documents qui sont ici aujourd'hui. D'autant que les nouveaux créateurs n'écrivent plus, **mais** construisent leurs histoires en images virtuelles. Quel dommage ! [...]
Pas très convaincue au départ, Nunzia dut finalement reconnaître qu'ouvrir un vieux livre craquant lui apportait des sensations nouvelles. [...]. Elle s'asseyait alors à une grande table et se plongeait dans la lecture.

Danielle Martinigol, *L'Enfant-Mémoire*,
© Le Livre de Poche Jeunesse, 2007.

1. Relis la phrase en rouge. Combien de verbes sont conjugués dans cette phrase ?
2. Comment appelle-t-on ce type de phrase ?
3. Quel mot relie les deux actions dans cette phrase ? Quel est son rôle ?
4. Quel rôle joue le mot en gras dans la phrase en vert ? Quelle signification a-t-il ?

Je manipule

1. Place le mot de liaison entre parenthèses à l'endroit qui convient dans la phrase.
- Le loup arriva chez la grand-mère il frappa à la porte. (et)
- Il emporte une bouteille d'eau aujourd'hui il fera chaud. (car)
- Nous avons bien joué nous avons perdu. (mais)
- Yvon préparait le repas Mélanie mettait la table. (tandis que)
- Son réveil n'a pas sonné il est arrivé en retard. (donc)

2. Complète cette phrase avec tous les mots de liaison qui conviennent. Compare tes réponses avec un(e) camarade. Avez-vous trouvé les mêmes mots ?
Hier, j'ai appelé Sadia ... elle n'a pas répondu.

J'ai compris

- Une phrase qui comporte plusieurs verbes conjugués s'appelle **une phrase complexe**. Chaque verbe conjugué est le noyau d'**une proposition**.
  L'homme ouvrit le livre / et s'approcha du jeune homme.
  proposition 1 — proposition 2
- Dans une phrase complexe, les propositions peuvent être reliées entre elles par **un mot de liaison** (mais, ou, et, donc, or, ni, car, puis, ensuite, cependant, alors, tandis que, c'est pourquoi...) : on dit qu'elles sont **coordonnées**. Les mots de liaison sont **invariables**.
  Je lui propose de sortir, **mais** elle refuse. – Voulez-vous aller au cinéma **ou** préférez-vous visiter ce musée ? – Elle prend le paquet **et** l'envoie à son ami. – Jonas a fini son repas, **donc** il peut sortir de table. – Noa voulait un croissant, **or** il n'y en a plus. – Tu ne téléphones **ni** ne parles plus à ta tante. – Hector s'entraîne* **car** il dispute un match demain. – Conrad a aperçu un loup, **alors** il s'enfuit.

Je m'exerce

1 ★ **Souligne le mot de liaison dans chaque phrase et sépare les propositions.**

Ex. : Idriss se couche de bonne heure / car il se lève tôt demain.

- Paul va à la bibliothèque et emprunte un documentaire sur la peinture.
- Prendras-tu le bus ou viendras-tu à pied ?
- Le tonnerre gronda, alors ma petite sœur se cacha sous sa couette.
- Mélangez bien, puis ajoutez les fines herbes.
- Je ne sors pas de chez moi car je suis malade depuis plusieurs jours.
- Il se mit à courir mais il arriva trop tard.

2 ★ **Recopie uniquement les phrases complexes composées de deux propositions. Souligne les verbes conjugués.**

- Bruno enfila sa veste et sortit du salon.
- Dans son atelier, le sculpteur taille un bloc de marbre.
- À peine arrivée, elle montait dans sa chambre.
- Je mets ma ceinture tandis que tu démarres.
- Damien jouera dans l'orchestre demain soir, alors il accordera son violon.
- Le bel ours brun attendit patiemment, puis attrapa un gros saumon.

3 ★ **Complète ces phrases avec le mot de liaison entre parenthèses qui convient.**

- Il voulut entrer (car / mais) la porte était fermée à clé.
- Vous apprendrez les chants (or / et) vous les répéterez* demain.
- Papi fait la vaisselle (alors / puis) prend son café.
- Tu plonges (ou / donc) tu sautes, c'est comme tu veux !
- Nous allumons les lampes (et / car) il fait sombre.

4 ★ **Complète ces phrases avec les mots de liaison suivants.**

et – ni – car – mais – donc

- Justine est guérie … elle pourra retourner à l'école demain.
- Les automobilistes roulent prudemment … il y a du verglas sur la route.
- Ben allume la télévision … s'installe dans son fauteuil.
- Les policiers surgirent dans l'appartement … l'individu prit la fuite en sautant par la fenêtre.
- Audrey ne bavarde … ne joue avec personne.

5 ★★ **Complète chaque phrase avec un mot de liaison qui convient.**

- Ils sortaient leurs trousses … ouvraient leur livre de mathématiques.
- Elle a couru de son mieux … elle n'a pas battu son record.
- Tu coupes tes cheveux … tu les laisses pousser ?

6 ★★ **Écris une seule phrase en coordonnant les propositions.**

Ex. : Aude frappe à la porte. Elle entre dans le bureau. → Aude frappe à la porte, puis entre dans le bureau.

- Le jardinier a rempli l'arrosoir. Il a arrosé tous les légumes du potager.
- Léon a attrapé un gros rhume. Il est resté tout l'après-midi sous la pluie.
- Mily voulait acheter une barquette de fraises. Il n'y en avait plus.
- Je n'ai plus de batterie sur mon téléphone. Je dois le recharger.

7 ★★★ **Complète ces phrases avec une proposition coordonnée de ton choix.**

- L'ordinateur est tombé en panne mais ….
- … ou préférez vous une salade de fruits ?
- Lou a grimpé les marches et ….
- La voiture a doublé le camion puis ….
- … car la planète est en danger.

8 ★★★ **Utilise les verbes et les mots de liaison pour écrire une phrase complexe.**

Ex. : prendre – nettoyer – et → Il prend un chiffon et nettoie la vitre.

- arrêter – perdre – car
- savoir – chercher – mais
- venir – prendre – ensuite
- finir – rentrer – donc

Je repère dans un texte

Dans le texte pp. 110-111, relève deux phrases qui contiennent des propositions coordonnées entre les lignes 23 et 38.

J'écris

Écris un petit texte dans lequel tu expliqueras quelle(s) sorte(s) de livre(s) tu préfères.
Utilise deux phrases simples et trois phrases coordonnées avec des mots de liaison.

Compétence : Comprendre la notion d'antériorité d'un fait passé par rapport à un fait présent.
Texte en lien : *Mémoire en mi*, p. 122.

L'antériorité d'un fait passé par rapport à un fait présent

Je lis et je réfléchis

Le tourisme spatial m'a toujours passionné et, quand le gouvernement britannique m'a contacté pour me proposer un partenariat, j'avoue que j'ai été flatté. [...] J'ai donc accepté de m'associer avec ton gouvernement sur le projet « Arkange », le premier hôtel de l'espace. Il est au-dessus de nos têtes en ce moment. [...] Et je ne risque pas de l'oublier. Parce que, vois-tu, Arkange s'est transformé en cauchemar. C'est un vrai désastre. [...] Comme je te l'**ai dit**, les deux problèmes **sont** liés.

Anthony Horowitz, *Alex Rider. Tome 6 : Arkange*,
traduit par Annick Le Goyat,

1. Dans la phrase en vert, relève l'indicateur de temps.
À quel temps le verbe souligné est-il conjugué ?
2. Quels événements* décrits au début du texte se sont déroulés avant l'action exprimée par le verbe souligné ?
3. À quels temps sont conjugués les verbes de la phrase en bleu ?
Lequel de ces verbes correspond à l'action qui s'est déroulée en premier ?

Je manipule

Dans chaque phrase, trouve le verbe en couleur qui correspond à l'action qui s'est déroulée en premier.

- Nous corrigeons aujourd'hui l'exercice que nous avons fait hier.
- Maya est sortie à 19 heures mais elle rentre à l'instant.
- Je me souviens de cette forêt où nous nous promenions souvent.
- Ton frère ne lit plus les livres que lisait ta grand-mère.

J'ai compris

- Dans une même phrase (ou un même texte), **on peut décrire des événements* qui ne se sont pas déroulés au même moment**.
Pour bien marquer l'ordre chronologique des faits décrits, on peut utiliser :
– **des indicateurs temporels** :
Il y a quelques jours (indicateur du passé), **quelqu'un a saboté le vaisseau** (fait passé (verbe au **passé composé**)). – Maintenant (indicateur du présent), **le doute n'est plus permis** (fait présent (verbe au **présent**)).
– **des propositions** qui contiennent **un verbe conjugué à un temps du passé** :
Je crois (fait présent) qu'il a voulu retarder votre arrivée (verbe qui décrit un fait passé). **Ils pensent** (fait présent) aux planètes qu'ils visitaient (verbe qui décrit un fait passé).

Je m'exerce

1 ★ **Complète chaque phrase avec le verbe qui convient.**

- En 2012, Nadia (va / est allée) au Canada.
- Auparavant, beaucoup de monde (vivait / vit) à la campagne.
- Ces deux navires (voguent / voguèrent) en ce moment vers l'Espagne.
- Tu (as retrouvé / retrouves) sa boîte* de jeux hier.
- Nous (survolons / survolions) à présent l'océan Atlantique.

2 ★ **Complète avec des indicateurs de temps qui conviennent.**

- ... le soleil brillait mais ... il pleut.
- ... Agnès lisait beaucoup de BD, ... elle préfère les romans.
- ... nous sommes allés en Turquie, ... nous partons en Finlande.
- ... on lavait le linge à la main. ... on utilise des machines à laver.
- ... personne n'avait entendu parler de ce peintre. ... il vend des toiles dans le monde entier.
- Mathilde a marché ... et ... elle regarde la télévision.

3 ★ **Indique l'ordre des événements* comme dans l'exemple.**

Ex. : Nora **a eu** une forte fièvre hier (fait passé), mais elle **va** mieux aujourd'hui (fait présent).

- Nous apprenons à l'instant qu'un tremblement de terre a eu lieu au Japon.
- Baptiste a acheté hier la chemise qu'il porte ce matin.
- Elles attendent leurs cousines qui sont arrivées de Marseille cet après-midi.
- Ils ont pique-niqué* dans la clairière et maintenant ils construisent une cabane.
- Nous savourons le délicieux plat que Pablo a préparé.
- L'incendie s'est déclaré très tôt et la forêt continue de brûler*.

4 ★★ **Souligne en bleu les événements* présents et en rouge les événements* passés.** ***Que dois-tu observer avant de commencer ?***

Karim entre précipitamment dans la pièce et s'écrie : « Maman ! Les petits de Mindy sont nés ! Elle les a mis au monde dans la grange ! » La mère du garçon pose le roman qu'elle était en train de lire et accompagne son fils. Ils arrivent et voient la chienne allongée sur la paille. Les trois chiots, qui ont tété longtemps, dorment contre le flanc de leur mère.

5 ★★ **Conjugue les verbes entre parenthèses au temps qui convient** (présent **ou** passé composé**).**

- Il y a deux ans, tu (apprendre) cette poésie que tu (connaître*) encore aujourd'hui.
- À présent, nous (accueillir) celle qui (gagner) la course il y a deux jours.
- Faustine (vivre) en Bretagne quand elle était petite et maintenant elle (habiter) à Paris.
- Je ne (être) pas d'accord avec ce que vous (dire) tout à l'heure.

6 ★★★ **Écris des phrases dans lesquelles trois actions se succèdent. Utilise les indicateurs temporels proposés.**

Ex. : Ce matin ..., à midi ... et ce soir ....
→ Ce matin il **est allé** au marché, à midi il **a déjeuné** avec sa sœur et ce soir il **sort**.

- Il y a une heure ..., il y a dix minutes ... et maintenant ....
- Il y a deux mois ..., le mois dernier ... et ce mois-ci ....
- Il y a trois jours ..., hier ... et aujourd'hui ....
- Il y a deux semaines ..., la semaine dernière ... et cette semaine ....
- Il y a quatre ans ..., l'année dernière ... et cette année ....

7 ★★★ **Conjugue les verbes entre parenthèses au temps qui convient** (passé composé**,** imparfait **ou** présent**).**

C'(être) le jour du départ. Aminata (déposer) sa lourde valise dans le hall de l'école. Certains de ses camarades (arriver) déjà. La veille, elle (préparer) soigneusement ses bagages avec sa mère. Elle (espérer) vraiment ne rien oublier ! C'(être) la première fois qu'elle (partir) en classe de mer. Quand la maîtresse* l'(annoncer), elle (sauter) de joie. Depuis, elle (attend) ce moment avec impatience.

Je repère dans un texte

Dans le texte pp. 122-133, relève deux phrases qui racontent un fait passé et deux phrases qui racontent un fait présent, entre les lignes 339 et 359.

J'écris

En quatre phrases, raconte une histoire à laquelle tu croyais quand tu étais petit(e) mais à laquelle tu ne crois plus maintenant.

Grammaire

Compétence : Savoir reconnaître* la manière dont les phrases s'enchaînent* dans un texte.
Texte en lien : *Mémoire en mi*, p. 122.

L'enchaînement* des phrases

Je lis et je réfléchis

Le redoutable Eraser [...] sentit son cœur s'emballer à l'idée de ce qui allait se passer, impatient de refermer ses doigts sur le frêle cou d'un de ces enfants-oiseaux. Il entama par la suite sa métamorphose, sans quitter des yeux ses mains. Sa délicate peau humaine se couvrit bientôt de poils drus et des ongles cassés émergèrent au bout de ses doigts. **Au début**, il avait un peu souffert de ces métamorphoses, du fait que son ADN de loup n'était pas aussi bien greffé sur ses cellules souches que sur celles des autres Erasers. Du coup, avec ces problèmes qu'il restait à régler, il n'était pas au bout de ses peines. Pourtant, il ne se plaignait pas.

James Patterson, *Max, tome 2 : Objectif liberté*, traduit par Aude Lemoine, © Le Livre de Poche Jeunesse, 2009.

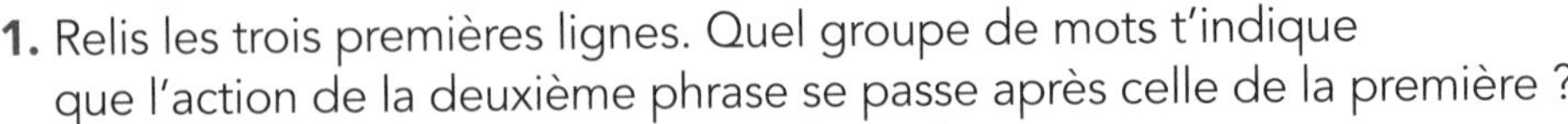

1. Relis les trois premières lignes. Quel groupe de mots t'indique que l'action de la deuxième phrase se passe après celle de la première ?
2. Quelle précision apporte le mot souligné ?
3. Quel repère le mot en gras donne-t-il au lecteur ?
4. Le mot en bleu relie les deux dernières phrases du texte. Qu'exprime-t-il ?

Je manipule

1. Écris à chaque fois une seconde phrase avec le connecteur demandé. Les textes ainsi formés auront-ils le même sens ?
   - Pablo prend le train. Toutefois, ...
   - Pablo prend le train. En effet, ...
   - Pablo prend le train. Puis, ...

2. Trouve une phrase qui peut précéder celle qui contient un connecteur.
   - .... Malgré tout, il a fait des efforts.
   - .... Par exemple, prends une cuillerée de miel.
   - .... Tout d'abord, nous nous laverons les mains.
   - .... Et Bintou sera contente.

J'ai compris

Pour marquer **l'enchaînement* des actions** ou **des événements*** dans un texte, on peut relier les phrases entre elles par **des mots de liaison**. Ces mots peuvent être :

- **des connecteurs chronologiques** (d'abord, au début, puis, ensuite, bientôt, premièrement, enfin, soudain, aussitôt...). Ils indiquent la succession des événements* dans le temps :
  Il prend le cahier. **Puis** il l'ouvre à la première page. **Enfin**, il lit à haute voix.
- **des connecteurs logiques**. Ils précisent les relations entre les événements*. Ils marquent :
  - **l'addition** (et, aussi, de plus, puis...) :
    Vous finirez par comprendre. **Et** peut-être même par me croire.
  - **l'opposition** (pourtant, mais, cependant, toutefois, néanmoins...) :
    L'homme tend le cahier à Marc. **Mais** c'est Luc qui s'en empare.
  - **la cause** (car, en effet, parce que, comme...) :
    J'observe attentivement Altaïr. **En effet**, j'attends un signal de cette étoile.
  - **la conséquence** (ainsi, donc, finalement, c'est pourquoi...) :
    Ce journal est intéressant. **C'est pourquoi** il faut le lire.

Je m'exerce

1 ★ **Complète avec le connecteur qui convient.**
- Observe ce solide. (Tout d'abord / Donc), compte son nombre de faces.
- Julia a raté son bus. (Or / C'est pourquoi) elle est en retard.
- Mes amis pique-niqueront dimanche. (Ensuite / En effet), la météo prévoit du beau temps.
- Elles grignotaient le fromage. (Soudain / Parce que), elles entendirent le chat.
- Tu t'es installé ici pour pêcher. (La veille / Deux heures après), tu es encore là.

2 ★ **Remplace chaque connecteur en couleur par un connecteur qui convient.**
également – pour conclure – souvent – premièrement – pourtant
- Asseyez-vous. Pour commencer, attachez votre ceinture.
- Prends un sandwich. Achète aussi des biscuits.
- Edma a beaucoup voyagé. Néanmoins, elle ne connaît* pas l'Islande.
- Aymeric fait ses courses dans ce magasin. Il y croise parfois son voisin.
- Tu as réussi tes examens. Bref, tu es admis dans cette université.

3 ★ **Complète ces phrases avec les connecteurs qui conviennent.**
Puis – Cependant – Tout à coup – De plus – Bientôt
- Nous dansions depuis une heure. … la musique s'est arrêtée.
- Marion ramasse du bois. … elle fera un feu de cheminée.
- Il atterrira à 17 h 15. … il prendra le taxi pour rentrer chez lui.
- Vous apprendrez la leçon. … vous ferez cet exercice de grammaire.
- Cette plante a besoin d'eau. … ne l'arrose pas trop souvent.

4 ★★ **Dans chaque phrase, relève le connecteur et indique ce qu'il exprime (**le temps, l'opposition**,** la cause **ou** la conséquence**).**
- La cigale ne pense pas à l'hiver qui arrive. Au contraire, la fourmi fait des provisions.
- Les joueurs ont perdu le match. Par conséquent, ils n'iront pas en finale.
- Tu veux changer de coupe de cheveux ? Pourtant, celle-ci te va bien.
- Ces œufs frais sont délicieux. En effet, les poules sont élevées en plein air ici.

5 ★★ **Relie chaque phrase par un connecteur qui convient.**
Ex. : Fais la liste de ce que tu dois emporter. Tu n'oublieras rien. → Fais la liste de ce que tu dois emporter. Ainsi, tu n'oublieras rien.
- Denis veut faire du kayak. Il s'est inscrit dans un club.
- Je voulais envoyer ce courrier. Je n'avais plus de timbres.
- Trace une droite (d). Trace une perpendiculaire à cette droite.
- L'agneau buvait tranquillement. Le loup a surgi.
- Mon frère a terminé la conversation. Il a raccroché.

6 ★★★ **Trouve deux suites à chaque début de phrase. Utilise deux connecteurs différents.**
Ex. : Amadou a goûté*. …
1. Amadou a goûté*. Il a ensuite fait ses devoirs.
2. Amadou a goûté*. Pourtant, il a encore faim.
- Le vétérinaire a soigné mon chien. …
- Vanessa a pris froid. …
- Malik et moi rangeons notre chambre. …
- Vous repassez votre linge. …
- Il n'aime pas la glace à la vanille. …
- Cet élève a rattrapé les cours. …

7 ★★★ **Remets ce texte dans l'ordre en t'aidant des connecteurs en couleur.**
Cédric m'a appelé ce matin.
a. Bref, j'ai proposé à Cédric de reporter la sortie.
b. En premier lieu, il a demandé si j'allais mieux.
c. Tout compte fait, on sortira samedi prochain.
d. En effet, j'ai eu la grippe la semaine dernière.
e. Bien que je sois guéri, mes parents voulaient que je reste encore au chaud.
f. Il m'a ensuite proposé d'aller au cinéma.

Je repère dans un texte

Dans le texte pp. 122-133, relève dans le chapitre 1 un connecteur qui marque une opposition, un connecteur qui marque une conséquence, un connecteur qui marque une cause et un connecteur qui marque le temps.

J'écris

Invente la consigne d'un exercice. Utilise au moins trois de ces connecteurs : d'abord – ensuite – puis – enfin – cependant – ainsi – également.

Lexique

Compétence : Savoir distinguer les homophones grammaticaux fréquents.
Texte en lien : *Le Monde d'En Haut*, p. 120.

Les homophones grammaticaux (3)

Je lis et je réfléchis

Je reconnais un oglonis d'Orion. **Ces** sortes de petits chevaux font partie de tous les voyages. Il y a là aussi un petit gloutonor, quelques ronfleurs d'Altaïr, un vieux psychien d'Algol et plusieurs tigrilions d'Andromède. [...]
Le gros Terrien, muni d'un fouet électrique, revient vers le milieu de sa troupe pour en accélérer le mouvement. Bien sûr, cet homme ne peut être qu'Otto Brull, le directeur du Cosmos-Circus. Il vitupère un animal nonchalant que le pilote traîne en laisse. Cet animal, **c'est** Kaha. Il **s'est** arrêté pour se lisser tranquillement les moustaches.
– Pitt, plus vite ! braille Brull. C'est encore et toujours ce maki qui nous retarde !

Christian Grenier, *Aïna, fille des étoiles*, © Christian Grenier.

1. Lis les mots en gras à voix haute. Que remarques-tu ?
2. Pourquoi ne s'écrivent-ils pas de la même manière ?
3. Observe le mot en rouge. Cherche dans le texte un mot qui se prononce de la même manière. Lequel peux-tu remplacer par **ces** ?

Je manipule

1. Réécris ces groupes nominaux au pluriel. Que remarques-tu ?
son cahier – sa sœur – cette étagère – ce parapluie – sa chaise – cet orage – cette grenouille – son amie

2. Remplace le sujet de ces phrases par **Il** ou **Elle**. Qu'est-ce qui change dans la phrase ?
- Je me dirige vers ce village.
- Je me baisse pour ramasser ce stylo.
- Je me suis acheté ces nouveaux jeux de société.
- Je me suis caché derrière ces buissons.

J'ai compris

- Attention à ne pas confondre **ses** et **ces** :
  - **ses** est un déterminant qui peut être remplacé par **leurs** : **ses** jouets → **leurs** jouets
  - **ces** est un déterminant qui peut être remplacé par **ce**, **cet** ou **cette** : **ces** chevaux → **ce** cheval
- Attention à ne pas confondre **ce** / **se** et **c'** / **s'** :
  - **ce** est un déterminant. Il peut être remplacé par **ces** : **ce** singe → **ces** singes
  - **se** est un pronom (3e personne du singulier et du pluriel). Il est toujours placé devant un verbe. Il peut être remplacé par **me** ou **te** : Kaha **se** lisse la moustache. → Tu **te** lisses la moustache.
  - **c'**est un pronom lorsqu'il est placé devant le verbe **être**. Il peut être remplacé par **cela** : **C'**est une table. → **Cela** est une table.
  - **s'**est le pronom **se** devant une voyelle. Pour le distinguer de **c'**, il faut changer de personne : Il **s'**est arrêté. → Je **me** suis arrêté.

Je m'exerce

1 ★ **Écris ces groupes nominaux au singulier.**
ces voitures – ces arbres – ses chaussures – ses livres – ces musiques – ses bijoux – ces garçons – ses mains

2 ★ **Complète ces phrases avec** ses **ou** ces.
Comment peux-tu vérifier tes réponses ?
- Louis a oublié … lunettes.
- Regarde … magnifiques flamants roses !
- … pains au chocolat sont délicieux.
- Elle raconte … aventures à … amis.
- … tigres et … lions ont l'air féroce.

3 ★ **Dans chaque phrase, souligne le mot qui peut être remplacé par** cela.
- C'est un rouge-gorge qui a fait son nid ici.
- Swan s'est allongé : c'est l'heure de la sieste.
- Hier, c'est elle qui s'est brûlée* avec l'eau bouillante.
- Mansour s'est caché et c'est Livia qui l'a trouvé.
- C'est ici que la bataille s'est déroulée.

4 ★ **Complète ces phrases avec** c'est **ou** s'est.
- … magnifique !
- … à 18 heures qu'il a appelé.
- L'oiseau … échappé de sa cage.
- Elle … assise là-bas.
- … à cet endroit que … déroulée la scène.

5 ★★ **Complète chaque phrase avec un verbe ou un nom.**
- Antonio se … avec sa sœur.
- Elles se … dans la glace.
- Amine invite ce ….
- Nous observons ce ….
- Garance se … dans la rivière.

6 ★★ **Complète ces phrases avec les groupes de mots suivants. Attention ! les deux premiers de la liste sont employés 3 fois chacun.**
c'est – c'était – s'est blessé – s'est perdu – s'était aperçu – s'était amusé – s'est méfié
- … à ce moment-là que le Petit Poucet … de l'ogre.
- Quand Jon … avec le couteau, … mon oncle qui l'a emmené à l'hôpital.
- … une maquette de bateau pirate qu'il … à construire quand il était petit.
- Mon chat … dans le parc et … Sedna qui l'a retrouvé.
- Yanis … que … son collègue qui avait oublié ses clés.

7 ★★ **Complète ces phrases avec** ce **ou** se. **Indique si le mot ou groupe de mots juste après est un verbe ou un groupe nominal.**
- Nous vendons … vieux buffet.
- Les sportifs … reposent après le match.
- Il … demanda si … sabre datait du siècle dernier.
- … lézard … prélasse au soleil.
- Laura … passionne pour … roman dont l'histoire … déroule dans … vieux château.

8 ★★★ **Écris ces phrases au passé composé. Attention aux accords !**
- Il se fâche.
- Marie se maquille.
- Léo se marie.
- Elle se cache.
- David se prépare.
- Elle se détend.

9 ★★★ **Complète ce texte avec** c' **ou** s'.
…était en hiver. La neige …était mise à tomber la veille. …était ce temps-là qu'Éric préférait. Il …était vêtu d'un anorak, d'un bonnet et d'une écharpe. Il …était rendu dans le jardin et …était mis à former deux grosses boules de neige. …était le premier bonhomme qu'il fabriquait tout seul.

10 ★★★ **Complète ce texte avec** ces**,** ses**,** ce**,** se**,** c'est **ou** s'est.
… aujourd'hui le grand jour. … soir, Eugénie … rendra à son premier bal masqué. Elle … préparée tout l'après-midi. En … regardant dans le miroir, elle trouve que … costume de cosmonaute lui va bien. Elle attend Sihem et David, … amis, qui viennent la chercher. Quel déguisement … deux-là vont-ils porter ? … sera une surprise ! Elle entend frapper à la porte. … sont eux !

Je repère dans un texte

Dans le texte pp. 120-121, relève trois paires d'homophones grammaticaux.

J'écris

Décris l'un des animaux cités dans le texte de la page précédente. Utilise au moins trois paires d'homophones.

Lexique

Compétence : Connaître* l'origine des mots que nous utilisons.
Texte en lien : *Mémoire en mi*, p. 122.

Des mots d'origine étrangère

Je lis et je réfléchis

La salle de détente se trouvait au milieu du vaisseau, à mi-chemin entre le bloc médical et les chambres de l'équipage. On y trouvait tout ce qu'il fallait pour se délasser durant les longs vols spatiaux : un holo-jaccuzzi, un court de **squash** virtuel, un mini-**bar** et divers **gadgets** électroniques…
Uber C. écoutait la télé. Irgos, temporairement débranché, rechargeait ses batteries à côté d'un plot énergétique.

Lambert/Bishop, *Les Pétrifiés d'Altaïr*, D. R.

1. À ton avis, quelle est l'origine des mots en gras ?
2. Cherche dans un dictionnaire l'origine du mot souligné. Par quel(s) mot(s) français pourrais-tu le remplacer ?
3. Cherche dans un dictionnaire l'origine du mot en vert.

Je manipule

Avec un(e) camarade, relie les mots étrangers à leur langue d'origine, puis au mot français qui correspond.
Vous pouvez vous aider d'un dictionnaire.

valiglia •	• allemand •	• le chocolat
sifr •	• italien •	• la banquise
nudel •	• norvégien •	• une valise
chocolate •	• arabe •	• une nouille
pakis •	• espagnol •	• un chiffre

J'ai compris

- Le français est **une langue vivante** : elle a évolué dans le passé et continue à évoluer aujourd'hui, en intégrant des mots d'origines **anglaise**, **italienne**, **arabe**, **espagnole**, **allemande**…
  un **gadget** (anglais) – une **pizza** (italien) – un **bloc** (néerlandais) – un **matelas** (arabe) – un **sabre** (allemand) – un **casque** (espagnol)
- Certains mots d'origine étrangère peuvent être remplacés par des mots qui appartiennent à la langue française depuis longtemps :
  un **building** (anglais) → un **gratte-ciel** (français)
- L'origine des mots est souvent donnée dans le dictionnaire.

Je m'exerce

1 ★ **Pour chaque mot ou groupe de mots français, trouve le mot anglais qui correspond.**
- un entraîneur d'équipe → un goal – un stewart – un coach
- un bandit → un groom – un gangster – un gag
- un chariot de supermarché → un cargo – un hobby – un caddie
- un jardin public → un squat – un square – un stand

2 ★ **Indique l'origine des mots en couleur. Tu peux t'aider d'un dictionnaire.**
Après avoir avalé ses cornflakes et bu son chocolat, Tom enfile son jean et son pull. Il met ensuite ses baskets et son anorak. Puis il prend son sac à dos dans lequel il a glissé son kimono et se rend à son cours de karaté. Cet après-midi, il jouera au handball avec ses amis. Il ira ensuite manger un couscous, puis jouer au bowling.

3 ★ **Indique l'origine des noms de ces plats.**
une paella – une moussaka – un hamburger – des sushis – une pizza – des nems – des macaronis

4 ★★ **Trouve les mots ou groupes de mots français qui correspondent à ces mots d'origine anglaise.**
un skateboard – un match – un goal – un toast – une star – un show

5 ★★ **Remplace les mots ou groupes de mots en couleur par les mots suivants.**
tsar – mangas – gazelles – kayak – tagliatelles
- Louanne lit beaucoup de bandes dessinées japonaises.
- Je me régale avec ces pâtes italiennes.
- Les antilopes d'Afrique s'enfuyaient devant la lionne.
- Nicolas II fut le dernier empereur russe.
- Les Inuits utilisaient une embarcation légère pour aller à la pêche.

6 ★★ **Trouve cinq noms d'instruments de musique qui sont des mots d'origine étrangère.**

7 ★★ **Barre l'intrus de chaque série de mots. Explique ta réponse et cherche l'origine du mot intrus.**
- un sandwich – un pingouin – un puzzle – un jogging
- un piano – le loto – des spaghettis – un lasso
- un bonsaï – un logo – le judo – un tatami
- un igloo – des babouches – un émir – une girafe

8 ★★★ **Trouve le mot anglais qui correspond à chaque définition.**
- un endroit où stationnent les voitures
- la fin de la semaine
- un produit pour se laver les cheveux
- un pantalon de toile bleue
- un personnage comique dans un cirque

9 ★★★ **Remplace les mots en couleur par des mots ou groupes de mots synonymes.**
- Je zappe souvent quand je regarde la television.
- Tu as acheté les tickets pour le spectacle.
- Le stock de farine est bientôt épuisé.
- Quentin et moi avons fait un selfie hier.

10 ★★★ **Complète cette grille à l'aide des définitions suivantes. Les mots à trouver sont anglais.**
1. un policier américain qui porte un insigne en forme d'étoile
2. un sport qui se joue avec des raquettes et un volant
3. un steak haché, accompagné de salade ou de fromage fondu, servi dans un petit pain rond
4. une sauce tomate que l'on mange souvent avec des pâtes ou des frites
5. un site Internet qui permet à une personne d'exprimer son avis, ses impressions
6. un endroit où l'on fait nettoyer ses vêtements

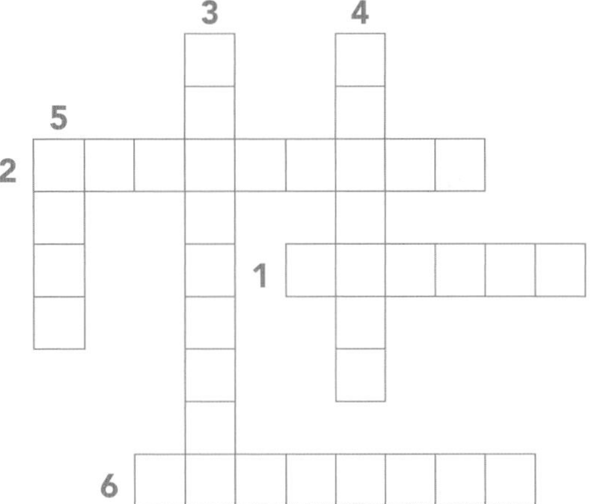

Je repère dans un texte

Dans le texte pp. 122-133, relève un mot d'origine anglaise entre les lignes 186 et 195.

J'écris

Écris un court dialogue entre deux personnes qui emploient des mots d'origine anglaise (week-end* – shopping – tee-shirt* – parking – hot-dog*...).

Lexique

Compétences : Savoir lire et comprendre un article de dictionnaire.
Texte en lien : *Le Monde d'En Haut*, p. 120.

Comprendre les articles du dictionnaire

Je lis et je réfléchis

conserver

a b c d e

conserver (verbe) ▸ conjug. n° 3
1. Ne pas perdre ou ne pas jeter. *Elle* ***conserve*** *dans son portefeuille une photo de son grand-père.* 2. Continuer d'avoir. *Elle* ***avait conservé****, malgré les années, un charme mystérieux.* 3. Maintenir en bon état. *Pour garder son arôme au café,* ***conservez****-le au réfrigérateur.* (Syn. garder. Contr. perdre.) Famille du mot : conservateur, conservation, conservatoire, conserve.

consistance (nom féminin)
État plus ou moins solide d'une matière. *La lave qui sortait du cratère avait une* ***consistance*** *visqueuse.*

consistant, ante (adjectif)
Épais, presque solide. *Une soupe* ***consistante****.* Famille du mot : consistance, inconsistant.

Dictionnaire Hachette Junior, © Hachette Livre, 2014.

1. Quels sont les mots expliqués dans ces articles de dictionnaire ?
2. Pourquoi le mot **consistant** est-il immédiatement suivi de **, ante** ?
3. À quoi servent les phrases écrites en italique ?
4. Combien y a-t-il de définitions pour le mot **conserver** ? Pourquoi ?
5. Lis la parenthèse à la fin de la définition de **conserver**. Que signifie **Syn.** ? et **Contr.** ?
6. Par quoi se termine cet article ?

Je manipule

Associe chaque mot à son abréviation.

synonyme | familier | nom masculin | contraire | adjectif | verbe | nom féminin

nom m. | syn. | fam. | nom f. | v. | adj. | contr.

J'ai compris

- Pour chaque mot, les articles du dictionnaire présentent **son type** (nom, adjectif, verbe…), **sa définition** et **des exemples** qui aident à comprendre sa signification.
  chevalier (nom masculin) : seigneur du Moyen Âge, qui combattait à cheval. *Le chevalier devait protéger les faibles.*
- Quand le mot défini est un nom ou un adjectif, il est souvent suivi de sa forme au féminin.
  danseur, **euse** – consistant, **ante**
- Quand un mot a plusieurs sens, les différentes définitions sont numérotées.
- L'article du dictionnaire peut aussi contenir beaucoup d'autres renseignements, par exemple **les mots de la même famille** ou **les expressions formées avec le mot**.
  La définition de l'expression **à corps perdu** se trouve dans l'article du mot **corps**.
- Il peut également renvoyer à **des tableaux** ou à d'autres articles.
  conserver (verbe) → **conjug. n° 3** renvoie à un tableau de conjugaison présent dans le dictionnaire.
- Certains dictionnaires utilisent **des abréviations** qu'il faut connaître.
  adj. → adjectif – **fig.** → figuré – **fam.** → familier – **syn.** → synonyme – **contr.** → contraire

Je m'exerce

1 ★ **Cherche ces mots dans ton dictionnaire et recopie leur définition.**
diaphragme – fantasmagorique – métallurgie – pisciculture

2 ★ **Dans cet article, souligne :**
– le type du mot en bleu ;
– la définition en rouge ;
– l'exemple en vert ;
– les autres informations en noir.

> **napper (verbe)** → conjug. n° 3
> Recouvrir un plat d'une sauce ou d'une crème.
> *Napper un gâteau au caramel.*

Dictionnaire Hachette Junior, © Hachette Livre, 2014.

3 ★ **Cherche ces mots dans ton dictionnaire, puis relève des mots de la même famille.**
pondre – magasin – habituer – éternel – trente

4 ★ **Cherche dans ton dictionnaire des expressions formées à partir des mots suivants.**
cœur – jambe – dent

5 ★★ **Cherche les mots en couleur dans ton dictionnaire et recopie la définition qui correspond au sens de la phrase.**
- Peux-tu monter ce sac à l'étage ?
- Je porte des lentilles car je ne vois pas bien.
- Tu es gelé ! Entre vite pour te réchauffer.
- Ma mère jette ces vieux vêtements déchirés.

6 ★★ **Cherche les mots en couleur dans ton dictionnaire, puis recopie uniquement la phrase qui correspond à leur sens.**
- résidentiel

a. Un quartier résidentiel est un quartier pauvre.
b. Un quartier résidentiel est un quartier où il y a surtout des maisons d'habitation.
c. Un quartier résidentiel est un quartier situé dans la campagne.

- un philatéliste

a. Un philatéliste est un danseur classique.
b. Un philatéliste est un collectionneur de timbres.
c. Un philatéliste est une personne toujours triste.

- se formaliser

a. Se formaliser signifie être choqué par quelque chose.
b. Se formaliser signifie s'inscrire à un concours.
c. Se formaliser signifie se préparer à courir.

7 ★★★ **Associe les définitions de ces articles de dictionnaire avec les exemples qui conviennent.**
- Définitions :

a. Qui doute de quelque chose.
b. D'aspect misérable.
c. Qui n'a pas d'occupation.
d. Qui est en ligne droite.
e. Qui n'est pas bon pour la santé.

- Exemples :

1. *Cette route est* ***rectiligne*** *sur plusieurs kilomètres.*
2. *Il pense qu'il pourra partir seul, mais ses parents sont* ***sceptiques****.*
3. *Le climat est* ***insalubre*** *dans cette région.*
4. *Il habite un vieil immeuble assez* ***miteux****.*
5. *Cet homme riche mène une vie* ***oisive****.*

8 ★★★ **Cherche ces mots dans le dictionnaire et écris une phrase pour chacun de leurs sens.**
imbuvable – mannequin – paille – désordonné – mériter

9 ★★★ **À quel mot faut-il chercher chacune des expressions suivantes dans le dictionnaire ?**
- avoir les pieds sur terre
- avoir quelqu'un à l'œil
- mettre le feu aux poudres
- voler de ses propres ailes

10 ★★★ **Indique pour chaque mot l'abréviation qui le suit dans le dictionnaire.**
liberté – cinquante – naturel – ce – eux – bagnole – soulever

11 ★★★ **Souligne en bleu les mots qui sont à la fois des noms et des adjectifs. Souligne en vert ceux qui sont à la fois des noms et des verbes.**
chouette – boucher – devoir – vieux – humain – noyer – pouvoir – présent – sourire

Je repère dans un texte

Dans le texte pp. 120-121, retrouve une expression formée à partir du mot **chemin** entre les lignes 15 et 19. Cherche ensuite dans ton dictionnaire d'autres expressions formées à partir de ce mot.

J'écris

Choisis un mot et écris un article de dictionnaire sur lui. Pense à bien mettre toutes les rubriques.

Évaluation

Grammaire

1 Quelle phrase est une phrase réduite ?

a. Pendant deux semaines, Lassana a fait du camping en Normandie.

b. Ils annonceront les résultats dans cinq minutes.

c. Anton et toi participerez à ce tournoi.

d. Ici, les écureuils ramassent des noisettes.

Voir p. 234

2 Avec quels types de mots ou de compléments cette phrase est-elle amplifiée ?

Le lendemain, le grand cygne de l'étang retrouva ses œufs dans les roseaux.

a. 2 compléments de phrase, 1 adjectif et 1 complément du nom

b. 1 complément de phrase, 2 adjectifs et 1 complément du nom

c. 2 compléments de phrase, 1 adjectif et 2 compléments du nom

d. 1 complément de phrase, 2 adjectifs et 2 compléments du nom

Voir p. 234

3 Combien de mots ou groupes de mots peux-tu supprimer pour obtenir une phrase réduite ?

À la nuit tombée, le pirate enterra le petit coffre en argent dans le sable près d'un palmier.

a. 2

b. 3

c. 4

d. 5

Voir p. 234

4 Quelle phrase contient des propositions coordonnées ?

a. Lucio envoie un message à son ami pour son anniversaire.

b. Elle a terminé à la deuxième place, donc elle remporte une médaille d'argent.

c. J'arrache les mauvaises herbes envahissant le jardin.

d. Pétronille ne sait plus quoi dire.

Voir p. 238

5 Avec quels mots de liaison peux-tu compléter cette phrase ?

Xavier a mis son bonnet ... il fait froid, ... il a oublié ses gants ... ses doigts commencent à rougir.

a. donc / mais / ou   c. car / ou / mais
b. car / mais / et   d. or / et / mais

Voir p. 238

6 Quel connecteur ne peut pas remplacer le mot en couleur ?

Christophe n'a pas bien appris sa leçon. Toutefois, le maître* lui laisse une chance de se rattraper.

a. Cependant   c. Pourtant
b. Néanmoins   d. Puis

Voir p. 242

7 Par quel connecteur peux-tu compléter la seconde phrase ?

Alex a eu de la fièvre cette nuit. ... il est allé chez le médecin ce matin.

a. Parce que   c. De plus
b. C'est pourquoi   d. Comme

Voir p. 242

8 Qu'indique le connecteur dans la seconde phrase ?

J'ai dû emmener ma voiture au garage. En effet, le rétroviseur était cassé.

a. le temps   c. la cause
b. l'opposition   d. la conséquence

Voir p. 242

Le verbe

9 Avec quel verbe dois-tu compléter cette phrase ?

Dès qu'il pleuvait, les escargots ... la tête de leur coquille.

a. sortirent   c. ont sorti
b. sortent   d. sortaient

Voir p. 230

10 Dans quelle phrase les verbes en couleur sont-ils correctement conjugués ?

a. Alors que le film commença, un spectateur criait.

b. Crois-tu que Karen a déjeuné à la maison ?

c. Chaque fois que je lançais la balle, mon chien me la rapporte.

d. Comme ils mélangent le sucre et les œufs, ils purent ajouter la farine.

Voir p. 230

11 Avec quels verbes peux-tu compléter cette phrase ?

Les deux sœurs … aujourd'hui d'une maison qui … jadis à leur arrière-grand-père.

a. héritaient / appartient
b. héritent / appartiendra
c. ont hérité / appartient
d. héritent / appartenait

Voir p. 240

12 Range les propositions dans l'ordre chronologique des actions.

Les athlètes ….

a. calent ensuite leurs pieds dans les starting-blocks
b. et démarrent au signal de l'arbitre.
c. s'échauffent en quelques minutes.

Voir p. 240

Orthographe

13 Dans quelle phrase tous les mots ou groupes de mots en couleur sont-ils correctement orthographiés ?

a. S'est encore ce chien qui s'est dressé sur ces pattes pour attraper un biscuit !
b. C'est encore se chien qui ces dressé sur ses pattes pour attraper un biscuit !
c. C'est encore ce chien qui s'est dressé sur ses pattes pour attraper un biscuit !
d. Ces encore ce chien qui c'est dressé sur ses pattes pour attraper un biscuit !

Voir p. 244

14 Avec quel groupe d'homophones peux-tu compléter cette phrase ?

…était un homme gentil … doux qui prenait soin de … fleurs.

a. S' / est / ces
b. C' / et / ses
c. S' / et / ces
d. C' / est / ses

Voir p. 244

Lexique

15 Quel terme spécifique ne correspond pas au terme générique de cette phrase ?

Dans ce champ vivaient plusieurs rongeurs.

a. une souris
b. un chien
c. un rat
d. un cochon d'Inde

Voir p. 232

16 Complète la définition avec le mot qui convient.

… est un moyen de communication.

a. Le téléspectateur
b. Le téléphone
c. Le télescope
d. Le téléphérique

Voir p. 232

17 Quel mot est issu du mot grec arkhaios, **qui signifie** ancien **?**

a. l'architecte
b. l'arc-en-ciel
c. l'archéologue
d. l'archipel

Voir p. 236

18 Quel mot n'a pas pour origine le mot domus, **qui signifie** maison **en latin ?**

a. la domination
b. le domicile
c. domestique

Voir p. 236

19 Quel mot n'est pas d'origine anglaise ?

a. le volley-ball*
b. un barman
c. le parking
d. un bonsaï

Voir p. 246

20 Quel mot de la langue française correspond au mot anglais en couleur dans la phrase ?

La journaliste a fait une interview de la ministre.

a. un documentaire pour la télévision
b. une photographie pour un magazine
c. un entretien pour lui poser des questions

Voir p. 246

21 À quel mot va-t-on trouver cet extrait d'article dans le dictionnaire ?

> Qui a entre quatre-vingts et quatre-vingt-neuf ans.
> *La voisine de mes parents est une* octogénaire *très dynamique.*

a. parents
b. dynamique
c. voisine
d. octogénaire

Voir p. 248

22 Dans l'article du dictionnaire concernant le mot godasse, **que signifie l'abréviation** fam. **?**

a. fameux
b. famille
c. familier

Voir p. 248

23 Dans cet article de dictionnaire, quelle information apporte le groupe de mots en couleur ?

> **arrangement (nom masculin)**
> Manière d'arranger. *Avec ce nouveau bureau, il faudra changer l'*arrangement *de ta chambre.*

a. le type de mot
b. la définition
c. l'exemple
d. une abréviation

Voir p. 248

Les principaux préfixes

Préfixes	Sens	Exemples
a-, an-	absence, privation	**a**moral – **an**ormal
ac-, ad-, af-, al-, ap-	rapprochement	**ac**courir – **ad**joindre – **af**faiblir – **al**longer – **ap**porter
anti-	contre	un **anti**gel
archi-, extra-	plus, très	**archi**plein – **extra**ordinaire
bi-	redoublement	une **bi**cyclette
co-, com-, con-, col-	avec, ensemble	un **co**locataire – **com**porter – **con**centrer – **col**latéral
dé-, dés-, des-, dis-	contraire, séparation	**dé**faire – le **dés**ordre – **des**sécher – **dis**paraître
en-, em-, im-	éloignement ou à l'intérieur	**en**lever – **em**porter – **im**porter
hyper-	très, au-dessus	un **hyper**marché
il-, im-, in-, ir-, mal-	contraire	**il**légal – **im**battable – **in**actif – **ir**réel – **mal**heureux
inter-	entre	une **inter**action
multi-	nombreux	**multi**colore
para-	protection contre	un **para**chute
pré-	avant, devant	le **pré**chauffage
r(e), ré	répétition ou inversion	**re**dire – **r**entrer – **ré**chauffer
sur-	au-dessus	**sur**voler
sou(s)-	insuffisance, en dessous	le **sous**-développement – **sou**ligner
télé-	à distance	la **télé**vision

Les principaux suffixes des adjectifs et des noms

Suffixes	Sens	Exemples
-able, -ible	possibilité	lav**able** – lis**ible**
-ard(e), -asse	péjoratif ou habitant de	vant**ard** – une Savoy**arde** – fad**asse**
-ade, -age	ensemble, action ou résultat d'une action	une fusill**ade** – le pel**age** – un atterriss**age**
-ail	instrument	un attir**ail**
-ain(e), -ais(e), -ois(e)	habitant	afric**ain** – franç**aise** – lill**ois**
-aison, -ance, -ation, -ison, -ition	action ou son résultat	la pend**aison** – la puiss**ance** – l'opér**ation** – la guér**ison** – la fin**ition**
-eux(se)	qualité ou défaut	courag**eux** – orgueill**euse**
-ée	contenu, mesure ou durée	une poign**ée** – une journ**ée**
-(l)et(te)	diminutif	maigr**elet** – une fill**ette**
-eur(se)	agent d'une action ou objet fonctionnel	un imprim**eur** – une agraf**euse**
-if(ve)	défaut	malad**if** – négat**ive**

Les homophones grammaticaux

Homophones	Exemples
et (mot de liaison)	Je déjeune avec mon père **et** ma mère.
est (forme conjuguée du verbe **être**)	Paul **est** dans le jardin.
on (pronom)	**On** arrive tout de suite.
on n' (pronom suivi de la négation **n'**)	**On n'**a plus le temps !
ont (forme conjuguée du verbe **avoir**)	Elles **ont** beaucoup de chance.
son (déterminant)	Il met **son** chapeau.
sont (forme conjuguée du verbe **être**)	Mes amis **sont** très gentils.
à (mot invariable)	Je vais **à** la plage.
a (forme conjuguée du verbe **avoir**)	Juliette **a** de beaux cheveux.
ou (mot invariable indiquant le choix)	Elle viendra ce soir **ou** demain matin.
où (mot invariable indiquant le lieu, la direction ou le temps)	Nous ne savons pas **où** ils se trouvent.
la (déterminant ou pronom complément)	**La** mère de Maxime est brune.
l'a / **l'as** (formes raccourcies du pronom complément **le** ou **la** devant la forme conjuguée du verbe **avoir**)	Il **l'a** invitée à son anniversaire.
là (mot invariable indiquant le lieu)	Mon cartable se trouvait **là**.
mes (déterminant)	As-tu vu **mes** chaussures ?
mais (mot invariable indiquant une opposition, un changement)	Axel est parti **mais** il reviendra bientôt.
ses (déterminant pouvant être remplacé par **leurs**)	Je vais lui emprunter **ses** gants.
ces (déterminant pouvant être remplacé par **ce**, **cet** ou **cette**)	**Ces** oiseaux sauvages sont magnifiques.
ce (déterminant)	**Ce** repas est délicieux.
se (pronom)	Le chien **se** gratte les oreilles.
c' (pronom placé devant le verbe **être**)	**C'**est incroyable !
s' (pronom **se** devant une voyelle)	Les athlètes **s'**entraînent pour la course.

Orthographe rectifiée

1. L'accent circonflexe disparaît* sur le **i** et sur le **u**.
un maître → un maitre un coût → un cout

- **une boîte** → une boite
- **brûler** (et tous les mots de la même famille : **brûlant, une brûlure**…) → bruler
- **le bûcheron** → le bucheron
- **une chaîne** (et tous les mots de la même famille : **une chaînette, enchaîner, déchaîner**…) → une chaine
- **connaître** (et tous les mots de la même famille : **reconnaître**…) → connaitre
- **un coût** (et tous les mots de la même famille : **coûter**…) → un cout
- **le dîner** (et tous les mots de la même famille : **dîner**…) → le diner
- **entraîner** (et tous les mots de la même famille : **un entraîneur, un entraînement**…) → entrainer
- **une flûte** → une flute
- **fraîche** (et tous les mots de la même famille : **rafraîchir**…) → fraiche
- **le goût** (et tous les mots de la même famille : **le goûter, goûter**…) → le gout
- **le maître** (et tous les mots de la même famille : **la maîtresse, maîtriser**…) → le maitre
- **elle est mûre** → elle est mure (au masculin singulier, **mûr** conserve l'accent circonflexe)
- **paraître** (et tous les mots de la même famille : **apparaître, disparaître**…) → paraitre
- **il plaît** → il plait
- **elle est sûre** → elle est sure (au masculin singulier, **sûr** conserve l'accent circonflexe)
- **traîner** (et tous les mots de la même famille : **un traîneau**…) → trainer

2. On met un accent grave plutôt qu'un accent aigu dans certains mots.
un événement → un évènement

- **assécher** → assècher
- **le dépoussiérage** → le dépoussièrage
- **un événement** → un évènement
- **vous répéterez** → vous répèterez
- **le séchage** → le sèchage
- **la sécheresse** → la sècheresse

3. Certains mots composés perdent le tiret, de même que les noms composés « savants » ou d'origine étrangère.
un extra-terrestre → un extraterrestre un week-end → un weekend

- **l'auto-école** → l'autoécole
- **une chauve-souris** → une chauvesouris
- **un hot-dog** → un hotdog
- **le ping-pong** → le pingpong
- **un pique-nique** (et tous les mots de la même famille : **pique-niquer**…) → un piquenique
- **le porte-monnaie** → le portemonnaie
- **un tee-shirt** → un teeshirt
- **le volley-ball** → le volleyball
- **le week-end** → le weekend

4. Dans certains mots composés, le second mot prend la marque du pluriel lorsque le mot composé est au pluriel (et seulement dans ce cas).
un compte-gouttes → un compte-goutte, des compte-gouttes
un après-midi → un après-midi, des après-midis

- **un après-midi** → des après-midis
- **les gratte-ciel** → les gratte-ciels

5. Certaines anomalies sont supprimées.
asseoir → assoir un chariot → un charriot un relais → un relai

- **asseoir** → assoir

Les « Mini Syros », c'est comme les bonbons,
quand on commence, on ne peut plus s'arrêter !

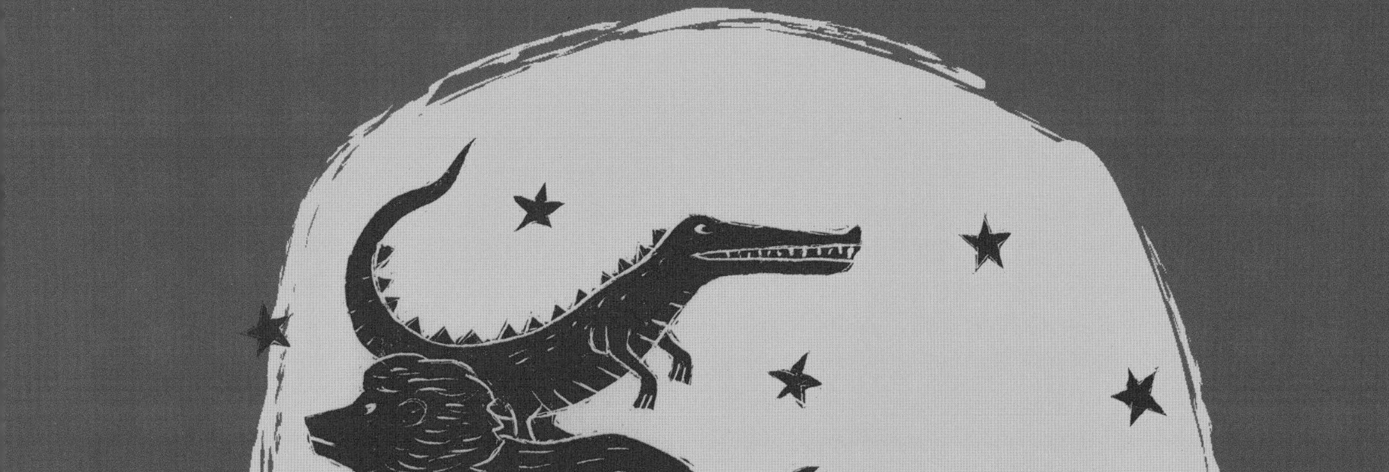

MiNi SYROS

La collection « Mini Syros » propose des textes courts et de tous les genres (polar, littérature, science-fiction, théâtre) pour s'évader et découvrir de grands auteurs à l'âge des premières lectures !

Format : 11 x 16,5 cm
32 ou 48 p. / 3 €

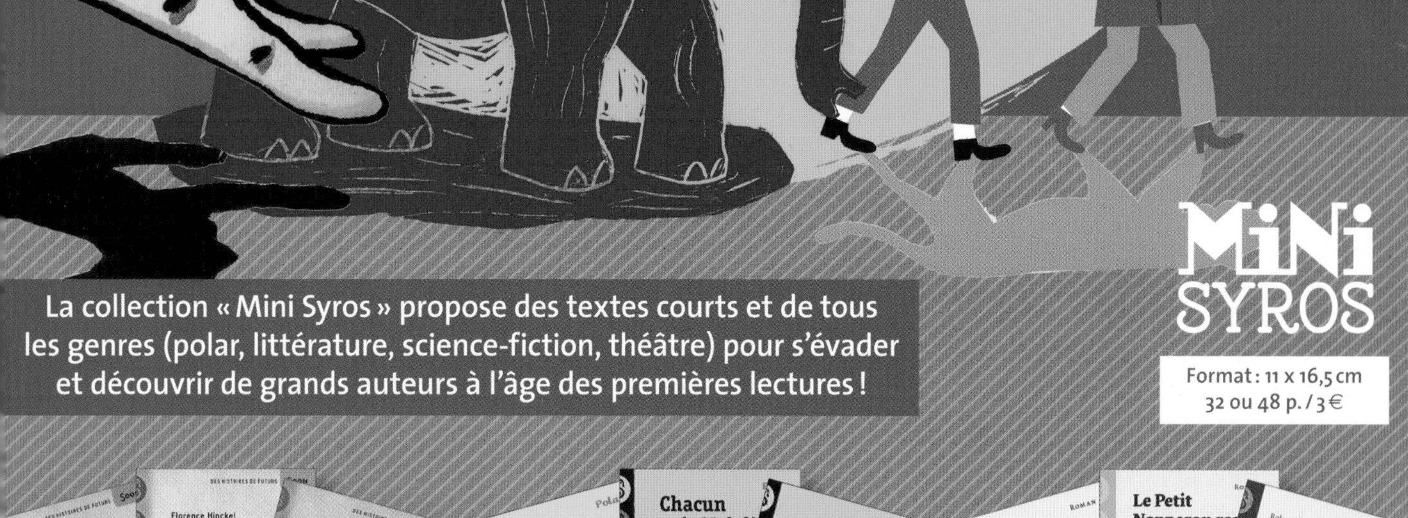

Voyages, imaginaire, anticipation... avec les *Mini Syros Soon*.

Suspense, énigmes, enquêtes... avec les *Mini Syros Polar*.

Tendresse, émotion, humour... avec les *Mini Syros Romans*.

Retrouve toute la collection sur **www.syros.fr**

Crédits photographiques

P. 18 : haut : © Heritage Images / Getty Images ; **bas :** © Félix Lorioux, ADAGP Paris 2001. **P. 19 :** © Bibliothèque nationale de France. **P. 32 :** © Bibliothèque nationale de France. **P. 37 :** © akg-images. **P. 44 :** © De Agostini Picture Library / Etude Tajan / Bridgeman Images. **P. 45 :** © 2016 Calder Foundation New-York / ADAGP, Paris. **P. 49 :** © Moallic. **P. 60 :** © Rageot Éditeur. **Pp. 62-63 : frise :** © Tim Edwards / NPL / Jacana / Eyedea. **P. 63 :** © Anne Ducellier / *Le Journal des enfants*. **Pp. 64-65 : frise :** © Jean-Denis Joubert / Hoa-Qui/Eyedea. **P. 64 :** © Association Sens partagés. **P. 67 :** Extrait de *Cartes. Voyage parmi mille curiosités et merveilles du monde*, d'Aleksandra et Daniel Mizielinsky, 2012 © Édition Rue du monde, 2012, pour l'édition française. **P. 68 :** © filipefrazao / Fotolia. **P. 70 :** © Le Bot Alain/Gamma/Eyedea. **Pp. 72-73 : frise :** © elnavegante / Fotolia. **P. 72 :** © Patrick Cabrol / Centre de Préhistoire du Pech Merle / akg-images. **P. 75 :** © The Keith Haring Foundation Used with permission. **Pp. 76-77 : frise :** © vvoe / Fotolia. **P. 76 :** © Bernard Gotfryd / Getty Images. **P. 78 : poudre :** © Sylwia Brataniec / Fotolia ; © Picture Partners / Fotolia ; © BestForYou / Fotolia ; © rdnzl / Fotolia ; **pierres :** © MNP, Les Eyzies, Dist. RMN-Grand Palais / Philippe Jugie ; **silex :** © Jean Schormans / RMN. **P. 79 : haut :** © RMN-Grand Palais (musée de la Préhistoire des Eyzies) / Philippe Jugie ; **bas :** © RMN-Grand Palais (musée d'Archéologie nationale) / Franck Raux. **P. 80 :** © Collection Dagli Orti/Museo del Prado Madrid/Gianni Dagli Orti. **P. 81 :** Musée des Beaux-Arts de Rouen, © Aisa/Leemage. **P. 82 :** © Collection Dagli Orti/Collection privée Italie/ Gianni Dagli Orti. **P. 83 :** © akg-images/Nimatallah et © Successió Miró – Adagp, Paris 2009. **P. 91 :** © David Montgomery / Getty Images. **Pp. 104-105 :** © Private Collection / Bridgeman Images. **P. 135 :** © WavebreakMediaMicro / Fotolia. **P. 158 : doc. 1 :** © WavebreakmediaMicro / Fotolia ; doc. 2 : © JarenWicklund / Fotolia ; doc. 3 : © KonstantinYuganov. **P. 160 : doc. 1 :** © Larry Rains / Fotolia ; **doc. 2 :** © artender / Fotolia ; **doc. 3 :** © Roslen Mack / Fotolia ; **doc. 4 :** © bgirlka / Fotolia ; **doc. 5 :** © wenchiawang / Fotolia ; **doc. 6 :** © martialred / Fotolia. **P. 164 :** © gjan62 / Fotolia ; © John Takai / Fotolia. **P. 186 :** © Miguel Gonzales / RÉA. **P. 188 :** © simon gurney / Fotolia. **P. 190 :** © Gail Johnson / Fotolia. **P. 192 :** © vladimirs / Fotolia. **P. 194 :** © ollimitmrolli / Fotolia. **P. 196 :** © 2016 Fondazione Il Giardino dei Tarocchi, All rights reserved / Photo Scala, Florence. **P. 198 :** © akg-images. **P. 200 :** © akg-images. **P. 202 :** © akg-images. **P. 204 : haut :** © Digital image, The Museum of Modern Art, New York / Scala, Florence. **bas doc. 1 :** © Matthew Cole / Fotolia ; **bas doc. 2 :** © wenchiawang / Fotolia ; **bas doc. 3 :** © Annika Gandelheid / Fotolia ; **bas doc. 4 :** © sunny-frog / Fotolia ; **bas doc. 5 :** © flaya / Fotolia ; **bas doc. 6 :** © Christos Georghiou / Fotolia. **P. 232 : légumes :** © Wichittra Srisunon / Fotolia ; **outils :** © mhatzapa / Fotolia ; **scie :** © manstock007 / Fotolia.

Achevé d'imprimer en France par Pollina - L11626
Dépôt légal : Février 2016 - Collection n° 42 - Édition 01
22/3241/0

La conjugaison des verbes réussir, venir et dire

réussir	venir	dire
Présent		
je réussis tu réussis il, elle réussit nous réussissons vous réussissez ils, elles réussissent	je viens tu viens il, elle vient nous venons vous venez ils, elles viennent	je dis tu dis il, elle dit nous disons vous dites ils, elles disent
Futur		
je réussirai tu réussiras il, elle réussira nous réussirons vous réussirez ils, elles réussiront	je viendrai tu viendras il, elle viendra nous viendrons vous viendrez ils, elles viendront	je dirai tu diras il, elle dira nous dirons vous direz ils, elles diront
Passé composé		
j'ai réussi tu as réussi il, elle a réussi nous avons réussi vous avez réussi ils, elles ont réussi	je suis venu(e) tu es venu(e) il, elle est venu(e) nous sommes venu(e)s vous êtes venu(e)s ils, elles sont venu(e)s	j'ai dit tu as dit il, elle a dit nous avons dit vous avez dit ils, elles ont dit
Imparfait		
je réussissais tu réussissais il, elle réussissait nous réussissions vous réussissiez ils, elles réussissaient	je venais tu venais il, elle venait nous venions vous veniez ils, elles venaient	je disais tu disais il, elle disait nous disions vous disiez ils, elles disaient
Passé simple		
il, elle réussit ils, elles réussirent	il, elle vint ils, elles vinrent	il, elle dit ils, elles dirent

La conjugaison des verbes en -oir devoir, voir et vouloir

devoir	voir	vouloir
Présent		
je dois tu dois il, elle doit nous devons vous devez ils, elles doivent	je vois tu vois il, elle voit nous voyons vous voyez ils, elles voient	je veux tu veux il, elle veut nous voulons vous voulez ils, elles veulent
Futur		
je devrai tu devras il, elle devra nous devrons vous devrez ils, elles devront	je verrai tu verras il, elle verra nous verrons vous verrez ils, elles verront	je voudrai tu voudras il, elle voudra nous voudrons vous voudrez ils, elles voudront
Passé composé		
j'ai dû tu as dû il, elle a dû nous avons dû vous avez dû ils, elles ont dû	j'ai vu tu as vu il, elle a vu nous avons vu vous avez vu ils, elles ont vu	j'ai voulu tu as voulu il, elle a voulu nous avons voulu vous avez voulu ils, elles ont voulu
Imparfait		
je devais tu devais il, elle devait nous devions vous deviez ils, elles devaient	je voyais tu voyais il, elle voyait nous voyions vous voyiez ils, elles voyaient	je voulais tu voulais il, elle voulait nous voulions vous vouliez ils, elles voulaient
Passé simple		
il, elle dut ils, elles durent	il, elle vit ils, elles virent	il, elle voulut ils, elles voulurent